Dioses útiles

José Álvarez Junco

Dioses útiles

Naciones y nacionalismos

Galaxia Gutenberg

Edición al cuidado de María Cifuentes

Publicado por
Galaxia Gutenberg, S.L.
Av. Diagonal, 361, 2.º 1.ª
08037-Barcelona
info@galaxiagutenberg.com
www.galaxiagutenberg.com

Primera edición en Galaxia Gutenberg: abril de 2016
Primera edición en rústica: octubre de 2017
Segunda edición: octubre de 2019
Tercera edición: septiembre de 2020
Primera edición en este formato: mayo de 2022

Preimpresión: Maria Garcia
Impresión y encuadernación: Ulzama digital
Depósito legal: B 8175-2022
ISBN: 978-84-19075-79-6

A Josete, Jaime, Nacho, Martín, Pablo y María.
Deseándoles un mundo algo más razonable

Las diversas religiones que existían en Roma eran todas consideradas por el pueblo como igualmente verdaderas, por el filósofo como igualmente falsas y por el político como igualmente útiles.

EDWARD GIBBON,
Historia de la decadencia y caída del Imperio romano, I, II.

El historiador sabe muchas veces que la "tradición" es la historia falsificada y adulterada. Pero el político no solamente no lo sabe o no quiere saberlo, sino que se inventa una tradición y se queda tan ancho.

JULIO CARO BAROJA,
El laberinto vasco, San Sebastián, Txertoa, 1984, p. 139.

Índice

Introducción

Cuando Joan Tarrida y María Cifuentes me propusieron escribir para Galaxia Gutenberg un libro sobre nacionalismos, pensamos en poco más que una recopilación de textos míos ya publicados. Nos equivocamos. Los textos tenían poco que ver entre sí o, al revés, repetían las mismas ideas, y, al querer poner un orden lógico y evitar repeticiones, la tarea ha sido mucho más complicada de lo previsto y el resultado es un libro totalmente nuevo. Incluso aquellas partes, como la dedicada a España, en las que he podido usar algún material previo, éste ha sido reescrito por completo.

El libro ha quedado organizado, al final, en cuatro capítulos que creo coherentes: el primero expone las teorías actuales en torno a naciones y nacionalismos y propone unas definiciones iniciales de términos; el segundo es un recorrido por los casos de construcción nacional que me han parecido más relevantes, tanto en Europa, creadora del modelo, como en algunas excolonias europeas; el tercero describe el caso español; y el cuarto se dedica a las identidades alternativas a la española dentro de la península Ibérica, empezando por Portugal.

Que sea un libro nuevo no quiere decir que se trate de una obra de investigación, ni en esas páginas sobre España, donde repito ideas previamente expuestas, ni en las otras, donde entro en temas sobre los que no había publicado nada ni he trabajado ahora sobre fuentes directas, sino que me apoyo en datos y conclusiones de otros autores que me parecen de suficiente solvencia –proporcionando siempre, como es obligado, las referencias oportunas–. La idea no es ofrecer novedades sobre ninguno de los casos, sino insertarlos en una visión global, explicada en términos teóricos al comienzo del libro, para alcanzar una mejor comprensión del fenómeno. Al tener que recoger y resumir acontecimientos de tantos países y épocas, los especialistas encontrarán, me temo, muchas objeciones que oponer a cada una de las descripciones o historias particulares aquí incluidas. En un planteamiento tan amplio, los fallos u omisiones sobre detalles concretos son inevitables, y agradeceré, desde luego, las observaciones críticas, que me permitirán rectificar en posibles reediciones lo que sea necesario. Pero lo grave sería que las ideas centrales alrededor de las que se articula el conjunto no se sostuvieran. Y eso espero que no ocurra.

Lo dicho implica que este libro no va dirigido primordialmente al público académico, pues no expone una investigación original, como digo, y los datos ofrecidos son conocidos por los estudiosos sobre el tema. La novedad quisiera creer que reside en el enfoque general del problema y en las conclusiones a las que puede conducir una visión comparada. Tampoco se trata, exactamente, de una obra de divulgación, por la cantidad de información sobre autores y países que he resumido en una extensión que desde el principio me propuse no fuera excesiva.

Este trabajo puede considerarse a caballo entre la Historia y la Ciencia Política. Es un ensayo histórico, sin duda, pero al querer enfocarlo de un modo lo más objetivo o aséptico posible e intentar precisar al máximo los conceptos y contenidos, lo he anclado en una exposición de las teorías y análisis de los términos propia de la Ciencia Política. Sé bien que tampoco esta disciplina es, pese a su nombre, una garantía de exactitud. Pero, como escribió Jon Juaristi en *Auto de Terminación*, ya que los historiadores y los científicos sociales no tenemos fuerza suficiente como para desactivar el potencial destructivo del nacionalismo, nuestro deber es, al menos, desacralizar a la nación, «obligándola a descender del cielo de los mitos» y sumergiéndola en la temporalidad. Eso es lo que pretendo.

Aunque no figure en el título, el objetivo último del libro es entender el caso español, que recibe, creo, nueva luz al explicarlo en términos comparados. Me gustaría, pues, dejar claras desde el principio las dos ideas esenciales que lo inspiran. La primera es que la identidad española, como cualquier otra, es una construcción histórica, producto de múltiples acontecimientos y factores, algunos estructurales pero en su mayoría contingentes. Es decir, que no hay nada atribuible a designios providenciales o misteriosos, ni tampoco a un espíritu colectivo que habite en los nativos del país desde hace milenios. Dicho de otra manera, no hay nada parecido a un «genio nacional» español. Y no hay tampoco ninguna excepcionalidad, anormalidad o "rareza". No estoy diciendo, entiéndanme bien, que el caso español sea igual a los demás en el sentido de que las cosas que han sucedido en este país se hallen también en el pasado de cualquier otro. Todo lo contrario: ningún proceso de construcción nacional en el mundo es idéntico al español. En este sentido, sí, es excepcional o anormal. Pero es que todos los demás lo son también. Las naciones, los países, las sociedades, al igual que los individuos, son únicos (y guárdeme Dios, o el Diablo, de comparar las identidades colectivas con entes biológicos del tipo que sean; sólo es una metáfora). Todos somos únicos porque todos somos una combinación irrepetible de un infinito número de rasgos físicos y psicológicos. Pero, a la vez, estamos compuestos de los mismos ingredientes y somos explicables recurriendo a los mismos conceptos. En el caso de las naciones, el surgimiento y evolución de todas ellas se ancla en factores políticos, económicos o culturales que, en mayor o menor grado, se encuentran también en todas las demás.

En síntesis, y puestas las cosas en primera persona del plural, *no somos raros* (ni *anormales*, puesto que no existe *norma*). O, si lo prefieren, sí, lo somos, tan raros como los demás. Ni siquiera nos diferenciamos de los otros en nuestra convicción de ser más excepcionales que nadie, porque los otros también se aplican esa misma creencia a sí mismos. Ese es el error, casi cómico, del excepcionalismo: que no somos diferentes a los demás ni siquiera en el hecho de pensar que somos diferentes. Todos somos iguales, entre otras cosas, porque todos nos creemos diferentes.

La segunda idea que inspira este libro se deriva de la primera, pues se resume en que la distancia y la comparación son la actitud y el método más recomendables para comprender adecuadamente un problema político o histórico. Los historiadores y los científicos sociales no podemos utilizar la técnica experimental, método privilegiado de las ciencias duras. Si un historiador defiende, supongamos, que la causa principal de la Revolución francesa fue el aumento de los precios del pan, no puede probarlo repitiendo el proceso, pero suprimiendo ese factor, para constatar así que el resultado es diferente. A falta de experimentación, no nos queda más recurso explicativo sobre los hechos que estudiamos que la acumulación de datos, la lógica interpretativa y la comparación con otros con los que tengan suficiente similitud. Para entender el caso catalán actual, por ejemplo, es sin duda necesario leer todo lo posible sobre el tema y observarlo sobre el terreno para reunir el máximo número de datos de primera mano. Pero, a la hora de razonar y sacar conclusiones, sería muy recomendable tener en la mente a Quebec, Bélgica, Portugal o Escocia, como también lo sería intentar explicárselo a algún entendido en temas nacionales pero desconocedor del caso catalán, lo que obligaría a establecer paralelismos y utilizar conceptos generalizables, en lugar de resolverlo con un «es que tendrías que ir allí, tendrías que sentir la emoción...»

Evitar la emoción es justamente lo que intento hacer aquí: racionalizar un problema que es presa habitual de la emocionalidad; someter los sentimientos a la razón, en lugar de, como tantas veces ocurre, poner la razón al servicio de los sentimientos. Estoy seguro de que llegarán otros que lo harán mucho mejor que yo, pero espero y deseo firmemente que partan también de esta actitud. Creo, por otra parte, que en esto soy coherente con mi anterior trayectoria profesional, pues lo que quise hacer en mi tesis doctoral, hace ya cuarenta años, fue entender la mentalidad y el mundo cultural de los anarquistas españoles, hacia los que sentía curiosidad y hasta alguna afinidad, pero de ningún modo era militante de su causa ni estaba dispuesto a ocultar o distorsionar datos para defenderles. Algo no muy diferente me propuse más tarde con Alejandro Lerroux, personaje con el que jamás me he identificado, pero sobre el que me intrigaba entender las razones de su popularidad y atractivo sobre tanta gente. Y lo intenté de nuevo, ya en este terreno de los nacionalismos, con *Mater Dolorosa*, libro que escribí en una etapa en que trabajaba fuera de España y me tocaba enseñar la historia española a personas bien formadas pero que sabían poco de este rincón del mundo, lo que me obligaba a utilizar conceptos y recurrir a comparaciones con sucesos o países conocidos por ellos.

En el análisis de los distintos casos nacionales, he procurado rechazar todas las explicaciones que tengan que ver con esencias, mentalidades, caracteres colectivos o «formas de ser» de los pueblos. Me niego a introducir este factor, entre otras razones porque es una explicación circular, perfectamente inútil: los españoles, por ejemplo, vivieron repetidas guerras civiles en los siglos XIX y XX, y entre las razones que el resto del mundo daba para explicarlo se incluía siempre una referencia al carácter nacional: «es que los españoles son así, violentos». ¿En qué datos se apoyaba tal afirmación? En el hecho de que había habido muchas guerras civiles. ¿Y a qué se atribuía la existencia de tantas guerras civiles? Al violento carácter nacional. Lógica circular, que se autoinvalida. Un buen día, además, allá por 1975, murió el general Franco y, contra lo que auguraban los creyentes en las idiosincrasias colectivas, no estalló una nueva guerra civil en España. Los amantes de los estereotipos tuvieron que cambiar el que tenían sobre este país, aunque no sé de ninguno que se pusiera a pensar cómo y por qué puede un pueblo alterar algo tan profundo como su «manera de ser». Es decir, que aquel aspecto del carácter nacional, la violencia congénita, que nunca sirvió para explicar nada, y desde luego no la Transición, fue arrojado a la basura sin reflexionar ni entonar ningún *mea culpa.*

He procurado asimismo no dejarme llevar por simpatías o antipatías personales hacia cada uno de los casos o países. Tal cosa no cabría en una obra que quiere ser «científica» u «objetiva», por mucha prevención que uno sienta hacia estos adjetivos en problemas históricos o políticos. En estos análisis no sólo es importante la comparación sino también la distancia. Cuando se trata de explicar, por ejemplo, el nazismo alemán, de ningún modo podemos dejar que nos guíe nuestra repulsa visceral hacia el fenómeno, aunque podamos y debamos hacer explícita nuestra condena moral. Igual que un canadiense –otro ejemplo– que quiera escribir sobre el independentismo *québécois* no debe dejarse llevar por sus sentimientos de atracción o aversión hacia el tema, aunque pueda constatar que tales sentimientos existen entre sus conciudadanos. El historiador o científico político debe evitar toda implicación emocional en el tema que estudia.

De ahí mi recelo, también, hacia el uso de la primera persona del plural, o del posesivo «nuestro». Acabo de decir que los españoles «vivieron» repetidas guerras civiles. No he escrito «vivimos» no sólo porque yo no había nacido, sino también, y sobre todo, porque desconfío de las proyecciones retrospectivas, que son contrarias a esa distancia que un científico debe tomar ante su tema de trabajo y dan lugar, además, a todo tipo de arbitrariedades. Tampoco diré que los españoles «hicimos» mal al expulsar a los judíos o al conquistar América o que «nuestra» decadencia del siglo XVII se debió a... Ni yo ni ninguno de mis posibles lectores vivimos aquellos procesos; ni participamos en la expulsión de los judíos ni sufrimos la decadencia bajo los Austrias menores. Me basta con analizar las razones de aquella decadencia –y calificarlas, desde luego, de errores políticos– y con condenar, como historiador y como ciudadano, aquella expulsión, que se opone radicalmente a los principios morales y políticos que hoy rigen las democracias y con los que me identifico. Pero desconfío de la «memoria histórica» y de las exigencias de reparaciones por injusticias de un pasado lejano. Quién sabe de dónde vengo yo y de dónde viene quien me exige que le pida perdón. No es imposible que mis antepasados remotos fueran judíos, perseguidos y obligados a ocultar sus antecedentes durante generaciones, hasta el punto de que sus descendientes hemos perdido todo rastro de aquel pasado, y sería especialmente hiriente que además tuviéramos ahora que disculparnos. O que el criollo latinoamericano que me reclama desafiante una disculpa por la conquista y el sometimiento de su pueblo lleve en sus venas sangre de los conquistadores, mientras que mis tatarabuelos jamás llegaron a cruzar el charco.

Haré otra confesión personal, que me parece necesaria en este caso. Aunque sé bien que jamás se equivoca tanto el ser humano como cuando opina sobre sí mismo, tengo la firme creencia de no ser nacionalista, en ninguno de los sentidos de este término. Mi única lealtad, cuando escribo, es hacia el conocimiento riguroso, y si la nación se opone a la ciencia, me alineo desde luego con la ciencia y no con la nación; es decir, que si una verdad histórica es antipatriótica, lo lamento, pero no la oculto. No soy tribal, no amo sólo lo que veo y tengo cercano ni soy amigo únicamente de mis compañeros de mesa. Quiero no odiar, temer ni desconfiar del otro, del diferente a mí, porque estos sentimientos son la base de las xenofobias y los fascismos. Me gusta salir, viajar e intento vivir –con poco éxito, por supuesto– ese amplísimo mundo ajeno del que apenas he podido hacer algo más que atisbar, por la rendija de la puerta, su infinita y fascinante variedad de idiomas, climas y colores.

Naturalmente, esto es algo que no creerá ningún nacionalista, cualquiera que sea su filiación, porque es incapaz de imaginar a alguien sin lealtades nacionales. Un españolista, por ejemplo, mirará con recelo mis esfuerzos por entender el catalanismo de manera compleja, en lugar de condenarlo sin más, y puede incluso que averigüe que nací en el valle de Arán y encuentre ahí el por qué de mis poco fiables opiniones. Un independentista catalán, por el contrario, me dirá que detrás de mis enfoques percibe que soy vecino de Madrid. Pero créanme, me gustaría imaginar un futuro posnacional. Ver disolverse a la España en la que nací en una Unión Ibérica o en una Federación Europea no me haría derramar ninguna lágrima, sino todo lo contrario.

Puestos a aclarar posiciones, diré también que, en la polémica entre modernistas y primordialistas, me alineo con los primeros, pero con matices. Repudio el esencialismo o el primordialismo si ello consiste en creer que todos los humanos han nacido y vivido siempre insertos en naciones, entes naturales poseedores de unos rasgos que se hunden en la noche de los tiempos. Francamente, incluso me resulta difícil pensar que alguien que haya reflexionado seriamente sobre el tema siga creyendo tal cosa. Las naciones son construcciones históricas, de naturaleza contingente; y son sistemas de creencias y de adhesión emocional que surten efectos políticos de los que se benefician ciertas élites locales. Esto, me parece, lo comparte hoy la mayoría de los científicos sociales y ésa es mi posición, que llamaría historicista o constructivista. Pero no me considero un «modernista» estricto, si tal término significa creer que la vinculación emocional de los individuos con las naciones es un fenómeno exclusivo de los dos últimos siglos. Antes, mucho antes, existieron «naciones», como intento explicar en el primer capítulo. Pero no eran identidades colectivas a las que se atribuía soberanía sobre un territorio. Esto último, y sólo esto último, es la clave del nacionalismo moderno. E incluso este nacionalismo se ha alimentado de tradiciones e identidades culturales procedentes de épocas anteriores.

Por otra parte, que la creación de naciones beneficie a ciertas élites (nacionalistas) tampoco me lleva a pensar, pese al título de este libro, en términos de *cui prodest* y caer en una visión instrumentalista, cuasi conspiratoria, de este tipo de fenómenos. También las religiones benefician a un segmento social (el clero) y no por eso creo que sean producto de la acción de una secta malévola que haya planeado desde el principio cómo seducir a un público incauto. Religiones y naciones son fenómenos mucho más complejos, surgidos originariamente alrededor de profetas iluminados y generosos, capaces de satisfacer necesidades de sus seguidores muy dignas de respeto.

Agradezco, pues, a quienes me incitaron a hacer este esfuerzo, que me ha obligado a poner en orden ideas que llevaba tiempo exponiendo de manera dispersa. Creo que será la última vez que escriba sobre estos temas, que han absorbido ya, a estas alturas, unos veinticinco años de mi vida. Hay que pasar a otra cosa. Quisiera creer que ha valido la pena y que lo que haya podido aportar ha sido de alguna utilidad.

Agradezco también, para terminar, a los amigos que han tenido la paciencia y amabilidad de leer todas o algunas de estas páginas y me han hecho observaciones y sugerencias siempre muy útiles: Fernando Alfayate, Edward Baker, Jesús Ceberio, Josep María Fradera, Javier Moreno Luzón, Fernando del Rey, Nigel Townson, Ramón Villares y la impagable María Cifuentes, que ha velado por aclarar el texto y rectificar incorrecciones. Gracias a todos. No es culpa de ellos el resultado.

I

La revolución científica sobre los nacionalismos

CÓMO CAMBIA LA MANERA DE EXPLICAR UN PROBLEMA

Pocos temas históricos o políticos habrán experimentado una revolución en su tratamiento académico comparable a la sufrida por el nacionalismo en las últimas décadas. Hasta mediados del siglo pasado, la visión consagrada partía de la base de que el nacionalismo era una idea o doctrina política, comparable al liberalismo o al marxismo, y que el sentimiento de pertenencia a una colectividad nacional era un fenómeno natural, que había existido a lo largo de todo el pasado humano conocido. Las naciones eran «tan viejas como la historia», había escrito en el siglo XIX el ensayista británico Walter Bagehot; es decir, la humanidad se hallaba y se había hallado siempre dividida en pueblos o naciones, equivalentes a grupos raciales, lingüísticos o culturales reconocibles por rasgos externos patentes. A partir de ahí –seguía la teoría– nacían espontáneamente sentimientos de solidaridad interna, diferenciación externa y, con el moderno despertar de la conciencia de derechos políticos, exigencias de un mayor o menor grado de autogobierno. Lo único peculiar de la modernidad habría sido el surgimiento de la conciencia nacional, de la ideología nacionalista y de los derechos políticos derivados de la pertenencia a la nación.

La nación era, pues, lo «natural», el paisaje previo, sobre el que se edificaba el Estado, lo artificial, la construcción humana. Incluso se llegó a creer –por el presidente Woodrow Wilson, por ejemplo, cuando viajó a París como gran reparador de los entuertos europeos al terminar la Gran Guerra –que la falta de ajuste entre éste y aquella era la principal causa de los problemas europeos de los últimos siglos. Lo cual conducía inevitablemente a la propuesta de adecuar las fronteras de los estados a las «realidades» étnicas, como forma de evitar conflictos en el futuro. Este fue el planteamiento que llevó a la formulación del principio jurídico-político de la autodeterminación de los pueblos, uno más en la lista de los derechos «humanos» –adjetivo muy expresivo de la asimilación de las naciones a unidades orgánicas– defendidos por liberales y progresistas del mundo entero en el último siglo, hasta llegar a ser incluido en la Carta de las Naciones Unidas y en varios otros pactos internacionales.

La sencillez y fuerza lógica de la fórmula, y su intento de universalización, sobre todo a partir de la paz de 1919 –basada en los Catorce Puntos wilsonianos–, llevaron a lo largo del siglo XX a infinitos y con frecuencia trágicos problemas derivados del imposible ajuste de la compleja y abigarrada red de culturas humanas a compartimentos políticos sencillos y nítidos. Esta imposibilidad práctica y las nuevas tensiones que acabaron conduciendo a los fascismos y los horrores de la Segunda Guerra Mundial, en buena parte debidos a una aplicación extrema de los principios nacionalistas, obligaron a replantearse muchos de los presupuestos de los que partía la visión clásica del problema.

Un primer pensador relevante en este campo, activo entre las décadas de 1930 y 1960, fue el filósofo e historiador Hans Kohn, judío norteamericano nacido en Praga, excombatiente de la Gran Guerra y prisionero en Rusia durante varios años.[1] Kohn remontaba los orígenes del sentimiento nacional hasta los hebreos bíblicos –por la conciencia de «Pueblo Elegido»– y la Grecia clásica –por su autopercepción como «ciudadanos libres», frente a los «bárbaros»–. Pero ligaba el sentido moderno del término a la idea de la soberanía nacional y, por tanto, para él no había existido antes de las revoluciones liberales. Dentro de ese mundo moderno, lo que le interesaba eran los orígenes intelectuales de la teoría de la soberanía popular (que remontaba a Jean-Jacques Rousseau) y del concepto mismo de nación (Johann Gottfried Herder), así como las elaboraciones de artistas o ideólogos que habían idealizado los rasgos culturales y diseñado las exigencias políticas de cada grupo nacional concreto. Especialmente fecundas eran algunas de las propuestas de Kohn, como la distinción entre un nacionalismo de tipo *étnico*, basado en rasgos culturales (y propio del este de Europa), y otro *cívico*, que partía de la vinculación con un Estado y los derechos políticos derivados de la misma (típico de la Europa occidental tras la Revolución francesa).[2]

Otro de los intelectuales que dominaron los estudios sobre estos temas al mediar el siglo XX fue Carlton Hayes, politólogo norteamericano que, probablemente por su catolicismo, fue enviado por Roosevelt como embajador a la España de Franco durante la Segunda Guerra

Mundial. Hayes llamó especialmente la atención sobre los contenidos religiosos del nacionalismo, un fenómeno moderno caracterizado, para él, por exigir una lealtad absoluta a la nación, elevada a la categoría de entidad suprema.[3] En apoyo de su tesis, analizó la retórica nacionalista en torno a las glorias patrias, el sacrificio y el martirio de sus defensores, los altares de la patria, sus ritos y ceremonias, las festividades, las banderas, el «bautismo» de fuego de los combatientes, el sacerdocio de los intelectuales... La política era un mundo dominado por la emoción y la imaginación, explicaba Hayes, más que por la racionalidad. Ante el fuerte proceso de secularización sufrido por las sociedades europeas –porque la nación era una idea de origen europeo, aunque exportada más tarde a otras regiones del mundo–, las élites intelectuales podían sustituir la religión por el cosmopolitismo, pero la gente común seguía necesitada de adherirse a alguna causa cercana y, a la vez, de gran fuerza ética. Y esa causa, destinada a ocupar lugares antes reservados a lo sagrado, había sido la nación, capaz tanto de proporcionar creencias y rituales como de insertar la efímera vida individual en un ente colectivo de carácter trascendente.

En los años cincuenta, Karl Deutsch ofreció un curioso intento de abordar el problema desde la perspectiva de la sociología funcionalista en un ambicioso ensayo en el que pretendía nada menos que cuantificar la evolución de los sentimientos nacionales.[4] Para ello relacionaba su surgimiento con los nuevos procesos de comunicación social desarrollados a partir de la modernización, esto es, con la ruptura de los lazos de lealtad a las comunidades tradicionales (linaje, gremio, estamento, comarca). Partiendo de la base de que los medios de comunicación no sólo trasmiten información sino toda una visión del mundo, lo cual genera un sentimiento de comunidad, Deutsch definía la nación como un grupo humano de «hábitos comunicativos complementarios». En resumen, su tesis principal era que el nacionalismo se exacerbaba cuando un grupo humano con una intensa red de comunicaciones internas pero escasa relación con el mundo exterior se veía lanzado a un contacto económico o militar repentino con otro u otros grupos, lo que le hacía tomar conciencia de sus rasgos culturales distintivos. Pero no sólo las redes comunicativas contaban para él, sino los procesos de industrialización y urbanización, el aumento de la alfabetización y la división del trabajo. A partir de todo ello, y cruzando datos sobre población, mercados, distribución de la riqueza, oleadas migratorias y audiencias de los medios de masas, ofrecía un modelo que pretendía medir y predecir el desarrollo de los sentimientos nacionales. Fue una visión quizás demasiado pretenciosa y simplificadora, que apenas originó una escuela, pero interesante por su visión del nacionalismo como fenómeno estrictamente moderno, subproducto de la modernización.

También lo vio como fenómeno moderno –«invención» moderna, diría él, un matiz llamado a tener éxito– Elie Kedourie, historiador y politólogo que publicó en 1961 su breve y deslumbrante libro *Nationalism.*[5] Este autor partió de la tópica introducción académica sobre la dificultad de determinar los ingredientes esenciales que componían las identidades nacionales: raza, lengua, religión y pasado histórico. Todos y cada uno de estos conceptos son discutibles: ¿qué es una «lengua» y en qué se diferencia de un dialecto o forma peculiar de hablar dentro de una familia de lenguas? ¿qué es una raza? ¿hay algo más discutible y manipulable que el «pasado histórico común»? La inevitable conclusión a la que llegaba este autor era que ningún «factor objetivo» era universalizable ni suficiente por sí mismo para fundamentar el hecho nacional. Nada nuevo, hasta ahí; muchos teóricos, a partir de Ernest Renan en su célebre conferencia de 1882, habían llegado hasta ese punto, sin dejar por ello de considerar a las «naciones» entes naturales. Salían, en general, del apuro añadiendo un componente irracional o misterioso, una referencia a lo que los románticos habían llamado el «espíritu del pueblo», que Renan democratizó como «plebiscito cotidiano» y José Ortega y Gasset, más sofisticado, reformuló como «proyecto sugestivo de vida en común». En definitiva, eran naciones aquellos grupos humanos cuyos miembros expresaban la voluntad de ser una nación; una interpretación democrática de la identidad cuyos elementos irracionales habrían de ser incrementados por los fascistas –menos dados a tomar en cuenta la voluntad de la gente–, al convertirla en un «destino» providencial.

Pero la implacable lógica de Kedourie no se conformaba con recurrir al factor subjetivo invocado por Renan. El plebiscito cotidiano –explicaba– era, para empezar, una base excesivamente volátil para cimentar unidades políticas estables. Era, además, una mera ficción, pues en la práctica ningún Estado acepta que su autoridad se vea cuestionada diariamente por sus ciudadanos. Por el contrario, los estados se cuidan muy mucho de asegurarse la adhesión de la población, o el resultado de ese informal plebiscito diario que era la base de su legitimidad, por medio de una constante tarea de *educación* de la voluntad de la colectividad, es decir, imprimiendo en los ciudadanos desde la más tierna infancia la identidad nacional y, con ella, el deseo de ser miembros de la entidad política que la representaba. De esta manera, Kedourie contradecía las bases mismas de la reivindicación nacionalista. Si el sentimiento fuera natural, no tendría por qué ser inculcado; y si el encargado de inculcarlo era el Estado, no eran las naciones las que precedían a los estados, sino a la inversa. Los estados, como escribiría Immanuel Wallerstein unos años más tarde, no sólo eran previos a las naciones, sino imprescindibles para el surgimiento de éstas.[6] Lo político, en resumen, precedía a lo étnico.

A este vuelco del planteamiento en el mundo de la historia política y de las ideas se añadieron los pasos que se venían dando en el terreno de la sociología. Anthony Smith, que publicó en 1971 el primero de sus varios libros sobre el tema,[7] insertó también el fenómeno nacional en el proceso de modernización. Según este autor, se trataría de una respuesta de las élites culturales ante la contradicción, por una parte, entre las identidades y la cosmovisión religiosa tradicionales y, por otra, el Estado «científico» o moderno, al que Smith definía como organización política que administra los asuntos públicos de forma racional y calculada con el fin de elevar el nivel de vida del conjunto social, para lo cual centraliza y homogeneiza culturalmente. En esta situación de *impasse* o «legitimación dual», la *intelligentsia* reformista ofrecía, con el nacionalismo, una mezcla de eficacia modernizadora y reafirmación en la identidad tradicional. Introducía así Smith el papel de los intelectuales como agentes propulsores del nacionalismo, idea que habría de tener mucho desarrollo más tarde.

Los grandes cambios llegaron en los años setenta con Ernest Gellner, un antropólogo social centroeuropeo afincado en Inglaterra. El nacionalismo era, para él, un producto directo de la industrialización y la modernización, idea que produjo gran impacto debido a su monocausalidad, su rigor lógico y su relativa sencillez.[8] Gellner describía las sociedades tradicionales como compuestas de pequeñas comunidades rurales, dominadas por filiaciones familiares y aisladas del mundo exterior por la falta de comunicaciones y por la existencia de múltiples dialectos locales. Pero la estandarización de la producción industrial y el intenso intercambio mercantil aportados por la modernidad requirieron amplios espacios culturalmente homogéneos, a la vez que las nuevas relaciones de mercado crearon una nueva estratificación social y una nueva organización política, «no naturales», es decir, carentes de legitimidad tradicional. Ante todo ello, los estados y las élites dirigentes encontraron en el nacionalismo el instrumento que facilitaba el crecimiento económico, la integración social y la legitimación de la estructura de poder. Y se convirtieron en promotores entusiastas de estas identidades, favoreciendo la difusión de la conciencia nacional por medio, sobre todo, de la educación pública; a lo cual las élites de las culturas no dominantes, distintas a la elegida por el Estado como cultura oficial, respondieron protestando por su situación de desventaja e iniciando, en los casos extremos, la pugna por poseer un Estado propio. La hipótesis de Gellner era, por tanto, casi exactamente opuesta a la de Karl Marx. Si para este último el mundo industrial capitalista sustituiría los sentimientos nacionales por enfrentamientos basados en intereses de clase, para Gellner la sociedad moderna se había organizado alrededor de la cultura nacional, base a la vez del crecimiento económico, de la autoridad del Estado y de los derechos políticos de los ciudadanos. Por consiguiente, el nacionalismo no era sólo una «invención», como había dicho Kedourie, sino una invención interesada, funcional, consecuencia de –y respuesta a– un cambio estructural en el papel de la cultura.

Desde Inglaterra también, a comienzos de los ochenta, Benedict Anderson volvió a relacionar nacionalismo y procesos de comunicación e interacción social, aunque proyectándolo hacia una etapa histórica anterior.[9] Como antropólogo que era, Anderson comenzaba por rechazar que el nacionalismo fuese una ideología, como el liberalismo, el conservadurismo o el socialismo; se trataba más bien de un sistema o «artefacto» cultural, como la religión o la familia, (un «estado de ánimo», había escrito Kohn; un «constructo», diría quizás un psicólogo) que se basa en la predisposición a sacrificarse, hasta llegar a dar la vida, por la comunidad. De ahí su relación con las religiones, pues tiene que ver con la muerte, la inmortalidad y la permanencia, como había explicado Hayes. Las doctrinas no tienen que ver con la inmortalidad, decía Anderson (no cabría pensar, añadía con sorna, en la «tumba al marxista desconocido» o en el «monumento a los liberales caídos»). El nacionalismo en la Europa occidental reemplazó a la religión como vehículo que respondía de una manera imaginativa a los problemas y preocupaciones perennes en los seres humanos (la debilidad, la enfermedad, la soledad, el envejecimiento, la muerte); y, al igual que las religiones, estaba unido a un lenguaje sagrado compartido y a unos textos o manuscritos fundacionales.

Las naciones serían, según la original y afortunada expresión de Anderson –que ha sido repetida *ad nauseam* por los científicos sociales posteriores–, «comunidades imaginadas», o imaginarias, entes sólo existentes en la mente de sus seguidores, que presentan a los grandes grupos humanos en los que el individuo está inmerso como «fraternidades» donde reina una cierta igualdad y camaradería interna a pesar de las distancias geográficas y las diferencias ideológicas o de clase social. Otra originalidad de Anderson era que retrotraía los orígenes de este sentimiento comunitario a la revolución técnica en los medios de comunicación que se inició con la imprenta y a las grandes conmociones derivadas de las guerras de religión. Fue entonces cuando se extendieron en grandes territorios europeos textos –biblias, al principio– escritos en una misma lengua, lo cual posibilitó la creación de nuevos espacios mucho más amplios que los anteriores con una homogeneidad cultural interna. De los textos religiosos, la imprenta pasó a difundir textos literarios, que también fomentaron la identificación colectiva con ciertos personajes y episodios imaginarios, y en épocas posteriores se difundieron mapas, imágenes, objetos de culto, libros de historia, que integraron la mente de los individuos en comunidades culturales a las que se llamó naciones y que fueron fomentadas por los estados, interesados en utilizarlas como legitimadoras de su autoridad.

Eric Hobsbawm, prominente representante de la historiografía marxista británica, reforzó poco después este giro en los estudios del nacionalismo con otro libro, también de gran impacto,[10] en el que comenzaba por afirmar que «la característica básica de la nación moderna y de todo lo relacionado con ella es su modernidad»; una modernidad que para él se iniciaba con la Revolución francesa y abarcaba los siglos XIX y XX. Hobsbawm no sólo negaba antigüedad a las naciones, sino que les negaba *realidad*: son «artefactos inventados», etéreos, imaginados, no entidades susceptibles de ser establecidas y analizadas a partir de factores objetivos, tales como la raza o la lengua. Para lo cual repasaba, una vez más, los diferentes criterios utilizados para fundamentar la existencia de naciones, y de nuevo concluía que jamás se encuentra uno que pueda ser aplicado a los distintos casos con un mínimo de rigor y generalidad; todos son «borrosos, cambiantes y ambiguos», y su aplicación conjunta (una sociedad que sea homogénea a la vez desde un punto de vista racial, lingüístico, religioso, con permanencia histórica, etc.) es un mero sueño.

Las naciones eran, por tanto, para Hobsbawm, construcciones artificiales, «utopías compensatorias» instrumentalizadas al servicio de fines políticos. Este último aspecto era el que más le interesaba. Porque, aunque estemos hablando de un fenómeno contemporáneo, su historia es ya suficientemente larga como para distinguir etapas en las que la nación ha servido a objetivos diferentes. Como buen racionalista y progresista, el historiador británico valoraba el nacionalismo en función de su adecuación a los ideales democratizadores, a su capacidad de integrar a sectores de población en la comunidad política: hubo, según él, un nacionalismo liberal, el del siglo XIX, cuando el principio nacional servía para ampliar mercados y abrir espacios políticos emancipados del absolutismo monárquico o de las ataduras feudales. En aquella etapa, los defensores o portadores del liberalismo nacional eran las élites ilustradas y las clases medias, que se hallaban en plena fase revolucionaria y creativa. La definición nacional, por entonces, no se basaba en la lengua ni en la raza, sino en la ciudadanía y en la participación en una cultura política. El principio de las nacionalidades, además, se veía rebajado por dos criterios o creencias que lo complementaban y limitaban su alcance: el requisito de un «umbral» o tamaño mínimo, basado en la suposición de que sólo podían funcionar naciones de considerable extensión, y su inserción en una visión progresista de la historia humana, que convertía a las naciones en un mero peldaño del ascenso histórico que terminaría en la unificación de toda la humanidad. Se trataba, por tanto, de un nacionalismo que tendía a ser expansivo políticamente –a ampliar los espacios políticos, en vez de dividirlos– y que reconocía y respetaba la pluralidad cultural humana. Todo lo cual permitía caracterizar el fenómeno como progresivo dentro del devenir histórico.

Pero todo cambió –continuaba Hobsbawm– entre 1870 y 1914. La pequeña burguesía, y no las clases medias ilustradas, se convirtió en la portaestandarte de la idea nacional, fomentada por gobiernos interesados en bloquear los derroteros igualitarios e incluso socializantes hacia los que se encaminaba el liberalismo democrático. Y la nación se estrechó, como correspondía a la mentalidad y los intereses de sus defensores. Su definición se vio entonces dominada por elementos raciales o lingüísticos, y en su defensa se distinguieron caudillos populistas que excitaron a las nuevas masas urbanas con sentimientos xenófobos, antiobreros y antisemitas. Las calles de las principales ciudades europeas se vieron inundadas por muchedumbres enfervorizadas que jaleaban a gobiernos enzarzados en una histérica competición por dominar imperialmente el mundo, y que aceptaban crédulamente cualquier calumnia sobre los extranjeros o sobre sus «enemigos interiores», es decir, sus minorías culturales. Todo lo cual llevaría a las dos guerras mundiales y a los fascismos. A la vez, frente a los nacionalismos estatales surgieron los nacionalismos alternativos o secesionistas, que en su pugna por crear su propio espacio político acentuaron la cerrazón cultural frente al exterior y, por consiguiente, la intolerancia y una particular mezquindad provinciana.

Hobsbawm complementó este libro con otro, firmado junto con Ralph Samuel, dedicado a analizar la «invención de la tradición», la conmemoración del pasado en términos nacionales, un fenómeno típico de la Europa de finales del siglo XVIII a comienzos del XX.[11] Por «invención de la tradición» entendían, según sus propias palabras, «un conjunto de prácticas y de rituales de carácter simbólico, regidos por reglas expresas o por normas aceptadas tácitamente, cuyo objetivo es inculcar ciertos valores y normas de conducta por repetición, lo cual automáticamente supone continuidad con el pasado». Las funciones de este conjunto ritual son varias, todas ellas útiles para los gobernantes: se produce una cierta cohesión social en torno a un pasado imaginario, fortaleciendo así a la comunidad frente a la desintegración y la atomización propias de la modernidad; se socializa a las generaciones jóvenes en unas creencias, sistemas valorativos y códigos de conducta compartidos, que se suponen tradicionales de esa sociedad; y se refuerza la autoridad de las instituciones políticas actuales al convertirlas en herederas de otras cuyo origen se hunde en la noche de los tiempos. Los ejemplos preferidos de Hobsbawm y Samuel procedían de la historia británica del siglo XIX: la erección del Parlamento, en falso estilo gótico, y la institución de las ceremonias de la coronación.

Un término más que quedó consagrado en esta nueva visión de los nacionalismos fue el de la «nacionalización de las masas», procedente de una obra pionera de George L. Mosse que llevaba este título. Mosse había investigado en ella y expuesto con envidiable agudeza el proceso de nacionalización alemán del XIX que terminaría en el nazismo: el sentido de pertenencia a la comunidad se lograba, en ese caso, por medio de la participación en desfiles, manifestaciones y mítines o por la incorporación al paisaje urbano de monumentos patrióticos; toda una «participación» nada institucionalizada ni democrática, pero que satisfacía suficientemente al público al que iba destinada.[12]

Un proceso de nacionalización de masas, aunque no lo llamara así, fue también el que estudió Eugen Weber en Francia. Pese a que Francia suele presentarse como el caso de mayor «éxito» en términos de construcción de una fuerte identidad cultural por parte del Estado, Weber demostró que, desde los jacobinos durante la Gran Revolución hasta, sobre todo, los gobernantes de la Tercera República, el Estado consiguió convertir en «francesa» a una población antes definida sólo como «campesina», principalmente por medio de la educación pública y el servicio militar obligatorio.[13] Sobre el caso inglés elaboró un importante libro Linda Colley, en el que estudiaba la forja de la identidad británica a lo largo, sobre todo, del siglo XVIII, a partir del protestantismo, la insularidad y la rivalidad bélica con Francia.[14] Sobre ambos, Weber y Colley, volveremos en el segundo capítulo, al analizar los distintos casos europeos.

Los senderos abiertos por todos estos autores dieron lugar a un gran florecimiento de estudios en los años noventa. Especialmente original fue quizás el libro del estadounidense Michael Billig, *El nacionalismo banal*.[15] Tendemos a creer, sostenía este autor, que el nacionalismo es exótico, periférico, ajeno; al usar este término pensamos en figuras como Jean-Marie Le Pen o Slobodan Milosevic, que nos parecen ridículos o peligrosos. Pero hay un nacionalismo propio que nos pasa desapercibido y que tenemos tan interiorizado que no lo consideramos amenazador, sino tranquilizador e incluso gratificante. El nacionalismo, sin embargo, sigue presente en el Occidente europeo, cuna del modelo del Estado-nación. No hace falta mencionar las guerras, el fascismo, el terrorismo o el separatismo. El nacionalismo sobrevive en los hábitos ideológicos que permiten a los estados establecidos reproducirse diariamente. La nación se introduce en los ciudadanos todos los días, de una manera inconsciente, como parte de su normalidad. La identidad no hay que buscarla en la mente de los individuos, sino en los símbolos diarios, en la calle: en el himno nacional que se canta en los acontecimientos deportivos, como la entrega de medallas de los Juegos Olímpicos; en la bandera nacional que cuelga del edificio de correos y a la que, en caso de que le prestemos atención, no consideraremos opresora ni vigilante. Es nacionalismo «banal»; no despierta pasiones. Pero banal no quiere decir benigno –termina Billig–; porque el nacionalismo, como Jano, tiene dos caras. Por un lado, cultiva una identidad primordial, que se presenta como antigua, familiar y protectora. Y por otro, se pone al servicio de una estructura política actual, moderna, que posee ejércitos y armamentos; y predispone a utilizarlos, es decir, ayuda psicológicamente a tomar decisiones bélicas. Lo cual, visto desde Estados Unidos, es un problema: porque en un mundo que se cree globalizado, sujeto a unas normas racionales y pactadas, se recurre en último extremo para imponerlas al uso de la fuerza por parte de un Estado-gendarme, los Estados Unidos de América, que se apoya en una retórica y unas actitudes nacionales convencionales.

Otra obra de interés de finales de los noventa, claramente adscrita a la interpretación «modernista» de los nacionalismos y decidida a aplicarla a casos particulares, fue *La creación de las identidades nacionales*, de Anne-Marie Thiesse.[16] Esta historiadora francesa trabajó sobre la construcción cultural de las naciones en términos comparativos. Para ella, ha existido un modelo estándar –un «sistema IKEA»– de construcción de identidades nacionales, que permite diferentes montajes a partir de las mismas categorías básicas. La primera fase de esta construcción, y la parte inicial y más brillante de su libro, se dedica a lo que llama la «identificación de los antepasados». Para ello parte del caso de James Macpherson, el gran farsante escocés que en la segunda mitad del XVIII compuso una serie de poemas épicos, que dijo haber escuchado en lejanas islas del mar del Norte y traducido del gaélico, y presentó como obra de «Ossian, hijo de Fingal», un bardo que habría vivido en la antigüedad. La obra de Macpherson provocó el entusiasmo de los muy respetables ilustrados escoceses, quizás el mejor conjunto de mentes europeas del momento pero necesitados, por lo que se ve, de apoyos fantasiosos de este tipo para reivindicar su cultura frente al creciente predominio inglés. Thiesse rastrea en los sucesivos capítulos las imitaciones de aquella supuesta epopeya primitiva en Alemania, Francia, el mundo balcánico, el eslavo, el Imperio austrohúngaro y Escandinavia. En todas partes se encontraron héroes medievales cuya aparición coincidió con la emergencia de la lengua nacional (porque en la lengua, como explicaba en aquellos mismos años Herder, reside el genio de la nación) y que dieron lugar a cantares de gesta o a romances populares de innegable significado identitario; incluso hay casos en que los eruditos embarcados en la búsqueda de romances o cantares de gesta fueron subvencionados por potencias vecinas cuando éstas estaban interesadas en fomentar una conciencia nacional en el país (por ejemplo, en Bulgaria, donde los filólogos medievalistas recibieron el apoyo de los zares para fomentar el nacimiento de una identidad propia frente al Imperio otomano). Es lástima que Thiesse no dedique ningún apartado al caso español, porque sin duda hubiera podido incluir en su lista los trabajos de Ramón Menéndez Pidal sobre el romancero y, en especial, sobre el Cid Campeador.

El resto de la obra de Thiesse tiene menos originalidad, pero complementa su visión modernista o constructivista. En la construcción nacional, a la fase de la identificación de los antepasados sigue, según esta autora, la fijación del folclore y la conversión de este conjunto en «cultura de masas». Para ello estudia las exposiciones internacionales, los museos etnográficos, la artesanía, los sellos postales, los sistemas educativos, la popularización del deporte, el excursionismo, los parques nacionales, los llamamientos a reforzar la «virilidad» como dique contra la inmoralidad moderna y, finalmente, las campañas de limpieza étnica que alcanzaron su culminación con los regímenes fascistas y comunistas. De esta forma, la nación queda finalmente construida, tras un largo proceso comenzado por un puñado de individuos decididos a demostrar que la nación existe. Unos individuos que pertenecen a las élites creadoras y difusoras de productos culturales, pero que presentan su tarea como mero descubrimiento y exhibición de algo cuyo autor es un etéreo «pueblo».

Quedaban así establecidas las grandes líneas que habían dado un vuelco al estudio sobre los nacionalismos en la segunda mitad del siglo XX. La nueva manera de entender el problema, producto de todos estos trabajos, y asociada clásicamente a los nombres de Gellner, Anderson o Hobsbawm, fue llamada «modernista» o «constructivista», frente a la tradicional, catalogada como «etnicista» o «primordialista».

De la nueva manera de entender el fenómeno nacional atrajo especialmente el interés de los investigadores el proceso de «etnicización» de la *polity*, es decir, la difusión por parte del Estado de pautas culturales y lingüísticas oficiales entre sus ciudadanos. Todos recordaban la célebre observación del ministro Massimo D'Azeglio en 1870, al poco de haber conseguido completar la unidad italiana: «ya tenemos Italia; ahora hay que crear italianos». Este fue el programa, muchas veces explícito, de los gobernantes de los estados-nación nacidos en los siglos XIX y XX. Fuera de Europa, resultó fácil comprobar que así se planeó y se llevó a cabo en países recién descolonizados o de inmigrantes, como Argentina o Estados Unidos, donde todavía hoy se canta el himno nacional o se jura cada día la bandera en las escuelas primarias. La explicación era obvia: había que nacionalizar a los recién independizados o recién llegados. Pero lo raro, lo que realmente alteraba las presuposiciones comunes sobre la antigüedad de los pueblos, es que un proceso de nacionalización semejante se hubiera producido también en los estados europeos, muchos de ellos con profundas raíces en los siglos premodernos. La conclusión de aquellos estudios demostró, sin embargo, que en toda la Europa del XIX se inventaron banderas y fiestas nacionales, himnos patrios, ceremonias y ritos colectivos que reemplazaron a los viejos rituales regios, se crearon instituciones culturales que sustituían el adjetivo «real» por el de «nacional»... Sólo las entidades políticas que supieron llevar a cabo tal proceso con éxito consiguieron sobrevivir. Las que fueron incapaces de llevarlo a cabo –como el Imperio de los Habsburgo, el otomano o la república veneciana– desaparecieron, pese a poseer una existencia histórica pluricentenaria.

DEBATES SOBRE EL NUEVO PARADIGMA

El éxito de este nuevo enfoque sobre los problemas e identidades nacionales fue tan completo y fulgurante que dio lugar a toda una moda académica, acompañada de la inevitable carga de exageraciones, que en algunos casos rayaron en lo caricaturesco. Como una floración otoñal de setas, por todas partes aparecieron libros y artículos sobre «la invención de» tal o cual identidad o gesta histórica antes considerada natural o indiscutible.

Entre las posiciones más sofisticadas e imaginativas que se derivaron de la visión modernista habría que mencionar a la llamada escuela de los «estudios subalternos» o «poscoloniales». El más estimable de los autores de este grupo fue Partha Chatterjee, autor de *The Nation and its Fragments*, aparecido en 1993.[17] Poeta, historiador y politólogo indio, profesor de Columbia y Calcuta, Chatterjee ahondó en el planteamiento de Benedict Anderson, que aceptaba en lo fundamental, aunque se preguntaba si las «comunidades imaginadas» surgidas en el mundo colonial eran meras réplicas del modelo europeo. Sobre este último punto, su respuesta era negativa. La nación poscolonial no fue una mera imitación del patrón europeo, porque tal cosa significaría creer que incluso la imaginación de los sometidos había sido colonizada. Europa sería, en ese caso, la creadora del modelo opresor y también la del modelo liberador. Frente a ello, Chatterjee defendía que el nacionalismo anticolonial fue distinto al europeo. La nación clásica habría sido, según él, una invención de las élites dominantes para excluir a los grupos sometidos o marginados, como los colonizados, desde luego, pero también los campesinos o las mujeres. Su discurso había girado alrededor de ejes conceptuales como «civilización» y «modernidad», creaciones al servicio de la dominación. La nación, el Estado, la modernidad, el progreso, todas ellas serían, para este autor, categorías urbanas, machistas y eurocéntricas, que excluyen a los dominados. La visión anticolonial, en cambio, inició su travesía dividiendo el mundo de la cultura en dos partes: la «material», que incluía la economía, la ciencia y el poder estatal, en la que no se cuestionaba la superioridad europea; y la «espiritual», referida a las religiones, las castas, los géneros, la familia y el mundo rural. Estos últimos terrenos, en los que los asiáticos se consideraron superiores, fueron los utilizados para construir su identidad.

Por esta vía de análisis del «canon narrativo nacional» se internó en esos mismos años Homi Bhabha, profesor de literatura, igualmente indio, pero integrado también en el mundo académico angloamericano. En su *Nation and Narration*, de 1990, analizó distintas «narrativas nacionales» a partir de autores europeos, americanos y asiáticos. Desde una perspectiva posestructuralista y posmoderna, Bhabha definía la nación como un mero «acto narrativo», alrededor de un «pueblo», constante protagonista del relato, que «progresa» hasta convertirse en ente independiente y plenamente realizado. Pero la narrativa siempre es ambivalente, siempre puede ser «deconstruida» y encontrar en ella la doble cara de Jano, infinitamente compleja, compuesta por hibridaciones y camuflajes. Lo esencial es explicar los mitos o «ficciones fundacionales» para averiguar cuándo se convierte un grupo humano en «pueblo»; normalmente, cuando se construye contra un «otro», sea ése el colonizado o el colonizador, según las perspectivas. Lacan, Derrida o Foucault campan por sus respetos en los escritos de Bhabha. La prosa de este autor es tan densa y de difícil comprensión que le hizo ganar, en el mundo académico americano, un premio en la «Bad Writing Competition».[18]

Como era de esperar, éstos y otros excesos sirvieron de pretexto para una reacción contra los nuevos planteamientos sobre naciones y nacionalismos, que obviamente contradecían los estereotipos reinantes hasta entonces –el llamado «sentido común»; en este caso, la visión nacionalista del mundo, indiscutible hasta poco antes–.

Las primeras distancias frente a la nueva visión de las naciones llegaron quizás del campo de los politólogos. Todo lo escrito sobre estos temas era demasiado socio-cultural y relegaba a un segundo lugar los aspectos políticos, una carencia que fue suplida, principalmente, por John Breuilly y Charles Tilly. El primero, historiador y politólogo británico, especializado en Alemania, publicó un importante libro en 1982, *Nationalism and the State*, donde establecía desde el principio que «el nacionalismo es una forma de hacer política» y que, por tanto, era necesario llegar a una visión global de las políticas seguidas por los movimientos nacionalistas. Partía de tres presupuestos muy sensatos: que la existencia de la nación, con sus rasgos culturales propios, es el punto de partida indiscutible para los nacionalistas; que los intereses de esta nación son anteriores y superiores a cualquier otro; y que la nación debe alcanzar el mayor grado de autogobierno posible, culminando en la independencia. A partir de estos presupuestos, hacía una especie de «historia comparativa», que conducía a una tipología de los nacionalismos según sus objetivos políticos: distinguía, entre otras categorías, nacionalismos unificadores (Alemania, Italia), separatistas (húngaros, checos, rumanos, serbios, griegos, búlgaros), anticoloniales (Kenia, India), modernizadores (China, Japón, Turquía), panafricanismos y panarabismos...[19]

Charles Tilly, politólogo, sociólogo e historiador que nunca trabajó directamente sobre el fenómeno del nacionalismo, sino sobre la movilización social y la construcción de los estados, entendió que la forma política de mayor éxito en el mundo moderno era el Estado-nación (o el «Estado consolidado», como él prefiere llamarlo, «un poder amplio y especializado sobre territorios heterogéneos a cuyos ciudadanos se impone un sistema unitario fiscal, monetario, judicial, legislativo, militar y cultural»).[20] En su conocida línea weberiana,[21] su punto de partida era la constatación de que los estados europeos habían sobrevivido, o se habían expandido, por medio de la guerra. Y hacer la guerra con éxito requiere acumular recursos por parte del Estado, sean económicos o coercitivos. Los centros de poder son focos de concentración de capital o de coerción: de lo primero serían buen ejemplo Venecia o las ciudades del norte de Italia, que acumulaban capital y compraban con él a mercenarios su defensa militar; la monarquía castellano-aragonesa, en cambio, sería el caso opuesto («intensiva en coerción»). Los centros de poder, embriones de estados, que se revelaron incapaces para concentrar suficiente cantidad de capital o coerción perecieron a manos de sus rivales. El éxito sin precedentes del Estado-nación se derivó de su capacidad de acumular y de combinar recursos y de la innovadora formación de ejércitos y flotas permanentes, reclutados entre, y financiados por, la población que caía dentro de su jurisdicción. De esta forma se impuso sobre otras organizaciones territoriales a veces más ricas y más desarrolladas culturalmente (como las monarquías francesa y española se impusieron sobre las ciudades-Estado italianas).

Para Tilly, por tanto, los estados modernos han intentado acumular la mayor cantidad posible de recursos, para lo cual han formado y sostenido una burocracia encargada de controlar la población y recaudar impuestos. La necesidad de mantener y expandir los ejércitos obligó, a su vez, a crear la noción de ciudadanía (basada en deberes que posteriormente condujeron a derechos), a fomentar un discurso patriótico que orientara la lealtad primordial hacia el Estado, desviándola de las lealtades locales o estamentales y a una mayor homogeneización y asimilación cultural de grandes áreas. Lo que demostró que el discurso legitimador es también un recurso; y el Estado moderno hizo girar ese discurso alrededor del patriotismo, sinónimo de nacionalismo. La cultura fue una forma de asegurar los sistemas de control sobre las actividades y recursos de sus súbditos. El poder se identificó con una tradición lingüística, artística e histórica, la que tenía más cercana o le resultaba más funcional, a la que otorgó prioridad sobre las restantes culturas existentes dentro del territorio que dominaba; y puso el sistema educativo, las subvenciones públicas, las instituciones culturales y los símbolos colectivos al servicio de esa cultura oficial o nacional.

El nacionalismo tiene así un doble efecto: por un lado, homogeneiza la sociedad hasta proporciones hasta entonces desconocidas, al imponer una lengua, cultura, sistema educativo y, en definitiva, una identidad, uniformes; por otro, relegitima el Estado debido precisamente a la existencia de esa cultura homogénea que integra a la población. Pero este segundo aspecto conduce a una consecuencia contradictoria con el primero: dado que el poder del Estado se ha incrementado de forma espectacular en los últimos siglos de la historia europea y que verse excluidas de tal poder representa una desventaja muy superior a lo que había significado en épocas anteriores, las élites políticas, económicas o culturales de las culturas minoritarias o periféricas no se conforman ya con su anterior posición de *brokers* o intermediarios, sino que reclaman un trozo del pastel estatal, o un pastel completo para ellos solos. De ahí que, frente al nacionalismo dirigido por el Estado (al que Tilly llama *state-led nationalism*), surjan los nacionalismos secesionistas, o aspirantes a crear un Estado *(state-seeking nationalisms)*. El principio de la correspondencia entre un «pueblo» y un poder político proporciona tales ventajas al grupo que controla ese poder (y lleva a tales esfuerzos de asimilación e intolerancia respecto de las culturas minoritarias) que da lugar a la movilización contra el mismo por parte de minorías culturales excluidas de esas ventajas. Así, el *state-led nationalism* generó los *state-seeking nationalisms*.

El planteamiento de Tilly no era quizás muy innovador, pero era claro y potente, y con terminología muy precisa, especialmente aplicable a los fenómenos revolucionarios o de movilización social. Aunque la unilinealidad del esquema deja al margen, como suele ocurrir en este autor, fenómenos culturales y simbólicos complejos; y se aplica con dificultad a casos particulares, como demuestran las decepcionantes páginas que dedica a España. En todo caso, a los efectos que aquí interesan, con la referencia a Breuilly y Tilly cerraré esta lista de autores, ya demasiado larga, porque fueron ellos quienes insistieron, con razón, en la importancia de los factores políticos junto con los culturales –objeto, hasta entonces, de la atención principal de la mayoría de los estudiosos– en todo proceso de nacionalización.

Otras advertencias y cautelas sobre la nueva visión de los nacionalismos vinieron sobre todo de la mano de historiadores especializados en épocas anteriores a la contemporánea. Especial interés tuvieron las obras de Hugh Seton-Watson y John Armstrong, que plantearon la cuestión de las raíces premodernas de las naciones.[22] Seton-Watson, reputado historiador británico, destacó la importancia de las *old continuous nations* en Europa: no todo era «moderno» (contemporáneo, diríamos en español) en el nacionalismo; no todo eran unidades políticas formadas en el siglo XIX a partir del *Zollverein* o de las doctrinas de Giuseppe Mazzini; también existían las viejas monarquías europeas que, tras un largo proceso, acabaron adaptándose al formato del Estado-nación. Este autor incluyó en su análisis factores culturales, como la religión o la lengua; económicos, como la ampliación de mercados; y sociales, como las movilizaciones de protesta; pero sobre todo destacó los aspectos políticos, como el desarrollo de las monarquías, especialmente importante en los casos inglés o francés, modelos paradigmáticos de las naciones europeas. Armstrong, por su parte, en un recorrido de impresionante amplitud, se preguntó también por las raíces premodernas de las identidades nacionales, comparando las ciudades bajo-medievales de base comercial con las nuevas monarquías militarizadas o las culturas sedentarias (como la cristiana europea), frente a las nómadas (el Islam). De especial interés para el caso ibérico es su atención a las peculiaridades de aquellas sociedades que son *antemurale* o frontera defensiva frente a otra religión u otro mundo cultural radicalmente distintos.

La reacción de estos historiadores fue muy saludable y es inevitable tener presente, a partir de ella, que sin duda puede hablarse de «naciones» desde la Edad Moderna temprana, siempre que por el término nación entendamos identidad étnica, sin pretensión de ser políticamente soberana. Y que al nacionalismo moderno sólo se le puede aplicar el término «invención» con la condición de que no se considere equivalente a producir algo de la nada, sino a construir sobre sentimientos y elementos culturales preexistentes.

Una posición relativamente crítica frente al «modernismo» y cercana al «primordialismo» ha sido defendida, entre los mejores científicos sociales expertos en nacionalismo, por el británico Anthony D. Smith, que defiende lo que él llama «etnosimbolismo» (nombre al que a veces añade el adjetivo «histórico»). Smith se distancia de los modernistas, a los que llama «gastrónomos», capaces de combinar diversos elementos para crear naciones de la nada. Según él, no comprenden que «lo que da al nacionalismo su poder», la base sobre la que se crean las naciones, son «los mitos, las memorias, tradiciones y símbolos del legado étnico, y las formas en las que un pasado vivido popularmente ha sido, y puede ser, redescubierto y reinterpretado por las modernas élites intelectuales nacionalistas».[23] A partir sobre todo de los ejemplos francés e inglés, Smith insiste en la antigüedad de las naciones y su continuidad histórica. Pero a la vez evita caer en el «perennialismo» (como llama él a lo que la mayoría denomina «primordialismo»), es decir, en la creencia de que el fenómeno nacional es algo constante y natural, que puede ser descubierto como los restos geológicos, levantando capas o estratos históricos.[24] Frente a esto, coincide con el enfoque modernista en que las naciones no son naturales, sino que han sido construidas en tiempos relativamente recientes.

Smith cree, por tanto, que las naciones modernas han sido «construidas», en los términos propuestos por Gellner o Hobsbawm, ya que la memoria étnica, las tradiciones, están siendo constantemente reelaboradas. Pero defiende la realidad y continuidad de los grupos étnicos (para los que acuña el neologismo inglés *ethnies*), cuya persistencia puede ser muy larga en el tiempo. Estas etnias se definen, para él, por cinco rasgos: nombre colectivo, mito de ascendencia común, historia y cultura compartidas, conciencia de solidaridad y asociación con un territorio en el que creen hallarse establecidos desde hace tiempo.[25] Por otra parte, Smith defiende la existencia de naciones y estados nacionales premodernos y sólo cree aplicables las teorías «modernistas» a las naciones creadas por los movimientos nacionalistas de los siglos XIX y XX. Sus posiciones han ido evolucionando con los años, acercándose cada vez más al primordialismo.

En esta vía ha insistido también Josep Llobera, antropólogo de origen catalán, nacido en La Habana, y que ha trabajado durante la mayor parte de su vida en Inglaterra. Llobera niega que el nacionalismo sea un fenómeno exclusivamente moderno, aunque a la vez admite que ciertos factores ligados a la modernidad, como el capitalismo o el surgimiento del Estado, han forjado un tipo específico de nacionalismo moderno. Su tesis principal consiste en defender la existencia de «realidades nacionales» y «patriotismos» muy antiguos –en el caso europeo, que es en el que se centra, desde la Edad Media–, que sólo pueden explicarse en términos de *longue durée*. Se opone, por tanto, a Gellner, Hobsbawm y el resto de los «modernistas», en este aspecto. Pero no niega que con la modernidad surge un nuevo tipo de nacionalismo, ligado a los estados-nación, cuya intención es homogeneizar culturalmente la sociedad que dominan. Y para analizar este segundo tipo de fenómenos comparte las tesis de los modernistas, aunque insiste en que todo lo construido en tiempos modernos se apoya en tradiciones culturales preexistentes.[26]

Ni Smith ni Llobera rechazan, por tanto, frontalmente las tesis «modernistas». Lo que hacen es distinguir entre nacionalismos modernos y fenómenos mucho más antiguos, como las «etnias» –Smith–, las «tradiciones culturales» o los «patriotismos» –Llobera–. Vistas así, sus posiciones son compatibles con la nueva visión modernista. La principal diferencia sería que lo que ellos llaman nacionalismos no son sino patriotismos étnicos, pues no se apoyan en la afirmación de la soberanía colectiva de esas etnias sobre un cierto territorio, fenómeno característico y exclusivo del nacionalismo moderno.

Las reacciones más abiertamente opuestas a las teorías modernistas han corrido a cargo de Adrian Hastings y, en tiempos más recientes, de Azar Gat. Hastings, sacerdote católico británico dedicado en los años cincuenta y sesenta a funciones misionales en África, enseñó más tarde sobre temas religiosos en diversas universidades británicas y africanas. Publicó su *The Construction of Nationhood* en 1996, escrito explícitamente como una respuesta a Hobsbawm.[27] Este último autor es para Hastings el paradigma de la explicación modernista de los nacionalismos, que subestima gravemente, en su opinión, el papel de la religión en la construcción de las naciones europeas. La religión, y específicamente la judeo-cristiana, aporta a la idea nacional la noción de «pueblo elegido» en conexión, además, con un territorio que le ha sido asignado por la divinidad. Es, por tanto, en la Biblia donde se encuentra, según este autor, el modelo originario para la idea nacional. Sin embargo, y de forma no del todo coherente, Hastings cree que la nación prototípica de la historia –imitada más tarde por todos los demás estados y grupos étnicos– fue Inglaterra, cuyos orígenes remonta al siglo IX. En todo caso, propone abandonar la conexión entre nación y modernidad si se quiere avanzar en la comprensión de este tipo de fenómenos. Su libro rema, por tanto, en dirección opuesta a la corriente dominante en estos terrenos, si bien contiene ideas interesantes, como la extensión de la literatura oral como medio para crear la autoimagen colectiva.

Esta reacción contra las tesis modernistas ha sido llevada al extremo por Azar Gat, historiador militar israelí que ha hecho una incursión por este campo defendiendo un primordialismo radical. A partir de una posición general favorable a la existencia e importancia de las identidades culturales (con afirmaciones que podrían ser compartidas por cualquiera, como que «la identidad, la solidaridad y la cooperación entre gentes que comparten cultura y parentesco [...] posee una honda raigambre en la psique humana»), equipara con excesiva soltura estas identidades a las naciones, con lo que concluye que el fenómeno nacional no sólo es antiguo sino constante en la historia humana. Para él, prácticamente cualquier formación política es «nacional» si en ella se da «alguna relación», «una congruencia aproximada», entre rasgos étnicos y estructuras de poder. Y como la vinculación entre etnias y poder político ha sido «la situación en todo el mundo desde la aparición de los estados hace milenios», concluye que «el Estado nacional es tan antiguo como el Estado mismo». Definidos de esta manera tan laxa, los estados nacionales han existido «desde hace milenios», «desde los albores de la historia», y además «en todo el planeta». Dado que «un grupo étnico dominante» controlaba los resortes de poder, Gat llama «estados nacionales» a la cultura sumeria, al Egipto faraónico, al Imperio mongol o al turco; Y, desde luego, a las monarquías dinásticas europeas. Cualquier sentimiento étnico –el de los yanomamis, por ejemplo– es equiparable a la identidad de los alemanes de la época de Hitler.[28]

Para sostener una tesis tan radical, se ve obligado a caricaturizar, por un lado, la explicación modernista. Dice, por ejemplo, que para

Gellner o Hobsbawm las naciones son un fenómeno «reciente y superficial», y que creen «irrelevantes» los rasgos étnicos.[29] Distorsiona, por otro, los datos históricos conocidos, negando que para la construcción nacional haya sido importante la alfabetización, pues el campesinado analfabeto adquirió su identidad cultural a través de la religión. O defiende, contra toda evidencia, que el pueblo participó intensa y voluntariamente en los conflictos prenacionales de los siglos XVI-XVIII: el pueblo, «subordinado en lo económico, lo social y lo político», se identificaba sin embargo con su colectivo etnonacional a la hora de hacer frente a los forasteros»; fue «el pueblo» quien acaudilló las revoluciones inglesa, estadounidense o francesa, o la sublevación catalana de 1640; «el Estado podía confiar normalmente en la lealtad de sus súbditos ante la amenaza de un invasor extranjero».[30] Otras afirmaciones que lanza, y que difícilmente aceptaría un historiador serio, son que en Europa apenas había diversidad dialectal o que los monarcas nacidos fueran del país eran excepcionales. Por último, menciona mil antecedentes de «naciones» existentes desde tiempos remotos que han llegado hasta hoy (serbios, croatas, búlgaros, húngaros), pero olvida la cantidad infinitamente superior de identidades que no han sobrevivido.[31] Sólo le interesa la continuidad.

Podría resumirse la crítica a la posición de Gat diciendo que, tal como se manejan los conceptos actualmente, tergiversa dos términos esenciales: llama «Estado» a cualquier sistema de poder y «nación» a cualquier grupo con rasgos culturales o étnicos compartidos. Con lo que considera «Estado nacional» a toda estructura de poder marcada por algún elemento étnico, aunque éste se reduzca a la cúspide, sin intención alguna de homogeneizar culturalmente al conjunto de la sociedad ni mucho menos de declarar a ese conjunto sujeto de la soberanía. Le basta con que haya «un pueblo o etnia dominante» que tenga «la sartén por el mango», cosa que ocurre en cualquier imperio.[32] Gat no es, en fin, un intelectual que intenta comprender un problema, sino un abogado de la causa nacionalista.

En resumen, el enfoque modernista del nacionalismo no ha sido aún cuestionado seriamente. Las críticas aparecidas tienden a caer sospechosamente cerca del esencialismo y sus tesis son aplaudidas, naturalmente, por los nacionalistas militantes. Con las rectificaciones aportadas por los historiadores modernistas, y sin olvidar las observaciones de Smith y Llobera, el giro sigue siendo defendible. Aunque no vendría mal cambiarlo de nombre y llamar a la nueva manera de entender los fenómenos nacionales «historicista», en lugar de «modernista», «constructivista» o «instrumentalista» (este último adjetivo, sobre todo, rechazable porque da a entender que es maniobra consciente y conspiratoria). Y contraponerla con la anterior concepción de estos fenómenos, a la que convendrían adjetivos como «esencialista», «naturalista» o «perennialista» (adjetivo, este último, propuesto por Anthony D. Smith).

Reducido a su idea esencial, la clave del giro intelectual en la comprensión de las naciones y los nacionalismos es que éstos no son fenómenos naturales, sino creación de la historia. Que sean creaciones tan recientes como algunos modernistas han defendido o haya que insistir más en sus antecedentes culturales (cuando la cuestión no tenía tanta carga política) son cuestiones más discutibles. Los modernistas han podido exagerar lo reciente de la «invención» de ciertos rasgos culturales. Pero el nuevo significado que dieron a la nación las revoluciones liberales, el hecho de hacer a la colectividad soberana y el establecimiento de la igualdad entre sus miembros, la conversión de la lealtad a la nación en el principio legal y el anclaje ideológico supremo, imprimió un cambio esencial a las identidades políticas. La nación triunfó sobre cualquier otra identidad colectiva y se permitió homogeneizar y desarraigar culturas minoritarias.

FIN DE ETAPA. QUÉ CREEMOS SABER HOY SOBRE NACIONES Y NACIONALISMOS

Resumamos, pues, las conclusiones a las que nos llevan los estudios modernos sobre naciones y nacionalismos.

En primer lugar, lo que han hecho estos trabajos es *relativizar el fenómeno*, es decir, reducir su presencia a un cierto lugar y momento de la historia de la humanidad: Europa, a partir de las revoluciones liberales. Pertenecer a una nación no es un rasgo permanente ni esencial a la especie humana. Durante la inmensa mayoría del tiempo pretérito sobre el que poseemos datos, nuestros antecesores han vivido dentro de las más diversas organizaciones políticas (desde las pequeñas unidades tribales hasta los imperios burocráticos centralizados, pasando por el feudalismo, las ciudades-Estado o las monarquías patrimoniales), todas ellas con un rasgo común: que sus fronteras no coincidían con «naciones», en el sentido actual del término. Como tampoco coincidía con éstas la identificación de los súbditos, que se sentían miembros de comunidades mucho más pequeñas que la nación (parroquias, aldeas, comarcas, linajes, gremios, estamentos), insertas a su vez en mundos culturales mucho más grandes (la Cristiandad, el Islam). Al revés de lo que ocurriría en el mundo contemporáneo, no se consideraba en absoluto contrario al orden natural de las cosas que el monarca o el noble que les regía fuera «extranjero». Sólo con el romanticismo llegó el principio de las nacionalidades, lo que dio lugar, según hemos dicho y repetido, al intento de adecuar las fronteras políticas a las unidades étnico-culturales; pero también a toda una reinterpretación de la cultura, y de la historia en particular, en términos nacionales.

Las identidades nacionales no son, pues, eternas. No son hechos naturales, objetivos, estables, como los ríos o las montañas, sino construcciones de carácter contingente que, debido a una confluencia de circunstancias, políticas sobre todo, surgieron en algún momento del pasado (un momento no fechable, ni repentino, sino incierto y lento), han tenido vigencia a lo largo de un lapso de tiempo más o menos largo (lo que de ningún modo significa que hayan mantenido un significado inalterado durante todo ese tiempo) y han acabado, o acabarán algún día, por desaparecer (pues nada es eterno en la historia, y menos aún las identidades colectivas, contra lo que tienden a creer los creyentes o militantes de cualquiera de ellas).

La segunda conclusión que se deduce de estos estudios recientes se relaciona con la *artificialidad* y la *instrumentalización política* de las identidades nacionales. Como resumió James Anderson en 1986, «las naciones han sido creadas, y creadas en una época relativamente reciente, por el nacionalismo y los nacionalistas».[33] Los sentimientos nacionales surgen con un cierto grado de espontaneidad, pues la identificación y la solidaridad con la gente cercana y con la que se comparten rasgos culturales es natural, pero también son inculcados intencionadamente con fines políticos, bien sea por el Estado, que se beneficia de sus funciones legitimadoras e integradoras del cuerpo social, o bien por élites políticas rivales, interesadas en sustituir las estructuras existentes por otras más favorables para ellas.

Esta segunda conclusión ha llevado a concentrar la atención en los agentes que manipulan o impulsan los procesos de nacionalización. Ningún trabajo actual sobre el tema puede prescindir de este aspecto. Y no basta con hablar del «Estado»; hay que especificar. Ante todo, porque el aparato estatal se encuentra bajo el control de grupos de funcionarios y políticos, con diferentes ideologías e intereses según las épocas o circunstancias. Pero además porque no siempre es el Estado el impulsor o «inventor» del nacionalismo, ya que hay nacionalismos que cuestionan los estados existentes; en este caso, hay que estudiar las élites con vocación política, excluidas o relegadas por el sistema de poder actual y decididas a construir (y controlar) un marco distinto.

Esta importancia de las élites nacionalistas ya fue apuntada por Anthony D. Smith y Ernest Gellner y desarrollada poco después por Miroslav Hroch.[34] Historiador y politólogo checo, a Hroch se debe un célebre esquema sobre las tres fases que habitualmente sigue toda movilización nacionalista: la primera, o fase A, corresponde a lo que llama «nacionalismo cultural», es decir, al desarrollo de los estudios sobre temas lingüísticos e históricos del grupo étnico en cuestión (en situación políticamente subordinada siempre, para él), que ni salen del ámbito de las élites cultas ni conducen a reivindicaciones políticas; la fase B es de agitación o reorientación de esta conciencia particularista hacia temas políticos, lo que hace que, aunque el movimiento siga siendo minoritario, estas élites ya no puramente académicas o intelectuales comiencen a sentir más lealtad hacia su «nación» que hacia el Estado; y la fase C es la de expansión hasta convertirse en un auténtico movimiento popular o de masas. Un esquema sencillo, de cierta rigidez y sólo aplicable a los nacionalismos no estatales, pero útil como marco que permite plantear investigaciones ulteriores; y un intento de describir las élites nacionalistas: importancia del clero, junto con estudiantes, funcionarios y profesionales liberales.

Este camino fue el que siguió Andreas Kappeler, historiador suizo especializado en el mundo eslavo, en un volumen dirigido por él sobre *La formación de las élites nacionales*.[35] Se planteó allí cuestiones tales como a qué llamamos propiamente élites y cuál es la diferencia entre ideólogos, activistas y dirigentes políticos; a qué grupos sociales pertenecían estas élites, cuál era su procedencia geográfica y su profesión; cómo se habían formado y cuál fue la parte que tuvieron en esa formación las instituciones educativas convencionales; cómo se organizaron durante la pugna por la liberación nacional, qué estrategias adoptaron y qué objetivos persiguieron; cuáles fueron los canales y redes de comunicación entre ellos y con el resto del grupo étnico; qué mitos colectivos crearon y cómo los integraron en un argumento o ideología que condujera a reivindicaciones nacionalistas coherentes. Un buen conjunto de preguntas que su grupo investigador aplicaba de manera sistemática a distintos casos europeos: polacos, irlandeses, checos, ucranianos, macedonios, daneses en Alemania y alemanes en Dinamarca. Tras el estudio de casos, el libro terminaba con una serie de trabajos comparativos que trataban de sintetizar y responder globalmente a las preguntas previas: procedencia social y geográfica de los grupos activistas, papel de las instituciones de enseñanza y de los canales de comunicación, rasgos de las organizaciones nacionales, proceso de creación de mitos históricos y su papel en el surgimiento de una conciencia nacionalista. España estaba representada por un capítulo de Gerhard Brunn sobre las élites catalanistas desde mediados del siglo XIX a comienzos del XX, que, en vez de limitarse a historia institucional del nacionalismo catalán, intentaba penetrar en la composición social de los grupos dirigentes, desde los primeros focos catalanistas hasta la Unió Federal Nacionalista Republicana (UFNR), en la que, por ejemplo, en comparación con la Lliga, descendían notablemente abogados, industriales y financieros y aumentaban comerciantes, periodistas, intelectuales y profesionales no juristas.

Esta primacía otorgada a las élites impulsoras no quiere decir que el proceso de nacionalización esté teledirigido ni programado de antemano, como no lo están en general los fenómenos históricos. Pero sí que existen actores que influyen sobre él. Ahora bien, como en cualquier otra operación política, pueden tener importancia decisiva acontecimientos estrictamente casuales. Baste recordar a este respecto un par de hechos tan azarosos como las muertes de dos príncipes que influyeron de manera crucial en el rumbo histórico de la península Ibérica: la primera, la del príncipe don Juan, único heredero varón de los Reyes Católicos, destinado a regir los inmensos territorios –castellanos y aragoneses, italianos y americanos– acumulados por los Trastámara y cuya temprana desaparición hizo que la jugosa herencia recayera en los Habsburgo germano-flamencos; la segunda, muy cercana en el tiempo, la del hijo del matrimonio de Fernando de Aragón con Germana de Foix, que de haber sobrevivido hubiera dado lugar a una nueva separación de los reinos de Castilla y Aragón, tal como estaba previsto en las capitulaciones matrimoniales firmadas por ambos (una prueba, por cierto, de que en la mente de Fernando no había la menor intención de crear la «unidad nacional» española, sino de acumular el máximo posible de territorios y legarlos a sus descendientes).

Otra conclusión que se deduce de lo que se acaba de decir sobre la acción de las élites es que no existe un único proceso de nacionalización. Lo que hay son procesos paralelos, o cruzados, que pueden cooperar, complementarse, rivalizar o entrar en pugna abierta, pues las élites con ambiciones políticas son variadas y compiten entre sí. Esto es especialmente evidente en el caso español, donde desde finales del siglo XIX han coexistido primero y rivalizado más tarde las identidades periféricas («regionales» en un primer momento y «nacionales» después) con la española, que tampoco ha sido única y homogénea (piénsese en el abismo que hay entre el nacionalcatolicismo de Marcelino Menéndez Pelayo y el españolismo laico y progresista de Francisco Giner de los Ríos o de Manuel Azaña).

El estudio de las identidades nacionales exige, por tanto, partir de la premisa de que estamos tratando de entes *construidos* culturalmente, *en constante cambio*, *manipulables* al servicio de fines políticos y *perecederos*. En ninguno de estos aspectos es el sujeto nacional una excepción en el mundo de las identidades colectivas. Porque todas estas identidades, incluyendo algunas tan arraigadas en datos fisiológicos como las de género, tienen mucho de cultural o construido.[36] Aunque, a la vez, esta misma referencia al género nos puede hacer comprender que el hecho de que una identidad sea sobre todo cultural, y no natural, no quiere decir que sea arbitraria. Tampoco la nación lo es. Éste no es un terreno en el que se pueda predicar el «todo vale». Construir un proyecto nacional que tenga posibilidades de ser aceptado por el público al que se pretende atraer requiere, como mínimo, hacerlo sobre rasgos culturales preexistentes y creíbles. Un buen ejemplo reciente de la dificultad de inventarse una identidad de la nada, o con muy escasa tradición, ha sido el intento en el que lleva empeñado Umberto Bossi desde hace décadas de construir una «Padania» capaz de rivalizar con la identidad italiana heredada.

Sin embargo, sí puede postularse una peculiaridad como propia de la nación frente a otras identidades colectivas, y tiene que ver con su nacimiento en el momento histórico en que se ampliaba la participación popular en el poder. Cuando, para enfrentarse a los príncipes «soberanos» hereditarios, que creían haber recibido su autoridad del cielo, los revolucionarios de finales del XVIII (o del XVII, en el prematuro caso inglés) inventaron el concepto de «pueblo» o «nación» como único portador legítimo de la soberanía, vincularon de manera estable la adquisición de derechos políticos a la pertenencia a ese sujeto colectivo. La nación, como observó hace ya algún tiempo el historiador británico Edmund Morgan, tiene unas consecuencias políticas únicas, incomparablemente mayores a las de cualquier otra identidad.[37] Por un lado, legitima el poder; por otro, genera derechos políticos para los «nacionales». De ahí la extraordinaria conflictividad que ha suscitado en el mundo moderno y las pugnas por pertenecer a esta «comunidad imaginada», o por adueñarse de ella (es decir, por controlar la definición de sus rasgos), cosa que no se produce de forma tan crispada alrededor de otras identidades colectivas, como las de género, clase, edad o incluso –al menos en la secularizada Europa contemporánea– religión.

La lealtad religiosa fue precisamente el otro gran criterio para la formación de identidades grupales con el que tuvieron que competir durante milenios quienes anclaban la autoestima en los lazos de sangre –familias, linajes, clanes o pueblos–. En el caso europeo, a los inacabables conflictos entre señores se añadieron durante toda la Edad Media cruzadas promovidas por reyes y papas y, en el otro lado del arco político, movimientos subversivos legitimados también por supuestos mandatos divinos, como las herejías o las explosiones de signo milenario. La religión siguió todavía dominando buena parte de la conflictividad en la Edad Moderna temprana, época en la que las guerras dinásticas entre Habsburgos y Valois o Borbones coexistieron con sangrientos enfrentamientos entre católicos y protestantes, a la vez que se mantenían las hostilidades entre el mundo musulmán y el cristiano. Es posible que una protesta como la de los Comuneros de Castilla no alcanzara el atractivo político necesario para el triunfo precisamente por plantearse en términos excesivamente laicos, es decir, por su prematura modernidad.[38] Quién sabe si esa revuelta, desarrollada sólo diez o veinte años más tarde y combinada con algún tipo de disidencia religiosa (por ejemplo, una revisión del cristianismo como la defendida por Lutero), no hubiera tenido mayores posibilidades de éxito.

Esto último fue, en efecto, lo que ocurrió con la Revolución inglesa de mediados del XVII, momento en que la tradición autóctona del *freeborn Englishman*, nacida con la Carta Magna, se combinó con la nueva retórica puritana con el objetivo de limitar el poder absoluto del monarca por medio de la institución parlamentaria. En el curso de aquel enfrentamiento se utilizó profusamente el término «pueblo» *(people, country, Commonwealth)* para hacer referencia a una fuente de legitimidad alternativa al derecho divino del monarca.[39] El «pueblo» se convirtió además, para los presbiterianos, en pueblo cristiano reformado o «verdadero», versión del Pueblo Elegido. Los diputados del *Parlamento largo* enfrentados con Carlos I Estuardo optaron por actuar en nombre de ese hasta entonces etéreo ente colectivo y le transfirieron la cualidad de «soberano», prerrogativa divina que previamente sólo el rey había osado arrogarse. No por azar, fue también en Inglaterra y en aquella época cuando alcanzaron notoriedad historias de la colectividad en términos cuasinacionales, como la *History of Britain* escrita por John Milton, en el siglo de la revolución, o la *History of England*, de David Hume, en el siguiente.

Aquel fue un giro crucial en la modernidad europea, porque significó el comienzo de la exitosa carrera de la «nación», personaje colectivo destinado a convertirse en titular exclusivo de la soberanía. La existencia de naciones fue el supuesto sobre el que construiría todo su edificio doctrinal el liberalismo del siglo XIX. Tanto los revolucionarios Giuseppe Garibaldi, Aleksandr Herzen o Mijaíl Bakunin como los moderados John Stuart Mill o Alexis de Tocqueville fundamentaron su idea de la libertad en una creencia acrítica en las naciones.[40] Fue incluso habitual justificar el proyecto liberal como un retorno o recuperación de aquella era dorada, de aquella situación ideal –caracterizada por la unidad, la independencia o la hegemonía– que le había sido injustamente arrebatada a la nación en un pasado remoto; así lo hizo, por ejemplo, Agustín de Argüelles al presentar la Constitución gaditana. Más que a discutir a fondo su proyecto político, las élites europeas dedicaron su tiempo a diseñar los símbolos identificadores que servían para distinguir a quienes pertenecían al grupo sobre el que proyectaban su programa emancipador. Sin necesidad de planearlo, casi por simple exigencia de los tiempos, se procedió en toda Europa a una frenética invención de banderas, himnos y otros distintivos de la colectividad, a partir de elementos culturales preexistentes, como la lengua, la religión o el folclore.

Cuando se ve con cierta perspectiva temporal –y hemos vivido ya lo suficiente bajo el paraguas de las naciones como para poder empezar a distanciarnos del fenómeno–, impresiona la fuerza con que se ha mantenido la creencia en un tipo de identidad como la nacional a lo largo de un período tan agitado y competitivo como estos dos últimos siglos. Porque en este período la nación ha tenido que competir con otros mitos y colectividades ideales de enorme atractivo, que han pugnado duramente por ocupar el relativo vacío dejado por las legitimidades dinástica y sagrada. Los ilustrados habían presentado la historia como impulsada por la *razón*, encarnada en las élites poseedoras de la cultura, grupo al que consideraban dirigente natural del conjunto social.

Liberales y románticos pensaron más bien en héroes individuales, luchadores y mártires por la libertad y el progreso del conjunto social, pero a la vez aceptaron la idea de que estos genios expresaban el «espíritu colectivo». Los socialistas, más tarde, pusieron sus esperanzas en la *clase obrera* como predestinada a realizar la promesa de la igualdad y justicia en la tierra, y éste fue un sujeto que cautivó durante mucho tiempo a amplias capas de la población europea –no todos, ni mucho menos, trabajadores manuales–. Casi a la vez iniciaron su curso los movimientos *feministas*, basados en diferencias biológicas y tabúes sociales mucho más evidentes que las culturas y opresiones nacionales. Y, sin embargo, la nación se impuso sobre todos ellos y acabó protagonizando de forma casi constante la lucha política de los últimos siglos europeos y, recientemente, mundiales.

Para ello ha sabido adoptar transformaciones camaleónicas: se ha combinado con la libertad frente a los monarcas absolutos en las revoluciones euroamericanas de los siglos XVIII y XIX; con la democracia en la «primavera de los pueblos» de 1848; con el conservadurismo y las ambiciones imperialistas europeas entre el final del siglo XIX y los fascismos; con el socialismo en la URSS de Iósif Stalin o en la Cuba castrista; con los movimientos de liberación colonial contra los imperios europeos que dominaban Asia y África; y en la última década del siglo XX resurgió triunfante, como el ave fénix, entre las ruinas humeantes del «socialismo real» en la Unión Soviética o Yugoslavia. En definitiva, el nacionalismo ha sido una fórmula sencilla, potente y, sobre todo, plurifuncional, pues ha permitido, según el objetivo hacia el que sus impulsores orientaran su acción, inspirar movimientos tendentes a rectificar las fronteras existentes, combinarse con un programa democratizador, con otro socialista, con otro conservador, con otro simplemente modernizador o con otro expansivo, militarista e imperial. De una u otra forma, la nación ha acabado por ser la protagonista de los acontecimientos principales de los últimos siglos (eso que suele convencionalmente llamarse la historia, con minúscula).

Pero, a los efectos que aquí interesan, la nación ha sido sobre todo la protagonista de ese campo del saber al que llamamos Historia, con mayúscula, que consiste en un relato elaborado, es decir, en una construcción intelectual sobre los hechos del pasado. La mayor parte de los libros de Historia escritos entre las revoluciones liberales y la Segunda Guerra Mundial han tomado a la nación como marco, e incluso como protagonista fundamental, del relato. Ésta ha sido la época de las grandes Historias de Francia, Inglaterra o Alemania y en ese ambiente fue en el que Modesto Lafuente, y otros cuantos después de él, escribieron también la de España. Pese a que se ha tratado de un período en que dominaban las preocupaciones científicas, y la Historia en particular se regía por el positivismo y una crítica documental muy depurada, nunca se cuestionó la premisa fundamental de la que estos libros partían: que el sujeto del relato fuera la nación, una realidad para ellos objetiva y cuyo pasado retrotraían los autores –ansiosos por demostrar la existencia inmemorial de su héroe colectivo– a épocas remotísimas.

Este enfoque nacional de la Historia es el que, tras haber dominado durante más de dos siglos, hoy –como una consecuencia más, desde luego, de la revisión *modernista* o *historicista* del tema nacional– está en cuestión.

CONSECUENCIAS PARA EL HISTORIADOR

La primera consecuencia de esta nueva manera de enfocar los nacionalismos es que los profesionales de la Historia nos vemos obligados a reconocer que no somos meros testigos objetivos, ajenos a este proceso, sino que intervenimos en él. Lo cual, bien pensado, es lógico, porque la Historia nunca ha estado exenta de funciones políticas. Como botón de muestra cercano, baste mencionar los debates que hemos vivido en la España de las últimas décadas, y en especial en los dos últimos años del siglo XX, sobre la enseñanza de la Historia.[41] Nadie creerá que si se discutió tanto entonces fue a causa de una preocupación genuina por un mejor conocimiento del pasado. Lo que hubo fueron pugnas entre las élites políticas por controlar los mitos fundacionales, por imponer una versión del pasado colectivo cargada de los valores que se supone marcan o identifican a nuestra comunidad.

Nada de esto es nuevo, desde luego. La Historia, hay que repetirlo, siempre ha cumplido funciones políticas. Y tampoco ha sido sólo la nación la que se ha esforzado por controlar la visión del pasado. Lo hicieron también las religiones, como lo hicieron los gremios, los municipios o las familias nobles. Si en algo nos diferenciamos los actuales historiadores de quienes nos precedieron en el oficio es en que, al menos, somos conscientes de ello. Nuestros antecesores inmediatos, al aceptar sin reservas que la nación era el objeto y el protagonista del relato histórico, daban por sentada su existencia de forma natural; no comprendían que, al plantear sus obras en términos nacionales, estaban contribuyendo a «construir» –a «inventar», diría un instrumentalista radical– la nación. El historiador de hoy (siempre que no milite, por supuesto, en las filas de algún nacionalismo) sabe que es así.

Una segunda consecuencia de la nueva situación es que el historiador que aborde el tema de las identidades nacionales y sea consciente de todos estos problemas debe hacer un esfuerzo por «historizar» su trabajo, es decir, por no proyectar hacia el pasado los sujetos políticos que hoy dominan la escena, como si fueran permanentes, sino por aceptar el carácter mutante del protagonista de su relato. Lo cual contradice el sentido común y se opone a la creencia dominante entre los historiadores desde hace milenios sobre la realidad incuestionable, y perenne, de la identidad de sus héroes (aunque sean colectivos). Lo cual era comprensible cuando la Historia consistía en crónicas regias y giraba en torno a guerras o disputas sucesorias, pues nadie duda de la realidad de los sujetos individuales; lo más que se puede objetar es que, en algún caso concreto, el tal héroe nunca existió, sino que ha sido una invención posterior. Pero la cuestión se complica cuando de lo que tratamos es de identidades colectivas. Aunque, en realidad, entre los grandes héroes y los grupos hubo y sigue habiendo una conexión, ya que se ha considerado tradicionalmente que las hazañas y glorias individuales demuestran las cualidades psicológicas y éticas de una familia o clan, trasmitidas a través de la sangre a las generaciones sucesivas. De los linajes nobiliarios o las dinastías reales se expandió esta idea a unidades más grandes, como los imperios egipcio, persa o romano, o a *gentes* o pueblos como los germánicos que sucedieron al Imperio romano y esbozaron algunas de las futuras identidades nacionales europeas. Todos ellos, y no sólo las naciones modernas, generaron considerables dosis de identidad y orgullo «patriótico» que se reflejan en la retórica de la época y que deforman los relatos sobre su pasado.

Y aquí, tanto al referirnos a la función política de la Historia como al hablar de las hazañas legendarias como generadores de identidad, encontramos la relación de la Historia con el mito, su antecesor, de quien ha heredado tan pesadas cargas. Pese a que, en principio, mito e Historia deberían ser cosas muy distintas.

Llamamos mito a un relato «fundacional» que describe «la actuación ejemplar de unos personajes extraordinarios en un tiempo memorable y lejano».[42] Versa sobre las hazañas y penalidades de unos héroes y mártires que fueron los padres ancestrales de nuestro linaje y cuya conducta encarna los valores que deben regir nuestra comunidad de manera permanente. No es Historia, porque no se basa en hechos documentados; pero de ningún modo es un mero relato de ficción, destinado al entretenimiento, pese a que su belleza formal también pueda hacerle cumplir esa función. Como destacó Claude Lévi-Strauss, responde, por el contrario, a una pregunta existencial: narra la creación del mundo, el origen de la vida o la explicación de la muerte, a partir de dualidades fundamentales, como bien/mal, dioses/hombres o vida/muerte. En términos del psicólogo Rollo May, el mito es un «asidero existencial», algo que explica el sentido de la vida y de la muerte. Expresa deseos –que el héroe intenta llevar a la práctica–, perversiones y temores –encarnados en monstruos–, e intenta reconciliar esos polos opuestos para paliar nuestra angustia. El mito no es en modo alguno inocuo, sino que está cargado de símbolos, de palabras y acciones llenas de significado. Su objetivo es dar lecciones morales, ser vehículo portador de los valores que vertebran la comunidad. Por lo que tiene, como cualquier antropólogo sabe, enorme interés para entender las sociedades humanas. Desde el punto de vista político, su importancia se deriva de que crea *identidad* y proporciona *autoestima*. Los individuos que sufren una amnesia total carecen de identidad. Y las comunidades humanas, cuando aceptan o interiorizan un relato sobre su pasado común –un relato cargado de símbolos, como el mito–, construyen a partir de él todo un marco referencial, al que se llama *cultura*, en el que consiste su identidad colectiva y que proporciona estabilidad y seguridad a sus miembros. El mito es algo, por tanto, muy digno de análisis y su existencia es sin duda imprescindible. Pero no nos confundamos: no es Historia. Porque no busca, ni aparenta buscar, un conocimiento contrastado de los hechos pretéritos.

La Historia pertenece a un género radicalmente diferente. Porque pretende ser un *saber* sobre el pasado; quiere estar regida por la objetividad, alcanzar el estatus de *ciencia*, como otros campos del conocimiento humano. Nunca será una ciencia dura, desde luego, comparable a la Biología o a la Química, ni tendrá el rigor lógico de las Matemáticas, no sólo porque se basa en datos interpretables, normalmente de origen subjetivo, sino porque, además, en su confección misma tiene mucho de narrativa, de artificio literario.[43] Quiere ser, sin embargo, una narrativa veraz, basada en pruebas documentales que se interpretan a la luz de un esquema racional. No es pura literatura de ficción, aunque algunos hayan llegado a proponer tal cosa, en pleno apogeo del «giro lingüístico».[44] En conjunto, por tanto, la Historia es una forma de referirse al pasado muy distinta al mito. Y, sin embargo, hay que reconocer, no sólo que aquélla tuvo su origen en éste, sino también, y sobre todo, que no puede evitar desempeñar funciones tales como crear identidad, proporcionar autoestima y legitimar propuestas políticas, bien como derecho a alcanzar antiguas promesas, bien como retorno a situaciones idealizadas de un pasado que se considera «nuestro».

Esta función clásica de la Historia, la creación de identidad, se puso a lo largo del siglo XIX y buena parte del XX al servicio de la nación, protagonista y marco del relato. Y este modelo es justamente lo que ha entrado en crisis en las últimas décadas, debido sin duda a la nueva forma de entender naciones y nacionalismos explicada en el apartado anterior, pero también a otros giros intelectuales en campos diversos. Repasaré brevemente tres de estos últimos, que creo especialmente influyentes.

El primero fue el propio marxismo, doctrina que desde su mismo nacimiento tuvo importantes repercusiones en la historiografía. Para empezar, porque su interpretación del pasado tomaba como protagonistas a las clases, en lugar de a las naciones; pero además porque insistía en que los verdaderos sujetos de la historia no se movían impulsados por motivos idealistas, sino por una defensa natural, casi mecánica, de sus intereses materiales. Al cambiar el sujeto y cambiar la motivación, el materialismo histórico supuso un doble vuelco radical en la forma de entender el pasado. Sin embargo, el ambiente positivista en que Marx se formó y escribió su obra hizo difícil que cambiara el objetivismo básico con que percibía a los sujetos. Las clases tenían para el marxismo una existencia *material*, eran *reales*, como las naciones lo son para los nacionalistas. La realidad de las clases era independiente tanto de la voluntad de los individuos que las componían como del observador que las analizaba; hasta tal punto era así que existían incluso cuando no actuaban, cuando se hallaban en estado durmiente, cuando sus componentes no se sentían explotados y no se rebelaban; lo único que faltaba, en este caso, era que «tomaran conciencia» de su situación y actuaran en consecuencia.

Pero el propio éxito de la historiografía marxista le llevó a refinar sus planteamientos y llegó el momento en que hubo de prestar atención al proceso de creación de la identidad colectiva. En Inglaterra, donde se habían desarrollado los mejores trabajos inspirados por el materialismo histórico, Edward P. Thompson publicó a comienzos de los años sesenta un inolvidable libro sobre «la construcción» *(the making)* de la clase obrera inglesa.[45] Exponía allí la idea de que el proletariado inglés se había creado a sí mismo en el curso de su propia actuación rebelde; y explicaba detalladamente cómo un conjunto de experiencias propias de la Inglaterra de 1780-1830 había hecho surgir en distintos grupos y a partir de luchas particulares una conciencia común de «clase obrera». Ni Thompson ni los muchos historiadores que acogieron con aplauso su idea desarrollaron sus implicaciones teóricas de manera tan sistemática como para dar lugar a una escuela de pensamiento.[46] Pero abrieron el camino para la revisión del planteamiento histórico basado en sujetos objetivos.

No mucho después, comenzó a desarrollarse otra revolución intelectual de fuerte impacto sobre la Historia desde un campo muy diferente, como es el de la sociología de la movilización social. Frente a la idea clásica de que son los agravios o injusticias «objetivos» los que movilizan a quienes protestan, se empezó por observar que prácticamente en todas las sociedades conocidas en la historia humana se pueden detectar condiciones de desigualdad y opresión, y ciertamente no todas han registrado protestas sociales. Tampoco hay correlación entre el agravamiento de aquellas condiciones y la intensificación de la protesta (lo cual choca más aún con el sentido común, para el cual toda protesta se iniciaría a causa de la situación *crítica*, de opresión extrema, que viven sus protagonistas). Por el contrario, la protesta tiende a disminuir en períodos de extrema presión política y económica; sin duda, ante el temor a perder lo poco que se tiene, incluso el puesto de trabajo. Es decir, que para explicar la movilización social hacen falta otros factores no exactamente «materiales»; no basta con una comprensión mecánica de la realidad, con una «toma de conciencia» de la situación objetiva. Los problemas sociales, como cualquier otro, necesitan ser interpretados, adquirir un sentido, para impulsar a la acción. Para comprender que trabajamos en condiciones de explotación es preciso tener una concepción de lo que es justo e injusto, creer que es posible un orden alternativo al existente y, sobre todo, identificarse con un sujeto colectivo, un «nosotros», explotado por «ellos». El surgimiento de una identidad colectiva suficientemente convincente y atractiva como para generar solidaridad es crucial para toda movilización, pues sólo con ella se consigue que los individuos estén dispuestos a arriesgar su bienestar individual inmediato actuando en favor de un grupo al que perciben como propio y contra entes externos percibidos como enemigos. Pero estas identidades de ningún modo están dadas de antemano, sino que requieren una tarea educativa previa.

Un tercer y último terreno, muy distinto a los anteriores, desde el que se aportaron razones para un nuevo entendimiento de los sujetos históricos fue la crítica literaria, donde se produjo a partir de los años setenta el llamado «giro lingüístico». Todo partió, en efecto, de los avances en los estudios del lenguaje derivados de las escuelas de Ferdinand de Saussure y Roman Jakobson, que coincidían en señalar el carácter convencional del significado de las palabras. Los «signos» son arbitrarios, explicaba Saussure, es decir, no tienen carácter necesario ni motivado, no están encadenados a referencias externas; lo que al lingüista le importa son solamente las relaciones formales o combinaciones entre estos signos o palabras, porque en ellas se basa el sentido del lenguaje. El lenguaje era, pues, una mera forma, no una sustancia. Roman Jakobson, por su parte, insistió en las funciones del lenguaje, en su utilidad o la carga emocional a la que está adscrito; pero aceptaba igualmente que las palabras no representan adecuadamente el objeto al que nombran, sino que poseen un valor convencional, porque han sido asociadas a determinados sentimientos. De estos autores partieron el estructuralismo y la semiótica, que también se esforzaron por estudiar los lenguajes como sistemas de códigos y mitos, de estructuras inconscientes, de combinaciones y oposiciones. Estas teorías fueron llevadas al extremo por los posestructuralistas, como Jacques Derrida y Roland Barthes, quienes concluyeron que los significantes solamente se relacionan entre sí, y no en absoluto con el mundo exterior. No hay razón intrínseca alguna para que las palabras se refieran a algo específico, a una realidad externa concreta; sólo tienen significado convencional y adquieren valor o identidad únicamente por su oposición a otras palabras. De ahí que los estudiosos de la cultura no puedan pretender analizar más que una «cadena sin fin de significantes en la que el sentido siempre se ve diferido y en definitiva acaba sin encontrarse». El radical planteamiento de estos autores llevó al *deconstruccionismo*, según el cual un cuidadoso análisis de los textos y argumentos revela siempre una serie de oposiciones binarias, disfrazadas bajo una aparente coherencia, pero que pueden ser desplazadas y reorganizadas de otras muchas formas. Dicho en términos sencillos, un texto no tiene un sentido «verdadero» o «auténtico», pues lo único que contiene son referencias intertextuales; a todo discurso se le puede hacer decir lo contrario de lo que dice. El lenguaje no sólo no es real, en el sentido de que no contiene referencias a una realidad exterior, sino que es totalmente arbitrario, puede significar cualquier cosa. Y como, pese a ello, es el único instrumento del que disponemos para describir el mundo, la conclusión era devastadora para la Historia: sobre el pasado sólo disponemos de textos y lo más que podemos hacer es conexiones entre textos, sin relación alguna con la realidad. En términos de Foucault, la tarea del historiador se limita a establecer una *arqueología de discursos.*[47] De aquí el auge de la historia cultural y la proliferación de estudios sobre las diversas «invenciones» de realidades a partir del lenguaje.

De toda esta revolución lingüística retendré únicamente unas cuantas ideas: la primera, que las palabras sólo tienen un valor convencional; no son, en sí mismas, portadoras de un significado determinado ni se refieren a una realidad externa concreta. Por mucho que una lengua consiga perfeccionarse, sus palabras nunca podrán reflejar el mundo exterior de tal manera que reproduzcan con exactitud los objetos y fenómenos que nos rodean. Pero hay más. El lenguaje no sólo no trasluce realidades externas, sino que las «construye»; los seres humanos, al hablar, creamos universos en cuya realidad nosotros mismos acabamos creyendo. Más aún: los propios creadores y usuarios del lenguaje somos incapaces de controlarlo; «habitamos en el lenguaje», somos sus «prisioneros». Y, sin embargo, el lenguaje es nuestro único instrumento a través del cual podemos comunicarnos y podemos entender el legado de nuestros antepasados, aunque para esto último será preciso interpretarlo a través de los prismas culturales de la época en cuestión. En todo esto parecen estar de acuerdo los principales filósofos, críticos literarios, lingüistas e historiadores que, a lo largo de los últimos cincuenta años, han reflexionado sobre esta cuestión.

En resumen, pues, tanto desde la historiografía marxista británica como desde la sociología de la movilización social y la lingüística posestructuralista, se llegó a la conclusión, que hoy se considera una verdad adquirida dentro de las ciencias sociales, de que los actores históricos se mueven en una realidad que perciben a través de instrumentos culturales creados por el grupo social en el que viven. Los seres humanos, cuando actúan como miembros de comunidades –sean éstas naciones, clanes, linajes, razas, religiones, castas, clases sociales, grupos lingüísticos, grupos de género, etc.–, creen formar parte de entes objetivos, que existen en la vida social de una manera natural y permanente, pero en realidad pisan el terreno enormemente movedizo y fluido de las identidades culturales. Movedizo y fluido porque las identidades se hacen y deshacen constantemente a partir de un gran número de elementos, ya que las sociedades humanas están constituidas por un inmenso cruce de *cleavages* o divisiones sociales, económicas, culturales o geográficas (por no hablar de género, edad y tantos otros criterios que pueden dar lugar a distinciones de grupos), atributos todos ellos poseídos por cada individuo concreto en muy diversos grados (siendo los representantes de un prototipo cultural puro mucho más raros que las mezclas).

Lo cual implica que la posibilidad de formar combinaciones identificatorias es infinita (sobre todo, si se tiene en cuenta que sus inventores pueden referirse a momentos pretéritos convenientemente idealizados). Y que quienes en un momento dado logren diseñar una personalidad que resulte atractiva a un número suficiente de potenciales seguidores habrán ganado una primera batalla que va a marcar de manera decisiva todo el posterior desarrollo de cualquier enfrentamiento. Pensemos, por poner un ejemplo cercano, en una trabajadora vasca: según las circunstancias del momento y la influencia de su entorno, esta persona podría percibirse y actuar integrada en, como mínimo, tres sujetos colectivos distintos, con consecuencias radicalmente diferentes para su acción: como miembro de una clase, de una nación o de un género, es decir, como obrera (anteponiendo sus reivindicaciones laborales a todo conflicto nacionalista), como vasca (haciendo exactamente lo contrario) o como mujer (postergando cualquier reivindicación nacional o de clase ante la discriminación que sufre por su género). No digamos ya si se le añade la edad (puede ser una persona joven o jubilada y anteponer a todo lo anterior las reivindicaciones propias de su grupo de edad), la religión (puede ser y actuar ante todo como creyente y fiel a una iglesia), etc.

Tras todo lo dicho, se entenderá si concluimos que la nueva manera de entender las naciones convierte a éstas en *objetos* históricos. Lo cual cambia radicalmente la tarea del historiador actual en relación con la del historiador tradicional, que consideraba que la nación era el *sujeto* –indiscutido– de su relato. No es exagerado decir que esta visión nacionalista tradicional es hoy la lente deformadora más importante de las muchas que pueden afectar a nuestra visión del pasado. Porque el principal error de los libros de Historia de los siglos XIX y XX ha sido proyectar hacia atrás el Estado-nación, una forma política inexistente antes de las revoluciones antiabsolutistas. Las estructuras políticas dominantes en los siglos anteriores fueron imperios, monarquías, ciudades-Estado, jerarquías feudales, es decir, entidades territoriales más grandes o más pequeñas que las naciones modernas, donde convivían diferentes grupos étnicos sin que ello creara sensación de ilegitimidad a la autoridad. Pero es que, además, los seres humanos no siempre se han considerado a sí mismos encuadrados de manera primordial en categorías políticas (especialmente en épocas en que sus derechos fundamentales no se derivaban de su cualidad de súbditos de un determinado Estado). En el mundo medieval, por ejemplo, los individuos probablemente se hubieran definido como nobles o villanos, cristianos o musulmanes, hombres o mujeres, viejos o jóvenes, miembros de este o aquel linaje o familia, pertenecientes a tal o cual gremio o cofradía, vasallos del conde X o del rey Z, mucho antes de ocurrírseles mencionar que eran «aragoneses» (no digamos ya «españoles»). Por tanto, si queremos proporcionar una explicación de la realidad pretérita que se aproxime mínimamente a lo científico, deberíamos variar los esquemas explicativos según el período que queramos analizar, adaptar el nombre de nuestros protagonistas colectivos a los cambios que caracterizan las distintas etapas, hacer un relato menos unilineal, más cambiante; más «histórico», en suma.

Mejor será que nos preparemos, pues, para escribir, no una «Historia de España», ni de Francia, Portugal, Cataluña o Marruecos –por poner sólo ejemplos del entorno ibérico–, sino una Historia en la que cada capítulo esté protagonizado por un sujeto diferente: por las tribus, clanes o pueblos de la Iberia primitiva; por las colonias griegas o cartaginesas o por las provincias del Imperio romano asentadas sobre Hispania en la Antigüedad (rechazando, obviamente, hablar de una «España romana», o de una Cataluña o Portugal «romanas», porque carece de sentido histórico); por las unidades feudales, los distintos reinos o las corporaciones en la Edad Media (o culturas como la almorávide y la almohade, a caballo entre Marruecos, Andalucía y Portugal); por la «Monarquía católica» o hispánica, imperial, con sus muy variados componentes –tan ajenos unos a otros; pues incluiría a Flandes, sur de Italia, territorios americanos– en la Edad Moderna; y, finalmente, ya sí, por los estados-nación –España, Portugal, Francia– en la Edad Contemporánea. No es una tarea fácil, porque no hay nada tan fluctuante como la forma en que los seres humanos se han visto a sí mismos; y a medida que las sociedades que describamos sean más distantes en el tiempo tendremos que utilizar etiquetas cada vez más ajenas e incomprensibles para el lector actual.

SOBRE EL USO DE LOS TÉRMINOS

Con el fin de evitar que a los muchos problemas que genera el espinoso terreno de las identidades colectivas se añadan otros innecesarios derivados, simplemente, de malentendidos, intentaré ahora definir con alguna exactitud el sentido en el que a lo largo de este libro serán utilizados los vocablos más usados en relación con las naciones y los nacionalismos.

Descartemos, para empezar, toda visión «realista» del lenguaje, es decir, aceptemos que un debate sobre términos versa exclusivamente sobre convenciones y símbolos. Pero definir con la mayor precisión posible lo que creemos que significan nuestras convenciones o lo que proponemos que signifiquen es una obligación para un académico que aspira a plantear un problema de manera rigurosa y a convencer a sus colegas. Aclarar el sentido exacto de las palabras que se utilizan es siempre una obligación científica, porque la forma de presentar el problema, o de denominar las cosas, no es filosófica ni políticamente neutra, sino que encierra una toma de posición que predetermina, o al menos orienta, la resolución de los problemas. Ésa es la razón por la que incluso elegir las palabras y definir su significado resulta tan conflictivo. Y cuando se desea reducir la conflictividad se debe comenzar por proponer campos de acuerdo, al menos a un nivel tan básico como el semántico.

Las peleas sobre los términos no son, desde luego, nuevas. El debate filosófico más apasionado que se desarrolló en el Occidente cristiano entre los siglos XII y XIII, momento de la plenitud escolástica, versó sobre si los términos y conceptos utilizados por los seres humanos eran *reales* (o, más bien, eran *la única realidad* sustancial; si existían incluso *ante rem*, como esencias anteriores a las cosas), o si eran meros *nombres*, invenciones destinadas a expresar cualidades genéricas de los objetos y fenómenos particulares (y sólo existían, por tanto, *post rem*). La Iglesia tendió a inclinarse a favor de los escolásticos *realistas*, porque su filosofía convertía en realidades dogmas como la Santísima Trinidad o la Eucaristía, y vio en general con malos ojos a los *nominalistas*, en cuyo escepticismo intelectual detectaba una sospechosa incredulidad. Incluso el poeta y filósofo Abelardo, que intentó la vía media del *conceptualismo* (los universales sólo existen en nuestra mente, pero expresan rasgos comunes que existen en las cosas mismas), fue víctima de una larga persecución. Frente a esta tendencia dominante en el mundo eclesiástico, Guillermo de Ockham, en el siglo XIV, no sólo desarrolló el nominalismo de manera coherente sino que sentó las bases para el empirismo, la experimentación y la inducción, con lo que abrió el camino para la ciencia moderna.

En la primera mitad del siglo XX, los positivistas lógicos de la Escuela de Praga volvieron a defender, si no la realidad del lenguaje, sí la necesidad de convertirlo en un conjunto de herramientas «objetivas» que representaran de forma fidedigna el mundo exterior. Su pretensión era construir un lenguaje «científico», en el que cada palabra correspondiera a un objeto o fenómeno externo, a partir del cual se construyeran afirmaciones y teorías que pudieran ser comprobadas experimentalmente.

Este intento de construir un lenguaje cuyas palabras estén ligadas a significados arraigados en la realidad misma está hoy descartado por los especialistas, como hemos visto al hablar unas páginas más atrás del «giro lingüístico». Pero también es cierto que filósofos como John L. Austin han reflexionado sobre el lenguaje en otros términos, como un producto humano cuya función no esa sólo ni principalmente describir la realidad. En su teoría del «acto discursivo», Austin explicó que el lenguaje desempeña una función «performativa» (el simple hecho de hablar realiza, *performs*, un acto; la expresión «yo prometo» deja establecida una promesa, como el «sí, quiero» consagra un matrimonio o el «compro», una transmisión patrimonial). El lenguaje crea realidades sociales; porque, sobre todo, es social. Por otra parte, ni las más elaboradas críticas del lenguaje ni el innegable culto de nuestras sociedades hacia el escepticismo científico y la prueba experimental han sido capaces de evitar que en el terreno político tendamos aún a valorar las palabras como si fuesen portadoras de realidades sustanciales, como si no hicieran únicamente referencia a convenciones, creencias y símbolos. La humanidad sigue librando combates por los términos como si le fuera en ello la vida. Hagamos un esfuerzo, pues, por llegar a algún acuerdo al menos sobre el significado que les damos al usarlos.

Comenzaré, para ello, por analizar la palabra *nación*, nudo gordiano del problema. Y, dentro de ella, por un rápido repaso etimológico.

El término *natio* significó, en latín, comunidad de extranjeros, conjunto de personas unidas por un origen común, diferente al de la ciudad o el país en el que habitaban. En los barrios periféricos de la Roma imperial vivían las *nationes* de comerciantes sirios o de judíos de la diáspora. *Nationes* era el nombre que las universidades medievales utilizaban para referirse a grupos de estudiantes venidos de distintos países y que tenían sus propios gremios o guildas; la de París, la más internacional, se dividía entre *l'honorable nation de France*, que incluía a los hispanos e italianos, *la fidèle nation de Picardie* (picardos y flamencos), *la vénérable nation de Normandie* (celtas, en general) y *la constante nation de Germanie* (lenguas germánicas: Alemania, Austria, Inglaterra). Lo mismo hicieron los concilios eclesiásticos, que, ante el decreciente dominio del latín por parte de los obispos asistentes, se vieron obligados a dividirse en grupos lingüísticos o *nationes*. Estas divisiones llegaron, en ambos casos, a desarrollar más tarde un significado ideológico –naciones como partidos o facciones–, ya que esos grupos solían apoyar en bloque las opiniones defendidas por sus miembros más destacados (por ejemplo, los partidarios de diversos «antipapas» o los bohemios convertidos en «husitas»).[48]

La decadencia del latín y el avance de la diversidad idiomática ahondó el abismo entre las comunidades lingüísticas. Lo propio ocurrió con las divisiones religiosas, especialmente tras la Reforma protestante, como explicó Benedict Anderson. Pese al acuerdo principal con el que concluyeron las guerras de religión –*cuius regio, eius religio*–, estas identidades nunca coincidieron de manera plena con las fronteras políticas. Había grupos humanos ampliamente reconocidos como «naciones» que se iban asimilando a reinos, como el inglés, francés, holandés, español o danés, que acabarían siendo estados-nación. Existían también estados o imperios muy antiguos y bien establecidos que no se correspondían con «naciones»: Suecia, Venecia, Prusia, los estados pontificios, la monarquía de los Habsburgo, el Imperio otomano o el zarista (llamado habitualmente Rusia, pero con mucha población no rusa). Otras identidades ampliamente reconocidas como «naciones» en el viejo sentido corresponderían a lo que han sido durante largo tiempo, o siguen siendo hoy, naciones sin Estado: italianos, alemanes, húngaros, polacos, noruegos, escoceses, irlandeses, bretones, normandos, catalanes, vascos, eslovacos, ucranianos... Dada la inestabilidad de los reinos, había además grupos culturales que hoy son estados-nación y que en ciertos momentos fueron reinos independientes pero desaparecieron en otros (Polonia, Hungría, Bulgaria, Portugal). Es, pues, imposible defender que las monarquías o estructuras políticas del Antiguo Régimen coincidieran con, o representaran a, naciones.

Pero eso no significa negar que la lealtad a una misma dinastía o el hecho de pasar por múltiples guerras con enemigos relativamente constantes no fuera cultivando sentimientos de identidad que tendían a ajustarse a aquellas estructuras políticas, futuros estados modernos.

Recordemos, sin embargo, que el hecho de que en este período se hablara de «naciones» de ningún modo significa que dominara una visión nacionalista del mundo. Hasta las revoluciones antiabsolutistas no puede hablarse de una «conciencia nacional», ni prenacional, al no existir una teoría de la soberanía basada en las identidades colectivas. Las élites intelectuales y políticas que iban construyendo esas identidades, a diferencia de las élites nacionalistas posteriores, no pretendían construir una estructura política propia abierta a la participación popular. Pero la Revolución francesa hizo cambiar de la noche a la mañana el significado de los términos: el día de su inauguración, los Estados Generales todavía se proclamaron representantes del *peuple des nations françaises*; en pocos meses, esas naciones pasaron a ser sólo una, la francesa, que incluía a todos los ciudadanos del nuevo Estado, mientras que el término *peuple* quedó reservado para las clases bajas.

Hecho este somero repaso de sus orígenes y evolución, sobrevolemos también rápidamente las acepciones utilizadas actualmente en diccionarios y enciclopedias. Para poner orden en el análisis, propongo distinguir tres formas de entender el término «nación», a las que bautizaré como *estatalista*, *primordialista* y *voluntarista*.

La primera, la *estatalista*, tiene un contenido estrictamente político, pues identifica la nación con el Estado. Se halla muy extendida en el lenguaje coloquial, aunque para ello el Estado se defina también en términos poco rigurosos, no como estructura política y administrativa que rige un territorio sino como conjunto del territorio y los habitantes dominados por esa estructura de poder; es decir, en el sentido en el que se usa también –más adecuadamente, creo– el término «país» (combinación de espacio y población). A este uso corresponden, entre otras muchas, las dos primeras acepciones del *Diccionario de la lengua española* de la Real Academia Española (D.R.A.E.): «conjunto de habitantes de un país regido por el mismo gobierno» y «territorio de ese país». Que esta acepción se halle tan extendida es muy revelador del éxito que han conseguido los estados contemporáneos al presentarse como identificados con comunidades nacionales. De ahí que llamemos relaciones «internacionales» a las relaciones entre estados, Organización de las Naciones Unidas a una organización de estados o «nacionalización» de una empresa o un sector productivo a su transferencia al Estado. Pese a que este uso sea tan común, propongo evitarlo, porque induce a la confusión entre los términos «nación» y «Estado».[49]

La segunda forma de entender la nación, la *primordialista*, que también podríamos llamar etnicista o culturalista, está también muy generalizada: es la que presenta a la nación como una comunidad humana dotada de una esencial unidad cultural. El término «comunidad» se repite mucho en estas definiciones, lo cual no es irrelevante, pues da a entender que es más que un agregado de individuos y que tampoco es una entidad creada o pactada por sus ciudadanos o componentes, sino que es anterior a ellos. Es la tercera acepción del D.R.A.E. («conjunto de personas de un mismo origen y que generalmente hablan un mismo idioma y tienen una tradición común») y es también habitual en otras obras de referencia. Es una visión heredada de Herder y el romanticismo que domina, por supuesto, en los medios nacionalistas. Al principal problema que se alza ante ella me he referido ya: no es posible delimitar de manera nítida y objetiva los grupos humanos marcados por rasgos étnicos. Incluso aunque tal cosa fuera posible, estos rasgos no coinciden con los grupos que mayor conciencia nacional poseen. Existe innegable conciencia nacional en grupos humanos con varias lenguas (Suiza) o con varias razas o religiones (Estados Unidos). De hecho, la mayoría de los estados actuales no poseen religión homogénea ni están integrados por un mismo grupo étnico, lo cual no impide que entre sus habitantes domine una marcada conciencia «nacional». En algún caso, como ocurrió en la URSS, el Estado se presentaba abiertamente como una confederación de naciones, entendidas en este sentido étnico tradicional, según la célebre definición de Stalin («comunidad estable, históricamente formada y surgida sobre la base de la comunidad de idioma, de territorio, de vida económica y de psicología, definida ésta en la comunidad de cultura»); en los países árabes se utiliza habitualmente la expresión «nación árabe» para referirse al conjunto de todos ellos, sin que exista un único Estado. Quienes aceptan esta definición cultural de la nación conocen bien este hecho, pero se limitan a considerarlo excepcional.

Por otro lado, los cuatro rasgos étnicos clásicos de aparente objetividad (raza, lengua, religión, pasado histórico) conducen a otro que, en definitiva, es la piedra angular del asunto: una «forma de ser», una psicología colectiva, sobre cuya concreción, hay que añadir de inmediato, reina la más absoluta confusión y falta de acuerdo.

La conclusión sobre esta acepción culturalista o primordialista es, por tanto, que, al contrario que la estatalista, elimina por completo los aspectos políticos, con lo cual una nación no se diferencia de una *etnia* o, en términos más literarios, un *pueblo*. Porque etnia o pueblo son precisamente conjuntos de individuos que comparten o creen compartir rasgos culturales (lengua, religión, costumbres, rasgos físicos, códigos de conducta y valores), atribuidos a un pasado histórico común. La única diferencia con una nación sería quizás que no necesariamente se hallan asentados sobre un mismo territorio, como ocurre con los pueblos nómadas o sometidos a procesos de diáspora. No parece suficiente como para mantener este significado de nación como distinta a etnia o pueblo. Utilicemos, pues, estos últimos nombres y dejemos de hablar de nación en este segundo sentido, meramente culturalista.

He adjetivado como *voluntarista* la tercera acepción porque el rasgo que la distingue es que define a la nación como grupo humano caracterizado por su *voluntad* de constituir una comunidad política. Es decir, que a los elementos objetivos antes referidos se añade aquí uno subjetivo. Es algo a lo que han recurrido muchos autores desde que Ernest Renan pronunciara en 1882 su célebre conferencia en la que observó la importancia que para definir una nación tenían los recuerdos comunes, los proyectos de futuro compartidos, el sentimiento de pertenencia al grupo y el «plebiscito cotidiano» o la voluntad de vivir juntos.

Es curioso observar que el D. R. A. E. no incorpora esta acepción en la entrada «nación», sino en la de «patria»: «tierra natal o adoptiva ordenada como nación, a la que se siente ligado el ser humano por vínculos jurídicos, históricos y afectivos». En ediciones anteriores de este diccionario la definición era mucho más expresiva, y lo hacía en términos positivos y primera persona del plural: «nación propia nuestra, con la suma de cosas materiales e inmateriales, pasadas, presentes y futuras que cautivan la amorosa adhesión de los patriotas». La generalidad de los diccionarios y enciclopedias la describen también en estos términos.[50]

Este elemento subjetivo parece más adecuado para definir la nación que cualquier enfoque que vea en ella un ente dotado de rasgos culturales definibles en términos objetivos. Más que por unos rasgos étnicos nítidos, una nación es un grupo humano entre cuyos miembros domina la *conciencia de* poseer tales elementos diferenciadores. Carece de importancia que tal conciencia sea errónea en términos «objetivos» (por ejemplo, que reine la convicción de haber gozado en el pasado de independencia política cuando hay pleno acuerdo entre los historiadores de que tal situación nunca existió). Pero habría que insistir en que lo importante no es tanto la *conciencia* de pertenecer a un grupo como la *voluntad* de pertenencia (lo que la R. A. E. llama, tiernamente, «amorosa adhesión»), el *deseo* de ser miembro de ese grupo, diferenciado de los vecinos. En definitiva, volvemos a Renan: son naciones los grupos humanos que *quieren* ser nación y se comportan como si lo fueran.

Esta definición voluntarista parece, por tanto, la más aceptable. Pero son indispensables un par de añadidos. En primer lugar, debe tratarse de una población con un *asentamiento histórico concentrado y continuado sobre un determinado territorio* (o una conciencia de haber estado asentados allí, aunque históricamente sea dudoso, o se refiera a un asentamiento en tiempos remotos, como en el caso del sionismo y Palestina). Así lo reconocen incluso algunos de los enfoques culturalistas y, como vimos, también aparece en la definición de Stalin, por otra parte tan convencional. Si no se hallan asentados sobre un territorio, como ocurre en el caso de los grupos nómadas, por mucha que sea la evidencia de rasgos étnicos, no se habla de «nación»; piénsese en los gitanos, la etnia más claramente distinguible en la península Ibérica desde hace siglos y nunca definida como nación. Lo mismo ocurre si el asentamiento es disperso; un ejemplo serían los judíos antes del sionismo; o los grupos de color, o afroamericanos, en Estados Unidos, cuya situación plantea muchos problemas políticos, pero nunca en términos «nacionales»; muy distinto sería el caso si vivieran concentrados en uno o unos cuantos estados del sur; entonces sí sería plausible un planteamiento autonomista o independentista.

Por último, se requiere también un deseo de construir una *estructura política autónoma o propia* sobre tal territorio, basado en una conciencia de poseer derechos sobre el mismo. La nación es una etnia, un grupo dotado de una identidad cultural común, pero con una intención política (poseer un Estado). Este aspecto fue muy bien captado por Max Weber, para quien una nación es «una comunidad de sentimiento que se plasma de manera adecuada en un Estado propio». El concepto de nación, sigue Weber, «nos conduce al poder político», se halla siempre «orientado hacia el poder político» y la voz «nacional» expresa «una específica manera de *pathos*, por el cual un grupo de hombres, ligados a través de una comunidad de lengua, confesión, costumbres o destino, enlaza con la idea de una organización de poder ya existente o deseada». De forma más sintética, pero no menos clara, Edward Shils observó que «la propensión de una nación hacia su autogobierno es inherente a su naturaleza de nación».[51]

Terminemos, pues, con la nación. La definición que se deduce de todo lo dicho sería: *conjunto de seres humanos entre los que domina la conciencia de poseer ciertos rasgos culturales comunes (es decir, de ser un «pueblo» o grupo étnico), y que se halla asentado desde hace tiempo en un determinado territorio, sobre el que cree poseer derechos y desea establecer una estructura política autónoma.*[52]

Sobre el *Estado* encontramos, como puede imaginarse por lo hasta ahora dicho, definiciones muy imprecisas en los diccionarios, que tienden a identificarlo con la nación. El *Diccionario Ideológico* de Julio Casares, y el D. R. A. E. hasta hace poco tiempo, lo definía como el «cuerpo político de una nación» y como segunda acepción figuraba, con vocabulario muy del Antiguo Régimen, «país o territorio de un señor de vasallos». Otros muchos diccionarios y enciclopedias siguen aceptando la visión nacionalista del Estado, como maquinaria artificial, construida, apoyado en la nación, ente natural. Otros, con mayor rigor, se inclinan hacia la descripción weberiana como una organización política que administra un territorio determinado y monopoliza en él el uso de la violencia legítima. Esta parece la definición más adecuada. Frente a la nación, que es cultural e histórica de base, el Estado es jurídico y territorial. Podríamos, pues, concluir que el Estado es *el conjunto de instituciones públicas que administran un territorio determinado, dotadas de los medios coactivos necesarios para requerir la obediencia de los habitantes a las normas por ellos establecidas y para extraer los recursos necesarios para la realización de sus tareas.*

Podría añadirse un breve apartado sobre el *Estado-nación*, forma ideal del Estado moderno. Hans Kohn ya usó el concepto, añadiendo que se trataba de un Estado de mayor «intensidad administrativa» que las estructuras políticas del Antiguo Régimen o que los estados federales o las ciudades-Estado; con ello se refería al carácter total del aparato gubernamental dentro de un territorio o país que se define como una nación. Aunque ningún Estado actual puede presumir de una homogeneidad cultural que refleje con fidelidad el ideal nacional, todos se presentan como estados-nación y atribuyen su origen a la existencia de una nación previa. Los diccionarios y enciclopedias, acordes con la lógica nacionalista que respiran, tienden a aceptar esta visión idealizada del Estado como Estado-nación.

La pretensión de asimilar, sin más, estados a naciones –entendidas como unidades culturalmente homogéneas– es insostenible si se considera simplemente que el número de estados existentes en el mundo ronda los dos centenares, mientras que las lenguas reconocidas son aproximadamente seis mil, y si se entrecruzan con razas, religiones, o grupos que pueden reclamar un pasado histórico común, esta cifra se multiplicaría de forma exponencial. La pretensión de carecer de minorías culturales no sólo es ficticia en cualquiera de los estados existentes, por cierto, sino también dentro de las propias minorías que se presentan como naciones o sociedades culturalmente homogéneas.

De ahí que algunos autores, como por ejemplo Charles Tilly, hayan propuesto prescindir de la expresión Estado-nación. Anthony D. Smith defiende que se use en su lugar el sintagma «estados nacionales», como «estados que aspiran a convertirse en naciones unificadas y a estar legitimados por los principios del nacionalismo». Edward Shils, por su parte, propuso que sólo se consideraran «estados-nación» aquellos que posean una minoría nacional dominante, solución de compromiso difícilmente aceptable para las minorías no dominantes.

En conjunto, la fórmula Estado-nación puede defenderse siempre que seamos conscientes de que se refiere a un ideal, más que a una realidad. Por lo tanto, propongo llamar Estado-nación a *una estructura política soberana con fronteras claramente definidas y que pretende coincidir con una nación o sociedad culturalmente integrada*.

Para terminar este recorrido, las definiciones del término *nacionalismo* que encontramos en diccionarios y enciclopedias son de una diversidad extrema. El D.R.A.E. dice que es el «*apego* de los naturales de una nación a ella y a cuanto le pertenece», la «*ideología* que atribuye identidad propia y diferenciada a un territorio y a sus ciudadanos», y la «*aspiración* o tendencia de un pueblo o raza a tener una cierta *independencia* en sus órganos rectores»; en ediciones anteriores incluía también la acepción «*doctrina* que exalta en todos los órdenes la personalidad nacional completa». Sentimiento, aspiración política, ideología, doctrina..., múltiples significados, como se ve, y radicalmente diversos. Otros léxicos políticos, jurídicos o sociológicos lo definen, con similar volubilidad, como *corriente de pensamiento* que pone los intereses nacionales por encima de cualquier otro valor, *movimiento ideológico* que busca la autonomía o independencia de un pueblo, *creencia* en que un pueblo o comunidad natural debe vivir bajo un sistema político independiente, *sentimiento*, *estado espiritual*, *partido* o *movimiento político* de exaltación de lo nacional y agresividad contra las restantes naciones, *ideología* que otorga a la nación la máxima importancia y subordina a ella cualquier interés personal, económico o religioso, *proceso de formación* de las naciones y los estados-nación, *comportamiento* equivalente al etnocentrismo...[53]

Pocos términos superan a éste, como puede verse, en polisemia. Y es que el nacionalismo es, como dijo Benedict Anderson, un «artefacto cultural», un constructo complejo, en el que caben muchas cosas. Propongo distinguir tres de especial relevancia: visión del mundo, sentimiento y doctrina o principio político. A ellas podrían añadirse otras menores, que dejaremos de lado: política práctica, movimiento social y proceso de construcción político-cultural, como mínimo.

El nacionalismo es una *visión del mundo*, de la realidad humana, como dividida en pueblos o naciones, tal como explicó de manera clásica Johann Gottfried Herder. Entre los analistas del último medio siglo, Kedourie vio mejor que nadie que el nacionalismo subrayaba la diversidad humana como parte del orden natural o providencial de las cosas; desde el principio, insistía este autor, el nacionalismo define un «nosotros» y un «ellos» y considera deseable el apego a lo propio, presentado como «autenticidad». Habitualmente atribuye cualidades psicológicas e incluso éticas específicas a cada uno de estos grupos, que en sus versiones extremas incluyen una misión o destino grupal de tipo providencial y una esencial desigualdad o jerarquización en razas o pueblos superiores e inferiores.

Se usa también el término nacionalismo para referirse al *sentimiento* o actitud emocional de adhesión a una nación, la orgullosa identificación de una persona con una colectividad y su aceptación de la lealtad hacia la misma como deber supremo, hasta el punto de sacrificar sus intereses individuales –e incluso la vida– por ella. Este sentimiento admite, no es preciso aclararlo, grados muy variados, desde el mero reconocimiento de pertenencia a cierta etnia o grupo cultural hasta la patriotería, jingoísmo o chauvinismo, o el menos inocuo racismo o imperialismo, basado en la creencia en la superioridad innata del propio grupo nacional y en su derecho a dominar a otros pueblos. En relación con uno de estos términos, patrioterismo, parece, por una vez, adecuada la definición de la R. A. E., que se refiere a «quien alardea excesiva e inoportunamente de patriotismo».

En tercer lugar, el nacionalismo es una *doctrina* o *ideología*, pues se traduce en el *principio de las nacionalidades* o en la *autodeterminación de los pueblos*, básicamente consistente en que la legitimidad política se asienta en la voluntad de las naciones, es decir, que a cada pueblo o nación debe corresponder un Estado, que los estados deben ser la expresión política normal de las naciones (que naciones y estados deben coincidir o «ser congruentes», como dice Gellner en la primera línea de su libro). En este sentido, el nacionalismo representó una radical novedad cuando surgió, con las revoluciones antiabsolutistas, más tarde democráticas. Por eso no se puede hablar de nacionalismo en el Egipto faraónico, ni en el Antiguo Régimen europeo. Como principio intentó aplicarse, por antonomasia, en el tratado de Versalles, tras la Gran Guerra, y mantuvo su vigencia en la Sociedad de Naciones cuando se debatieron las reivindicaciones de las minorías étnicas en Europa central y oriental. Más tarde, la Organización de las Naciones Unidas (ONU) pareció ratificar esta línea al afirmar el derecho a la «autodeterminación de los pueblos», referido a los territorios en proceso de descolonización respecto de los imperios europeos. No será preciso añadir que, en cuanto aparecieron los nuevos estados independientes, establecidos en general a partir de las viejas demarcaciones coloniales, y se enfrentaron a ellos nuevas demandas secesionistas o irredentistas por parte de sus minorías étnicas, los propios líderes independentistas se declararon contrarios a la aplicación de la autodeterminación. Y es que este principio contradice otro consagrado por el Derecho Internacional, como es el respeto a las fronteras o la integridad de los estados existentes. De ahí que en 1993 la Declaración de Viena se viera obligada a especificar que la autodeterminación solamente era aplicable a los pueblos «dependientes», es decir, a los que se hallaban en situación colonial o bajo invasión militar. Pese a ello, no ha cesado la invocación de este principio por parte de los independentistas de regiones de fuerte personalidad cultural, como Escocia, Quebec o Cataluña, frente a lo que los gobiernos centrales han opuesto siempre el respeto a la integridad territorial de los estados.

Otros muchos conceptos relacionados con estos problemas podrían añadirse: región, patria, pueblo, raza, soberanía...[54] Pero es hora de concluir. Los términos que hemos analizado, todos alrededor de las identidades grupales y en especial de la nacional, son tan poco exactos o verificables como los «universales» que preocupaban a los escolásticos medievales. Sin embargo, estos términos siguen siendo necesarios para referirnos a esos conjuntos de personas que creen poseer esos rasgos étnicos comunes y que, a partir de ellos, reivindican el derecho a un autogobierno más o menos amplio. No sirve de mucho discutir ese derecho al autogobierno apoyándonos en la debilidad conceptual de la definición del ente colectivo portador de tal derecho; tampoco es útil llevar el argumento al extremo y negar de plano la existencia de las naciones, ofreciendo a cambio algún cosmopolitismo o humanitarismo genérico. Lo que parece fuera de duda es que el mundo de las identidades colectivas es imposible de someter a criterios científicos, pues dominan en él los elementos subjetivos; pero también es poco dudoso que funciona en la vida social, y es por tanto un «hecho social», en el sentido de Émile Durkheim. De las naciones podría decirse, si nadie se ofende por la broma, lo que de las meigas: la ciencia niega su existencia «objetiva», pero «haberlas, haylas».

Quienes se sientan satisfechos con esta aceptación de las naciones como realidad social no deberían exagerar su sentimiento de triunfo. Los pueblos o naciones existen, pero no de manera permanente ni con el mismo significado o la misma fuerza para todos. Dentro de esa personalidad colectiva recién reconocida, en cualquier momento puede surgir un grupo menor que reclame su derecho a existir. Y de ningún modo podrán los portavoces de la nación que acaba de reconocerse adoptar aires despectivos y rechazar a los nuevos solicitantes porque «sólo son una provincia» o comarca. Es decir: en buena lógica, no es posible argumentar que sólo los vascos o los catalanes deben decidir el destino de Euskadi o de Cataluña, sin interferencia ni intromisión española, y negar a los alaveses o tarraconenses el derecho a decidir el destino de sus respectivos territorios al margen del resto de los vascos o catalanes. Y en lugar de estos dos casos podríamos referirnos a cualquier otra demarcación territorial, mayor o menor, con historia o sin ella, en la que un día domine la conciencia de ser «distintos». Lo cual conduce, no hace falta decir, a problemas sin fin.

Toda esta larga disquisición sobre nombres y definiciones nos lleva a concluir que nos movemos en un terreno fluido en el que lo recomendable es adoptar una posición flexible y tolerante. Lo cual levantará, por supuesto, la objeción de cualquier jurista, pues en el mundo del Derecho, al revés que en el de la Filosofía, la Historia o la Lingüística, no se puede jugar con los términos. Los conceptos deben estar nítidamente delimitados porque las consecuencias de usar uno u otro son diferentes. Es obvio que esto es así. La sentencia será diferente según el tipo penal en el que el tribunal decida encuadrar la conducta juzgada. Pero no es éste el caso, porque si hay algo que no está claro en las definiciones que hemos repasado son las consecuencias jurídicas de cada uno de estos conceptos. Que la nación sea un grupo humano que *cree* poseer rasgos culturales comunes y que *aspira* a un cierto grado de decisión sobre su territorio no conduce automáticamente a reconocer su derecho a la independencia. También la nacionalidad o la región, por cierto, se basan en creencias sobre rasgos culturales compartidos y pueden comportar aspiraciones políticas que rivalicen con la nación.

No es posible, por tanto, vincular el uso de uno u otro de estos conceptos a consecuencias jurídico-políticas claras. Y, sin embargo, a casi nadie, incluidos los nacionalistas, interesa una discusión tan larga sobre la objetividad o subjetividad de los rasgos étnicos que determinados grupos humanos aducen como peculiaridad propia si no es porque de la existencia de tales rasgos se derivan pretensiones de derechos.

Y, en efecto, naciones y nacionalismos son términos recientes porque están asociados a un fenómeno político de los últimos siglos: la legitimación del poder como expresión de la voluntad colectiva, algo que no había existido antes de las revoluciones antiabsolutistas y el surgimiento del Estado contemporáneo. En la era premoderna existieron, sin duda, clanes, etnias, linajes, e incluso se utilizó, para designarlos, el término «naciones». Pero su significado era otro, porque no estaba ligado a la legitimación del poder como expresión de la voluntad colectiva.

La gran pregunta, por tanto, es por qué de la existencia de unos rasgos culturales diferenciados debemos deducir que al grupo humano portador de tales rasgos ha de corresponder la gobernación del territorio en el que habita. Parece que de un planteamiento basado en la defensa de unas peculiaridades étnicas o culturales debería deducirse sólo una conclusión de tipo cultural: la exigencia de que se respeten, o se fomenten o subvencionen, las expresiones fundamentales de esa cultura. Pero la lógica nacional asciende del reconocimiento de la identidad *étnica* a la reclamación *territorial*. Que este es el meollo de la cuestión es algo que vio con claridad Juan J. Linz hace años: los nacionalismos se mueven desde un énfasis en los elementos primordiales hacia una definición basada en la territorialidad. «El primordialismo puede ser la fuente original del nacionalismo, pero en último extremo las implicaciones políticas del nacionalismo son incompatibles con el primordialismo».[55] La constante insistencia nacionalista en sus diferencias culturales acaba conduciendo a la demanda del control político del territorio. Y éste, una vez logrado, tenderá a eliminar la heterogeneidad cultural que encuentre en la zona que controle. Los planteamientos nacionalistas más radicales llegan a incluir en su proyecto político la previsión de dos categorías de personas en su futuro Estado: los meros ciudadanos y los cultural o auténticamente «nacionales», los portadores de los rasgos específicos de la nación. Los planteamientos más razonables, los estrictamente cívicos, proclaman en cambio que los derechos políticos plenos serán reconocidos a todos los individuos que allí residan de forma legal, cualesquiera que sean sus rasgos culturales. Pero incluso estos últimos no parecen reparar en la incongruencia entre su planteamiento étnico o cultural inicial y las demandas territoriales finales.

A partir de conceptos tan confusos, fluidos y discutibles, parece razonable recomendar conclusiones políticas flexibles, alejadas de cualquier tipo de defensa cerrada o fundamentalista de principios o entes inconmovibles. Si los grupos no son naturales ni estables, en contra de lo que creen los nacionalistas, sino difíciles de definir y dependientes de la voluntad de sus miembros, es inevitable concluir que no pueden fijarse de manera inmutable, sino prever la posibilidad de que evolucionen, desaparezcan, surjan otros nuevos, cambien de nombre o de categoría. Negarse a aceptar la existencia o el rango político de una identidad colectiva, aunque la mayoría de los directamente afectados insistan en defender su vinculación con ella, parece una actitud poco realista y, sobre todo, inútil. Porque estas cuestiones no se deciden en el terreno de la discusión racional. Aun sabiendo eso, en el debate académico debemos procurar, sin embargo, ser rigurosos en la utilización de los términos.

2

Casos de construcción nacional

EUROPA, MADRE DE NACIONES

La mejor manera de entender un modelo teórico, y de poner a prueba su utilidad, consiste en aplicarlo a fenómenos concretos, a casos de la vida real. Es lo que intentará este capítulo, dedicado a explicar –de manera, inevitablemente, muy resumida– diversos procesos de construcción de identidades nacionales a la luz del modelo historicista, es decir, descartando el esencialismo o las referencias a caracteres colectivos o «formas de ser» naturales e inherentes.

Las identidades sobre las que versará este recorrido serán, en su mayoría, europeas, no sólo porque son las más conocidas y mejor estudiadas sino porque Europa fue el espacio donde se forjaron los modelos imitados más tarde en el resto del mundo. Haremos, pues, un repaso sintético del pasado europeo, rastreando el surgimiento y evolución de lo que hoy son unidades políticas estables, y muchos consideran comunidades humanas permanentes –ingleses, franceses, alemanes, italianos–, partiendo siempre de la premisa de que no son sino construcciones históricas.

Para iniciar el análisis, sería preciso referirse ante todo al marco geopolítico de esta región del planeta, factor determinante para entender por qué surgió en ella el Estado-nación. A finales de la Edad Media –momento al que, como muy pronto, puede remontarse el origen del fenómeno que nos interesa–, el subcontinente europeo era un territorio habitado por seres humanos desde hacía milenios, con una población que vivía en su inmensa mayoría en medios rurales, en condiciones de servidumbre o semiesclavitud; sin embargo, una minoría, dedicada a la artesanía y el comercio, habitaba en ciudades y era jurídicamente libre. Desde el punto de vista político, era un espacio muy fragmentado a partir de un esquema feudal, en principio jerárquico y piramidal, pero cuya cúspide, ocupada por el papa y el emperador, ejercía una supremacía meramente nominal sobre el conjunto. Es decir, que durante los mil años que siguieron a la desaparición del Imperio romano de Occidente, y pese a que en más de una ocasión diera la impresión de que surgía un nuevo ente imperial que unificaba a la Europa central y meridional, o al menos a gran parte de la misma, en realidad ninguno logró consolidarse. Nuestro panorama de partida es, por tanto, la fragmentación feudal.

Sobre ella emergieron, en los siglos centrales de la Edad Media, unos centros de poder político y militar alrededor de señores de la guerra de gran fuerza que dominaban áreas de extensión intermedia y que empezaron a proclamarse «reyes». Estos monarcas se enzarzaron durante más de medio milenio en una durísima competición por ampliar sus dominios, conservarlos o simplemente sobrevivir, lo cual les forzó a un dinamismo y a unas innovaciones –militares, burocráticas, fiscales– desconocidas en otras zonas del mundo. Una de ellas fue, ya en la Edad Moderna, el uso de retóricas patrióticas, de sacrificio de los intereses individuales por una colectividad que se identificaba con el espacio ocupado por aquella unidad política. Fue uno de los instrumentos que los señores del poder europeos aprendieron a desarrollar y utilizar para aumentar su control sobre la población y su capacidad de extracción de recursos; y que, con el paso del tiempo, los nacionalismos incorporarían a su arsenal.

A este comienzo opondrán, probablemente, los primordialistas que el punto de partida de las naciones europeas debería situarse mucho antes. Los más radicales dirán que ya en el mundo prerromano existían identidades colectivas que preludian las actuales. Otros, menos exagerados, lo remontarán a los momentos finales del Imperio romano, con las invasiones germánicas, arguyendo que aquellos pueblos o *gentes* que se repartieron su territorio fueron el germen de las naciones posteriores. Ambas ideas proceden, en mi opinión, más de la mitificación romántica que de una continuidad verificable en las estructuras políticas y los espacios culturales.

Dentro de este panorama, y siguiendo un criterio cronológico, debemos comenzar por Francia e Inglaterra, las dos monarquías más antiguas que acabarían llevando a los estados-nación modernos. Con lo cual entramos de nuevo en colisión con tópicos nacionalistas muy extendidos, pues son muchos los portavoces de identidades europeas actuales que les disputarían ese título de la máxima antigüedad. Por poner ejemplos ibéricos, en medios nacionalistas vascos son habituales las referencias a los seis o siete mil años de existencia de un «pueblo vasco» consciente de su identidad e independiente; únicamente el pueblo judío podría competir con ellos en antigüedad, y aun éste no es seguro que ganara el envite. Otro ejemplo sería la idea, repetida por políticos conservadores españoles, de que España es «la nación más antigua de Europa». Aunque este proceso, como cualquier otro de nacimiento o emergencia de una identidad colectiva, es siempre de muy larga duración y es imposible dar fechas precisas, en los siglos X-XI d. C. había ya reyes que se titulaban de «Francia» e «Inglaterra», con la dinastía de los Carolingios y Capetos en el primer caso y con Alfredo *el Grande* o Eduardo *el Confesor* en el segundo. La península Ibérica, en ese momento, se hallaba dividida en diversos reinos, cristianos y musulmanes, ninguno de los cuales aspiraba ni podía aspirar al calificativo de «español» en un sentido cercano al actual del término; la excepción sería, quizás, el califato cordobés de Abderramán III; pero no es probable que sea éste en el que piensen quienes defienden tan osada afirmación histórica.

Al remontarnos a la era medieval estamos, por supuesto, sobrepasando los límites de lo que hemos llamado era de las naciones. Pero debemos comenzar por sus antecedentes, los primeros esbozos de unas identidades colectivas que servirían más tarde para la construcción de los estados contemporáneos, unos estados que fundarían su legitimidad política en la existencia de una colectividad ideal, una nación, que es la titular teórica de la soberanía. Estos esbozos se encuentran, repito, en aquellos espacios políticos relativamente amplios que crearon en la Edad Media unos señores feudales excepcionalmente poderosos que se atrevieron a colocar sobre su cabeza una corona real y a declararse detentadores de una soberanía de origen divino. Aunque no debemos olvidar que, en su inmensa mayoría, aquellas monarquías no lograron sobrevivir, por lo que aquí nos limitaremos a las pocas que dejaron una huella de largo alcance.

INGLATERRA, LA PRIMOGÉNITA DE DIOS

Liah Greenfeld, en uno de los libros más ambiciosos surgidos en la gran oleada de los años noventa sobre estos temas, llamó a Inglaterra «la primogénita de Dios».[1] Buena parte de los especialistas en nacionalismo aceptan que fue la primera identidad colectiva europea que, con el paso de los siglos, acabaría convertida en «nación». De una monarquía «inglesa», aunque la extensión de su territorio no coincida plenamente con el actual, se puede hablar desde los tiempos del rey Alfredo *el Grande*, un monarca de Wessex de finales del siglo IX que supo defenderse de las invasiones vikingas y se proclamó *King of the Anglo-Saxons*. Esta referencia a los anglos y sajones remite a la época anterior, no por azar llamada «oscura», pues de ella sabemos poco, salvo por la tarea cristianizadora de Beda *el Venerable*. También es curioso que el gentilicio «inglés», *English*, derive obviamente de «anglos», y que los sajones fueran subsumidos en ese adjetivo, convertido en común. Ello ocurrió ya en la primera proclama identitaria, escrita por el propio Beda, su *Historia Ecclesiastica Gentis Anglorum*, del primer tercio del siglo VIII, en la que tiene como tema central el destino providencial de un pueblo que sobrevive contra circunstancias adversas gracias a su conversión al cristianismo. Aquel reino, sin embargo, más parece haber sido una pretensión que una realidad, ya que no existía un único centro de poder que realmente controlara el territorio que hoy se llama Inglaterra; aunque sí una cierta unidad religiosa y lingüística, pues justamente por entonces pasó la lengua inglesa a convertirse en escrita. En esa situación llegó el año 1066, con la gran ruptura que significó la invasión de los normandos. Ruptura, no sólo porque el control político de un único monarca sobre el territorio se hizo más efectivo sino porque la corte y la aristocracia pasaron a hablar normando –embrión del francés futuro–, algo que no dejarían de hacer hasta finales del siglo XIV.

En 1215, aprovechando que el trono estaba ocupado por un personaje débil y, a la vez, despótico, los barones ingleses reaccionaron de una manera poco habitual: en lugar de conspirar para matarlo o sustituirlo por un candidato más aceptable, redujeron su poder obligándolo a firmar la Carta Magna, por la que se comprometió a limitar sus arbitrariedades. Quienes actuaron así, y se beneficiaron de ello, fueron desde luego un reducido núcleo de aristócratas, pero lo hicieron de manera disfrazada, presentándose como «ingleses libres». Con lo que se pactó la primera Constitución, o embrión de Constitución, de la historia humana y nació la tradición parlamentaria inglesa, un rasgo que convertiría a aquella monarquía en un caso singular en Europa. Esa tradición tendría dos aspectos correlativos: por un lado, el desarrollo de la noción de los derechos del «inglés nacido libre» *(freeborn Englishman)*, que permitiría futuras ampliaciones de los derechos políticos a capas cada vez mayores de la población; por otro, la fuerza de la nobleza, que desde el primer momento fue corporativa, es decir, ejercida de forma colectiva e institucionalizada, a través de un Parlamento compuesto de dos cámaras, representativa la primera de la nobleza titulada y el alto clero y la segunda de los «comunes», que en realidad eran la *gentry* urbana y los propietarios o caballeros locales, especie de nobleza no titulada equiparable a los hidalgos castellanos. Todo esto constituyó un rasgo crucial, que a la larga diferenciaría radicalmente a aquella monarquía de las demás de la época. En muchas de éstas había también, con frecuencia, asambleas representativas del reino que aprobaban los tributos, pero esta aprobación se había convertido en rutinaria, cosa que no ocurriría en Inglaterra. Igualmente, había en ellas grandes señores que podían ser muy poderosos, e incluso oponer barreras insalvables a la autoridad del monarca, pero a diferencia de Inglaterra actuaban de manera aislada, no corporativa.

Estos fueron los antecedentes. Entre tanto, por otra parte, Inglaterra iba pasando a ser una monarquía compuesta, como la española, pues su monarca asumió también la corona del vecino reino de Gales, en un complejo proceso que se inició a finales del siglo XIII y culminó en el XV. A ello se añadieron, en el XVI, la anexión de Irlanda por Enrique VIII, y en el XVII la unión con Escocia al convertirse los Estuardo escoceses en reyes de Inglaterra. Se creó así Gran Bretaña (1707), nombre que a su vez cambió un siglo más tarde por el de Reino Unido de Gran Bretaña e Irlanda (1801), cuando se intentó la integración institucional de la isla católica en un ente que iba siendo cada vez más una monarquía imperial. Pero no adelantemos acontecimientos.

La espoleta que activó el proceso de construcción identitaria moderna, que acabaría en nacional, estalló en el primer tercio del XVI. La situación, de pérdida de territorios en Francia y de protagonismo en el escenario internacional, así como de guerras civiles internas, pareció estabilizarse con el ascenso al trono de la dinastía Tudor, que consiguió afirmar a la corona frente a la nobleza y manejó con habilidad sus relaciones con los grupos sociales representados en el Parlamento. Pero bajo el segundo de los Tudor, Enrique VIII (1509-1547), se produjo el hecho crucial: la rebelión contra Roma y la apertura del país hacia los nuevos vientos de la reforma religiosa. Ello originó la confiscación y venta de los bienes de los monasterios y el enriquecimiento de la *gentry* o notables locales representados en la cámara baja, que pasaron a ser el grupo social de mayor fidelidad hacia el nuevo sistema. Entre esta *gentry* se difundió el protestantismo y la Biblia en inglés, con el consiguiente aumento de la alfabetización y fortalecimiento de la autonomía individual. Se construyó además una identidad colectiva fuerte, la hermandad de los creyentes *(Brotherhood of Believers)*, que proyectaba sobre sí misma los rasgos del Pueblo Elegido. El celo puritano por predicar la palabra de Dios e interpretarla sin intermediarios terrenales se mezcló con los intereses de la *gentry* y el afianzamiento del poder parlamentario.

A los efectos de nuestro tema, lo importante es que en las pugnas del XVI los parlamentarios y reformadores religiosos lograron presentar hábilmente a los católicoabsolutistas como «extranjeros», mientras que el antipapismo y el antiabsolutismo se identificaron, por el contrario, con el patriotismo inglés. Bajo Isabel I (1558-1603) se vivió el terror ante la amenaza española encarnada en la Gran Armada, o Armada Invencible, hasta el punto de que el recuerdo de la victoria sobre ésta alimentó una fuente de orgullo colectivo que aún sigue viva.

En resumen, el embrión de identidad inglesa construida hasta el momento sería, por tanto, producto de la lealtad a la monarquía parlamentaria *(the King/Queen in Parliament)*, de los cambios sociales y culturales provocados por el protestantismo y del enfrentamiento internacional de los Tudor con el papado y con la monarquía católica o hispánica.

El fallecimiento de Isabel I sin sucesor llevó al trono a una dinastía escocesa, los Estuardo, que por falta de familiaridad con la política inglesa y temor ante los avances del presbiterianismo, viejo conocido y enemigo en Escocia, intentaron un retorno al absolutismo y al catolicismo. Todo ello les llevó a chocar de frente con el Parlamento. De las tensiones existentes y de la identificación colectiva con el Parlamento da idea el llamado «complot de la pólvora», fallido intento de volar el Parlamento durante su sesión de apertura, en el otoño de 1605, por parte de Guy Fawkes y un grupo de católicos ingleses; su fracaso sigue celebrándose aún hoy en una fiesta popular con hogueras en las calles. En la Petición de Derechos de 1628 se afirmó ya el derecho de todos los «ingleses libres» a no ser cargados con impuestos sin el consentimiento del Parlamento y a no ser procesados sin el debido proceso legal. Y no eran sólo derechos individuales. En aquella pugna se acuñaron términos tales como «pueblo», «patria», «república» e incluso «nación» *(People, Country, Commonwealth, Nation)*.[2] El avance importante, desde el punto de vista de la construcción nacional, era que quien se enfrentaba con la «tiranía» del rey era una colectividad que se proclamaba «libre» y que además estaba representada por una institución, el Parlamento. Ese Parlamento al principio no negó la autoridad del monarca. Al revés, incluso la ensalzó: el rey era inviolable, sagrado, quería el bien del pueblo y no podía cometer errores *(the King can do no wrong)*. Pero sus ministros los cometían, porque tomaban medidas que el Parlamento juzgaba contrarias al bien de la colectividad; un bien que sólo el Parlamento, como representante de esa colectividad, podía definir. De ahí que únicamente exigieran, al principio, las cabezas de los «malos ministros». Pero poco a poco comprendieron que quien amenazaba al pueblo era ese monarca que tendía a ser, además de despótico, «extranjero», tanto por su procedencia escocesa como por su acercamiento político al «otro» por excelencia, los papistas españoles, el modelo absolutista e intolerante más opuesto a la identidad «inglesa».

Aquella fusión entre una identidad colectiva y una causa política, aquella íntima conexión entre identidad inglesa y control parlamentario sobre el poder del monarca, funcionó. Tras una dura guerra civil, que cubrió la década de los años 1640, el ejército de los parlamentarios derrotó al segundo Estuardo, Carlos I, lo destronó y lo decapitó públicamente, para horror del conjunto de Europa, que jamás había visto nada semejante. En el curso de aquella guerra se desarrollaron además unas tendencias radicales que hicieron estremecerse a la propia nobleza terrateniente. Los *Levellers* o niveladores propusieron un *Agreement of the People*, una especie de pacto fundacional, una ley de categoría superior a las emanadas del Parlamento, que estableciera el orden constitucional, obligara a elecciones anuales y suprimiera la Cámara de los Lores. Y los *Diggers*, o cavadores, avanzaron la idea de una distribución igualitaria de la propiedad agraria. Todo ello en nombre de aquel «pueblo» y de aquellas libertades de los ingleses que legitimaban la revolución.[3]

El ejército que dio la victoria a los parlamentarios, dirigido con mano de hierro por Oliver Cromwell, acabó imponiéndose, eliminando a las sectas radicales y estableciendo en Inglaterra, durante un decenio, una república *(Commonwealth)*. Cromwell, al mando del timón en aquel período, adoptó el título de *Lord Protector* de la república y supo dirigir la política en un sentido fuertemente protector de los intereses «nacionales», con guerras por ejemplo con Holanda, rival comercial y colonial, y una retórica siempre cargada de referencias a la identidad inglesa. Pero aquella república no fue capaz de superar la muerte de su hombre fuerte y, once años después de haber sido derrocados, los Estuardo, imprevisiblemente, retornaron al trono. Pero duraron poco más de un reinado. Nuevas tensiones llevaron a la expulsión, esta vez pacífica, del segundo de los titulares de la corona, abiertamente procatólico y proabsolutista. Fue una segunda revolución, esta vez muy precavida contra los radicalismos de la primera. Y en 1688 se reemplazó a la conflictiva dinastía por la de los Orange, y luego los Hannover, de indiscutible filiación protestante. Con ellos se hizo un pacto explícito de respeto a los derechos y libertades de sus súbditos *(Bill of Rights)* y otro implícito de ceder el poder efectivo a gobiernos controlados por el Parlamento. De lo que no se habló en esta segunda revolución –llamada «gloriosa», pero que más bien debería llamarse «cautelosa»–[4] fue de poner en cuestión el carácter nobiliario y jerárquico de la sociedad. Se acabó con el absolutismo, pero la estructura social se mantuvo intacta.

A todo este proceso político debe añadirse que aquellos mismos siglos XVI-XVII fueron una etapa de gran creación literaria en lengua inglesa y de avance en el pensamiento científico, vinculados la primera al nombre de William Shakespeare y el segundo a los de Francis Bacon, la Royal Society e Isaac Newton. Si en aquel momento estos fenómenos sólo tuvieron impacto en capas minoritarias de la población, en el futuro se convertirían en importante fuente de orgullo colectivo. En el terreno internacional, el siglo XVIII se vio marcado por el progresivo afianzamiento en la hegemonía marítima mundial, las continuas y casi siempre victoriosas guerras con Francia (el nuevo enemigo católico, protector además de los destronados Estuardo) y el afianzamiento de la presencia británica en la India, que convertiría a aquel subcontinente en la «joya» del creciente Imperio británico. Aquel imperio y aquella hegemonía política mundial cada vez más indiscutible potenciaron, por supuesto, el reforzamiento de una identidad colectiva «británica», a veces llamada simplemente «inglesa». La relación de todos estos hechos con la afirmación de la identidad, ya en términos cercanos al nacionalismo moderno, fue objeto, a principios de la década de 1990, de un sólido estudio a cargo de Linda Colley.[5] Que el parlamentarismo británico mostrara, a lo largo del siglo, unas patentes señales de arcaísmo, con una corrupción creciente, con sectores de la población que protestaban por carecer del derecho a voto y con una Cámara de los Comunes, en definitiva, cada vez más alejada del «pueblo» al que decía representar, no pareció amenazar la estabilidad del sistema. Y la identidad siguió afirmándose en términos aún no claramente nacionales modernos, pero sí protestante, constitucionalista e investida de una misión providencial.

El tránsito del siglo XVIII al XIX añadió la revolución industrial, en parte alimentada por los productos coloniales. Y llegó a continuación un nuevo momento agónico, como el de la Armada Invencible, con las guerras napoleónicas, que terminaron con la espectacular derrota del corso en Waterloo (1815), éxito terrestre que siguió al refrendo del dominio de los mares en Trafalgar (1805). Gran Bretaña inició así su gran siglo XIX, durante el cual vivió grandes agitaciones políticas internas, pero que se resolvieron por medio de reformas que condujeron a la extensión de los derechos políticos a las clases populares, las primeras leyes laborales, la abolición de la esclavitud y la eliminación de los obstáculos que limitaban la integración de los católicos. Mientras ocurría todo esto, entre el final del período napoleónico y las guerras mundiales del siglo XX transcurrieron los años de la *Pax Britannica*, con la larga era victoriana como momento de plenitud. Gran Bretaña fue, en este momento, la primera potencia política del mundo y Londres su centro político y financiero. Cuando a finales del siglo XIX un congreso universal celebrado en Washington D. C. decidió unificar los horarios y la medición de longitudes geográficas en el planeta, tomó como referencia universal el meridiano que pasa por el observatorio de Greenwich, cercano a Londres; y cuando unos pretendidos científicos sociales (entre los que destacó un anglo-alemán, Houston Stewart Chamberlain) lanzaron las teorías racistas, atribuyeron sin la menor vacilación al tipo británico la cualidad de representante por excelencia de la raza aria o «superior», cuya pureza debía preservarse frente a las amenazas modernas, entre ellas la del judaísmo. En tan autocomplaciente situación, todo británico, sin pararse a detallar si era escocés o galés –muy distinto era el caso irlandés– se sentía orgulloso de serlo y aprovechaba los beneficios de ser parte de la metrópoli del mayor imperio del mundo.[6]

El siglo XX sería muy diferente. La Gran Guerra de 1914-1918 culminó tanto el proceso identitario británico como el de las demás potencias europeas que participaron en ella. Datos sintomáticos son la enorme cantidad de jóvenes que se alistaron voluntariamente para ir a combatir al continente, o el hecho de que la casa reinante aprovechara para cambiar sus nombres alemanes de Hannover o Saxe-Coburg-Gotha por el de Windsor. Pero aquella guerra, sumada a la que le siguió un cuarto de siglo más tarde, dejó exhausto al Reino Unido, que cedió la hegemonía mundial a los Estados Unidos de América. Se acrecentaron además los problemas relacionados con el dominio británico sobre Irlanda, que se prolongarían otros setenta años tras la incompleta independencia del territorio en 1926. Y el imperio se acabó disolviendo, a partir de la emancipación india de 1947, que abrió la espita para la de las restantes colonias. A medida que se aproximó el final del siglo aumentaron también las dudas sobre la identidad «británica» entre los escoceses. Unas dudas que han venido a sumarse a las que los propios británicos tienen sobre su pertenencia a una Europa en proceso de fusión política y a las tensiones derivadas de la fuerte inmigración procedente tanto de su antiguo imperio como de la Europa oriental.

Pensando en el caso español, a cuya explicación en definitiva se dirige este libro, el proceso aquí resumido ofrece algunas enseñanzas y similitudes. La principal de estas últimas es la acumulación de varios reinos en una sola cabeza coronada, algo típico tanto del Reino Unido de Gran Bretaña e Irlanda del Norte como de la Monarquía Católica o Hispánica. Desde este punto de vista, los casos de Gales, Escocia y el Ulster podrían compararse con los del País Vasco, Aragón/Cataluña y otros reinos y señoríos peninsulares, y podrían buscarse paralelismos también entre la independencia de Irlanda y la de Portugal. Las recientes pulsiones independentistas en Escocia presentan, sin duda, analogías con los escollos que el españolismo encuentra en amplios sectores de la población catalana y vasca, aunque también hay grandes diferencias, como la lingüística, pues los residuos del gaélico en rincones de Gran Bretaña son muy inferiores a la fuerza y vitalidad actuales del catalán, gallego o vasco en España. En todo caso, lo que distingue radicalmente el proceso británico del español es que en el primero de ellos existieron, desde la Edad Media, límites y controles institucionales al absolutismo monárquico por medio de la representación corporativa en el Parlamento de las clases altas, al principio, y del conjunto de la población, más tarde. Y ese Parlamento es el auténtico representante de la colectividad británica, aunque en el terreno simbólico lo sea la monarquía.

FRANCIA, LA IDENTIDAD SOÑADA

El caso francés concita una rara coincidencia de opiniones entre estudiosos y defensores o militantes del nacionalismo (del estatal, desde luego; por el contrario, es la némesis de los secesionistas): ambos ven en Francia el modelo ideal, la más perfecta realización del Estado-nación. Pero describir, aunque sea sumariamente, su proceso formativo exige remontarse muy atrás en la historia, porque la identidad francesa es aproximadamente tan antigua como la inglesa y sus rasgos han sido mucho más cambiantes, hasta el punto de que casi podría hablarse de distintos entes, o sucesivas reencarnaciones, bajo un mismo nombre.

Como es habitual, al referirse al origen de esta identidad sus incondicionales se remontan a hechos remotísimos –la resistencia gala a Julio César, la ocupación del territorio por los francos al descomponerse el Imperio romano–, cuya relación con las identidades nacionales modernas es frágil y discutible. Más sensato parece, puestos a buscar circunstancias de larga duración, referirse al marco geográfico, demográfico y económico en el que se enmarca la comunidad política que hoy se llama República Francesa. Ésta se sitúa en un territorio cubierto en su mayoría por una gran llanura, con tierras feraces, bien regadas y un clima templado, lo que ha hecho que desde tiempos inmemoriales se concentrara en él una población más densa que en otras zonas europeas, con una capacidad de producción agraria y, por tanto, un nivel de vida, una potencia política y una influencia cultural también superiores. París, además, ciudad de fundación romana y situada en unas islas del Sena de excelente localización estratégica, comenzó pronto a dominar un entorno relativamente amplio, la llamada *Île de France*, mostrando un poderío muy superior al de cualquier otro posible centro urbano rival.

A estas coordenadas geográficas deben añadirse un par de datos culturales: religión y lengua. La predicación del cristianismo se inició en lo que hoy es Francia en el siglo III d. C. por Saint-Denis, o San Dionisio, primer obispo de París, decapitado por los romanos, a quien la leyenda atribuía la hazaña de haber caminado impávido tras su ejecución, con su cabeza bajo el brazo, unos diez kilómetros. Ese cristianismo, católico desde Clodoveo (primer rey «bárbaro» en abandonar el arrianismo) y romano tras el cisma de 1054, era ya la religión dominante en los siglos centrales de la Edad Media. El papado, cabeza de esta Iglesia católica romana, mantenía con los monarcas franceses una relación privilegiada, establecida desde el siglo VIII, cuando Pipino *el Breve* entregó al pontífice los territorios del «Patrimonio de San Pedro» y recibió los títulos de «rey cristianísimo» y «defensor de la Iglesia romana». Esta relación se vio reforzada desde finales del siglo XI por la implicación común en las Cruzadas, tras las cuales se hizo habitual la atribución de los títulos *sa majesté très chrétienne* o *le roi plus chrétien* al monarca que tenía su trono en París; títulos que se completaron con la referencia a Francia como *fille aînée de l'Église*, «hija mayor de la Iglesia», relacionado con la ya remota conversión de Clodoveo (título, este último, que apareció durante el enaltecimiento renacentista y barroco del reino franco). Un monarca francés, Luis IX, que participó en dos Cruzadas y apoyó al papa Gregorio IX frente al emperador Federico II, fue elevado a los altares en el siglo XIII, apenas treinta años después de haber muerto, privilegio excepcional entre las casas reales europeas. La ligazón, que acabó en un auténtico protectorado de la monarquía francesa sobre el papado, llegaría en el siglo siguiente al punto de trasladar la residencia papal a Aviñón, un pequeño territorio pontificio situado en el corazón de la Provenza, durante setenta años.

En el terreno lingüístico, la Francia medieval se hallaba dividida en al menos tres zonas, la *langue d'oil*, la *langue d'oc* y el provenzal, cada una repartida en una serie de dialectos, no todos de origen latino. Uno de esos dialectos era el dominante en la *Île de France*, donde desde el primer momento se situó la corte de quien se llamó «rey de Francia». Las otras dos zonas se localizaban en el sur y el oeste, territorios dominados por el condado de Toulouse, establecido sobre la antigua Septimania o *Regnum Tolosanum* visigodo, y el ducado de Aquitania (monarquía, según los momentos), centro de la literatura trovadoresca, que disfrutó de un esplendor cultural superior al parisino de la época en muchos aspectos. A comienzos del siglo XIII, al morir su reina Leonor, casada con Enrique II de Inglaterra –un Plantagenet que era ya duque de Anjou y de Normandía–, el territorio pasó a ser feudo inglés. El monarca francés intervino entonces en la disputa sucesoria inglesa, apoyando a Ricardo I *Corazón de León*, el tercero de los hijos de Enrique, frente a su padre y su hermano primogénito. Lo cual dio lugar a una primera y compleja guerra entre las dos monarquías, un preludio de la de los Cien Años, que dividiría y devastaría la región en los siglos XIV y XV. En cuanto al conde de Toulouse, su independencia y su capacidad de oponer diques al poder del monarca parisino concluyeron a comienzos del siglo XIII, cuando este último y su aliado el pontífice romano lanzaron una cruzada contra los cátaros o albigenses, protegidos por el conde, lo cual acabó en un genocidio, con matanzas masivas y arrasamiento de ciudades. Al finalizar todas estas pugnas, la lengua y la cultura *d'oil* se había impuesto sobre su rival occitana. La primera había adquirido un cierto rasgo de estatalidad u oficialidad, no sólo por ser la de la corte sino también por la Universidad de la Sorbona, *alma mater* de la filosofía y teología escolásticas, bendecidas por la Iglesia católica romana como bases doctrinales de su ortodoxia.

Desde el punto de vista político-institucional, el dato fundamental en la alta Edad Media, que es nuestro punto de partida en este repaso de los orígenes de la identidad francesa, es el complejo entramado feudal, coronado por un monarca siempre en pugna con los grandes señores y con el vecino Sacro Imperio. Porque aquel gran imperio centroeuropeo fundado por Carlomagno se dividió de inmediato entre los territorios de habla germánica, que siguieron bajo la égida del emperador, y los de lenguas romances, dominados por el rey de Francia. Con el paso del tiempo, el trono francés –en el que los Capetos sucedieron a los Carolingios– fue cediendo poderes ante las exigencias de la nobleza regional. El grupo social dominante era, por tanto, la aristocracia terrateniente; pero esta aristocracia se encontraba fragmentada, sin una representación corporativa similar a la que existía en Inglaterra desde el siglo XIII. Lo cual permitió la progresiva afirmación de la institución real, basada en una línea hereditaria sólidamente establecida, a partir de la ley sálica.

A finales de la Edad Media, esa monarquía sufrió la gran conmoción de la guerra de los Cien Años, que tras someterla a una dura prueba acabó fortaleciéndola. Los normandos, de origen y habla franceses, ocupaban el trono inglés y ostentaban además los ducados de Anjou y Aquitania. Sin embargo, vistos desde el lado continental, eran vasallos del rey de Francia. Lo que revela que, al iniciarse el siglo XIV, los sustantivos «Francia» e «Inglaterra» no se referían a dos «países», dos realidades políticas y culturales radicalmente diferenciadas. No obstante, algún sentimiento de identidad existía, porque en 1337, al extinguirse los Capetos sin heredero y corresponder la corona a Eduardo III de Inglaterra, nieto del fallecido Felipe IV *el Hermoso*, la nobleza francesa invocó la ley sálica para oponerle la candidatura de un francés, Carlos de Valois, sobrino de *El Hermoso*. Eduardo, irritado por aquella usurpación y por su obligación de rendir homenaje por tierras que pertenecían a su familia desde hacía siglos, apoyó a un pariente rebelde del nuevo monarca y comenzó las hostilidades invadiendo la Gascuña. Como es sabido, la guerra se convirtió en interminable –debido sobre todo al cambiante juego de alianzas de las casas nobiliarias francesas– y experimentó fases de dominio alternativo a cargo de los dos reyes en pugna. Especial importancia adquirió, en el primer tercio del siglo XV, la figura de Juana de Arco, *la Doncella de Orleans*, una campesina semianalfabeta que se sintió enviada por Dios para expulsar de Francia a los ingleses e inspiró varios éxitos militares pero acabó siendo capturada por los ingleses en 1431, juzgada por la Inquisición y quemada como bruja. A mediados del siglo XV, el rey Carlos VII logró ser coronado, expulsar de París a Enrique VI de Lancaster-Plantagenet y recuperar poco a poco todos los territorios continentales dominados por los ingleses. Y la guerra terminó en fecha imprecisa, sin un tratado de paz. Lo importante, a nuestros efectos, es que la repulsa del dominio inglés demostró, y reforzó, la existencia de una identidad *francesa*. Y que la monarquía formó por primera vez un ejército permanente, que en lo que quedaba de siglo XV utilizaría para afirmarse sobre los nobles, en guerras que culminaron en la derrota y muerte de Carlos *el Temerario*, duque de Borgoña (1477). Se abrió así una época de cuasiabsolutismo regio bajo los grandes Valois, entre los que destacó Francisco I, principal rival del emperador Habsburgo, Carlos V.

En la era medieval, en suma, la identidad francesa se expresó en términos *religiosos* y *monárquicos*.[7] El hecho de que Francia fuera llamada «cristianísima» e «hija mayor de la Iglesia» puede considerarse una versión del mito del «pueblo elegido». Pero no era sólo el país. Era el propio rey, pues el ocupante del trono estaba ungido con el santo óleo –traído directamente por el Espíritu Santo, en forma de paloma, a la catedral de Reims–, era persona sagrada, servirle era un deber religioso y se le reconocían poderes milagrosos, como la curación de la escrófula con la simple imposición de sus manos. Una monarquía sacralizada, por tanto, dotada de más fuerza que en Inglaterra, ligada al francés *d'oil* y al catolicismo romano y en pugna con el emperador germano y el rey inglés, fue el núcleo clave en esta primera fase del proceso de construcción identitaria francesa.

La etapa siguiente, que cubre desde la segunda mitad del siglo XVI hasta finales del XVIII, fue la del cuestionamiento de los fundamentos sacrales de la autoridad regia y su reafirmación como cabeza del *Esta-*

do, término acuñado por Nicolás Maquiavelo, pero cuya primera realización práctica tuvo lugar en Francia. Todo empezó, como en Inglaterra, por la Reforma protestante, que tomó fuerza en el país galo bajo la facción de los calvinistas o hugonotes, entre los cuales surgieron unos teóricos políticos, llamados *monarcómacos*, defensores de la existencia de un «contrato originario» entre el rey y su pueblo, que garantizaba una serie de libertades, entre ellas la religiosa. Esta situación, que acabó conduciendo a siete guerras civiles en las décadas finales del siglo XVI, coincidió con un período de difíciles sucesiones en el trono, con minorías de edad y regencias a cargo de reinas extranjeras, y con la pérdida del protagonismo europeo y del favor papal, en manos ahora de los Habsburgo españoles, en especial Felipe II. Todo lo cual relanzó el desafío al poder del rey por parte de los nobles, alineados con una u otra de las facciones enfrentadas en las guerras de Religión. Fue la época de los Borbón, Guisa, Montmorency, Lorena, Condé o Coligny, una alta nobleza que aún se rebelaría por última vez a mediados del siglo XVII, con la Fronda.

De esta larga crisis reemergió la monarquía fortalecida gracias, en primer lugar, a la acción del sagaz Enrique de Borbón, hugonote convertido al catolicismo por razones prácticas y en rey Enrique IV, y en segundo lugar gracias a los dos ministros-cardenales Richelieu y Mazarino, que crearon un aparato de poder vertebrador del país, situado por encima de las facciones religiosas, centralizado y burocratizado, con servidores que no procedían ya de la alta aristocracia, sino de grupos no nobiliarios. Nació allí la idea de que el rey era la cúspide de un ente político-administrativo, el Estado, encargado de dictar y hacer cumplir las leyes, superior a los partidos políticos y las facciones religiosas; un Estado cuyo centro era, sin embargo, la corte, alrededor de la cual se veía obligada a girar la nobleza. La culminación de esta etapa se produjo durante el reinado de Luis XIV, cuya idea de su propia función se puede imaginar por la célebre frase que se le atribuye: «el Estado soy yo».[8] Fue durante su reinado cuando se produjo un retorno al absolutismo y al monolitismo católico, con la revocación del Edicto de Nantes. Los rasgos característicos de esta segunda etapa fueron, por tanto, la continuación del protagonismo regio como eje alrededor del cual se construía una identidad francesa, pero no tan ligado ya a la religión como al Estado.

Los herederos del *Rey Sol* dejaron escapar de sus manos la hegemonía europea con relativa rapidez, a favor esta vez de Inglaterra. Y entonces, en aquella suave cuesta abajo del siglo XVIII, compatible con un esplendor cultural que hacía de París el foco de unas «luces» que iluminaban a las élites europeas y americanas, volvió a incubarse un clima de oposición a la monarquía, o al menos a la monarquía absoluta, esta vez a cargo de grupos funcionariales y de la baja nobleza, que tomaron como modelo político el parlamentarismo británico. Los *philosophes*, o intelectuales, reaccionaron contra un sistema y unos dirigentes que no estaban siendo capaces de convertir el Estado en un instrumento modernizador ni de dirigir la pugna contra Inglaterra. Un publicista muy peculiar, creador de formas especialmente radicales, Jean-Jacques Rousseau, lanzó entonces el nuevo mito movilizador: la «voluntad general», que no era ya la suma de las voluntades de los individuos o ciudadanos sino la de un ente colectivo: el *moi commun*, la *nation*. La culminación del proceso, bien conocida, fue la Gran Revolución de 1789, influida por la americana del decenio anterior, y desencadenada en el primer momento por la propia aristocracia que acabaría siendo su víctima, al negarse a cooperar con la monarquía para sacar a la hacienda pública del abismo en que se encontraba. Lejos de ser «burguesa», la revolución fue impulsada por aristócratas e intelectuales;[9] y su bandera fue la afirmación de una identidad colectiva, la de la *nación*, convertida ahora ya en titular de la soberanía.

Aparte de los vuelcos y desplazamientos sociales que la Revolución provocó, lo que importa a nuestro tema es que alcanzó los objetivos de unificación interior y expansión exterior que los Borbones tanto habían perseguido, siempre sin éxito: la aniquilación, como rivales del poder estatal, de la aristocracia –despojada de sus tierras y guillotinada– y de la Iglesia –expropiada también y obligada al juramento civil del clero–. Dio así un gran paso adelante la construcción del Estado, cuyo control del conjunto del territorio se afirmó por medio de los departamentos, los prefectos y la policía. Pero surgió, sobre todo, la *nación*, el ente colectivo ideal portador de la soberanía y legitimador de la autoridad estatal. Y se entró en una nueva fase de la construcción identitaria, que dejaba al fin atrás a la monarquía como eje nuclear. Francia era una república –imperial, muy pronto–, y se era ciudadano, o partícipe de esa colectividad, en la medida en que se estaba dispuesto a someterse a las reglas decididas por la mayoría y a contribuir a los costes requeridos para mantener las instituciones propias de una sociedad libre.

A partir de este dato, Hans Kohn y otros muchos estudiosos del nacionalismo han presentado la francesa como modelo de identidad *cívica*, frente al sentimiento nacional en Alemania y la Europa oriental, que sería *étnico*. Pero esta orientación cívica del momento revolucionario y republicano se mezcló desde sus mismos orígenes con fuertes dosis de orgullo étnico, al elevar la Revolución y Bonaparte a los franceses a la categoría de portavoces y guías de la humanidad en el camino hacia la libertad. El momento napoleónico fue la expresión perfecta de esta doble expansión, del modelo revolucionario por un lado y del nacional-imperial por otro; lo cual, por cierto, provocó sublevaciones contra las tropas francesas, como en el caso español, justificadas en parte por la misma retórica nacional que ellos difundían. Este transitorio dominio político del continente se sumó a la irradiación cultural que venía de la Ilustración y Francia pudo seguir creyéndose la vanguardia del progreso mundial. Desde el punto de vista económico, en cambio, la revolución industrial llegó a Francia mucho más tarde que a Inglaterra, aunque se fueron introduciendo grandes mejoras en las técnicas agrícolas, impulsadas por la comercialización del vino y otros productos.

La construcción republicana de la identidad nacional francesa culminó entre 1880 y 1920, en un proceso que estudió de manera ejemplar Eugen Weber.[10] Tras las oleadas revolucionarias de 1789, 1830, 1848 y 1871, argumentó este autor, apoyado en una abrumadora recolección de datos, Francia seguía manteniendo una red de comunicaciones muy atrasada, que aislaba a las diferentes comarcas y regiones, al igual que lo hacían los mil dialectos o *patois* utilizados y la gran variedad de pesos y medidas. Francia era, además, un país mayoritariamente analfabeto, con una población rural todavía dirigida por los curas párrocos y dominada por creencias en brujerías y encantamientos. Y, sobre todo, en lo que aquí importa, los sentimientos nacionales se limitaban a los ambientes urbanos. Todo esto cambió en las décadas de la Tercera República, gracias a tres fenómenos: la revolución en las comunicaciones, con carreteras y ferrocarriles que conectaron por fin a los aislados núcleos campesinos y crearon un mercado económico y cultural verdaderamente nacional; las reformas educativas, que implantaron en todo el país una red de escuelas laicas, gratuitas y obligatorias, con la correspondiente expansión del francés parisino y los valores republicanos; y el servicio militar obligatorio, que obligó a los lugareños a conocer otros mundos, oír discursos patrióticos y adquirir ese sentimiento de identidad nacional que antes desconocían. A todo ello se añadió la industrialización, el imperio colonial africano y las tensiones internacionales, que acabaron desembocando en la Gran

Guerra, la *Catorze-Dixhuit*, la definitiva experiencia nacionalizadora. Con todo lo cual, en apenas dos generaciones fueron erradicadas las lenguas y buena parte de las culturas locales o regionales y se generalizó el sentimiento identitario francés. Un proceso que no fue exactamente espontáneo, sino consecuencia de un verdadero plan de «colonización interna» de la Francia rural, dirigido desde París. La nación francesa quedó, así, al fin, sólidamente construida. Pero sin olvidar, al menos, tres observaciones: primero, que ocurrió mucho más tarde de lo que admitirían los catecismos nacionalistas; segundo, que fue impulsada por el Estado, cuya existencia era muy anterior a la de la nación (aunque no a la identidad histórica de la que bebió la nación; una identidad nacida con un significado monárquico y religioso que hubo de ser reinterpretado); y, por último, que la sociedad francesa, a cambio de lograr una envidiable estabilidad política, pagó un alto precio en pérdida de riqueza y diversidad cultural.[11]

Excepcional importancia tuvo, en el giro del siglo XIX al XX, el *affaire Dreyfus*, que generó una apasionada polémica y una profunda escisión política en el país, entre la Francia laico-republicana y la católico-monárquica. Venció la primera y, a partir de entonces, la política se abrió más a la participación pública, el Estado se separó radicalmente de la Iglesia y las órdenes religiosas fueron eliminadas de la enseñanza. Pero la Francia conservadora, cuyos portavoces fueron intelectuales como Charles Maurras y Maurice Barrés –que se llamaron precisamente «nacionalistas»–, siguió sintiendo dificultades para identificarse con «la Marsellesa», la bandera tricolor y el ambiente permisivo de la república.[12] Así siguieron las cosas hasta 1940, cuando los ejércitos del Tercer Reich arrollaron a los franceses. Los herederos de los *antidreyfusards*, culpando a las libertades republicanas de la debilidad patria, aceptaron entonces formar un régimen colaboracionista con los alemanes encabezado por el mariscal Pétain, en nombre del orden, la familia, la religión, la patria y propiedad.[13] Pero la derrota alemana en la Segunda Guerra Mundial borró el recuerdo de aquella colaboración, que según la versión que se impuso habría sido sólo muy minoritaria y propia de una minoría traidora. Todo verdadero francés habría estado en la Resistencia; es decir, se identificaba con la tradición republicana. De esta forma, todas las fuerzas políticas hicieron suyos, definitivamente –dentro de lo definitivo que pueda ser un hecho histórico–, los símbolos y valores republicanos como expresión de la identidad nacional. La nación cerró así sus últimas fisuras.

Francia ha sido tradicionalmente el ideal de Estado-nación soñado por las élites políticas españolas, salvo algunos raros grupos o personajes liberales que quisieron emular a Gran Bretaña. En cambio, y comprensiblemente, el modelo francés ha sido rechazado siempre por las élites periféricas, que lo consideran el ejemplo de la centralización y la falta de respeto hacia culturas como la corsa, la occitana o la bretona. Trasplantar el canon francés a España ha sido, sin embargo, una empresa nada fácil de llevar a cabo y la obstinación por imitarlo es quizás la clave de muchos de los problemas vividos al sur de los Pirineos. Porque, a diferencia del país vecino, en España nunca hubo una gran revolución que eliminara, incluso físicamente, a los detentadores de los poderes locales o a un clero católico que ponía serios límites a la influencia cultural del Estado. Tampoco logró durar nunca un régimen republicano que implantara un servicio militar verdaderamente universal ni un sistema escolar general, gratuito, laico y obligatorio. Ni ha existido históricamente una capital cuyo tamaño, potencia económica e influencia cultural sobrepasaran de manera indiscutible a cualquier otra ciudad del país. Tampoco hubo un *affaire Dreyfus*, ni una guerra mundial recordada como de unánime oposición a la invasión alemana. Diferencias que explican suficientemente las dificultades con las que se han enfrentado quienes han creído que la francesa era la manera «normal» de crear un Estado-nación moderno y que seguir esa vía era obligado si se quería que España no fuera una rara excepción europea, o un clamoroso fracaso como país. Un repaso comparado de las muy diversas formas de construir las naciones, como el que aquí estamos haciendo, debería convencernos, al menos, de que lo que domina en este terreno es la variedad y que el modelo unitario, centralizado y homogéneo que presenta Francia, lejos de ser la norma, ha sido más bien la excepción europea.

ALEMANIA, UNA IDENTIDAD ÉTNICA TEMPRANA, UN ESTADO TARDÍO

En cuanto a sus orígenes, el proceso de formación de la identidad alemana no debería diferir mucho de los dos anteriores, pues también surgió allí en el Medievo más profundo una monarquía que pervivió hasta los inicios de la Edad Contemporánea. Esta monarquía se denominaba Sacro Imperio romano, título que en el siglo XVI pasaría a ser romano-germánico o romano de la nación alemana *(Heiliges Römisches Reich Deutscher Nation)*. Los personajes que ocuparon este trono fueron durante mucho tiempo actores políticos de primera importancia en el escenario europeo e incluso, en teoría, máximos dignatarios del mundo cristiano, junto con los papas, sus pares espirituales y con frecuencia rivales. Pero, en la práctica, aquel imperio era una estructura política muy descentralizada, con un control muy débil por parte del César de turno, cuyo cargo, para empezar, al revés que en las monarquías inglesa o francesa, no era hereditario, sino electivo. La designación de cada nuevo emperador era prerrogativa de los siete príncipes electores, que en general ratificaban al heredero del anterior ocupante del trono pero obligándolo a veces a pactos y promesas de los que luego no era fácil desligarse. Había, por tanto, mayor dependencia de la aristocracia que en los dos casos precedentes. Sin embargo, al igual que en Francia, y a diferencia de Inglaterra, los nobles no poseían una representación institucional. No había un órgano colegiado permanente que fuera su portavoz ni compartiera las decisiones políticas cruciales con el emperador. Había, sí, una Dieta Imperial, o *Reichstag*, dividida en varios brazos o *collegia* –uno de ellos, el electoral–, que se reunía irregularmente y en lugares cambiantes. Sólo a partir de la Paz de Westfalia comenzó a institucionalizarse y tener su sede habitual en Ratisbona (Regensburg). Sin embargo, el imperio era ya para entonces una mera colección de unidades autogobernadas. Los cantones suizos serían un ejemplo de entes políticos sometidos teóricamente al emperador pero plenamente independientes en la práctica.

El Sacro Imperio compartía, por otra parte, la doble identidad romana (europea) y germánica. Había sido instaurado por Carlomagno, que empezó su carrera como rey de los francos, una monarquía hasta entonces frágil y dividida, dominada al final por unos señores de la guerra, como Carlos Martel y Pipino, cuyo título no pasó de *maior domus*, mayordomo. Carlomagno, un animal político de excepcional fuerza y ambición, logró no sólo consolidar aquel trono precario sino someter sucesivamente a lombardos, frisios, sajones y bávaros, señoreando al final territorios que hoy se sitúan en Alemania, Austria, Francia, Italia, los Países Bajos y Suiza, y haciéndose coronar como emperador romano por el papa. Muy pronto, en el siglo IX, aquel gran imperio tuvo que ser dividido por sus sucesores en sus dos mitades más diferenciadas culturalmente: la de lenguas romances y la de lenguas germánicas. Tras Otón I, en el siglo X, la última se quedó con el título imperial, que acabaría añadiendo el «germánico» al «romano» original. Por otra parte, y al margen de la capacidad negociadora que otorgaba a la alta aristocracia la elección del emperador, el feudalismo estaba fuertemente arraigado en aquella Europa central, dividida en un número incontable de ducados, condados, señoríos, obispados y ciudades libres, feudatarios unos de otros. El imperio era, por tanto, una mera confederación informe, con pocas instituciones comunes y ninguna pretensión de ser una «nación», sino un conjunto de «naciones». Este carácter multiétnico se acentuaría a medida que se aproximara la Edad Moderna y se extendieran sus dominios hacia el este –por tierras actualmente húngaras y polacas– y el sur – acogiendo a zonas balcánicas cristianas, como Eslovenia y Croacia, en busca de protección frente a los otomanos–. Pese a ello, al mediar el segundo milenio la existencia de los «alemanes» como grupo humano era ya creencia común en Europa. Sin embargo, su caracterización psicológica difería mucho de la actual, si recordamos la descripción que de ellos hace Erasmo de Rotterdam en *Elogio de la locura*, pues lo que distinguía a los alemanes, para el gran humanista flamenco, era que «se envanecen de la prestancia de sus cuerpos y de su conocimiento de la magia».[14]

Alguien ha dicho que la rebelión de Lutero contra el envío de recursos a Roma, en forma de indulgencias y diezmos, fue el *acto fundacional* de la identidad alemana. En efecto, como explicó con agudeza Benedict Anderson, la Reforma protestante, sumada a la reciente invención de la imprenta, significó un giro importante, y en principio un impulso, en la construcción de una conciencia de identidad propia –no *nacional* aún, porque nadie pensaba en atribuir la soberanía a la colectividad– en el mundo germánico. La convicción de ser el «verdadero pueblo cristiano» frente al «corrupto» sur latino, añadió un segundo bloque o peldaño cultural de gran importancia al ya existente, que era la lengua común. Pero la Reforma condujo a unas guerras de religión fratricidas, de siglo y cuarto de duración, que dividieron profundamente a Alemania y retrasaron su unificación cultural y política. Al final, aquel turbulento período se cerró en Westfalia, en 1648, con un acuerdo que reconoció la existencia de múltiples miniestados, cada uno con su variante religiosa. Es decir, que el resultado de la Reforma fue la división del imperio. Porque ésta sólo había triunfado realmente en su parte septentrional, en la que pronto sobresaldría el ducado de Prusia-Brandenburgo, mientras que el sur, que acabaría siendo reino de Baviera e Imperio austrohúngaro, mantuvo su fidelidad al catolicismo romano. El viejo Imperio romano-germánico, que había pretendido abarcar toda Europa, quedó, así, reducido al bastión católico de los Habsburgo, la futura Austria. Y en Berlín, capital de Prusia, los Hohenzollern elevaron su ducado a la categoría de reino y consiguieron afianzar un centro de poder fuertemente jerarquizado y militarista, apoyado en unos nobles hereditarios que eran a la vez terratenientes, funcionarios del rey y oficiales de su ejército.

Un factor que podría haber reforzado el imperio, y con él la identidad alemana, era la tradición humanista defensora de una única autoridad civil en la Cristiandad, independiente del papado. Pero los herederos del humanismo, los intelectuales de los siglos XVII y XVIII, vivían una situación política tan fragmentada que relegaron su sueño al rincón de las utopías. Ellos fueron quienes lanzaron la *Aufklärung*, la Ilustración, basada en la confianza en la razón como único instrumento que permitía al ser humano comprender y dominar su entorno. Esos mismos intelectuales vivían, sin embargo, frustrados o, en términos de Liah Greenfeld, *resentidos* en varios frentes: contra su propia aristocracia, que no les aceptaba entre los estratos dirigentes del país; contra Francia, sede de las *luces* y centro cultural de Europa que, a la vez, despreciaba y pisoteaba periódicamente al mundo germánico; y contra sus gobernantes, incluido el emperador, incapaces de forjar la unidad y de superar la impotencia del conjunto.[15]

Con la invasión napoleónica, al comenzar el siglo XIX, llegaron la primera gran derrota militar prusiana y la desaparición del Sacro Imperio, que quedó rebajado a la condición de una potencia europea más, por mucho que retuviera la terminología imperial. Aquellos hechos pudieron celebrarse, en principio, como victorias de la libertad sobre los despotismos, pero la mayoría los vivió como la humillación de un pueblo llamado Alemania. Fue entonces cuando Johann Gottlieb Fichte lanzó sus *Discursos a la Nación Alemana*, la primera gran expresión literaria del nacionalismo moderno en Europa. Y entre la fecha de aquella publicación (1807) y la derrota de Napoleón en Waterloo (1815), puede decirse que inició su carrera el nacionalismo alemán. Pocas veces puede fecharse con tanta precisión un proceso de este tipo. Pero retengamos dos datos: el primero, que era muy tarde; frente a lo avanzada que para entonces tenían la construcción de su identidad nacional, y de su Estado unitario, franceses e ingleses, a comienzos del siglo XIX Alemania seguía estando dividida en más de tres docenas de entidades políticas incapaces de fusionarse políticamente.

En segundo lugar, que la identidad existente se basaba en rasgos culturales, en especial la lengua alemana –familia de lenguas, más bien–, medio de comunicación de un amplio territorio centroeuropeo y soporte de una gran tradición literaria. En este dato étnico se apoyó la firme creencia de que la nación existía y debía convertirse en un Estado unido e independiente, algo que asumieron con entusiasmo las élites políticas, sociales, económicas e intelectuales de las dos o tres generaciones siguientes. En este enfoque directamente político de la nación, no puede dejar de mencionarse al filósofo Georg Wilhelm Friedrich Hegel, el gran apologeta del poder estatal como encarnación de la razón histórica –del Derecho público moderno–; la historia universal era, para él, un proceso racional que conducía a la libertad, pero el actor de ese proceso no era el individuo, sino el Estado.

En definitiva, aquellas élites germanas se lanzaron con entusiasmo al proceso de unificación nacional, aduanera primero (*Zollverein*, 1834) y política más tarde (culminada en 1871), uno de los más espectaculares fenómenos europeos del siglo XIX. Pero aquel proyecto se enfrentaba con un problema obvio: que eran dos las monarquías que podían aspirar a dirigirlo. Dos monarquías que tenían en común su carácter autocrático, pero que eran distintas en todo lo demás. Austria, la sucesora del imperio y candidata lógica, en principio, para encabezar la unión, era una sociedad mayoritariamente católica, aunque multiétnica (con húngaros, eslavos, balcánicos, italianos, rumanos), y se hallaba en una situación de debilidad política y atraso económico, sobre una base aún agraria, con dificultades incluso para mantener su ejército y su boato imperial. Prusia, en cambio, reino culturalmente homogéneo, luterano y germanoparlante, tenía una sólida tradición militar y se había embarcado en una temprana y febril industrialización alrededor del carbón y el acero, y en una revolución de sus comunicaciones por medio del ferrocarril.

Si de los terrenos político y económico pasamos al cultural, a partir de los comienzos de aquel siglo XIX los intelectuales alemanes habían dado el salto desde la Ilustración hasta su extremo opuesto, el romanticismo, exaltación desmesurada de la sensibilidad, la intuición, la subjetividad y el genio individual. Norbert Elias explicó de manera magistral en *El proceso de la civilización* la profunda revolución que supuso el romanticismo en la estructura emotiva y los patrones de comportamiento de las élites europeas, y específicamente alemanas. Como se sabe, para Elias el tránsito de la Edad Media a la

Moderna había significado la sustitución de la sociedad guerrera por la cortesana, marcada por la contención de las emociones como base del prestigio social. La forma de domesticar a los belicosos señores medievales entre los siglos XVI y XVIII consistió en desarrollar la «cortesía», es decir, la etiqueta, el ceremonial, el arte de la conversación y las «buenas maneras», especialmente en la mesa. Con ello se generó un nuevo tipo humano, racional, calculador, autocontrolado, represor de sus impulsos internos. El romanticismo, a comienzos del siglo XIX, significó la rebelión contra esa contención cortesana, denunciada ahora como «cárcel de la emotividad». Frente a ella, se afirmaron la creatividad, la espontaneidad, el sentimentalismo. Lo cual expresaba, según Elias, la reaparición del canon guerrero-aristocrático en medio de una sociedad ilustrado-burguesa, la nostalgia por un mundo desaparecido, el deseo de retorno a la antigua vida nobiliaria, libre de las sujeciones de la corte y de la ciudad. En ningún lugar alcanzó aquel fenómeno tanta fuerza como en Alemania. Un país donde, además, este resurgimiento del *ethos* nobiliario confluía con el conservadurismo procedente de la prescripción luterana de que las decisiones políticas deben dejarse en manos de la autoridad. Todo lo cual produjo un romanticismo de rasgos no individualistas ni anárquicos, sino colectivistas y autoritarios.[16]

Y ahí entra en juego el nacionalismo. Los renacidos ideales guerreros, provenientes del mundo nobiliario, se volcaron ahora en torno a los valores supremos de la patria. Los principios humanitarios y cosmopolitas, que habían defendido Kant o el propio Fichte, se vieron postergados ante la competición entre las naciones. La patria alemana era el valor supremo, entregarle todo, incluso la vida, era la mayor fuente de orgullo; y sus enemigos no merecían ni siquiera el mínimo respeto debido a todo ser humano. Típico de aquella sociedad fue también el culto al honor, que pervivió en los duelos, habituales en medios militares y estudiantiles hasta principios del siglo XX, una prueba más de la subsistencia del *ethos* guerrero y violento. Los valores bélico-aristocráticos serían, pues, según la interpretación de Elias, más importantes que la ética protestante, que para Max Weber era lo decisivo. Aunque ésta también contribuyera a cimentar un clima político conservador. Porque el conservadurismo luterano heredado estaba, además, siendo reavivado, a comienzos del siglo XIX, por el pietismo, variedad evangélica que presentaba alguna característica romántica, por la importancia que otorgaba a la emoción de la fe como fundamento de la salvación y por su apoyo en las comunidades de creyentes, más que en los individuos.[17]

Tras largas y complejas tensiones, que culminaron en la guerra austroprusiana de 1866, Austria acabó desplazada, contra lo que podía haberse previsto al principio, y Prusia se alzó como abanderada del proceso unificador. La unidad alemana culminó, finalmente, en 1870-1871 y Otto von Bismarck, la personalidad rectora del proceso, se lanzó a una primera actuación en el escenario internacional: nada menos que una guerra contra el emperador francés Luis Napoleón, sobrino de Napoleón *el Grande*, que terminó en una rápida y humillante derrota de Francia. Tras la unificación y la victoria sobre su secular enemigo, el orgullo alemán pareció, al fin, colmado en el terreno político. Un Estado alemán había surgido en Europa, tardío o «atrasado», como diría Helmut Plessner,[18] pero poderoso y, en muchos sentidos, moderno. Se consagró así el llamado *Sonderweg*, la vía especial alemana, caracterizada por una insólita mezcla de un gran desarrollo científico y una rápida modernización tecnológica, por un lado, y el mantenimiento de unas estructuras sociales nobiliarias y de un sistema de valores autoritario y arcaico, por otro. La potencia industrial y militar de la Alemania guillermina fue indiscutible, como lo fue su excelencia en el mundo de la alta enseñanza y la investigación. Pero la base de todo el sistema, la columna o soporte principal de la jerarquía social, seguían siendo los *Junckers*, la nobleza terrateniente que rendía culto al oficial prusiano como modelo humano. En el terreno institucional, existía un *Reichstag* dotado de gran legitimidad democrática para la época, porque era elegido por sufragio universal masculino. Pero éste carecía de poderes en cuanto al nombramiento o la destitución del gobierno y tampoco controlaba las fuerzas armadas. La autoridad suprema era el *Káiser*, que nombraba el gobierno y mandaba en el ejército.

Lo más novedoso, en aquel sistema de autoridad, era el nacionalismo, teoría legitimadora del poder procedente de las revoluciones liberales que estaba dejando, a medida que avanzaba el siglo XIX, de estar necesariamente ligada a la democracia o incluso a la política representativa. La atmósfera nacionalista que dominó Alemania entre 1815 y 1914 fue objeto de un excelente estudio por parte de George L. Mosse,[19] que para describir lo allí ocurrido patentó la expresión «nacionalización de las masas». Consistió ésta en un intenso proceso protagonizado por miles de organizaciones y de actividades que dominaron la vida social y cultural del país: festivales, desfiles, comités para erigir monumentos de estilo grecolatino, liceos o *gymnasien*, asociaciones deportivas, musicales, religiosas, literarias, excursionistas... Todo esto creó una nueva forma de hacer política, dominada por el uso de símbolos y mitos relacionados con la nación y por una liturgia que hizo del nacionalismo una religión secular. Los alemanes se habituaron a una mentalidad y una ritualidad *Volkisch*. Pero esta afirmación identitaria, por mucho que usara términos procedentes de revoluciones antiabsolutistas, como *pueblo*, *nación* o *voluntad general*, no llevaba a la exigencia de una participación política de tipo democrático. Las muchedumbres «participaban», sí, en la vida política en el sentido de que salían a la calle, desfilaban, se manifestaban, portaban símbolos o entonaban canciones. Lo cual les daba la sensación de pertenecer a una comunidad, satisfacía su necesidad de trascendencia, pero su opinión no pesaba realmente a la hora de tomar las grandes decisiones políticas. El ambiente romántico permitió que el antirracionalismo y el antiliberalismo pervivieran como actitudes intelectuales respetables, contra la mejor tradición alemana que venía de la Ilustración. Surgió así todo un nuevo tipo de ideología y de práctica política que, a la larga, desembocaría en el nazismo. Porque, además, aquel mundo mental nunca dejó de estar poblado por prejuicios racistas. El ideal mismo de belleza exaltado en la Alemania bismarckiana, de un clasicismo helénico que se suponía reencarnado en los germanos, excluía automáticamente a quienes, como los judíos o los gitanos, no respondían al modelo ario.

Aquel mundo anterior a 1914 estaba, además, dominado por la feroz competición entre las potencias europeas por la expansión imperial. La unidad política y la humillación de Francia en Sedán no bastaban. Alemania tenía que tener un imperio, el rasgo que distinguía a las razas superiores. Pero los alemanes se habían incorporado a esa pugna demasiado tarde y competían en condiciones de inferioridad con ingleses, franceses, holandeses y belgas, que se les habían adelantado y ocupaban, casi al completo, África y Asia. Estas tensiones condujeron, como se sabe, a la Primera Guerra Mundial. Y entonces sí que se desplegó a plena potencia el *ethos* patriótico y guerrero, expresado como nadie por Ernst Jünger en su *Tempestades de acero*, novela y diario de guerra que es un canto a la camaradería entre los oficiales alemanes, a los excesos juveniles y a la brutalidad con el enemigo.[20] La guerra terminó, en fin, en 1918, con la victoria de los aliados sobre los imperios centrales, lo que significó, entre otras cosas, la desaparición de las dos monarquías, alemana y austríaca. La humillación de la derrota y las duras condiciones del tratado de paz llevaron, a su vez, al victimismo resentido, al sentimiento de incomprensión universal y a la reactivación del antisemitismo, que facilitaba la localización de un chivo expiatorio en el interior. La culminación de todo fue el nazismo, que, si se tienen en cuenta todos estos antecedentes, fue cualquier cosa menos un accidente azaroso en la historia alemana.

No fue un azar, pero tampoco se debía a una «manera de ser» predeterminada y recurrente, inscrita en los genes de los alemanes. Y tampoco fue el final de la historia. En Alemania han seguido ocurriendo muchas cosas después de 1945, en general positivas. La República Federal alemana se convirtió en una democracia homologable con las más respetadas en el mundo, con la peculiaridad, además, de que poseía un ejército reducido e incapacitado para actuar fuera de sus fronteras. Tras la guerra, se produjo un despegue económico que fue calificado, con razón, de «milagro alemán». Y a partir de 1956 Alemania dirigió, juntamente con Francia, el proceso de integración europea, dando así por cerrado el secular antagonismo entre los dos países. La República Democrática alemana, títere de la Unión Soviética que hacía agua por todos los costados, se derrumbó en 1989 y, poco después, se produjo la reunificación. Esta Alemania unida es hoy la primera economía de la Unión Europea y sus fuerzas armadas son el principal componente terrestre de la organización europea de defensa y seguridad. Y un filósofo alemán, Jürgen Habermas, ha defendido con más convicción que nadie la reconstrucción de las identidades nacionales en términos estrictamente cívicos bajo el nombre de «patriotismo constitucional».

No hay gran cosa que decir sobre los paralelismos o enseñanzas de este proceso de construcción identitaria en relación con el caso español, por lo radicalmente distintas que han sido las circunstancias históricas de los dos países. En cuanto a la Alemania moderna, desde mediados del siglo XIX hasta mediados del XX, su carácter modélico para las élites españolas ha ido en dos direcciones radicalmente opuestas, como corresponde al carácter dual del *Sonderweg* germano. Por un lado, el institucionismo krausista, empezando por Julián Sanz del Río y culminando en los intelectuales de la llamada Edad de Plata de la cultura española, se sintió atraído por sus universidades y centros de investigación (de los que tantos cerebros, especialmente judeo-alemanes, escaparon hacia Estados Unidos tras la subida de Hitler al poder y convirtieron, no por casualidad, a las universidades norteamericanas en las mejores del mundo). No parece que fuera de su interés, en cambio, la organización jerarquizada y autoritaria de aquella sociedad ni su nacionalismo militarista, que era, sin embargo, lo que seducía al mundo conservador español, como demostró el fuerte sector germanófilo que se desarrolló durante la Primera Guerra Mundial entre las élites políticas e intelectuales de derechas o el modesto pero nada ambiguo apoyo que el régimen de Franco prestó a Hitler en la Segunda Guerra Mundial. Algún aspecto del nacionalismo hispano, como la estrecha ligazón de la monarquía o de la bandera nacional con las fuerzas armadas, fue también típicamente alemán. La atracción por lo germánico llegó a ser tal que, en los momentos en que pareció que Hitler ganaba la guerra, Franco implantó en España el horario alemán, en parte para distanciar al país de la pérfida Albión y en parte, quizás, porque soñaba que, teniendo la misma hora, los españoles se comportarían como alemanes.

En cualquier caso, lo que distancia radicalmente a la historia alemana de la española fue aquel siglo XIX que produjo y vivió la unificación, cuando, rindiendo culto a sus rasgos étnicos comunes, la sociedad alemana se dejó arrastrar por un vendaval de construcción identitaria. En aquel mismo período, en cambio, España se hallaba atascada ante problemas tales como sus luchas políticas internas, la superación de su atraso económico o la preservación de los restos de su imperio colonial; lo cual imposibilitó que viviera nada parecido a aquel empeño colectivo y entusiasta por construir un Estado-nación que tan duradera huella dejó en la historia alemana.

ITALIA, OTRA IDENTIDAD CULTURAL TEMPRANA Y CONSTRUCCIÓN POLÍTICA TARDÍA

Donde sí se produjo una oleada de entusiasmo por la unidad política muy semejante a la alemana fue en la Italia del *Risorgimento*. En muchos sentidos, las historias italiana y alemana del siglo XIX son paralelas, aunque la identidad italiana estuviera siempre más vinculada a lo regional o local y menos al desarrollo del Estado. Pero si nos remontamos a épocas anteriores, todo fue muy distinto.

Porque en Italia no hubo, para empezar, un centro monárquico o imperial que pudiera convertirse en núcleo político iniciador del proceso de construcción nacional. Una vez más, sería absurdo remontarse al Imperio romano, que ni fue en ningún sentido una nación moderna ni se limitó a la península italiana; o a los ostrogodos o longobardos, de tan corta duración ambos y que tan escasa huella política y cultural dejaron. Partiremos de nuevo, por tanto, de la situación bajomedieval. Italia era entonces una de las zonas más ricas y pobladas de Europa y sede estable del papado. Su rasgo político más sobresaliente era la fragmentación en docenas de ciudades-Estado que, aprovechando la rivalidad entre el papa y el emperador, habían llegado a ser espacios autogobernados. Muchas de esas ciudades eran además emporios comerciales, que se beneficiaban tanto de la Ruta de la Seda –por la que no sólo llegaba desde el Extremo Oriente ese tejido sino también piedras y metales preciosos, ámbar, marfil, laca, especias, porcelana, vidrio o coral– como de la conexión con la Liga hanseática –que traía desde el Báltico, cruzando Alemania, madera, trigo, lino, ámbar o pieles–. El resultado fue una constelación de centros urbanos de una potencia económica y un refinamiento cultural desconocidos hasta entonces en la historia del mundo y con los que en aquella época sólo podría rivalizar, aunque no superar, el Flandes borgoñón. Entre aquellas ciudades autogobernadas –en general, bajo la etiqueta de repúblicas pero de tipo oligárquico, en manos de un número reducido de familias de notables–, destacaron algunas continentales, como Florencia, y otras marítimas, como Venecia o Génova, que dominaban los mares Adriático y Jónico, la costa y las islas griegas, Córcega, Cerdeña, Creta y Chipre. Todo aquel mundo urbano, en especial el situado en la mitad norte de la península, fue la sede de los formidables logros culturales del Renacimiento, cuyo apogeo se alcanzó en el siglo XV.

Esta situación no sólo distancia radicalmente el caso italiano de los tres precedentes, en que el núcleo político inicial era una monarquía, sino que plantea un intrigante problema: ¿por qué aquella rica y sofisticada constelación urbana acabó dominada por vecinos de potencia económica y cultural inferior, como Francia, España y más tarde Austria? ¿Por qué no lograron aquellas ciudades crear una confederación, o algún otro mecanismo político protector, que quizás hubiera podido ser el embrión de un futuro ente nacional? La respuesta más razonable es la aportada por Charles Tilly: porque las monarquías vecinas dirigieron todos sus esfuerzos hacia la acumulación de recursos coactivos, controlados desde un único centro de poder, lo cual les permitió crear unos ejércitos con los que dominaron territorios más avanzados económica y culturalmente.[21] Pero el caso holandés demuestra que también era posible confederar a un conjunto de ciudades poderosas y enfrentarse con éxito a una monarquía imperial de temible potencia militar, como la española.

En Italia, sin embargo, funcionó el modelo de Tilly. A finales del siglo XV, tropas francesas y españolas invadieron aquella península. Las grandes familias que dominaban las ciudades, y los propios papas de Roma, se entregaron a un peligroso juego de alianzas con los invasores, intentando aprovechar para sus luchas internas aquella intervención foránea. Y cincuenta años más tarde la independencia de aquellos municipios había terminado, sin apenas excepciones, y su esplendor cultural se hallaba en franca decadencia. En la pugna entre los ocupantes, la infantería castellana superó a la caballería francesa, cuyas derrotas se sucedieron, sobre todo desde el momento en que Carlos de Habsburgo acumuló las coronas de la Monarquía hispánica y del Imperio romano-germánico. Llegó a continuación la larga crisis francesa de la segunda mitad del siglo XVI, que permitió a los Habsburgo españoles convertirse en únicos señores de la mayor parte de Italia, situación que se mantendría hasta comienzos del siglo XVIII. La fusión hispano-italiana quedó grabada para la posteridad en los nombres italianos de los administradores, generales e intelectuales de aquel imperio que, para simplificar, el mundo llamaba «español»: Mercurino de Gattinara, Ambrosio de Spínola, Alejandro Farnesio, Andrea Doria, Lucio Marineo Sículo, Pedro Mártir de Anglería... O en el crucial impacto que la cultura italiana causó en las mejores figuras del *Siglo de Oro* español, como Garcilaso de la Vega, Miguel de Cervantes, Francisco de Quevedo o Diego Velázquez.

Otro problema, que ya planteó Maquiavelo, en cierto modo precursor del nacionalismo italiano, es el de por qué no fue el papado el adalid de la unidad italiana, por qué no desempeñó el papel unificador que en otros lugares corrió a cargo de los monarcas. La primera respuesta, obvia, es que el papado, por muy monopolizado que estuviera por las grandes familias romanas, no era una monarquía propiamente italiana, sino europea; y que tampoco era hereditario, aunque se intentara a veces convertirlo en tal cosa. Debido al papado, desde luego –en parte al menos–, en Italia no prendió la rebelión luterana. Pero la Contrarreforma, al revés de lo que ocurrió en España, tampoco generó una cultura monolíticamente católica sobre la que fundamentar una construcción identitaria. Lo cierto es que los siglos XVI al XVIII transcurrieron bajo la fragmentación política, el dominio de potencias extranjeras y la decadencia económica y cultural. El único dato unificador subsistente era la lengua culta, que para las élites era, más que el latín, el italiano toscano.

La Paz de Utrecht puso fin en 1713 a la hegemonía española en Italia. El papel de potencia dominante pasó entonces a ser desempeñado por la otra rama de los Habsburgo, la austríaca, en cuyas manos quedaron Milán, Nápoles y Cerdeña. Todo el siglo XVIII transcurrió entre complejos intercambios de territorios que no viene al caso detallar. Y la contemporaneidad se inició por fin con la aparición de Napoleón, que derrotó a los austríacos y unificó todo el norte bajo el nombre de «república de Italia» –más tarde «reino de Italia»–. Con Napoleón llegaron las ideas revolucionarias, entre ellas el principio de la soberanía nacional, consecuencia política de la existencia de comunidades humanas unidas por una misma lengua y cultura. Y, desde aquel mismo momento, los simpatizantes de la Revolución francesa –como dice Alberto Mario Banti, a quien seguiremos en estas páginas– «comenzaron a hablar de la necesidad de refundar la carta geopolítica de la península sobre la base del nuevo principio nacional».[22]

Desaparecido el *Gran corso*, el Congreso de Viena intentó retornar a la situación prerevolucionaria, pero era imposible. El impulso unificador había emprendido el vuelo en Italia, igual que en Alemania, bajo el impacto del ejército napoleónico. Y se mantuvo en el aire gracias a las sectas jacobinas, luego carbonarias, cuyos más caracterizados representantes, como Filippo Buonarroti y Giuseppe Mazzini, fueron precisamente italianos. Entre 1815 y 1861, Italia –como Alemania– se vio sacudida por la nueva fe alrededor de la idea nacional, que halló una entusiasta acogida entre las clases urbanas cultas. Fue una gran emoción colectiva, capaz de superar los graves problemas de la oposición papal, los abismos culturales entre la Italia del norte y la del sur o las divisiones políticas entre liberales moderados y demócratas, entre monárquicos y republicanos o entre unitarios y federales. Durante más de medio siglo, todo el mundo, cualquiera que fuera su filiación, compartió un discurso nacional básico, verdadero «pensamiento único» de la época. Aquel fenómeno, y aquel período, pasaron a la historia bajo el nombre de *Risorgimento*. De la fuerza de su atractivo da idea la cantidad de veces que se imitó este término en otras latitudes (por mencionar sólo a España, la *Renaixença* catalana o el *Rexurdimento* gallego).

Para explicar aquel éxito, lo primero que se observa es la existencia de unas eficaces redes organizativas alrededor del modelo masónico e iluminista del siglo anterior, prolongado en el XIX por los carbonarios. *La Giovine Italia*, fundada por Giuseppe Mazzini (1831-1847), fue el modelo imitado por tantos otros grupos europeos, que se llamaron la Joven Polonia, la Joven Alemania, la Joven Europa...

El segundo factor que favoreció el *Risorgimento* fue el ambiente romántico. Fue una época de gran creación literario-patriótica, ligada a escritores o músicos como Vittorio Alfieri, Niccolò Ugo Foscolo, Giacomo Leopardi, Alessandro Manzoni, Silvio Pellico, Cesare Balbo, Vincenzo Gioberti, Gioachino Rossini, Vincenzo Bellini, Gaetano Donizetti o Giuseppe Verdi. Toda aquella efervescencia artística giró en torno a temas una y mil veces repetidos, como la opresión extranjera, la lucha por la liberación de los territorios irredentos, la sacralidad de la nación, la nobleza de la bella muerte y en especial del martirio por la patria... Una obra modélica, de éxito sin par, fue *I Promessi Spossi (Los novios)*, de Manzoni, que definió como ninguna otra el canon literario del *Risorgimento*. Importantes elementos románticos rodearon igualmente la figura de Giuseppe Garibaldi y sus «camisas rojas», que de algún modo personificaban al corsario de lord Byron. Pero también incorporaban rasgos clásicos y cristianos, como muestran algunas de las imágenes de Garibaldi que imitan la de Jesucristo. Y tampoco estuvieron ausentes los planteamientos en términos nobiliarios: el honor, sus códigos y rituales, tan patentes, por ejemplo, en las ceremonias y juramentos de las sociedades secretas o en los duelos con los oficiales austríacos.[23]

El discurso nacional-patriótico del *Risorgimento*, más recorrido siempre por la emoción que por la racionalidad, se articuló alrededor de un esquema mítico: Italia, la madre Italia, existía desde la noche de los tiempos, desde antes del Imperio romano, y había alcanzado un primer momento culminante en aquel imperio; decaída luego con la invasión de los «bárbaros», había resurgido y vuelto a recuperar su esplendor en el Renacimiento; pero las invasiones de nuevos bárbaros –franceses, españoles y austríacos– la hicieron entrar en otra fase más de decadencia y de opresión bajo odiosos tiranos extranjeros; había llegado, en fin, el momento supremo, el del esfuerzo definitivo por la liberación y la unidad de la patria. La mitología del paraíso perdido y los *corsi e ricorsi* de Giambattista Vico explicaban así cómo la nación pasaba siempre de la barbarie al esplendor cultural y de ahí a la decadencia y a un nuevo resurgimiento.

La protagonista de aquel discurso, Italia, se construía, según el análisis de Banti, sobre «la familia, la sangre, el suelo, la cultura, las emociones, la guerra, el sacrificio y la santidad de la patria». Es decir, que era, ante todo, un hecho biológico, una comunidad de parentesco. Pero a la sangre la comunidad nacional unía una tierra que le había sido reservada por Dios y que estaba oprimida desde hacía siglos por extranjeros brutales que ultrajaban a sus mujeres y sembraban la discordia entre sus hijos. Y a sangre y tierra, Italia añadía cultura, memoria y conciencia propia. Quizás nadie expresara estas ideas mejor que Edmondo D'Amicis cuando se preguntaba, en *Cuore* (1886), «¿Por qué amo a mi patria?» y respondía:

> Amo a Italia porque mi madre es italiana, porque la sangre que corre por mis venas es italiana, porque es italiana la tierra donde están sepultados los muertos por los que mi madre llora y a los que mi padre venera y porque la ciudad en la que nací, la lengua que hablo, los libros que me educan, mi hermano, mi hermana y mis compañeros y el gran pueblo en el que vivo y la bella naturaleza que me rodea, todo lo que veo, lo que amo, lo que estudio, lo que admiro, es italiano.

Como un ente vivo que era, la nación tenía además voz. Y la usaba en imágenes épicas y sacrificiales, convocando a sus hijos a superar las divisiones, a comportarse como héroes y abrir así una nueva fase histórica en la que reinará la justicia y la concordia. Léase como ejemplo un manifiesto de 1848, en el que Italia se dirige así –en tercera persona a veces; en primera, otras– a sus hijos:

> El honor de vuestra madre está en peligro. ¡Defendedlo! [...] Los bárbaros victoriosos roban todo, incendian todo, violan a vuestras mujeres y escarnecen a vuestros hijos [...] Los peligros aumentan. Yo tengo fe en vosotros. Tenedla vosotros en mí. Necesito a todos mis hijos [...] Mostradle al mundo con cuánta fuerza queréis vencer o morir libres.[24]

El gran mecanismo emocional del discurso *risorgimental* es, pues, la mística del sacrificio, del martirio por la libertad de la madre-patria. Mejor morir que seguir vivos sin honor, dice el padre al despedir a los hijos que van a combatir contra el invasor. Y la madre, al recibir la noticia de la muerte de un hijo, supera su dolor pensando que otra madre, Italia, le ha acogido en su seno. Así se cuenta explícitamente en *Il piccolo garibaldino*, película de 1909 en el que una madre desconsolada por la reciente muerte de su hijo adolescente lo descubre de pronto en un conjunto monumental de bronce, junto a una matrona que porta una bandera; el hijo se mueve entonces, desciende del pedestal, avanza hacia la madre, le enseña su herida y le dice, orgulloso: «Mira, mamá, he muerto como un soldado»; después retorna al monumento y se acoge a los brazos de su nueva madre simbólica, Italia, no menos solícita que la biológica y, desde luego, más duradera.[25]

En términos prácticos, el nacionalismo italiano hubo de enfrentarse con el dominio papal en los territorios pontificios, con el de los Borbones en las Dos Sicilias y, sobre todo, con el austríaco en el Véneto, la Lombardía y la Toscana. Tras unas primeras eclosiones, entre 1820 y 1830, reprimidas por la coalición antirrevolucionaria que dirigía Klemens von Metternich, el impulso revolucionario recibió el gran empuje de la Primavera de los pueblos de 1848, que tanto afectó también a Alemania. En aquel año se declaró la República romana contra Pío IX, aplastada por Luis Napoleón, y se produjeron insurrecciones antiaustríacas en Cerdeña, Florencia y Venecia. Nacieron entonces, y se impusieron rápidamente, términos antes desconocidos, como «Estado / asamblea / guardia *nacional*», «voluntad / soberanía / independencia de la *nación*», que se sumaron a los clásicos «amor / fidelidad / traición a la *patria*». Términos con un significado también nuevo, porque la nación o patria era ahora ya democrática y republicana.[26] La última fase de la unificación, bajo la dirección de los Saboya, reyes del Piamonte, se inició el año 1859 con la guerra contra Austria, que terminó en la liberación y fusión de todo el norte peninsular. Al poco, Garibaldi desembarcó en Sicilia, iniciando una campaña que en pocos meses derrocaría a la monarquía borbónica. En 1861, Vittorio Emmanuele era coronado rey de Italia. Cinco años más tarde, una nueva guerra arrebató a Austria el Véneto. Y en 1870, tras la caída de Luis Napoleón, los soldados italianos entraron en Roma.

A partir de ahí, conseguidas ya la unidad y la independencia, se entró en una nueva etapa, mucho más planificada y prosaica. Lo necesario, ahora, era *fare gli italiani*, como dijo el ministro Massimo D'Azeglio en frase que cualquier libro sobre nacionalismo incluye. Porque el porcentaje de población de la península que hablaba el italiano toscano al comenzar el *Risorgimento* oscilaba entre el 2,5 y el 10 % del total, según estimaciones. Las bases «objetivas» sobre las que se apoyaba el nacionalismo eran, por tanto, muy frágiles. Una vez más, el planteamiento nacionalista se revelaba contradictorio: si la nación era un hecho biológico, natural, providencial, ¿por qué haría falta crearla?

Pero siempre hay que crearla, y ningún nacionalista escatima esfuerzos para ello. Así surgió, en la Italia unida de finales del siglo XIX, el auténtico bosque de estatuas de héroes y mártires por la patria que todavía hoy puebla sus parques y espacios urbanos: los miles de *piazzas* Garibaldi, *vías* Mazzini o Cavour, *corsos* Vittorio Emmanuele; las lápidas que recuerdan el día en que la ciudad celebró el plebiscito de adhesión a Italia...[27]

En resumen, Italia es un excelente ejemplo de «construcción» nacionalista, de «invención de la tradición». Lo cual de ningún modo quiere decir que fuera una invención *ex nihilo*, que no existiesen toda una serie de elementos culturales anteriores. El lenguaje, los símbolos e imágenes eran conocidos. Pero se reactivaron al ser vinculados a una idea de nación y a un proyecto político inmediato, sencillo y moderno: la unificación y liberación de tiranos extranjeros. En conjunto, el discurso nacional-patriótico italiano del siglo XIX, como explica Bruno Tobla, logró resolver y combinar tres pares de antinomias: tradición y modernidad; liberalismo oligárquico y programa radical-democrático; y localismo o regionalismo y capitalidad romana.

El proceso de construcción nacional italiana viviría aún una última fase en el siglo XX, en el que ocurrieron cosas tan importantes como las guerras coloniales, el fascismo y las dos guerras mundiales. En cuanto a la erección de un imperio, los italianos habían llegado tarde, como los alemanes, y se vieron además excluidos del reparto de África en la Conferencia de Berlín (1885). Iniciaron la penetración en Eritrea en los años 1890; pero una primera guerra ítalo-etíope terminó en la derrota de Adua (1896), vivida como una humillación tan grave como el 98 español. Entre el segundo y tercer decenio del siglo XX se lanzó otro intento de expansión imperial, en Libia, completado por el fascismo, que también terminó de conquistar Etiopía en 1935-1936, lo que llevó al Gran Consejo Fascista a proclamar emperador a Víctor Manuel III. No hace falta añadir que en estas guerras africanas la retórica nacionalista confluyó con la racial y con la religiosa.[28] Este tardío y difícil intento de expansión imperial norteafricana recuerda en muchos aspectos el español: crisis políticas internas por la división entre las fuerzas políticas ante la política colonial, débiles exhibiciones militares y éxito en la expansión territorial sólo cuando Gran Bretaña dio su visto bueno. De hecho, en el curso de la Segunda Guerra Mundial los británicos se apoderaron de todo el pomposamente llamado Imperio italiano.

Como la reivindicación sobre territorios irredentos, y las consiguientes tensiones con Austria, se mantenía al iniciarse el siglo XX, Italia entró en la Gran Guerra, que supuso para el país, como para el resto de los participantes, una profunda experiencia nacionalizadora. Toda Italia se halla hoy también cubierta de lápidas que recuerdan a los caídos de 1914-1918. Desde el punto de vista retórico, Italia se presentó a sí misma como la encarnación de la cultura, frente al carácter «tedesco», belicoso, violento, asesino y violador de mujeres. A la sacralización de la nación se añadió, por tanto, la brutalización del enemigo, lo que justificaba su exterminio.

Pese a que al finalizar aquella guerra Italia consiguió figurar entre los vencedores, lo que permitió incorporar casi todos los territorios que los nacionalistas reclamaban, algunas demandas de irredentismo siguieron quedando insatisfechas. Éste fue uno de los factores que llevaron al éxito a Benito Mussolini, cuyo discurso nacional-patriótico supo combinar el heredado del *Risorgimento* con algunos añadidos propios: unos orígenes romanos, imperiales, de la nación italiana; un tono crecientemente belicoso; y una mayor insistencia en la eugenesia, en la pureza racial de los procreadores de italianos. Pero el gran logro de Mussolini fue la resolución del problema con el Vaticano, gracias a los acuerdos de Letrán (1929). Porque el hecho de que uno de los enemigos de la nación fuera nada menos que el papa, y que los héroes de la independencia patria estuviesen excomulgados, era una espina clavada en el corazón del italianismo. Tampoco era fácil combinar la religiosidad heredada con la nueva religión patriótica, otro problema que resolvió *el Duce,* pese a ser quien más cerca estuvo nunca de crear una religión política alternativa a la católica.[29] Lo cierto es que, a partir de Letrán, la Iglesia se entregó a Mussolini y no encontró problemas para justificar, por ejemplo, la guerra de Libia, en la que el lenguaje de cruzada cristiana convergió con el racial-imperial fascista.

La mención a Mussolini nos obliga a comparar el caso italiano con el español. En ambos países hubo dictadores de derechas que monopolizaron el discurso patriótico a la vez que sojuzgaban y dividían al país. La pregunta insoslayable entonces es por qué no quedó el nacionalismo italiano tan asociado a la dictadura como lo hizo el español, lo que ha provocado un distanciamiento de la izquierda respecto de los símbolos y la retórica nacionales que aún sigue vivo. Ciertamente, Mussolini no estuvo tanto tiempo en el poder como Franco y, sobre todo, no fue producto de una guerra civil ni ejecutó a tantos miles de compatriotas, lo que puede explicar que no dividiera al país tan profundamente. Pero, sobre todo, es que el final fue distinto: como en el caso francés, la memoria sobre la Segunda Guerra Mundial centró el foco en la resistencia antifascista, asociada con el patriotismo, lo que permitió que la izquierda, y en especial el Partido Comunista Italiano, se asociaran al esfuerzo nacionalizador (evitando, eso sí, durante algún tiempo, los excesos nacionalpatrióticos del fascismo). Una distorsión de la historia, sin duda, pero, como explicó inolvidablemente Ernest Renan, la asunción colectiva de una serie de errores sobre el pasado es una de las más sólidas bases para la construcción nacional.

El dominio del Estado sobre la sociedad italiana sigue sufriendo hoy serias debilidades en el sur de país, sometido al poder de las mafias, pero eso no cuestiona su italianidad. En cambio, en el norte se han vivido en las últimas décadas tensiones separatistas, alrededor de la Liga Norte *(Lega Nord)*, fundada por Umberto Bossi en 1991. Sin embargo, como apuntaba en el capítulo 1, la «Padania» no ha sido un invento fácil de vender y sus demandas no han llegado a alcanzar el respaldo de los nacionalismos periféricos españoles. Como reacción contra la Liga ha resurgido además el discurso patriótico italiano, a partir sobre todo de la presidencia de Carlo Azeglio Ciampi en 1999-2006. Y la Liga tiende a centrar su discurso cada vez menos en el separatismo y más en una defensa nativista de la identidad italiana.

Aparte de las similitudes que hemos ido apuntando, la principal diferencia de Italia con España, como en el caso alemán, es la enorme fuerza del *Risorgimento*. Toda la gran creación literaria y operística del siglo XIX, que sigue vigente, respira italianidad. Subsisten, desde luego, elementos culturales regionales de gran fuerza, como los *dialetti* locales, pero el mero hecho de que reciban ese nombre indica que no constituyen un problema político.

RUSIA, DE TERCERA ROMA A PARAÍSO DEL PROLETARIADO

Para hablar de la construcción identitaria rusa, es inevitable partir del marco geográfico en que se ha desarrollado, un dato de importancia primordial en este caso. Se trata de una enorme extensión de territorio –el país más grande del planeta–, en su mayoría llana, cubierta por estepas y bosques, que se extiende por el extremo este de Europa y sobre todo por el Asia central y septentrional, hasta llegar al Pacífico. En este espacio ha vivido una población poco densa en términos comparativos, de origen en gran medida nómada y de inmensa complejidad racial y cultural. Especial relevancia ha revestido su situación periférica, y su relación ambivalente, respecto de una Europa que entre los siglos XVI y XX ha sido el centro político, económico y cultural del mundo.

El inicio político lejano de lo que habría de ser Rusia puede remontarse al Rus de Kiev, una confederación de tribus eslavas bajo el dominio de la dinastía Rúrika, que se convirtió al cristianismo a finales del siglo X, tras una labor evangelizadora que se atribuye a Vladimiro *el Santo*. Esta cristianización produjo el acercamiento –y la rivalidad– entre bizantinos y eslavos. Aquella unidad política se desintegró en el siglo XIII, cuando la casi totalidad de su territorio fue conquistada por los mongoles de Gengis Khan. Únicamente logró sobrevivir un principado, en la zona septentrional, regido por Aleksandr Nevski, que negoció una situación de vasallaje con el Imperio mongol y que logró hacer frente a los caballeros teutónicos, a suecos y lituanos. Se formó así lo que acabaría siendo el Gran Ducado de Moscovia, con capital ya en Moscú y no en Kiev, una unidad política que acrecentó su poder en los siglos XIV y XV a medida que decayó el de los mongoles. Iván III *el Grande*, a finales del siglo XV, elevó su título a Gran príncipe de todas las Rusias; y agregó, gracias a su matrimonio con Sofía Paleóloga, hija del último emperador bizantino, la legitimidad de ser la sede del cristianismo ortodoxo, haciendo de Moscú la heredera de la Constantinopla recién conquistada por los turcos. Iván III logró además someter a sus grandes nobles o boyardos y dejó de pagar tributos a la Horda Dorada, la heredera de los mongoles. Esta tarea de consolidación del trono fue continuada por el más notable de sus sucesores, Iván IV *el Terrible*, que sometió a tártaros y boyardos, promulgó códigos, construyó la catedral de San Basilio y adoptó el título de zar (Csar o César) de Rusia, o de todas las Rusias.

Lo dicho basta para comprender que, como protagonista inicial del proceso, tenemos de nuevo a una monarquía, cuya fuerza era principalmente militar, a lo que añadía la legitimidad religiosa de ser la «Tercera Roma». Alrededor de esto último se iría construyendo la mística de los rusos como pueblo elegido, depositarios de la verdadera fe, lo cual quedó atestiguado por infinidad de iglesias cargadas de imágenes y reliquias milagrosas. Pero esta referencia al pueblo de ningún modo significa un anclaje de tipo democrático o populista, pues el tipo de dominación zarista se convertiría en un epítome del despotismo, la ausencia de libertades y la explotación del campesinado.[30]

La muerte de Iván *el Terrible* se vio seguida por un «período tumultuoso» que duró unos treinta años, con constantes disputas sucesorias e injerencias en el poder tanto de la nobleza boyarda como de los vecinos suecos y polaco-lituanos. Pero en 1613 se sentó en el trono de los zares Miguel Romanov, que alcanzó la paz exterior con suecos y polacos y, sobre todo, la interior con la nobleza boyarda, instaurando así la dinastía que duraría hasta 1917. Un dato clave para los siglos siguientes es que esta sumisión de la nobleza se logró a cambio de la refeudalización de los campesinos, convertidos en siervos de la gleba; es decir, vinculados hereditariamente a la tierra, con la que eran comprados y vendidos como parte del bien inmueble. Esta situación, opuesta a la progresiva emancipación del campesinado que se iba produciendo en la Europa occidental, dio lugar a revueltas, como la de los cosacos de Stenka Razin en 1670, que fueron aplastadas por los zares.

El siglo XVIII ruso se vio marcado por la fuerte personalidad de dos zares: Pedro *el Grande* y Catalina II. El primero (1672-1725), gran admirador de la Europa ilustrada, decidió occidentalizar el país. Tras conseguir el ansiado acceso al Báltico por una guerra con Suecia, fundó la ciudad de San Petersburgo, su «ventana a Europa». El poder monárquico intentó añadir así a la legitimación militar y religiosa otra más: como instrumento de la europeización y el progreso. En el terreno educativo y cultural, Pedro creó la Universidad de Moscú y la Academia de Ciencias. Dividió además el país en provincias y aumentó notablemente la recaudación fiscal; sometió a la Iglesia ortodoxa, reducida a rama del Estado; y prosiguió la domesticación de la aristocracia siguiendo el modelo prusiano, es decir, convirtiendo a los nobles en oficiales del ejército, burócratas y representantes del Estado en sus tierras. Su obra se vio completada por Catalina, llamada como él *la Grande* (1762-1796), princesa alemana y zarina consorte que alcanzó el poder total tras el asesinato de su incompetente esposo, hecho al que no parece que fuera ajena. Catalina continuó la política de delegar el poder local en los nobles e hizo la guerra, con éxito, al Imperio otomano, consiguiendo expandir la frontera meridional rusa hasta el mar Negro. Se enfrentó de nuevo con otra revuelta cosaca, la de Yemelián Pugachov, que reprimió sin contemplaciones.

Durante el siglo XVIII, por tanto, monarcas absolutos pero reformistas intentaron construir una identidad asimilable a la de los países europeos occidentales, que pudiera poner a Rusia en condiciones de competir con ellos. Sus objetivos coincidían con los de las élites cultas, que llegaron al extremo de adoptar el francés como lengua, incluso en el ámbito familiar (los hijos de la aristocracia aprendían el ruso gracias al trato con sus criados). Pero había en ambos algo de ambivalente, una especie de relación de amor/odio frente a Occidente: por un lado, imitar a los países europeos avanzados les permitiría superar la imagen de país asiático y semisalvaje; pero ello significaba arrojar por la borda lo fundamental de las tradiciones heredadas, algo que sólo sabían hacer con métodos despóticos y que era además muy humillante, por lo que tenía de reconocimiento de la superioridad extranjera. Frente a ello, por supuesto, se alzaban las voces de quienes predicaban la reafirmación en la cultura tradicional, que exaltaban como superior a cualquier otra.

La invasión napoleónica de 1812, portadora a su vez de las ideas revolucionarias, provocó en Rusia un despertar de la conciencia nacional no muy distinto al que se produjo en España, Alemania o Italia. En todos estos casos, las efusiones patrióticas iban ligadas a programas de modernización política. A lo largo del siglo que comenzó entonces, cada zar prometía apoyar medidas reformistas, pero sus tibios intentos nunca llegaban a eliminar ni la autocracia política ni la servidumbre campesina. El acceso de Nicolás I al trono en 1825 dio lugar a la conspiración de los decembristas, militares y estudiantes formados en las universidades creadas en el siglo XVIII y que habían entrado en contacto con las ideas liberales y los círculos carbonarios occidentales. El decembrismo inició el divorcio entre el Estado y las élites intelectuales y aumentó la influencia del alto clero sobre la corte. Los zares se distanciaron de cualquier sueño modernizador y se convirtieron en el pilar más duro de la Santa Alianza antiliberal acaudillada por Metternich. Adoptaron como lema «autocracia, ortodoxia, nacionalismo», pero en su programa había poco de nacionalismo, en el sentido moderno del término. La invocación a la «nación», como la de los carlistas a la «patria», sólo se refería a la defensa de la cultura heredada; y ésta incluía el poder absoluto del zar y la estructura social rígidamente jerárquica. Justamente lo contrario de lo que significaba el nacionalismo para los occidentales que en aquellos años lanzaron la Primavera de los pueblos (1848), una revolución que pretendía acabar tanto con el poder absoluto de los monarcas como con la sumisión servil de los campesinos a sus señores. En parte inspiradas por este tipo de nacionalismo liberal-democrático, las élites polacas se alzaron contra la dominación rusa en 1830 y 1863, dos sublevaciones aplastadas por los zares.

En aquel mundo represivo se formó la policía zarista y un sistema carcelario despiadado como pocos, extendido a los campos de trabajo siberianos. El Estado zarista consiguió así mantener su control sobre el país. Pero en el terreno internacional, en cambio, evidenció cada día mayor debilidad y anquilosamiento, como demostró la Guerra de Crimea (1853-1856), motivada por las ambiciones rusas de controlar los estrechos turcos para acceder al Mediterráneo, que terminó en fiasco. Un nuevo zar, Alejandro II, decretó al fin, en 1861, la emancipación de los siervos; pero la condición establecida de resarcir económicamente a los terratenientes limitó mucho el alcance de la medida. Transcurrió así el siglo XIX, en el que la intelectualidad rusa, pese a proceder de los estratos nobiliarios, perdió cada vez más su fe en el reformismo paternal de los zares. Fueron rusos los más célebres exiliados políticos de Europa, como Mijaíl Bakunin o Aleksandr Herzen. Y rusos fueron los movimientos *narodniki* y nihilista, padres del terrorismo político contemporáneo, que lograron golpes de gran eficacia y espectacularidad, como el asesinato del propio Alejandro II en 1881.

Hasta el momento, por tanto, los protagonistas del proceso identitario eran el zar y la aristocracia (ámbitos, por cierto, decididamente francófonos). De esta última procedían los intelectuales, hijos de nobles o funcionarios que alcanzaban un alto nivel educativo, conocían Europa y aspiraban a modernizar políticamente el país. Perdida la fe en el «padrecito» zar, muchos mantuvieron, sin embargo, la creencia en la superioridad espiritual del pueblo ruso, como demostraron los angustiados debates finiseculares entre occidentalistas y eslavófilos, no muy distintos a los que se produjeron en la España de 1898 entre europeístas y casticistas. Los primeros buscaban su inspiración en la literatura francesa, la filosofía alemana o la industria británica. Los segundos defendían la cultura rusa como basada en la intuición, la espiritualidad y la religión, frente al racionalismo occidental, muy al estilo de lo que un Miguel de Unamuno haría en España algo más tarde.

Quienes mejor expresaron este ensueño sobre el alma rusa fueron quizás Lev Tolstói y Fiódor Dostoievski, los grandes novelistas de finales del siglo XIX. Para ambos, no sólo el pueblo ruso era sincero, humilde, generoso, con innato sentido de la justicia y, sobre todo, sufriente, lo que le convertía en auténtico *alter ego* de Jesucristo. Tolstói añadía que la organización campesina rusa, basada en el *mir*, era la fórmula perfecta que aunaba y superaba el individualismo y el colectivismo. Para Dostoievski, el pueblo ruso era además el portador de la ortodoxia cristiana, lo que le destinaba a ser el redentor de la humanidad; eso sí, su espiritualidad e irracionalismo, reconocía, eran incomprensibles para los intelectuales europeos.[31] Se trata, obviamente de un modélico discurso de autoafirmación colectiva y de justificación del fracaso: los rusos eran el centro del mundo y la esencia de lo humano; los occidentales podrían superarles en logros materiales, pero nadie alcanzaba su altura moral; y su destino era de tipo mesiánico. Ello servía sobre todo para fundar una nueva legitimidad política, que acabaría apoyando una revolución radical. De momento, a lo que llevó fue al terrorismo de los populistas, a la justificación de la eliminación física del impuro adversario –un camino violento que, desde luego, no apoyaron ni Tolstói ni Dostoievski–.

El fin de siglo y la proximidad de la Gran Guerra produjeron importantes cambios. Estallaron los primeros pogromos antijudíos, surgió una incipiente industrialización y la oposición exiliada tendió a girar en torno al partido socialdemócrata, en el que adquirieron especial peso los bolcheviques, dirigidos por Lenin (un Lenin que, de joven, tuvo que enfrentarse sobre todo con la propuesta populista y al que el marxismo sirvió para rechazar tanto el excepcionalismo ruso como el protagonismo del campesinado como agente revolucionario). El zarismo se embarcó en la desastrosa guerra con Japón de 1904, que llevó a una revolución interna a los pocos meses. Nicolás II prometió entonces participación política y reformas a través de la Duma, antiguo consejo consultivo del zar que debería convertirse en Parlamento moderno. Pero saboteó y retrasó en lo posible la labor de la Duma y retuvo, mientras pudo, su poder absoluto.

La Primera Guerra Mundial significó el giro decisivo. La Rusia zarista, en su papel de gran potencia protectora de todos los eslavos, se lanzó a ella en defensa de los serbios. Pero los dos primeros años de conflicto armado no hicieron sino acumular desastres en el frente, evidenciando falta de formación militar de las tropas, desabastecimientos e incompetencia de los mandos. La desmoralización de los soldados produjo un sinnúmero de deserciones. Y esos mismos soldados indignados, y armados, combinados con la oposición política reactivada en la Duma y con el descontento campesino, protagonizaron la revolución de febrero de 1917, que forzó la abdicación del zar y la proclamación de la república. El nuevo régimen, dirigido por Aleksandr Kérenski, cometió el error de continuar la guerra. Y Lenin, enviado desde el exilio por los alemanes, lanzó con gran éxito la campaña de «Pan, paz y tierra», al servicio de una audaz estrategia de asalto rápido y violento del poder, cosa que hizo en octubre. Los bolcheviques en el Gobierno se vieron obligados a celebrar las prometidas elecciones para una Duma democrática pero, al ver que no se sometía a su control, la disolvieron de inmediato, en la mejor tradición zarista. Y firmaron la paz con Alemania, eso sí, en Brest-Litovsk, a cambio de grandes concesiones territoriales.

Los revolucionarios en el poder tuvieron que enfrentarse con el viejo dilema de la occidentalización o el eslavismo: según su teoría, la suya no era una revolución rusa, sino proletaria, preludio de la emancipación universal de las clases trabajadoras. Sus padres ideológicos eran dos alemanes, Karl Marx y Friedrich Engels. Pero a la vez mantenían el sueño mesiánico del pueblo ruso, que encabezaba además un imperio multiétnico, con lo que realizaban el programa máximo zarista, como la Revolución francesa había realizado el borbónico de una Francia unida y expandida. Aquel imperio se organizó en teoría de forma confederal, bajo el nombre de Unión de Repúblicas Socialistas Soviéticas (URSS), con expreso reconocimiento del derecho de autodeterminación de los pueblos; lo cual, sin embargo, se combinó con un control estricto por parte de un partido muy jerarquizado y con discriminaciones y represiones violentas contra las minorías. Los avatares de los años siguientes son conocidos: la sangrienta guerra civil, que duró hasta 1920; la creación del ejército rojo y la policía política (Checa), que acabó llevando al sistema del Gulag, con más de diez millones de prisioneros; las oscilaciones en la política económica desde la estatalización a la liberalización de la Nueva Política Económica (NEP), para terminar en el nuevo control estatal de la economía con el Plan Quinquenal de 1928; la industrialización, de innegable éxito, combinada con las desastrosas políticas de colectivización de la tierra; y las luchas internas por el poder dentro del Partido Comunista de la Unión Soviética (PCUS) tras la temprana muerte de Lenin, que acabaron con el triunfo de Iósif Stalin y las grandes purgas de 1936-1938. Lo importante para nuestro propósito es que todo esto se combinó con una nueva mística de redención universal por medio del proletariado, y que esta mística convertía a la URSS en faro redentor de la humanidad, lo que reforzaba el viejo mesianismo ruso.[32]

Gracias a esta nueva legitimidad, el imperio multiétnico prolongó su vida setenta años más. De aquel período, el momento crucial fue la Segunda Guerra Mundial, bautizada en la URSS como «la Gran Guerra Patriótica». Pese a que el conflicto había comenzado con la alianza entre Adolf Hitler y Stalin para repartirse Polonia, el ataque de aquél contra éste en junio de 1941 hizo que la URSS cambiara de lado en la contienda. Y el largo asedio de Stalingrado, entre 1941 y 1943, que acabó en derrota de los nazis, permitió al ejército rojo avanzar con una fuerza irresistible sobre Berlín en 1944-1945. La Gran Guerra Patriótica terminó en victoria, aunque su coste humano fuera elevadísimo, con una cifra de muertos que roza los treinta millones.

La Guerra Fría, que sucedió a la paz de 1945, dio lugar al sistema de bloques, con una URSS que dirigía o tutelaba a casi un tercio de la humanidad. La muerte de Stalin en 1953 abrió una larga y difícil sucesión, con una serie de liderazgos cada vez más débiles y gerontocráticos. El bloque soviético, por otra parte, mostró sus grietas entre 1956 y 1980, en Hungría, Checoslovaquia y Polonia. Y, tras el intento de apertura política de Mijaíl Gorbachov con la *Perestroika* y la *Glasnost* en la segunda mitad de los ochenta, el régimen acabó derrumbándose en 1991. Con él desapareció también la ficticia federación de repúblicas soviéticas. Pero la retórica nacionalista ha pervivido, especialmente en los últimos años, bajo Vladimir Putin, antiguo funcionario de la KGB, que es tan capaz de rendir culto a los antiguos zares y a la Iglesia ortodoxa como a la era estalinista, en la medida en que todos ellos reforzaron el poder del Estado y dieron prestigio a la identidad rusa.

DEL IMPERIO OTOMANO A LA NACIÓN TURCA

El caso turco tiene especial interés para España porque hay al menos un paralelismo inicial entre ellos: la conversión de imperio en nación. Durante el siglo XVI, la Sublime Puerta fue, además, desde el otro extremo del Mediterráneo, el gran rival de Carlos V y Felipe II, en el momento de apogeo de ambas potencias.[33] A lo cual siguió, desde mediados del siglo XVII, un largo período de estancamiento y reducción de fronteras que culminó en sonadas derrotas internacionales y revoluciones internas. Y ha desembocado finalmente en un Estado con intensos rasgos nacionales pero con problemas de integración de minorías como la kurda.

En su origen, los otomanos habían sido los «guerreros de la fe», una belicosa tribu al servicio de la dinastía Seléucida. Entre siglos XIV y XV se adueñaron del sultanato e incrementaron la presión militar sobre el Imperio bizantino hasta lograr la conquista de Constantinopla en 1453. No se detuvo ahí su expansión, sino que continuó por el mundo balcánico y culminó, a mediados del siglo XVI, con la conquista de Hungría y el asedio de Viena. Además de la rivalidad con España –y Venecia– por el dominio del Mediterráneo, por tierra se enfrentaba con los imperios austríaco, persa y ruso. Entre 1520 y 1566, años en que ocupó el sultanato Solimán *el Magnífico* («el Legislador», en turco), sus límites territoriales llegaron, por el oeste, hasta Marruecos; por el este, hasta el mar Caspio; por el norte, incluían Crimea y Moldavia; y por el sur limitaban con Sudán, Eritrea y Somalia. Su prosperidad económica se debía en buena medida a que albergaba, y protegía, el tramo final de la Ruta de la Seda.

Entre los siglos XVII y XIX, bajo la presión de sus múltiples enemigos, el Imperio otomano fue perdiendo progresivamente territorios: los austríacos ganaron Hungría; la Dalmacia y el Peloponeso pasaron a manos venecianas; y los territorios del norte de África, gobernados por *beys* locales, se fueron emancipando progresivamente de la tutela otomana. Desde otros puntos de vista, aquel sultanato se fue quedando al margen de las revoluciones industrial, comercial, filosófica y política que vivió Europa, a la vez que era incapaz de incorporar las nuevas técnicas militares. La Ruta de la Seda, para colmo, fue quedando en desuso, debido a las nuevas vías comerciales abiertas por portugueses, holandeses e ingleses. A todo ello se sumó una administración anticuada y corrupta, basada en los sobornos, el nepotismo y el mecenazgo. En cuanto al aspecto que aquí más interesa, el nacionalismo tampoco se abrió camino como ideología legitimadora del poder.

Este largo período de aletargamiento y contracción territorial constituye, no obstante, una época mal conocida y estudiada, a causa sobre todo del nacionalismo que domina las historias de toda la región, incluida la actual Turquía. El surgimiento de estados independientes en los siglos XIX y XX, con la descomposición de aquel imperio multicultural, abrió el camino a unas historiografías parciales que coinciden en presentar la época de dominio de la Sublime Puerta en términos negativos, centrando su foco en la continuidad de las identidades nacionales y las protestas y rebeliones contra los otomanos. Los actuales descendientes de los grupos humanos que estuvieron integrados en aquel imperio no reconocen aquel período de su historia como propio, sino que lo consideran una fase de opresión «extranjera», sin admitir que pudiera entonces haber una mezcla cultural enriquecedora y relativamente pacífica.

Recientemente, y tras la revolución en los estudios sobre el nacionalismo, se ha intentado reparar este mal conocimiento del período, analizando con menor prevención la vida urbana, las relaciones comerciales y políticas entre las comunidades y la complejidad en la organización del poder. Hay quien discute incluso la utilización del concepto de «decadencia». Lo cierto es que existió un imperio multicultural y multirreligioso, dominado sin duda por los otomanos, un grupo militar asociado a la burocracia centralizada, pero con gran permisividad de cultos. La *saria* era la base jurídica general, y el sultán la máxima autoridad del islam, pero dentro de este islamismo oficial había tolerancia, especialmente hacia los *zimmies* o «gente del libro» –judíos y cristianos–, siempre que aceptaran el gobierno musulmán y pagaran sus impuestos, que eran distintos, como lo era el tratamiento jurídico, según las comunidades *(millets)*. En conjunto, era una sociedad dividida vertical y horizontalmente, siguiendo líneas políticas, religiosas y culturales. El grupo dominante era el turco-musulmán, encargado de defender al conjunto y de administrar el poder y los fondos públicos, mientras que los demás proporcionaban los recursos materiales para aquel poder. Dentro del primer grupo destacaban los jenízaros, soldados profesionales del imperio, dedicados por completo al ejército, obligados al celibato y solo leales al sultán. Eran reclutados por medio del humillante «tributo de los niños», que obligaba a las familias cristianas a entregar al Estado uno de cada cinco hijos.[34]

Entre 1821 y 1831 se produjo la primera sublevación moderna importante, la griega, que logró gran apoyo europeo, especialmente de Gran Bretaña, Francia y Rusia, y demostró el aislamiento internacional del Imperio otomano. Durante el resto del siglo, se fueron también independizando los restantes grupos cristianos de los Balcanes, en buena parte con apoyo ruso, y surgieron Serbia, Rumanía, Bulgaria y Albania como estados independientes. En el interior, se desató una rivalidad entre los jenízaros, capaces de dominar el imperio pero no de ganar una guerra exterior, y el propio sultán, que terminó en una matanza de jenízaros en 1826 a manos de los hombres leales a Mahmud II. Lo cual, a su vez, destrozó el ejército y aumentó la debilidad del sultán, que se vio obligado a aceptar nuevas independencias, como las de Valaquia y Moldavia, y la virtual del *bey* de Egipto, que finalmente acabaría sometiéndose al protectorado británico.

Entre 1839 y 1876 transcurrió el período de las reformas, o *Tanzimat*, al final fallidas. Se repitieron las suspensiones de pagos y los acuerdos con potencias extranjeras que no servían sino para aumentar la influencia de éstas. Rusia era la protectora de los eslavos balcánicos y de los cristianos griegos y armenios; Francia patrocinaba a los católicos maronitas, especialmente en el Líbano; y Gran Bretaña se erigió en defensora de árabes y judíos. Todos fueron consiguiendo exenciones tributarias o garantías jurídicas –incluso la extraterritorialidad– para sus protegidos. A su vez, Austria presionaba en los Balcanes, donde invadió Bosnia y Herzegovina en 1878, que se anexionó formalmente poco antes del estallido de la Gran Guerra. Italia conquistó la Tripolitania y la Cirenaica. Y Alemania, por último, presionaba igualmente, sobre todo en el terreno económico, aunque acabó convirtiéndose en su principal aliado. Debido a su enorme endeudamiento, el gobierno otomano cedía una y otra vez ante las imposiciones europeas y reconocía derechos para utilizar sus puertos o incluso para establecer una autoridad que administrara su deuda pública y la recaudación de sus impuestos, perdiendo así competencias cruciales en sus propios territorios.

Fue la época en que se llamaba a Turquía «el hombre enfermo de Europa». Sobrevivía, sí, pero en parte gracias al apoyo de Gran Bretaña, que la usaba para contener las ansias expansionistas de los zares. Esta situación originó, ya en el giro del siglo XIX al XX, la indignación entre la juventud imbuida de mentalidad nacionalista moderna. Los Jóvenes Turcos, organización militar creada en 1906 en Salónica, exigió reformas políticas, incluida una Constitución, algo que el sultán se vio obligado a aceptar en 1908, tras un golpe de Estado. Se implantó de inmediato el servicio militar generalizado, el sufragio universal y la educación gratuita y obligatoria. Pero un contragolpe, inspirado por ideas islamistas y absolutistas, devolvió la situación a su estado anterior.

El golpe mortal para la Sublime Puerta fue la Primera Guerra Mundial, en la que se vio forzada a entrar por sus contenciosos con el Imperio zarista. Como acciones militares, las más importantes fueron los combates entre otomanos y rusos en el Cáucaso, que terminaron en desastre para los primeros, a lo que respondieron con matanzas generalizadas de armenios. También sufrieron retrocesos en los frentes balcánicos ante los austríacos. El sultán, ante la gravedad de la situación, lanzó una llamada a la *yihad* musulmana contra la Triple Entente, pero fue desoída por los árabes, que desconfiaban de Turquía tras las medidas secularizadoras de los Jóvenes Turcos. Deseosos de liberarse de los otomanos, y apoyados por Gran Bretaña, las tribus de la antigua Mesopotamia y la península Arábiga –con la célebre intervención de Lawrence de Arabia– se rebelaron y tomaron La Meca, Jerusalén, Bagdad y Damasco. En octubre de 1918 el sultán aceptó el armisticio.

El Tratado de Sèvres, dos años después, amputó del imperio los territorios de Siria, Iraq, Palestina y la península Arábiga, de los que se beneficiaron Francia, Gran Bretaña, Grecia e Italia. Con lo que Turquía quedó reducida a sus fronteras actuales: la península de Anatolia y una pequeña zona europea alrededor de Estambul.

El Imperio otomano se desplomó. Pero los Jóvenes Turcos, cuyos líderes habían escapado en un submarino alemán, se refugiaron en Ankara, donde establecieron un Gobierno provisional, y derrotaron a las fuerzas aliadas, que pretendían imponer el dominio griego sobre la zona de Esmirna. En 1922-1923 el sultanato fue abolido y sustituido por una república secular presidida por Mustafá Kemal, un oficial destacado en la batalla de Gallipoli. La capital fue trasladada desde Estambul a Ankara. Y se consiguió no ratificar el Tratado de Sèvres y retener el territorio de Esmirna, tras una dura guerra con Grecia que acabó en un intercambio de población y territorios.

Con el fin de transformar al antiguo Imperio otomano en un Estado nacional moderno, siguiendo el modelo europeo occidental, Mustafá Kemal impuso radicales reformas políticas, económicas y, sobre todo, culturales. Prohibió barbas, pantuflas y turbantes, concedió plenos derechos políticos y civiles a las mujeres, construyó miles de escuelas y convirtió la educación primaria en gratuita y obligatoria. Especialmente interesante fue la reforma lingüística. El Gobierno kemalista creó en 1932 una Sociedad de la Lengua Turca, para «depurar» el idioma, eliminando las palabras de procedencia árabe, persa, griega o latina, así como de las lenguas túrquicas usadas en Irán, Hungría, Mongolia o Estonia, sustituidas todas ellas por otras procedentes del turco antiguo y ya desaparecidas. Para escribir el nuevo idioma se eliminó, además, el alfabeto árabe y se estableció una versión en caracteres latinos. Fue una auténtica «invención de la tradición», que logró un sorprendente éxito. Hoy el turco moderno está plenamente arraigado e incluso se ha desarrollado siguiendo las líneas maestras que inspiraron su creación, hasta el punto de que en los propios –e inacabables– discursos de Mustafá Kemal abundan términos que necesitan ser traducidos.

A la reforma lingüística se añadió la secularización. En la Constitución de 1937, se eliminó el artículo que hacía del islam la religión oficial turca. Pero era un laicismo que no tenía nada de ateísmo o irreligiosidad. El islam debía guiar la vida personal, pero era algo privado, ajeno a la política. El Estado, sin embargo, controlaba la actividad del clero por medio de la Presidencia de Asuntos Religiosos, que coordinaba sus actividades y aprobaba los rituales y los sermones de los imanes en las mezquitas, y del Ministerio de Educación, que inspeccionaba la enseñanza religiosa en las escuelas.

Los principios políticos en los que se basó el kemalismo eran la soberanía popular y el republicanismo, es decir, un sistema de participación política pero con fuerte culto a lo comunitario e incluso con rasgos populistas: el «bien del pueblo» se anteponía a la «autocracia» (otomana), la «teocracia» (califal) y el «feudalismo» (de los líderes tribales). La «nación», concebida en términos unitarios y rousseaunianos, se declaraba respetuosa hacia la independencia de otras comunidades humanas y enemiga del imperialismo y el colonialismo. El objetivo más alto del ciudadano era la defensa de la unidad nacional y la protección de los «valores morales, espirituales, culturales y humanísticos de la nación turca». Durante muchas décadas, el código penal tipificó como delito el insulto a la «turqueidad». A partir de estos principios, el nuevo régimen llevó a cabo una intensísima campaña de nacionalización. Fue un nacionalismo al servicio de la modernización económica, administrativa, política y técnica, pero sobre todo cultural, entendiendo por modernización el acercamiento a los modelos europeos occidentales.

Tras haber recibido del Parlamento el título de *Atatürk*, padre de los turcos, Mustafá Kemal murió en 1938. Al año siguiente comenzó la Segunda Guerra Mundial, en la que Turquía entró sólo en sus últimas semanas, lo que le permitió ser miembro de la Organización de las Naciones Unidas (ONU). Durante la Guerra Fría, se alineó en el lado norteamericano y se integró en la Alianza Atlántica. En 1945 se eliminó el partido único, sustituido por una democracia multipartidista. Pero el ejército se mantuvo como guardián del sistema, con repetidas intervenciones entre 1960 y 1980, y la guerra en el Kurdistán contra el independentista Partido de los Trabajadores de Kurdistán (PKK) sigue sin extinguirse aún hoy. Tras experimentar unas décadas de fuerte crecimiento económico, Turquía firmó en 1963 un tratado de asociación con la Comunidad Económica Europea y desde comienzos del siglo XXI ha negociado su ingreso en la Unión Europea (UE). Pero estas negociaciones se han dilatado, debido sobre todo a los temores europeos ante la incorporación de un país tan grande y con tanta mayoría musulmana, por lo que el ingreso sigue hoy pospuesto. Bajo Tayip Erdogan, en últimos quince años, el régimen ha evolucionado hacia un islamismo moderado y ha conseguido eliminar el control del ejército sobre el Gobierno.

Los principios kemalistas siguen vivos en la actualidad, aunque su formulación se haya adaptado a los tiempos, como puede comprobarse comparando los textos constitucionales. El artículo 2.1 de la Ley Constitucional de 1924 definía el país como «una república nacionalista, popular, intervencionista, secular y revolucionaria». Esta definición cambió en la de 1961 por «un Estado nacionalista, democrático, secular y social, gobernado por el imperio de la ley y basado en los derechos humanos». Según la Ley Constitucional de 1982, la república turca es «un Estado democrático, secular y social, gobernado por el imperio de la ley, basado en los principios de paz pública, solidaridad nacional, justicia y respeto a los derechos humanos, con lealtad al nacionalismo de Atatürk». Es decir, que se han añadido los derechos humanos y el Estado del Bienestar, pero el secularismo y el nacionalismo se han mantenido como bases inconmovibles.[35]

Grecia

La identidad turca no fue la única que nació de los restos del Imperio otomano. A principios del siglo XIX había surgido, para empezar, la griega. Los territorios que hoy constituyen Grecia habían sido capturados por los otomanos en el siglo XV y estuvieron integrados en su imperio, por tanto, durante casi cuatro siglos. Grecia, por otra parte, tampoco era una zona claramente delimitada ni culturalmente homogénea, porque jamás había sido un Estado único independiente y durante más de mil años había vivido integrada en el Imperio bizantino, en el que reinaba un innegable multiculturalismo. Aparte de griegos y turcos, convivían en aquel territorio judíos, venecianos, armenios, serbios, albaneses, gitanos o búlgaros. Los judíos sefardíes, por ejemplo, expulsados de España en 1492, hicieron de la Grecia otomana uno de sus refugios preferidos, hasta el punto de convertir Tesalónica en el principal centro de habla ladina de Europa. Los étnicamente griegos dominaban el mundo del comercio y la industria y eran, sobre todo, los dueños de los barcos que transportaban las mercancías del imperio, protegidos por la armada otomana frente a los ataques de los piratas católicos, sobre todo malteses. Entre las élites griegas destacaban las influyentes familias fanariotas y los *prokritoi*, burócratas y recaudadores de impuestos. También era poderoso el patriarca ecuménico ortodoxo, protegido por el sultán y máxima autoridad de todos los cristianos orientales, fueran o no griegos.

Con las ideas ilustradas y liberales, el nacionalismo penetró en el siglo XVIII, sobre todo entre las familias fanariotas, estimulado por agentes de Catalina la Grande. Surgió entonces la «Gran Idea Griega», consistente en sustituir el Imperio otomano por uno helénico. Especial impacto causó la Revolución francesa, sobre todo después del derrocamiento de la República veneciana por Napoleón y su ocupación de las islas jónicas, a través de las cuales extendió su influencia al continente. Entre los que gobernaron estas islas estaba Ioannis Kapodistrias, que sería el caudillo de la Grecia independiente. Al caer Napoleón, en 1815, Grecia se puso de moda en Europa, atrayendo célebres visitas de artistas e intelectuales occidentales. La exaltación de la identidad griega, como cuna de la civilización europea, de la filosofía y la democracia, fue en buena medida una construcción occidental e importada por los habitantes de la zona, pese a que, como ortodoxos, sus recelos frente a Occidente eran antiguos y profundos.

En la segunda década del siglo XIX se fundó en Odessa una *Philiki Etaireia*, «sociedad de amigos», que comenzó a preparar una sublevación antiotomana, con apoyo del zar ruso y de las poderosas comunidades griegas exiliadas en Inglaterra. En marzo de 1821, el obispo ortodoxo de Patras llamó al fin a la revuelta. Bajo el mando de Kapodistrias, ésta triunfó en Macedonia, Creta, Chipre y poco después en el Peloponeso. Pero los otomanos reaccionaron con masacres y atrocidades, algunas, como la de la isla de Chíos, muy difundidas en Europa. Especial repercusión alcanzó la muerte de lord Byron en Missolonghi. Todo lo cual despertó la simpatía de la opinión y los gobiernos francés e inglés, pese a la sospecha de que tras ello podía estar la larga mano rusa.

Los poderes occidentales decidieron finalmente intervenir y, en 1827, las flotas francesa, británica y rusa destrozaron a la otomana en Navarino. La guerra quedó sentenciada. Tropas francesas desembarcaron en el Peloponeso y una conferencia internacional reunida en Londres en 1829 acordó la creación de un Estado griego independiente, reconocido por la Sublime Puerta al año siguiente, aunque con un territorio tan reducido que los griegos participantes se sintieron traicionados. Asesinado en 1831 Kapodistrias, su primer jefe de Estado, los poderes occidentales decidieron instaurar una monarquía en la persona del príncipe Otto, hijo de Luis II de Baviera. Éste reinó hasta su deposición, en 1862, en que la Asamblea Nacional griega –no sin el previo acuerdo de las potencias europeas– decidió sustituirlo por Cristian I de Dinamarca.

El sueño de la «Gran Grecia» no llegó a ser realidad, pero durante los siglos XIX y XX el nuevo Estado expandió notablemente sus territorios: las islas jónicas fueron cedidas por los británicos en 1864; Tesalia, por los otomanos en 1881; Creta y las islas egeas, también por los otomanos tras las guerras balcánicas; la Tracia occidental, por Bulgaria en 1919; y el Dodecaneso, por Italia en 1947. La Tracia oriental y la región de Esmirna fueron adjudicadas a Grecia por el Tratado de Sèvres de 1920, pero los Jóvenes Turcos se negaron a entregar esta última y se impusieron en la subsiguiente guerra greco-turca.

Más importante que eso fue la sólida identidad nacional moderna que se logró implantar entre sus ciudadanos. Porque Grecia constituye otro caso claro de «invención» de una nacionalidad, a partir desde luego de elementos culturales antiquísimos pero que necesitaron ser reconstruidos, actualizados y convertidos en funcionales para el mundo moderno. Para crear la Grecia actual fue preciso derribar las múltiples mezquitas que cubrían su territorio y eliminar o enviar al otro lado de la frontera a la población musulmana o turcoparlante. A partir de ahí, se escribieron libros de historia en términos nacionales, en los que, sobre todo, se rechazaban los siglos de dominación otomana, pero también el período bizantino, tildado de «oscuro» o decadente. Se emprendió una política arqueológica planificada como arma en el desarrollo del Estado-nación, con los museos como lugares de memoria de la representación de la nación. Y se inventó, sobre todo, una lengua.

Esto último no fue algo sencillo, ni se hizo desde el primer momento. Porque inmediatamente después de la independencia no se pensó en la necesidad de poseer un idioma propio, único y dotado de oficialidad, por lo que a lo largo del siglo XIX sobrevivieron el griego popular, o *demótico*, compuesto de dialectos variados, nacidos durante el milenio y medio bizantino y turco, y el culto o arcaizante *(kazarenusa)*, utilizado en los oficios ortodoxos y la música folclórica. Sólo a finales del siglo XIX surgió un movimiento de intelectuales y profesores favorables a la unificación lingüística, en torno a la versión demótica. Ellos produjeron una gramática vernácula y toda una serie de obras literarias, históricas y etnográficas alrededor de las cuales se configuró la identidad nacional. No fue fácil eliminar la oposición de los puristas, atrincherados en las cátedras de filología de la Universidad de Atenas, defensores del griego culto, más cercano al clásico y muy distante del habla real de los habitantes del país. Pero en 1917, finalmente, el Parlamento decidió que la lengua oficial sería el demótico. Es el que actualmente se enseña en las escuelas y el que se emplea en la creación literaria. No tiene el purismo del turco moderno, sino que incorpora términos procedentes del italiano, el francés o el propio turco. Su distancia con el griego clásico es incluso mayor que la del español actual con el latín. En cualquier caso, es la lengua que ha triunfado y que hoy se habla de manera homogénea en todo el país.[36]

El caso griego no deja, pues, de tener paralelismos con el turco, su sempiterno rival. Pero tampoco han sido ellos dos los únicos ejemplos de naciones «inventadas», entre las ruinas del Imperio otomano. Otro, muy impactante, ha sido el de Israel.

Israel

Para entenderlo, hay que recordar, ante todo, la distinción entre identidad colectiva e identidad nacional. La identidad cultural judía era, indiscutiblemente, muy antigua y muy fuerte, probablemente la más marcada y persistente de todas las existentes a lo largo de la historia humana, basada además en la conciencia, por antonomasia, de Pueblo Elegido. Pero se hallaba repartida entre una población dispersa territorialmente desde hacía dos milenios. No era, por tanto, una identidad nacional, pues no se planteaba como objetivo la soberanía sobre un territorio.

Sólo el surgimiento del sionismo, que se fijó como meta el retorno del pueblo judío a tierras palestinas para construir allí un Estado propio e independiente, convirtió aquella identidad en nacionalismo moderno. Su éxito se debió a las circunstancias internacionales: dos guerras mundiales, el protectorado inglés sobre Palestina, el descontrol y la relativa despoblación de la zona, la actuación descoordinada de quienes se opusieron a su creación y, sobre todo, el impacto mundial de las pavorosas noticias e imágenes sobre la *Shoah* perpetrada por los nazis. Todo ello posibilitó la creación del Estado de Israel. En este proceso no desempeñó un papel relevante la identidad religiosa, pese a que una parte de la población la considerara su rasgo distintivo esencial, sino los aspectos laicos y estrictamente nacionalistas ligados al culto al Estado. Desde 1947 hubo bandera, himno, territorio, guerras, mártires y una mística laica. Y hubo un idioma, el hebreo, un caso no de reaparición sino de construcción, de invención, más artificial aún que la del griego moderno. El hebreo era una lengua con tres mil años de antigüedad documentados, pero hacia 1900 estaba muerta, sólo subsistente en los textos litúrgicos y académicos. Como lengua hablada fue recuperada por el sionismo, gracias sobre todo a los trabajos de Eliezer Ben Yehuda, y se convirtió en parte esencial del proyecto de creación de un Estado nacional judío. Hoy es una lengua viva, dominante en Israel, aunque subsistan otras, como el yidis o el ladino, que proceden de sus territorios de origen, pero actualmente en proceso de desaparición.[37]

Siria e Iraq

Terminemos con una rápida referencia a dos casos más, Siria e Iraq, productos ambos del desmembramiento del Imperio otomano pero también del reciente pasado colonial y de la importancia adquirida en el siglo XX por las reservas petrolíferas. La creación de estos dos estados se debió al acuerdo secreto concertado entre dos diplomáticos, Mark Sykes y Georges François Picot, en representación de Gran Bretaña y Francia, en plena Primera Guerra Mundial, para dividirse los territorios otomanos del Oriente Medio tras la previsible derrota de la Sublime Puerta: Lo acordado fue, en síntesis, poner Siria y Líbano bajo control francés e Iraq y Jordania bajo el británico. Aunque Palestina quedó indefinida, la paz de París acabó dejándola en manos inglesas; los británicos habían sido, en realidad, quienes habían controlado el territorio y permitido la inmigración judía en los años de la guerra, como reflejó la Declaración Balfour de 1917. El acuerdo Sykes-Picot reservaba también para los rusos los estrechos que comunican el mar Negro con el Mediterráneo, pero esta parte no llegó a cumplirse al producirse la revolución bolchevique y retirarse la nueva Rusia soviética de la guerra, concertando la paz con Alemania por separado en Brest-Litovsk.

Iraq, la tierra del Tigris y el Éufrates, se corresponde aproximadamente con la antigua Mesopotamia, pero desde hace siglos es un territorio muy heterogéneo desde el punto de vista cultural. Algo menos del 40 % de la población es sunita y cerca del 60 % chiita, pero el casi 5 % restante se adscribe al cristianismo u otras religiones. Aparte de las divisiones religiosas, hay en el norte una importante minoría étnica kurda. Políticamente, los británicos instauraron una monarquía, con la familia Hachemí en el trono, sustituida a partir de un golpe de Estado en 1958 por una república, dominada desde muy pronto por el Baas o partido socialista árabe. Durante varias décadas monopolizó el poder Sadam Husein, derrocado a comienzos del siglo XXI tras una invasión norteamericana. En el caos subsiguiente han reaparecido las viejas identidades étnicas con una fuerza muy superior a la nacional, pese a que ésta se había intentado inculcar por el Baas con toda la parafernalia de banderas, himnos, escudos, fiestas e historias escritas y enseñadas en las escuelas en términos perfectamente equiparables a los de cualquier otro Estado-nación.

Siria ocupa también una zona geográfica con restos de culturas muy antiguas. No en vano, su nombre se deriva de los asirios. Desde el punto de vista religioso, es mayoritariamente sunita, pero también hay alauitas y chiitas, aparte de drusos, ismailitas y cristianos de distintas confesiones (ortodoxos, maronitas, siriacos, católicos de rito armenio). Hay igualmente una importante minoría kurda. Al igual que en Iraq, todos ellos habían convivido durante siglos, por no decir milenios, de un modo relativamente pacífico. En 1946, cuando los franceses abandonaron finalmente el territorio, Siria se constituyó en república y, tras diversos golpes de Estado, acabó dominada por el partido Baas, también como en Iraq. En la Guerra Fría, la familia al-Asad, que ha controlado el poder por medio de dos dictadores sucesivos, padre e hijo, se inclinó del lado soviético. Desde 2011 el país está sumido en una dura guerra civil. Como Iraq, se puede considerar un Estado en buena medida fallido y, sobre todo, una identidad nacional que de ningún modo ha logrado sustituir a las previas identidades religiosas o étnicas.[38]

En resumen, el caso otomano-turco es un excelente ejemplo de la exitosa conversión, por un lado, de un imperio multiétnico en una nación moderna. En segundo lugar, del surgimiento de otras naciones de reciente creación, pero muy consolidadas, como Grecia o Israel, a partir de rasgos culturales, como la lengua, en buena medida inventados. Por último, de un intento fallido de construcción de estados-nación, como Siria o Iraq, delimitados de manera muy artificial a partir de los intereses de las potencias coloniales, y en los que, pese a los esfuerzos por construir e implantar naciones modernas ajustadas a las fronteras estatales, siguen dominando las anteriores identidades religiosas o tribales.

LAS EXCOLONIAS BRITÁNICAS: LOS ESTADOS UNIDOS DE AMÉRICA

Los países que un día fueron colonias británicas y cuya población se compuso sobre todo de inmigrantes procedentes de la propia metrópoli –es decir, Estados Unidos, Canadá, Australia o Nueva Zelanda– son, lógicamente, casos muy distintos a los europeos repasados hasta el momento, al poseer una historia más corta y no partir de un sistema político monárquico ni de una sociedad estamental. Más diferentes aún, por supuesto, son aquellos actuales estados africanos o asiáticos que también pertenecieron al Imperio británico pero en los que era mayoría la población autóctona. Estos últimos quedarán fuera de nuestro recorrido, porque la influencia europea fue más tardía y superficial. De los primeros, el más significativo e influyente sobre el resto del mundo ha sido Estados Unidos y a él se dedicarán las páginas siguientes. Algunos primordialistas europeos le negarían a este país la consideración de «nación», pero los estadounidenses actuales no dudan en autoconferirse ese título.

La geografía de Estados Unidos se caracteriza por su enorme extensión, sus grandes riquezas naturales, su distancia respecto de otros continentes y su relativa despoblación al iniciarse la colonización europea. Todo lo cual explica que a lo largo de los últimos cuatro siglos haya atraído de manera constante a oleadas de inmigrantes, reguladas y planificadas hasta cierto punto a partir de mediados del siglo XIX. Típico de aquella sociedad ha sido el respeto hacia la diversidad cultural de los recién llegados, sin exigirles abandonar su religión, costumbres o lengua, aunque esa diversidad ha tendido a fundirse con el paso del tiempo en una identidad común bautizada por ellos mismos como «americana».

Las diferencias con los casos europeos repasados en las páginas anteriores, tanto en el tipo de sociedad como de autoridad política, se pudieron detectar desde el momento mismo en que los primeros colonos británicos pusieron pie en la costa oriental norteamericana, en la segunda década del siglo XVII. Para empezar porque Inglaterra se hallaba en plena agitación política y religiosa y muchos de los que emprendieron aquel arriesgado cruce del Atlántico lo hicieron para poder vivir en libertad sus creencias, ya que pertenecían a sectas disidentes tanto del catolicismo como del anglicanismo. Dada, sin embargo, la variedad de comunidades religiosas y el recelo general ante cualquier intromisión gubernamental en esta materia, se llegó al acuerdo –salvo en alguna de las colonias en que se oficializó una secta específica– de que el poder no favorecería a ninguna creencia ni se exigiría ninguna adscripción religiosa concreta para formar parte de sus comunidades políticas. Por lo tanto, pese a existir un denominador cultural común –el cristianismo, en su diversas variedades protestantes–, lo que marcó a sus miembros no fue tanto ese rasgo étnico sino el respeto a la ley, a la propiedad y a la libertad de los demás. Con lo que se inició así una identidad colectiva basada, en principio, en la secularización del poder político y un civismo universalista. Y fue germinando la idea de tolerancia, de convivencia entre gentes de distintas religiones, impensable en ese momento en Europa, especialmente –pero no sólo– en la católica.

Lo que también se observó desde muy pronto en aquellos primeros establecimientos en Nueva Inglaterra y Virginia fue la diferencia entre los modelos de convivencia que se desarrollaban en el norte y en el sur. En el norte, los colonos se distribuyeron las tierras en lotes relativamente pequeños para trabajarlas con sus manos. En las *plantation colonies* del sur, dominaron en cambio propiedades más grandes, dedicadas al algodón, para cuya explotación se importó población de color, capturada en África, trasladada en condiciones propias de animales de labor y mantenida en un régimen legal de esclavitud. Esta parte esclava de la población no disfrutó, durante los primeros dos siglos y medio, de ninguno de los derechos políticos de los que se hablará a continuación. El resto de los colonos –varones, desde luego; también faltaban siglos para reclamar derechos para las mujeres– fue estableciendo un tipo de convivencia que debía mucho a las ideas más radicales de la primera generación revolucionaria inglesa, marginada políticamente en su propio país más tarde. El concepto mismo de «soberanía popular», que en Inglaterra se iba convirtiendo en mera referencia retórica relacionada con el control del Gobierno por parte de un Parlamento oligárquico, en la América inglesa siguió interpretándose en términos más literales.[39]

Igual que la soberanía popular, también el principio de igualdad entre los ciudadanos (varones y blancos) ante la ley se fue imponiendo de manera natural. Y ello porque en aquella sociedad había mayor facilidad para acumular riqueza, y por tanto mayor movilidad social, aparte de una aversión generalizada a las jerarquías sociales heredadas de tipo aristocrático. Teniendo tan lejos al rey y no existiendo la distinción entre nobles y villanos, el derecho divino de los reyes o la superioridad de ciertos linajes o sangres eran ideas mucho menos aceptables que en Europa. Así pues, la escasa teoría política que se produjo en el primer siglo y medio de vida colonial, y que en general corrió a cargo del clero puritano de Nueva Inglaterra, siguió en buena medida los tópicos antiabsolutistas procedentes de los monarcómacos franceses del siglo XVI y los *Levellers* ingleses de los años 1640. Pero como el rey apenas intervenía en los asuntos coloniales, los portadores de estas ideas pudieron sobrevivir dentro de la monarquía británica, en un régimen de amplio autogobierno, hasta el último tercio del siglo XVIII.

Para el trato diario, la fuente teórica de normas morales era la Biblia, libremente interpretada, más que las directrices emanadas de la corona británica, cabeza de la Iglesia anglicana. En cuanto a las decisiones colectivas, los colonos pactaron entre ellos acuerdos fundamentales («constituciones») o se rigieron por las cartas de privilegio otorgadas por la corona, convertidas en normas básicas de gobierno. En las *Fundamental Constitutions* de las dos Carolinas, territorios concedidos a lord Ashley, intervino su secretario, John Locke, el más prominente ideólogo del parlamentarismo y del individualismo liberal basado en la propiedad privada. En la de Pensilvania, de la que era dueño el cuáquero William Penn, se respiraban ideas procedentes de la *República de Oceana* de James Harrington. En conjunto, dominaba en estos textos una idea «corporativa», no muy lejana a los estatutos de una empresa. Cada colonia estaba administrada por un gobernador y un Consejo de Gobierno, nombrados por Su Majestad Británica, y unas asambleas representativas de los propios colonos. Desde el otro lado del Atlántico se suponía que el gobernador y su consejo eran la autoridad suprema, pero en realidad éstos no podían imponer su voluntad a las asambleas de delegados de los colonos, con las que negociaban y pactaban, y eran ellas las que aprobaban leyes e impuestos, creyéndose una réplica a pequeña escala del Parlamento británico. Los propios gobernadores y consejeros, por otra parte, se implicaban pronto en los intereses locales y se sentían miembros de la comunidad local.

Al consolidarse el régimen parlamentario en Inglaterra en el siglo XVIII, pese a crearse un *Board of Trade and Plantations*, se siguió respetando el autogobierno colonial. La nueva dinastía Hannover dedicó, en general, poco tiempo a sus posesiones del otro lado del Atlántico. Era el momento en que Inglaterra avanzaba hacia la hegemonía mundial y los colonos, por su parte, prosperaban y estaban alcanzado un nivel de bienestar –exceptuando siempre a la población esclava– más alto que en ningún otro lugar del mundo, incluida su metrópoli. Sus asambleas eran más representativas que el Parlamento británico, porque el porcentaje de población carente de derechos políticos era menor. Pero de momento no hacía falta recurrir a grandes proclamas sobre la soberanía popular ni sobre una identidad colectiva distinta a la inglesa.

Los problemas comenzaron en 1763, al terminar la guerra de los Siete Años. Los británicos habían vencido, una vez más, pero el elevado coste de tanto conflicto les obligó a aumentar los tributos sobre los colonos. Dando por supuesto que aquellas colonias eran de su pleno dominio, establecieron, en 1764-1765, dos nuevas contribuciones, una sobre el azúcar y otra general sobre el timbre. Los colonos protestaron y emitieron una *Declaration of Rights and Grievances*, en la que se acogieron a un principio clásico de la tradición parlamentaria británica: *No taxation without representation*. Los impuestos, según se les había explicado, no eran algo que el rey pudiera decretar a su antojo, sino un dinero que el Parlamento, en nombre de sus representados –los propietarios, los que pagaban al fisco– concedía graciosamente al monarca. Buena parte de la población británica sabía que esta era una fórmula alejada de la realidad porque, o no tenía derecho a enviar representantes a ninguna de las cámaras, o conocía bien las prácticas corruptas que imperaban en los medios parlamentarios. Pero los americanos se lo tomaron en serio y exigieron estar representados en el órgano que decidía sobre sus impuestos. La respuesta que recibieron fue que en aquel parlamento ellos también estaban representados «virtualmente», pues los diputados, aunque elegidos sólo por ciertas ciudades y condados privilegiados, no representaban a esos distritos, sino al conjunto del reino. Era lo que se les decía a los británicos excluidos del voto. Pero la ficción era excesiva para aquellos colonos que, aunque se creían ingleses, vivían a miles de kilómetros de las islas británicas. Y un Congreso de las Trece Colonias, elegido de manera extraordinaria y bajo fórmulas muy variadas, respondió con contundencia que «los únicos representantes de la gente de estas colonias son las personas a las que nosotros elegimos». Tras muchos forcejeos, lograron forzar la revocación del impuesto sobre el timbre.

Unos nuevos aranceles aduaneros volvieron, sin embargo, a provocar protestas en 1770. En una de ellas, en Boston, murieron tres colonos, hecho que, con innegable instinto teatral, fue bautizado como «la masacre de Boston». También esta vez se consiguió la revocación de los aranceles, excepto sobre el té. Pero el té fue suficiente y, de nuevo en Boston, en el célebre motín llamado del *Tea Party*, todo un cargamento de esta planta fue arrojado al mar en 1773. Esta vez los británicos, decididos a castigar, enviaron tropas. Lo que provocó la convocatoria de otro Congreso Continental en Filadelfia, en 1774. Este congreso adoptó unos Artículos de Confederación en los que se autoconfería grandes poderes, pero en la práctica sus disposiciones sólo tenían vigencia si los trece gobiernos coloniales, encargados de aplicarlas, las aceptaban. La situación siguió siendo, por tanto, ambigua durante bastante tiempo. Como ambigua era la relación de los colonos con Inglaterra, pues a la vez que protestaban contra las decisiones de su Parlamento y de su Gobierno seguían declarándose leales súbditos del monarca británico. Al no plantearse aún el problema de la identidad colectiva, no se sabía si los rebeldes eran unos «ingleses libres» –como ellos decían–, unos territorios de régimen especial dentro de una monarquía imperial o una entidad política nueva; y, en este último caso, si esa entidad la constituían los trece gobiernos coloniales o el conjunto de la población del territorio.

En 1776, por fin, Thomas Jefferson, Benjamin Franklin y John Adams redactaron y lanzaron la Declaración de Independencia. En su célebre segundo párrafo se refieren a que «todos los hombres han sido creados iguales y dotados por su Creador con ciertos derechos inalienables»; eran viejos y muy respetados principios religiosos traducidos al lenguaje de la razón ilustrada, pero con enunciados genéricos de este tipo no se hubiera fundado una nación. Más importante era el primer párrafo, cuando describían el momento en que, «en el curso de los acontecimientos humanos, a un pueblo *(one people)* se le hace necesario disolver los lazos políticos que le unen a otro...». Pese a algunas dudas, y referencias a «estas colonias», que se proclamaban estados, se abría paso la idea de que los colonos eran «un pueblo», una comunidad humana diferente a la británica y era eso lo que les permitía rechazar la autoridad tanto del Parlamento como del monarca inglés. Una comunidad marcada, por cierto, con rasgos mesiánicos, de Pueblo Elegido. Porque, como había escrito John Adams con ocasión de las primeras protestas contra la Ley del timbre, «América ha sido señalada por la Providencia como el escenario sobre el cual el hombre construirá su verdadera imagen, donde la ciencia, la virtud, la libertad, la felicidad y la gloria han de prosperar en paz».[40]

La guerra comenzó en 1775 y las tropas reales sufrieron desde el primer momento derrotas a manos de los rebeldes, apoyados por Francia y España. Tras algunas batallas decisivas en 1781, Gran Bretaña reconoció la independencia en 1783. Y ahí comenzó el gran debate y la gran construcción política. Porque entre aquellos rebeldes que habían derrotado a Su Majestad Británica dominaba la división y muchos temían la anarquía, que según las teorías políticas en vigor era el final previsible de una república establecida sobre un territorio demasiado extenso.

El remedio surgió, parece ser, de la cabeza de James Madison: convocar una Convención Constitucional, cuyos miembros representarían al «pueblo americano», una identidad colectiva nueva, diferente y superior a las colonias, ahora estados independientes. Como explicó Bernard Bailyn hace ya años, en toda unidad política «debe existir en alguna parte un poder último, indiviso y singular, con mayor autoridad legal que cualquier otro poder, no sometido a ninguna ley, siendo él ley en sí mismo».[41] Y esa autoridad soberana se hizo radicar en un mito fundacional: el «pueblo americano», una colectividad representada por la *Convención*, algo totalmente novedoso, incluso en el nombre –que los revolucionarios franceses copiarían poco después–, pues se trataba de una asamblea que, por primera vez en la historia humana, se reunía para redactar y aprobar el sistema de gobierno de un conjunto de individuos. Nunca se había expresado con tanta claridad la idea de que el Estado no es una colección de hábitos o instituciones naturales o heredados de la historia y legitimados por el Todopoderoso sino una obra artificial, una construcción humana. El resultado fue la Constitución de 1787, otra novedad radical: un texto escrito que contenía las normas fundamentales que iban a regir la vida política del país y cuyo valor era superior al de una ley aprobada normalmente por un Parlamento.

La Constitución, como se sabe, adoptó otras varias novedades, que aquí sólo podemos enumerar: la separación de poderes, en la tradición inglesa, pero sin pretender reflejar ya una jerarquía social de rey, nobleza y pueblo, sino anclados los tres en la legitimidad democrática; un ejecutivo presidencial que se concibió como representante de la unidad del conjunto; un senado, selecto y reducido para darle un cierto rango aristocrático, representante de los estados; una cámara baja que hacía lo propio con los ciudadanos; un poder judicial en el que participaban directamente, por sorteo, y constituidos en jurados, los propios ciudadanos –*the people*, de nuevo, pero ahora en el sentido de «la gente», los individuos–; y el federalismo, una división más del poder pero de tipo vertical, con un escalón más alto, el Gobierno federal, que asumía muy pocas funciones y enumeradas taxativamente –política exterior, defensa, economía– y otro más bajo, los estados federados, a quienes en principio correspondían la seguridad, la educación y la justicia; a ambos se añadían los poderes locales, que quedaban en manos de cada comunidad y que retenían todas las competencias no transferidas a los escalones superiores –es decir, que la democracia local era la base del sistema de autogobierno, como explicaría años después Alexis de Tocqueville–.

Lo importante, para nuestro tema, era el nivel más alto, ese «pueblo americano» que acababa de nacer, ese nuevo sujeto soberano que la Declaración de Independencia y la Constitución se inventaron. Hubo quienes pretendieron iniciar el preámbulo de la Constitución con un «Nosotros, las colonias...», o «Nosotros, los estados independientes...», pero los «federalistas» opusieron que el protagonista era «el pueblo de los Estados Unidos» y, en efecto, ese es el sujeto invocado en las palabras que abren el texto. No eran unos individuos sueltos, ni unas colonias que se declaraban estados independientes y decidían unirse; era una nación, una colectividad preexistente y superior. No es mero azar que, pese al individualismo que se respira en toda la filosofía política estadounidense, al texto original de la Constitución le faltara una declaración de derechos individuales, un *Bill of Rights*, que sería añadido con las primeras diez enmiendas. Y es que la nueva ficción, la de ese «pueblo americano» convertido en fuente de la soberanía y sujeto principal de los nuevos derechos, se tomó muy en serio. Porque el problema era cómo unir a aquellos estados, cómo conseguir que el choque entre intereses locales, corporativos o incluso individuales, no fragmentara aquella sociedad que acababa de independizarse. Había que pensar en términos de una gran unidad. Y se aplicó la idea de nación, de pueblo, de *demos*, sobre quien reposaba el poder, el *kratos*.

Gracias a esta ficción, no sólo quedó legitimado el nuevo Estado sino que se compatibilizó la fórmula republicana con el control de un territorio muy extenso; la democracia, con el gobierno de unos pocos; la ausencia de una aristocracia, con la existencia de unos dirigentes o «líderes». Porque quienes empezaron a monopolizar la política no fueron ya necesariamente las élites sociales, las familias tradicionalmente poderosas, sino quienes supieron organizar partidos, seducir al resto de los ciudadanos y ganar elecciones.

Al margen de todo este proceso quedaron, desde luego, importantes sectores de la población. El primero, el de los antes llamados indios o *pieles rojas* y hoy *Native American*, que fueron eliminados físicamente o reducidos a reservas en las tierras más inhóspitas del país. Este maltrato hacia los aborígenes fue un problema general en este tipo de colonias británicas, aunque algunas, como Canadá, adoptaran una política más suave y otras, como Australia y Nueva Zelanda, siguieran una línea más radical e incluso hayan mantenido cerrada la emigración, hasta hace relativamente poco tiempo, para quien no fuera blanco europeo. El segundo grupo marginado políticamente fue la población femenina, que a finales del siglo XIX emprendió unas movilizaciones y demandas de gran espectacularidad, y pioneras en el mundo, y consiguió, a raíz de la Gran Guerra, el reconocimiento del derecho al sufragio, aparte de otra serie de derechos civiles antes reservados a los varones. Y un tercer grupo de población marginada fue la de procedencia africana, en situación de esclavitud hasta la Guerra Civil de 1860-1864 –un conflicto de gran violencia, que también zanjó el problema de quienes no habían quedado satisfechos con la fórmula constitucional y seguían defendiendo que la soberanía última residía en los estados federados–. Pero esto merece un párrafo aparte.

Incluso después de la abolición de la esclavitud, tras la Guerra Civil, en la etapa llamada de la Reconstrucción, la población negra del sur fue mantenida en una situación de servidumbre práctica, con linchamientos organizados e institucionalizados por medio del Ku Klux Klan. Con la entrada de Estados Unidos en la Gran Guerra, en 1917, se produjo una inmigración interna masiva de trabajadores de raza negra que subieron a las grandes ciudades del norte y ocuparon, en el sector industrial, los puestos de trabajo dejados vacantes por los blancos. Siguieron existiendo, sin embargo, muchas restricciones legales y prejuicios sociales para su plena integración en la vida civil. Las primeras acabaron por desaparecer tras las campañas por los derechos civiles de los años 1950 y 1960. Los últimos, más difíciles de erradicar, subsisten; aunque el hecho de que un afroamericano ocupe la Casa Blanca en el momento de escribir estas líneas indica cuánto ha cambiado el clima.

La identidad estadounidense ha debido superar, por último, la integración de las sucesivas oleadas de inmigrantes. Porque la heterogeneidad cultural de aquella sociedad no hizo sino crecer a lo largo de los siglos XIX y XX. Aparte de aquella primera oleada inmigratoria, nada voluntaria, formada por la población africana destinada a trabajar en las plantaciones, hubo sobre todo inmigración europea: al principio alemana y escandinava, de cultura protestante, pero también católica irlandesa y, más tarde, italiana, eslava ortodoxa o judía procedente de la Europa oriental. Llegaron luego chinos y japoneses, provenientes de tradiciones culturales muy ajenas a Occidente. Y, por último, en la segunda mitad del siglo XX, se ha producido una gran oleada de inmigrantes procedentes de América Latina, sobre todo México. Tras la Gran Guerra, las leyes inmigratorias se hicieron más restrictivas bajo una ola de nativismo, pero volvieron a abrirse, especialmente al Tercer Mundo, en los años sesenta.[42]

El resultado es que el inicial cuasimonolitismo protestante se ha transformado radicalmente. No hay un *melting pot*, o crisol cultural, según reza el mito, pues cada grupo étnico ha mantenido, en gran medida, su identidad y sus tradiciones, muchas veces a través de la religión, pero ello no ha representado un obstáculo para su sentimiento de pertenencia a la nación «americana». Incluso los recién llegados hispanos o *latinos*, que son tan numerosos que han logrado hacer del español una segunda lengua nacional, se convierten en angloparlantes en la segunda generación, como todos los anteriores (salvo excepciones raras, como los menonitas o Amish, que son minorías ínfimas y en ningún caso desconocen el inglés). Pero, en conjunto, la identidad, siguiendo las tendencias de los primeros colonos, es más cívica que étnica; es decir, que en lugar de primar la herencia cultural, se basa en la lealtad al Estado y el respeto hacia sus leyes e instituciones. Aunque, por supuesto, a medida que se crean y afianzan las tradiciones del nuevo país con el paso de las generaciones, la identificación con éstas ha aumentado. Y el sentimiento de identidad ha tenido que ser reforzado desde fines del siglo XIX con un programa de nacionalización que incluye, por ejemplo, un *pledge of allegiance* repetido diariamente en todas las escuelas del país (y al que, en tiempos de la Guerra Fría, se añadió *under God* a la referencia a *one nation, indivisible*). Y es significativo que el juramento exigido para nacionalizarse no contenga ninguna referencia étnica, sino sólo la exigencia del compromiso de apoyar y defender la Constitución y las leyes de Estados Unidos.

Hoy, los WASP *(White Anglo-Saxon Protestant)* no sólo han dejado de ser la mayoría de la población, sino que no constituyen ni siquiera la minoría mayoritaria. Lo que explica que surjan periódicamente estallidos de angustia ante la posible muerte de su cultura, especialmente la lengua y la religión, como el expresado a principios del siglo XXI por el politólogo Samuel Huntington.[43] Esta inseguridad, esta necesidad de afirmarse frente a lo extranjero, parece rara en un país construido por extranjeros, pero lo cierto es que desde mediados del siglo XIX ha habido sucesivas oleadas de odio nativista contra los recién llegados. En parte es propio de cualquier sociedad humana y en parte es resultado de lo arraigado que está el mito originario, puritano, que concibe a América, en palabras de Gertjan Dijkink, «como un refugio bendito frente a los males del mundo (particularmente los europeos) y como un faro que guía hacia la justicia y la libertad».[44] Lo cual ha provocado en ciertos momentos un temor, que raya en la histeria, a fuerzas satánicas, antiestadounidenses, dirigidas a destruir su modo de vida ideal. Así ocurrió ya desde finales del siglo XIX en relación con el anarquismo, primero con la bomba de Haymarket en Chicago y más tarde con el caso Sacco y Vanzetti; se repitió en los años 1950, con la caza de brujas desatada por el Comité de Actividades Antiamericanas, que condujo a un control ideológico incompatible con la idea de un «país libre»; y ha vuelto a repetirse recientemente con el auge del terrorismo islámico, tras el atentado del 11 de septiembre de 2001 contra las Torres Gemelas en Nueva York.

Un dato de especial importancia para el reforzamiento del orgullo colectivo y la identidad nacional ha sido el papel de potencia hegemónica mundial desempeñado por Estados Unidos desde el final de la Segunda Guerra Mundial. Hasta entonces, y pese a ser la economía más potente del planeta a lo largo de todo el siglo XX, dominó la tendencia a no intervenir en los conflictos internacionales, a partir de la idealización de su propia cultura y de un cierto sentimiento de superioridad frente al «destructivo» mundo europeo, al que los americanos querían dar la espalda. Desde muy pronto, la política exterior estadounidense estableció la célebre doctrina Monroe, que vetaba cualquier intervención en el continente americano a las potencias europeas –incluida

Gran Bretaña, que lo aceptó–, lo cual acabó convirtiendo a los propios Estados Unidos en gendarme de esa parte del mundo y llevó a intervenciones, incluso militares, en Centroamérica y el Caribe. La guerra hispano-cubano-norteamericana de 1898 inició incluso un expansionismo territorial que frenaron los rebeldes filipinos. Muchas señales parecían anunciar un nuevo imperio de tipo tradicional. Pero en general la influencia estadounidense sobre el mundo se ha orientado hacia un dominio cultural, económico y militar, más que a una ocupación territorial al estilo imperial clásico.

En relación con Europa, Estados Unidos acabó interviniendo, y de manera decisiva, en la Gran Guerra, tras la cual el presidente Woodrow Wilson viajó a Europa y se instaló en París durante unos meses como árbitro del complejísimo tratado de paz que rediseñó las fronteras europeas y mundiales. Pero no consiguió luego que el Senado ratificara ese tratado ni que el país se integrara en la Sociedad de Naciones, con lo que la política exterior estadounidense retornó al aislacionismo. Esta actitud se enmendó tras las Segunda Guerra Mundial, en la que otra vez se embarcaron los americanos *à contre coeur*, tras el ataque de Japón contra Pearl Harbor, y que de nuevo se decidió sobre todo gracias a su intervención. La nueva organización para la paz, la ONU, se instaló ya en Nueva York, señal evidente de que Estados Unidos aceptaba su nuevo papel de gendarme del mundo. Un papel en el que desplegaron al principio una cierta actitud «misional»,[45] marcada por un moralismo poco pragmático, algo que rectificaron al iniciarse la Guerra Fría, cuando pasaron al extremo opuesto y apoyaron sin recato a dictaduras, siempre que fueran anticomunistas. Ello no pareció erosionar su conciencia de Pueblo Elegido, destinado a conducir al resto de los países hacia la democracia. Lo que sí asestó un grave golpe a aquella imagen mesiánica fue la derrota en Vietnam, que hizo girar el pulso con la Unión Soviética hacia el terreno económico y la carrera armamentística. Esa estrategia pareció triunfar cuando el mundo comunista se derrumbó en 1989-1991. Se habló entonces del «fin de la historia», en el sentido de que sólo quedaba un modelo político, la democracia, y otro económico, el libre mercado capitalista. El modelo para ambos era los Estados Unidos de América.

El resumen de este recorrido nos conduciría a una identidad nacional menos «colectivista-autoritaria» que la francesa o la alemana, prototipos europeos, y más «individualista-libertaria», según explicó Liah Greenfeld hace algunos años. Pero el papel de potencia hegemónica y de guardián del orden mundial es difícilmente compatible con una sociedad de amplias libertades individuales y escaso peso del Estado. Y la lucha con un satánico enemigo del «modo de vida americano», hoy reactivada por el islamismo radical, no sólo ha reforzado la unidad política de aquella sociedad, sino que ha redundado también en una reducción de las libertades ciudadanas.

EXCOLONIAS IBÉRICAS

Más de un siglo antes de que las colonias inglesas iniciaran su andadura, el resto del continente americano había sido descubierto, conquistado y colonizado por navegantes y aventureros españoles y portugueses. Los acontecimientos se desarrollaron allí de forma muy distinta. Pero debemos aclarar desde el principio que de ningún modo debe atribuirse esto a «maneras de ser» colectivas que distinguieran a los ibéricos de los anglosajones, ni a los propósitos y cargas culturales con que unos y otros cruzaron el Atlántico, sino a la muy diferente realidad con la que se encontraron. Porque los colonos que llegaron a la costa este de Norteamérica hallaron tierras muy fértiles y pobladas por pequeños grupos nómadas de cazadores-recolectores, que al verse invadidos huían hacia un oeste aparentemente interminable, mientras que en México y Perú los españoles toparon con una tierra no tan fértil, aunque rica en metales preciosos, con grupos humanos muy numerosos, sedentarios y organizados políticamente en imperios. Responde a la lógica de las cosas el que los primeros se asentaran sobre las tierras descubiertas y se pusieran a cultivarlas con sus propias manos mientras que los segundos optaran por conquistar aquellos imperios y forzar a su población a trabajar para ellos la agricultura y la minería.[46]

Una vez sometidos aztecas e incas, los españoles no intentaron desarraigar o eliminar las culturas indígenas, sino penetrar en ellas lentamente por medio de la evangelización, puesta en manos de órdenes religiosas. Dentro de la variada ideología justificatoria de las expansiones imperiales –civilizatoria, revolucionaria, de superioridad racial–, la española se legitimó por la religión. En cuanto a la dirección de las comunidades indígenas, delegaron poderes en los anteriores caciques o *curacas*, manteniendo, en muchos casos hasta la independencia, su sistema de tenencia comunal de la tierra.[47] También fue típica de la situación, y distinto a lo ocurrido en las colonias inglesas, la mezcla de población, incluso con los esclavos africanos; lo cual no significó igualdad ni crisol de razas, pues las jerarquías raciales se mantuvieron en términos estrictos, aunque añadiendo subdivisiones para mestizos y mulatos.

Los territorios integrados en el Imperio hispánico no eran formalmente colonias, sino «virreinatos», siguiendo el modelo de los reinos europeos inicialmente integrados en aquella monarquía imperial. Entre los diferentes virreinatos se mantuvieron incluso las barreras aduaneras, una de las causas de la falta de sentido de unidad del Imperio español, a diferencia de lo ocurrido en el portugués o el británico. En principio se les aplicaba el derecho castellano, aunque gradualmente se fue desarrollando un derecho indiano. Desde el punto de vista social, la desigual distribución de la tierra se pareció más a las colonias británicas del sur que a las del norte, aunque con un sistema de poder más autoritario y una explotación más directa de la población indígena, no sólo en las haciendas agrícolas sino también en las minas. Esta última fue una de las causas de la espectacular mortandad que afectó a los nativos de aquellas tierras durante el primer siglo de presencia europea, lo que a su vez llevó a la importación de mano de obra africana esclava. En materia de creencias religiosas no hubo ni un atisbo de pluralidad, pues el único culto autorizado fue, en todo momento, el catolicismo. La Iglesia era, por otra parte, una rama de la administración real, ya que el rey, que logró de Roma el privilegio del patronato desde el comienzo mismo de la conquista, nombraba a todos los obispos y cargos eclesiásticos.

Desde el punto de vista político, el dominio español sobre aquellas sociedades impuso un fuerte sentido de la autoridad, un rasgo que, junto a la jerarquización social, perviviría después de la independencia. Las bases de la relación entre la corona y los conquistadores fueron las capitulaciones, contratos que estipulaban las recompensas para estos últimos, pero que los monarcas no tardaron en interpretar como concesiones graciosas o mercedes revocables. Con lo que las designaciones para cargos públicos acabaron dependiendo exclusivamente del rey, aunque la extensión del territorio hizo inevitable un cierto grado de descentralización. Toda decisión se tomaba en nombre del monarca, soberano y base del orden social, y la lealtad al rey, en sentido feudal, conservó siempre la máxima importancia política. El aparato burocrático monárquico acabó, en definitiva, desplazando del poder a los conquistadores, que en ciertos casos, sobre todo en el mundo incaico, se conformaron con vincularse con familias principescas prehispánicas y convertirse en señores de vasallos dentro de una jerarquía feudal.

Los ciudadanos no podían tomar iniciativas políticas ni participar en las decisiones que afectaban a la vida colectiva, salvo al nivel municipal. Los municipios, en efecto, mantuvieron un cierto régimen de autogobierno con participación vecinal, en la tradición castellana; de ahí que fueran el «baluarte de poder criollo frente a los funcionarios reales», el «único organismo con poder negociador frente a las autoridades metropolitanas» y a sus delegados en América.[48] El poder de las élites locales aumentó en el siglo XVII, no sólo por razones similares a las de las colonias inglesas en Norteamérica, sino también por la venta de cargos que la corona española emprendió debido a sus apuros fiscales. En ello residió la mayor autonomía del aparato administrativo americano frente al poder central. Muchos de los monopolios y cuerpos que componían la compleja estructura de la Monarquía hispánica quedaron en manos de criollos. Lo que, en cierto sentido, parecía hacer realidad la idea escolástica medieval del «contrato» entre una corona dotada del poder soberano y las diversas familias y corporaciones que estructuraban la sociedad. En la práctica, coexistían tres niveles de poder: en la metrópoli, el rey y su Consejo de Indias; en las capitales coloniales, los virreyes y gobernadores, con su aparato burocrático respectivo; y a nivel local un régimen municipal relativamente participativo. Es decir, que el complejo Imperio español podría definirse como una monarquía absoluta, pero contractual, plural y patrimonial.[49] El ejercicio del poder tenía en él sus límites, sin duda, pero no derivados de la existencia de claras regulaciones institucionales.

Esta situación se vio alterada por las reformas borbónicas de finales del siglo XVIII, dirigidas a incrementar los ingresos fiscales y recuperar para la corona tanto el control del comercio ultramarino como el del gobierno colonial. Para ello, se redujo el autogobierno municipal, los criollos fueron expulsados de los cargos comprados en el siglo anterior y se nombró para ocuparlos a peninsulares. Se reforzó así el intervencionismo de la metrópoli y se avanzó hacia un régimen más abiertamente colonial.[50] Estas reformas provocaron un malestar que estuvo entre los orígenes remotos de los futuros movimientos de independencia. Lo cual no significa que en los años anteriores a éstos hubiera señales de la inminencia de un terremoto político de las proporciones del que se avecinaba.

En el canon historiográfico nacionalista de aquellos países ha dominado, clásicamente, una visión idealizada de la independencia como un proceso autogenerado, derivado de la expansión de las luces entre sus élites políticas e intelectuales, guiadas por una utopía ilustrada de libertad y progreso que necesariamente chocaba con la mentalidad absolutista, intolerante y retrógrada de la monarquía española. Según reza la declaración de independencia boliviana, les movía «el odio santo al poder de Iberia [...], símbolo de la ignorancia, del fanatismo, de la esclavitud e ignominia». Hoy, sin embargo, los especialistas tienden a explicar aquel proceso como originado por causas exógenas, derivadas de la coyuntura internacional. Si alguna revolución previa influyó seriamente en el proceso latinoamericano no fueron la norteamericana ni la francesa, sino la haitiana –el ejemplo negativo, el espectro que había que evitar a toda costa–,[51] y la actuación de las élites criollas no se movió tanto por ideas como por el deseo de mantener, o aumentar, su control sobre aquellas sociedades.

Lo que realmente desató el proceso independentista fue un incidente político europeo que nada tenía que ver con la dinámica interna de las sociedades americanas: la ocupación de España por tropas francesas en 1808 y la imposición de José Bonaparte como rey, rechazada por buena parte de la opinión española. En la metrópoli se produjo, así, un vacío de poder. Según la teoría política neoescolástica, en vigor aún en España y su imperio, al desaparecer el rey la soberanía retornaba al «pueblo», a la comunidad. Lo cual condujo en España a la convocatoria de unas Cortes generales del reino en Cádiz, que afirmaron el principio de la soberanía de la nación. En la América hispana, la lógica fue la misma, pero el «pueblo» se interpretó como «los pueblos», las instancias de poder local, no nacionales.[52] De ahí que la nación hubiera de construirse sobre –y contra– un mundo de soberanías locales.

La reacción de los territorios americanos ante la invasión napoleónica no fue en un primer momento antiespañola ni antimonárquica. Las proclamas respiraban lealtad a la corona, e incluso tras la independencia se sucedieron los planes para establecer regímenes monárquicos en los nuevos países.[53] Pero fueron sobre todo los casos de los dos centros virreinales, Nueva España y Perú, los más elocuentes. En el primero, el territorio más poblado y rico del imperio, las rebeliones de Miguel Hidalgo y José María Morelos de 1810 fueron sofocadas con la colaboración de las élites locales y, al poco de regresar Fernando VII a la península, los leales a la monarquía española dominaban la situación. No fue el absolutismo de este monarca, sino, justamente, lo contrario, la restauración del régimen liberal en 1820 y las medidas anticlericales del Trienio, lo que provocó la independencia, declarada por

Agustín de Iturbide, militar monárquico apoyado por la oficialidad criolla que había servido en los ejércitos realistas contra las insurgencias de 1810. Más claro aún fue el caso del otro virreinato, Perú, independizado en 1825 sólo gracias a la fuerza exterior, pues sobre Lima confluyeron los ejércitos de Simón Bolívar y José de San Martín. Desde luego, los procesos que se desarrollaron en el Río de la Plata o en la Nueva Granada fueron distintos.

Una similitud de aquella situación con la norteamericana de treinta años antes fue el debate que se suscitó ante la representación en las Cortes de los llamados «españoles americanos». Los diputados gaditanos, que habían definido la nación como «la reunión de los españoles de ambos hemisferios», temieron que tal definición se tomara demasiado literalmente y otorgara a los americanos la mayoría en las Cortes; por lo que decidieron que las *castas* –negros y mulatos libres– quedarían excluidas de los derechos políticos –aunque no de los civiles–, reduciendo así la representación americana a un número inferior a la peninsular. Lo cual fue otra importante fuente de malestar para las élites coloniales.

Otra deformación típica de los relatos nacionalistas consiste en atribuir el impulso para la rebelión contra España al sentimiento de identidad nacional. Tales sentimientos no habían nacido en 1810. Quienes lanzaron las proclamas independentistas fueron juntas municipales, formadas, como en España, para cubrir el vacío político existente, que, también al igual que en España, se declararon soberanas y se rebelaron contra el Consejo de Regencia. Pero en la metrópoli se formó una Junta Central y se convocaron unas Cortes que declararon enseguida la realidad y soberanía de la nación, mientras que en la América española los propios virreinatos, las capitanías generales, las provincias, los municipios y hasta los «pagos» se declararon soberanos, en un proceso de fragmentación incontrolable. Al final, a diferencia de los casos portugués o británico, no se impuso la identidad común del conjunto del imperio y éste acabó dividido en una veintena de estados, pese al sueño bolivariano de mantener la unidad de al menos todo el viejo virreinato del Perú. La delimitación de las nuevas fronteras, es decir, de las áreas geográficas controladas por cada nuevo centro de poder, se acabó decidiendo tras una serie de largos y duros conflictos armados entre los distintos caudillos militares, facciones políticas y oligarquías locales. Sólo entonces comenzó el proceso de construcción de la nación. Eso sí, cada triunfador, al terminar el proceso, se disfrazó de nación y sus apologetas escribieron la historia explicando que todo, desde el principio, había estado protagonizado por la nación.

La nación fue, sí, el bálsamo de Fierabrás con el que los países recién independizados intentaron curar su falta de integración interna, tanto en el terreno social y político como en el cultural. De las revoluciones liberales europeas se importaron de inmediato la retórica y la simbología nacionalista. Se diseñaron banderas, se escribieron himnos, se construyeron monumentos, se instituyeron fiestas nacionales. ¿Alrededor de qué? No se podía, desde luego, edificar la nación sobre la historia: los siglos coloniales se querían borrar de la memoria y los dirigentes tampoco deseaban idealizar los anteriores imperios azteca o inca como paraísos de libertad. Como no servía la referencia a glorias pretéritas, ni tampoco el idioma o la religión –comunes a toda la región–, ni un mito de parentesco, fue preciso apoyarse en la idea de países «nuevos» (una similitud con Estados Unidos, y diferencia con Europa), que lo que tenían era sobre todo futuro. Y lo tenían por su territorio, por las riquezas inagotables con que la naturaleza les había dotado, más que por la alta calidad de la comunidad humana que lo habitaba (pues la opinión sobre esa comunidad era, como mínimo, dudosa). Fue también una manera de atraer a la inmigración europea, especialmente en países como Argentina, Uruguay o Chile. En todos ellos, el territorio acabó definiendo al país, al modo que lo había hecho Frederick Jackson Turner en Estados Unidos, para él espacio rico y abierto en el que germinaba de manera natural la idea de libertad. También se propusieron otros mitos, como el crisol de razas –la «raza cósmica» de José Vasconcelos–, pero con menor éxito.[54] Como mito fundacional, el de mayor eficacia ha sido, sin duda, el de la Revolución mexicana.

Benedict Anderson quiso ver en los países de la antigua América española el ejemplo de la creación de «comunidades imaginarias» modernas, a partir de sus literaturas nacionales. Pero lo cierto es que la nueva lealtad, ya no hacia el rey sino hacia algo tan abstracto como la nación, no fue fácil de implantar. En primer lugar, porque no lo era construir una identidad única, sobre la que basar un edificio político liberal y moderno, en una sociedad «de Antiguo Régimen, fragmentada, estamental, multiétnica, dispersa en un vasto territorio de fronteras difusas y cruzada por divisiones administrativas intrincadas y difícil de aprehender».[55] Las nuevas naciones eran entes demasiado ficticios, cuyas fronteras no coincidían ni siquiera aproximadamente con las étnicas, sino como mucho con las administrativas de los antiguos virreinatos o capitanías generales. Para las comunidades mayas o quéchuas de Guatemala o Perú no era fácil entender que sus verdaderos connacionales no eran sus vecinos mexicanos o ecuatorianos, con los que compartían lengua y rasgos faciales, sino unos blancos que vivían en la capital y hablaban español. A estas élites urbanas era a quienes pertenecía aquel proyecto nacional, y esa era la segunda dificultad: que se identificaba demasiado con aquella cultura criolla, muy minoritaria en sociedades tan campesinas y acostumbradas a un régimen semifeudal. En tercer lugar, aquellos criollos que predicaban la nación deseaban integrar culturalmente a la población indígena, pero estaban poco dispuestos a tratarla en plano de igualdad y a permitirle participar en la toma de decisiones colectivas. Por último, se trataba de estados con recursos escasos, incapaces de montar servicios públicos o sistemas escolares generalizados. Con lo que hoy, doscientos años después de la independencia, en importantes zonas de América Latina subsiste la tensión entre la identidad indígena y la nacional.

La nación hubo de construirse, además, a la vez que el Estado, situación muy distinta a las europeas que hemos repasado. Y un Estado, en el sentido weberiano de ente monopolizador del uso de la violencia, es muy difícil de edificar.[56] Por lo que lo característico de aquellos países ha sido durante mucho tiempo la fragmentación del poder, la tensión entre centralismo y localismo y el obligado pacto entre el Estado y poderes de tipo clientelar, como terratenientes, caudillos o instituciones provinciales acostumbrados a un alto grado de autonomía. Jean Meyer definió México como un archipiélago de sociedades locales virtualmente autónomas. Y François Xavier Guerra escribió que el proceso latinoamericano, exactamente al revés de la fórmula norteamericana, va «de lo uno a lo múltiple».[57]

Al final, el Estado, incapaz de imponerse sobre una sociedad estructurada de manera muy corporativa, acabó poniéndose a su servicio. En lugar de proteger las libertades ciudadanas, protegió los privilegios de las élites y la jerarquización social existente. Se proclamaron como principios la igualdad ante la ley, la participación democrática o el respeto a las libertades y derechos individuales, pero todo esto quedó en el terreno de la teoría, con la realidad dominada por privilegios sociales, rígidas jerarquías raciales y falsedad de las instituciones representativas. John Coatsworth ha escrito que, en vez del ideal liberal de un «gobierno limitado, con controles institucionales efectivos para evitar la rapiña gubernamental», lo que el mundo ibérico ha producido ha sido «amiguismo institucionalizado que garantiza la protección de una pequeña élite conectada políticamente».[58] Unos estados de estas características fueron incapaces de evitar los conflictos internos, que se perpetuaron a lo largo de todo el siglo XIX y buena parte del XX; y el caos político hizo imposible aprovechar las riquezas naturales que, en efecto, existían en esos países. Todo aquello, y es lo que aquí importa, dificultó el surgimiento de una sólida idea de nación como república de ciudadanos unidos por un proyecto político común.

En resumen, pese a adoptar el nuevo lenguaje político del nacionalismo, entre el mundo anterior y el posterior a la independencia hubo demasiadas continuidades. Las comunidades indígenas apenas vieron alterada su forma de vida. La esclavitud se mantuvo. La religión católica siguió siendo la única oficial. Los hábitos de libertad individual, autogobierno y coexistencia entre diversas religiones siguieron sin nacer. Se mantuvieron borrosas las fronteras entre sociedad y Estado, típicas de la visión escolástica del mundo. Y se siguió confiando en el Estado como el agente político omnipresente, el ente impartidor de orden y justicia, el agente encargado de la creación de riqueza. Pero era un Estado débil, patrimonializado por las élites criollas, carente de recursos y de instituciones representativas, que no pudo, por ejemplo, emprender procesos de construcción nacional por medio de un sistema educativo público.

Al final, la retórica nacionalista se construyó alrededor de un patrioterismo ampuloso, centrado en hazañas bélicas, frecuentemente exageradas o inventadas, en torno a los hechos que habían jalonado la independencia frente a España, convertidos en gestas fundacionales. El proceso de independencia se narró en términos militares, con un exceso de heroización. Por todas partes se cantó a unos pueblos compuestos de varones belicosos, con la mujer en el papel de reposo del guerrero o madre de héroes. El discurso patriótico se cargó de elementos violentos (como revela aún hoy la letra de los himnos nacionales, verdaderos cantos de guerra), de ciudadanos en armas (que luchan por la «libertad», pero de la nación, no de los individuos) y de agravios pretéritos (nos usurparon el territorio, nos humillaron). La nación pareció no existir sino cuando se derramaba sangre por ella, relegando a segundo término el trabajo y la paz. Y el ejército se identificó, se confundió casi, con el pueblo virtuoso, el que defiende a la patria, y acabó siendo la única gran institución que se creyó representativa de la nación. La idea de nación se vació así de contenido político. Y los caudillos militares se sintieron autorizados para recortar las libertades, siempre que fuera para salvar a la patria.[59] Pero lo cierto es que, una vez delimitadas las fronteras de los nuevos estados, apenas hubo guerras, por lo que aquellos ejércitos, a la hora de la verdad, sólo servían para intervenir en pronunciamientos, guerras civiles o exterminio de minorías étnicas.

Un siglo después de haber logrado la independencia, la situación de estancamiento generó entre las élites latinoamericanas un explicable complejo de inferioridad ante su vecino americano del norte. Frente a afirmaciones esencialistas sobre la «superioridad de los anglosajones»[60] se alzó una vindicación de lo hispánico por la vía literaria, como hizo Rubén Darío en términos cercanos a los de Dostoievski o Tolstói. Lo cual reveló la existencia en los cien años siguientes de una cierta identidad latinoamericana común, que ha sido, sin embargo, insuficiente para generar una unión política, e incluso unos acuerdos económicos de libre comercio, pese a los muchos intentos emprendidos. En la época de la Guerra Fría, se impuso entre las élites intelectuales latinoamericanas la retórica contra el imperialismo yanqui, una visión del mundo autoexculpatoria, con el poderoso vecino como causante de todos los males de la región. Es cierto que Washington apoyó a dictadores de derechas, como Rafael Leónidas Trujillo o Marcos Pérez Jiménez, que cualquier reformista nacionalista se convirtió en sospechoso para el gobierno estadounidense y que éste fomentó las actividades subversivas que condujeron al derrocamiento de Jacobo Arbenz en Guatemala o de Salvador Allende en Chile. En ese contexto se produjo la revolución castrista en Cuba, más nacionalista que socialista, que causó un enorme impacto en el área. Hoy, tras el fin de la Guerra Fría, el rechazo a Estados Unidos de las élites latinoamericanas ha disminuido, aunque no se ha extinguido.

Los intentos de desbloquear la situación de estancamiento político han sido, y siguen siendo, muchos y complejos. Pasada la fase de los caudillos militares, el recurso más socorrido han sido los populismos, grandes movilizaciones de la opinión a partir de retóricas acríticas sobre la realidad ideal del país, sus riquezas naturales, la calidad humana de sus pueblos y la maldad de sus élites dirigentes o de sus enemigos extranjeros. Ello ha servido, en general, para reforzar el papel paternalista del Estado y, a veces, para aumentar la participación política, pero siempre ha relegado a segundo plano la remodelación de las instituciones. Tras la Revolución mexicana, mezcla del nuevo populismo y del viejo caudillismo militar, el populismo paradigmático quedó patentado por el general Juan Domingo Perón en Argentina. Siguieron su senda, entre otros, Getulio Vargas en Brasil y más recientemente Hugo Chávez en Venezuela. Desde los años noventa, la construcción de la identidad nacional se ha complicado por la emergencia del indigenismo, sobre todo en el área andina. Pero el problema de la región, que sigue sin resolverse, no es tanto la definición de las identidades colectivas como la debilidad de las instituciones, la incapacidad de vincular el poder soberano con controles y garantías procedimentales internas, con límites al poder, con normas eficaces que creen seguridad jurídica y posibiliten el desarrollo económico. Los sistemas electorales siguen, al menos en parte, manipulados por grupos oligárquicos a través del fraude y del clientelismo masivo. Y los estados siguen sin lograr monopolizar el uso de la violencia; subsiste a veces un bandidaje clásico en el campo, hay problemas de seguridad en las grandes ciudades y las grandes organizaciones delictivas se hallan incrustadas en el mecanismo institucional. Como concluyen Miguel A. Centeno y Agustín E. Ferraro, es sin duda muy difícil construir una nación sin Estado; pero puede que sea igualmente imposible construir un Estado eficaz sin «los lazos de solidaridad humana implícitos en un fuerte sentimiento de comunidad nacional».[61]

El caso de Brasil, para terminar, se asemeja pero también se diferencia de las excolonias españolas. Antigua colonia portuguesa, producto del Tratado de Tordesillas, es un país de gran extensión y riqueza, marcado desde el principio por el impacto de la esclavitud. Desde el siglo XVIII desarrolló un sentimiento de identidad criolla, muy similar al de las colonias españolas. Pero a comienzos del siglo XIX se trasladó allí el rey de Portugal, huyendo de Napoleón, con lo que el territorio se mantuvo unido y bajo la forma monárquica durante mucho tiempo. La independencia, menos traumática que en las colonias españolas, mantuvo el dominio de las élites criollas sobre la población trabajadora negra. Hoy es una sociedad multirracial todavía muy jerarquizada, con una población blanca, minoritaria, que sigue siendo la élite dirigente del país. Es innegable, sin embargo, la existencia de una fuerte identidad brasileña, común a todos los sectores.

HACIA UN MODELO GENERAL

Gracias a la nueva forma de entender los nacionalismos, la Historia que hoy producen los medios académicos tiende a alejarse de tópicos tales como *nos ancêtres les Gaulois*, primera línea de los tradicionales manuales de Historia en Francia, referencia a una identidad anclada en la noche de los tiempos y que servía de eje para el conjunto del relato. Lo cual no quiere decir que estos viejos clichés no sigan dominando aún tanto los textos escolares como algunos productos literarios de éxito o discursos políticos de cariz nativista.

El método que adopta hoy un historiador deseoso de explicar las identidades nacionales es partir de sus antecedentes, de los datos políticos, sociales, económicos y culturales que les han hecho nacer y evolucionar. En Europa, el punto de partida fue una base cultural común, con el cristianismo como religión, el derecho romano como tradición jurídica y el latín como lengua para todo el sur del continente, a la vez que las lenguas germánicas y eslavas dominaban el norte y el este. Había igualmente una cierta homogeneidad económica, pues toda Europa era un mundo agrícola, con un incipiente comercio y artesanado radicado en las ciudades. Pero estas semejanzas no han generado una identidad «europea» de fuerza suficiente como para poder servir hoy de mito legitimador para la Unión Europea. Y todo indica que la clave está en un factor político: el feudalismo, que pese a ser también común a toda la Europa central no generaba unidad sino división.

Feudalismo significaba ante todo jerarquización social entre nobles y villanos, los primeros dedicados en principio a funciones defensivas y los segundos al trabajo agrícola. Pero significaba también fragmentación entre los múltiples centros y niveles de poder que correspondían a los nobles. Lo cual no fue necesariamente negativo –no haremos aquí la apología de la «unidad», típica de las historias nacionalistas–, pues de los privilegios feudales y corporativos partieron los futuros derechos y libertades individuales que caracterizarían al liberalismo, producto singular y muy valioso de la cultura política europea.[62]

Pero lo importante es que el feudalismo desembocó en las monarquías medievales. Unas monarquías embarcadas durante siglos en una durísima competición que dotó al espacio europeo de un dinamismo superior al de los grandes imperios que dominaban otras zonas del mundo. La pólvora, por poner un ejemplo, se inventó en China, territorio muy extenso regido por un único emperador; y éste apenas prestó atención al descubrimiento, porque para él, durante siglos, reunir a cientos de miles de guerreros siguió requiriendo menos esfuerzo que fabricar cañones. En Europa, en cambio, donde había un mercado muy competitivo de señores de la guerra en pugna, los contendientes se lanzaron a explotar la novedad en cuanto supieron de su existencia.[63] A los progresos técnicos en el terreno militar las monarquías añadieron otras innovaciones políticas, burocráticas y fiscales. Pero sobre todo se convirtieron en centros de acumulación de recursos coactivos, estableciendo para empezar ejércitos permanentes. Debido a sus constantes guerras, las monarquías se afianzaron frente a las aristocracias y las ciudades libres. Salvo en el caso holandés, estas últimas, pese a su prosperidad derivada del comercio en la baja Edad Media, no supieron aliarse y defender una identidad regional amplia, pre-nacional. Las guerras dinásticas condujeron a la hegemonía española del siglo XVI, sucedida luego por la francesa y la inglesa.

Estos procesos políticos decidieron mucho más el futuro surgimiento de las naciones que la existencia de unas identidades étnicas procedentes de las invasiones germanas, o incluso del mundo prerromano, pese a que la retórica medieval, y luego romántica, retrotrajera el origen de los estados modernos a aquellas. Desde el punto de vista político, los celtas, iberos, galos, hunos, vándalos, alanos, ávaros, sármatas, jutos, frisones, alamanes, ostrogodos, longobardos o burgundios no dejaron rastros duraderos. Mayor discusión podría entablarse sobre los anglos, sajones y francos, como hemos visto, y quizás sobre los visigodos, como veremos. Pero, en conjunto, las monarquías surgidas en los siglos bajomedievales tenían poco que ver con aquellos pueblos prerromanos o germánicos, cuya huella acabó diluida en el legado cultural de Roma. Aunque, eso sí, cientos de años más tarde serían utilizados por la realeza como símbolos y referencias retóricas para alardear de antigüedad, que en aquel mundo mental era el principal fundamento de la legitimidad política.[64]

A estos datos políticos deben añadirse los culturales. Desde este punto de vista, el momento de despegue de las identidades modernas fue la Reforma protestante. Fue entonces, como explicó Benedict Anderson, cuando surgieron unas comunidades lingüístico-religiosas alrededor de la lectura de la Biblia en lenguas vernáculas. Pero no fue sólo el mundo protestante, como podría deducirse de la tesis de Anderson, porque el católico, a través de la Contrarreforma, también creó identidad, como veremos en el caso español. La paz de Westfalia, que cerró las guerras de Religión, consagró la división de Europa en áreas políticas culturalmente homogéneas, un dato clave para el avance hacia las futuras naciones. Eran además unos grupos humanos que creían poseer una relación privilegiada con Dios, repitiendo una y mil veces el mito del Pueblo Elegido.[65] Porque en la tradición cultural europea pesaba también la herencia judía, una identidad étnica, por cierto, más antigua que ninguna otra de las existentes, pese a lo cual no podemos referirnos a los judíos como «nación», como hemos explicado, porque, hasta el sionismo, no orientaron su acción política hacia la consecución de un territorio.

Un fenómeno significativo ocurrido en la Edad Moderna fue el surgimiento de los estereotipos colectivos europeos, que preludiaban ya a las futuras naciones. Es también interesante constatar cuánto han variado los contenidos específicos de estas descripciones. Cuando, a comienzos del siglo XVI, Erasmo de Rotterdam insertó en su *Elogio de la locura* una primera descripción de los estereotipos colectivos dominantes en Europa, atribuyó a los ingleses «exquisito gusto en el vestido y la comida», a los franceses «la cortesía en el trato» y a los alemanes «el conocimiento de la magia»,[66] cosas muchas de ellas que escandalizarían hoy a los amantes de los lugares comunes. A finales de ese mismo siglo, Jean Bodin estableció la teoría de los climas como explicación «científica» de las diferencias psicológicas entre los grupos, teoría que gozó de envidiable prestigio durante varios siglos, pero que hoy nadie tomaría en serio. En el siglo XVIII, los alemanes se veían marcados por sus dotes artísticas, su tendencia a la filosofía idealista y su falta de sentido práctico en el terreno económico o político; lo opuesto es lo que se pensaba de ellos a mediados del siglo XX. Hacia 1550-1650 se hablaba ya, desde luego, de «los españoles» como un grupo humano con una manera de ser muy peculiar, pero lo que eso significaba era personajes solemnes, sentenciosos, puntillosos en materias de honor, despiadados en la guerra, fanáticos a la hora de defender el dogma religioso... Hoy el estereotipo colectivo subsiste, y sigue siendo muy fuerte, pero su contenido es casi el opuesto: el flamenquismo, la intensidad vital, el carácter creativo pero improvisado, la escasa coherencia o firmeza en los juicios, el horario disparatado...

Como grupos sociales protagonistas del proceso, conviene destacar la importancia de la nobleza. Especialmente cuando, como en el caso inglés, se organizó institucionalmente y actuó de manera corporativa, porque favoreció el temprano surgimiento de la idea de comunidad política –*reino* primero, *pueblo* o *nación* después–, en cuyo nombre llevó a cabo una temprana revolución antiabsolutista, o liberal, que limitó institucionalmente el poder del rey y generó un régimen mixto, con división de poderes y protección de las libertades individuales; aunque no de los derechos políticos de toda la población. En los países donde la nobleza fue fuerte pero no actuó de forma corporativa, como en Francia o España, el absolutismo regio se acabó imponiendo, aunque quedaran espacios de libertad que pudieron ser en el futuro el embrión de derechos civiles. En aquellos en los que la nobleza se integró en el aparato estatal, y además de grandes terratenientes y señores de siervos se convirtieron en los representantes del monarca en la zona, como en Prusia o Rusia, el absolutismo alcanzó su plenitud. Y, por último, en los casos en que la nobleza actuó de forma institucionalizada pero fue hegemónica, sin un monarca capaz de contrapesarla, como en Hungría o en Polonia, se convirtió en un obstáculo para el surgimiento del Estado moderno. En el caso húngaro, la Bula de Oro del siglo XIII eximió a la nobleza no sólo de pagar impuestos sino hasta de contribuir a la defensa del reino salvo en contadas ocasiones; y el resultado fue la derrota, la destrucción y saqueo del país por los mongoles. En el polaco, donde la monarquía siempre fue electiva y dependiente de la nobleza, sus vecinos pudieron aniquilar aquel Estado y repartirse su territorio. En ambos casos subsistió la idea de nación, e incluso con mucha fuerza, pero sucumbió el Estado que debía encarnarla.

Al llegar el siglo XVIII, tanto la intelectualidad ilustrada como la nobleza con conciencia de portavoz de la colectividad se sintieron fascinados por el modelo inglés. Aparecieron entonces las primeras expresiones claras de identificación con la nación, las primeras vindicaciones orgullosas de su prestigio, las primeras exaltaciones de la lealtad a la comunidad nacional como superior a cualquier otro vínculo humano.

En el último tercio de aquel siglo se produjeron las dos revoluciones, americana y francesa, en las que por fin la nación se materializó, pisó la escena, adquirió un nombre y reclamó su papel como fundamento de la unidad del Estado. La Revolución americana se apoyó en las ideas de la inglesa del siglo XVII, pero fue mucho más radical en sus consecuencias. Y su modelo se trasladó de inmediato a Francia, monarquía que había enviado tropas en apoyo de los insurgentes, lo cual ayudó a que se impregnaran de las nuevas ideas; el marqués de Lafayette sería el ejemplo de excombatiente en aquella guerra que luego desempeñó un papel importante en la situación revolucionaria. El punto tercero de la Declaración de Derechos del hombre y del ciudadano, de agosto de 1789, decía: «El principio de toda soberanía reside esencialmente en la nación. Ningún cuerpo ni individuo puede ejercer una autoridad que no emane expresamente de ella». La nación se declaraba el nuevo sujeto de la soberanía. Y la soberanía nacional conducía a, o se identificaba con, la soberanía popular, la democracia.

Casi a la vez en Gran Bretaña, y algo más tarde en el continente, la revolución industrial transformaba e intensificaba las comunicaciones, creaba mercados nacionales, generalizaba la educación y erradicaba el analfabetismo, en un proceso complejo que para Ernest Gellner fue el motor de la expansión de la idea nacional. El mundo rural se contrajo y terminó por convertirse en residual. Y todas las identidades anteriores (religiosas, comarcales, gremiales, estamentales) se dislocaron. Los individuos se sintieron desorientados hasta que encontraron su nuevo anclaje identitario: la nación. Las fronteras se delimitaron entonces de forma mucho más clara de lo que lo estaban antes. Y la nación pasó a ser el objeto principal, casi único, de veneración e identificación, sustituyendo ante todo a la religión (o identificándola con la nación y utilizándola para sacralizar a esta última).

Como las antiguas deidades, la nación se rodeó de símbolos sacros; se erigieron «altares de la patria» y se desarrolló todo un culto compuesto de rituales y ceremonias cívicas. Toda la cultura (literatura, historia, arte, ciencias) hubo de reformularse en términos nacionales. Los espacios públicos se homogeneizaron y burocratizaron con nombres y símbolos adecuados al nuevo sujeto soberano. Alemania e Italia fueron los dos ejemplos más espectaculares de movimientos masivos, de enorme fuerza, que obtuvieron el apoyo de la práctica totalidad de las élites intelectuales, dirigidos hacia la unidad y la independencia nacionales. Pero, aunque a menor escala, en todos los rincones de Europa ocurrió lo mismo. Hasta las mejores cabezas políticas del siglo se dejaron arrastrar por la visión nacional del mundo. Nadie dudaba de que las naciones existían y eran el fundamento de los estados. John Stuart Mill llegó a escribir que «las instituciones libres son punto menos que imposibles en un país conformado por nacionalidades diferentes».[67]

El siglo XIX fue también el de la creación de los imperios coloniales europeos. A los imperios acompañaron las teorías racistas, que consagraron, a partir del conde de Gobineau, la idea de que existían razas superiores e inferiores. Como era el momento en que surgía la opinión pública, alimentada por periódicos necesitados de provocar emociones diariamente, y al mismo tiempo la política se estaba abriendo a la participación ciudadana, un tema muy explotado por la prensa fueron las hazañas de aventureros o de unidades militares que portaban la bandera nacional en países remotos y la reivindicación de derechos, por supuesto sagrados, sobre aquellos territorios. La combinación de prensa sensacionalista, competición imperial y política electoral fue desastrosa. Las guerras coloniales se multiplicaron, limitadas al principio pero más amplias cada vez hasta culminar en la Gran Guerra.

Al terminar ésta, en 1918, dos de los tres principales imperios multiétnicos que había en Europa, el austrohúngaro y el otomano, se desintegraron; el tercero, el zarista, sobreviviría setenta años más gracias a la nueva mística de la revolución proletaria. Y Europa se embarcó en una remodelación de fronteras a partir del principio de las nacionalidades: para evitar conflictos en el futuro, a cada nación debería corresponder un Estado. Pero ello no condujo a la paz, sino a nuevas convulsiones. Al retirarse Estados Unidos del escenario, tras haber decidido el resultado de la guerra, negociado el Tratado de París e ideado la Sociedad de Naciones, se produjo un vacío de poder internacional, sin una potencia hegemónica capaz de sustituir a Gran Bretaña. La décadas de 1920 y 1930 fueron testigos de una feroz disputa por alcanzar las primeras posiciones en el escalafón de grandes potencias. Los europeos, incapaces de comprender que, tras la «guerra de las tribus blancas», no tenían ya misión civilizadora alguna de la que presumir ante el resto del mundo, siguieron atizando alocadamente sus rivalidades. En ese caldo se cultivaron los fascismos, emergió Hitler y se hizo inevitable la Segunda Guerra Mundial. Europa, que en 1914 era la región más rica y poblada del mundo, que dominaba tres cuartas partes del territorio del planeta, que disfrutaba de un grado de bienestar solo superado por Estados Unidos, se obcecó en el camino de su declive, rematando en 1939-1945 la faena iniciada en 1914-1918. Esta por algunos llamada «guerra de los Treinta Años» hizo descender a Europa a lo que hoy es: la tercera región mundial en riqueza e influencia política. La competencia violenta entre los estados europeos, que en siglos anteriores había sido un estímulo para su productividad y creatividad, acabó llevando a su autoaniquilación.

Los imperios coloniales europeos no pudieron sobrevivir y fueron desmantelados entre 1945 y 1970. Se produjo entonces, curiosamente, un triunfo político-cultural póstumo de los europeos, porque exportaron su modelo de Estado-nación a sus antiguas colonias, ahora estados independientes, que lo reprodujeron al pie de la letra: banderas, himnos, altares de la patria, fiestas nacionales... Fue una época en la que el mundo se vio dominado por un *pensamiento único*, que se llamaba nacionalismo.

Como había ocurrido en las colonias ibéricas independizadas en el siglo XIX, en los demás territorios coloniales europeos, que cubrían sobre todo Asia y África, se mimetizaron tanto los ritos de culto a la bandera y otros símbolos nacionales como la retórica patriótica inventada en Europa. Estos serían ejemplos clamorosamente favorables a las tesis modernistas sobre el nacionalismo, pues los procesos de construcción nacional posteriores a la independencia han poseído rasgos claros de artificialidad y de dirección estatal, ya que las fronteras coloniales no se correspondían con divisiones étnicas. Todo ello ha estado dirigido por las élites educadas y viajadas, que son, a la vez, las menos tribales y las más nacionalistas. Pero la escasa fuerza de los estados ha hecho que, en general, las divisiones étnicas no hayan sido eliminadas. En cerca de un centenar de estados poscoloniales existen hoy miles de grupos lingüísticos y tribales, lo cual sigue dando lugar a conflictos y guerras civiles, en algunos casos con matanzas a gran escala como la de los tutsis a manos de los hutus en Ruanda hace pocos años.

Europa, por fin, tras su segundo gran conflicto interno, pareció haber aprendido algo. En 1956 se creó el Mercado Común, convertido luego en Comunidad Económica Europea y en Unión Europea. Tras haber sido la inventora y la víctima de los nacionalismos, desde hace sesenta años Europa intenta superarlos. Tras la crisis económica iniciada en 2007, no es quizás un buen momento para lanzar flores a la Unión Europea, pero es lo mejor que tenemos, el único gran proyecto innovador y constructivo en el que estamos embarcados. Aunque es un experimento sin precedentes históricos, en la medida en que repita alguna fórmula conocida no sería malo que se aproximara más a los viejos imperios multiculturales que al moderno Estado-nación. No porque aquellos fueran autocracias, obviamente, sino porque no basaban su legitimidad política en la homogeneidad cultural de sus componentes. El *demos* soberano no era allí, y no debe serlo en una entidad política moderna, una etnia. Debe serlo un conjunto dispar de individuos que sólo tienen en común su aceptación de, y sumisión a, una misma estructura institucional; la cual les convierte, no en miembros de una *fratría*, sino en ciudadanos, en individuos libres e iguales. La Unión Europea, si ha de ser algo más que una unión de estados, debe basarse en un nacionalismo cívico. Con cabida, desde luego, para inmigrantes procedentes de otras culturas; lo cual plantea retos nuevos, nada fáciles de superar, en un terreno en el que además carece de experiencia.

3
El caso español

HISPANIA, UN LUGAR MUY ANTIGUO

En los años de la Transición, el ensayista valenciano Joan Fuster se atrevió a decir que España era «una invención de don Marcelino Menéndez Pelayo». Era una *boutade*, sólo comprensible desde aquella coyuntura histórica y en boca de un antiguo falangista convertido al catalanismo radical. Pero para desmentir esa afirmación es preciso recordar la distinción entre identidad colectiva e identidad nacional, algo que no debería ser difícil después de todo lo dicho en las páginas precedentes. Si entendemos por identidad nacional una comunidad humana que aspira a ser políticamente soberana, la española es, en efecto, relativamente reciente (aunque anterior en un siglo, de todos modos, al polígrafo cántabro). Como identidad colectiva, como nombre que designa a un territorio y a una comunidad humana, tiene, sin embargo, una historia milenaria, muy anterior a la era de las naciones.

Esta afirmación satisfará, sin duda, a quienes comulguen con un nacionalismo español tradicional. Pero habría que discrepar de ellos cuando confieren a tal identidad un sentido moderno, político o incluso nacional, desde la noche de los tiempos. Quienes se refieran a Viriato como un luchador «por la independencia de España», a la Reconquista como una «empresa nacional» o a los Reyes Católicos como creadores de la «unidad nacional», abusan de los términos. Pero es no menos innegable que España existió, en el sentido de que el vocablo *Hispania*, sucesor del griego *Iberia*, fue acuñado por los romanos y sobrevivió en el romance medieval traducido como *Espanna* o *España*. Este término tuvo, sin embargo, durante muchos siglos un contenido meramente geográfico; e incluso en este terreno difería de su significado actual, pues quería decir la península Ibérica, y por tanto incluía a Portugal. Tal entidad sólo adquirió contenido político hace poco más de quinientos años, cuando todos los reinos peninsulares menos Portugal fueron reunidos en las manos de un solo monarca. Y aun entonces no fue nacional, pues a nadie se le hubiera ocurrido defender que el depositario de la soberanía política era un sujeto colectivo llamado «los españoles».

Este último gentilicio, *españoles*, procede del latino *hispani*, acuñado por geógrafos o historiadores grecorromanos, observadores ajenos al territorio, ya que los habitantes del mismo se autodenominaban, según las zonas, celtas, vetones, carpetanos, turdetanos, cántabros... Aquellos observadores foráneos no sólo crearon el adjetivo global sino que comenzaron además a darle algunos rasgos de psicología colectiva al subrayar la belicosidad de los habitantes de la península. Consecuencias especialmente duraderas tendría una de estas primeras caracterizaciones étnicas, la de Tito Livio, que anotó que Hispania había sido la primera tierra no italiana pisada por las legiones romanas y la última que lograron dominar. Estas referencias belicosas, sobre todo la última, serían repetidas una y mil veces desde las crónicas medievales hasta las historias nacionalistas del siglo XIX y servirían de base para el estereotipo de la excepcional tenacidad y bravura con que los «españoles» se habían enfrentado siempre contra toda dominación «extranjera».

Plantear las luchas de aquellos tiempos en sentido nacional es algo que carece de sentido histórico. Viriato, los numantinos, los cántabros o lusitanos, combatieron contra quienes llegaban de fuera de sus comarcas con intención de someterlos, al margen de que fueran o no «españoles» –un concepto que difícilmente podrían comprender–. «Hispania», por otra parte, no llegó a ser nunca una única provincia romana, ni hay referencias a un orgullo «hispano» por parte de los importantes intelectuales y políticos que, procedentes sobre todo de la Bética, ocuparon lugares relevantes en Roma. Hispania se romanizó rápida y profundamente, el latín se impuso como lengua dominante en un tiempo relativamente breve y los *hispani* se integraron en el ejército romano sin especiales dificultades.

La desarticulación del Imperio romano de Occidente dio paso, ahora ya sí, a expresiones de orgullo étnico particulares de los pueblos invasores. En el caso visigodo, la más célebre de ellas fue el hermoso *Laus Hispaniae* que Isidoro de Sevilla incluyó en sus *Etimologías*: «Tú eres, oh Hispania, sagrada y madre siempre feliz de príncipes y de pueblos...». Ramón Menéndez Pidal llegó a decir que aquella había sido una «historia nacional», española, pionera en Europa. Pero las líneas de Isidoro forman parte de la *Historia Gothorum* y no son un canto a los *hispani*, sino a los godos, refiriéndose a Hispania sólo como un territorio; un territorio, eso sí, privilegiado, de inigualable belleza y feracidad, justa recompensa a las hazañas guerreras de aquel pueblo germánico.

Los visigodos, en realidad, no dominaron la totalidad de la península durante dos de los tres siglos en que la ocuparon, pues un área que se extendía desde el Cantábrico hasta casi Mérida pertenecía a los suevos, como pertenecía a los bizantinos la costa sureste, entre Murcia y Málaga. A cambio, los dominios góticos llegaban hasta la Septimania, actualmente francesa, al norte de los Pirineos. En definitiva, la era visigoda, si se refiere a un reino dominador de toda la península y reconciliado con la Iglesia católica, duró poco más de cien años, estuvo siempre afectada por una grave fragilidad política y dejó un legado relativamente modesto desde un punto de vista artístico o lingüístico. Sus divisiones políticas fueron tan profundas que dieron lugar a frecuentes apelaciones a la intervención de los vecinos, la última de ellas por parte de los seguidores de Witiza frente a los de Rodrigo, que provocó la llegada de Tarik y Muza. El hecho de que fueran derrotados en una sola batalla, de magnitud no extraordinaria, y de que a partir de ella el reino se abriera al invasor con gran facilidad también parece indicar su debilidad militar y política. Y desmiente, por otra parte, el mito de la excepcional resistencia hispana a cualquier dominación extranjera, pues no se sabe de ningún pueblo o ciudad que se inmolara en masa antes de consentir someterse a aquellos invasores, tan ajenos a la cultura dominante en el país.

Pero el período godo fue idealizado posteriormente, en la alta Edad Media, para legitimar la guerra contra los musulmanes y reafirmar la función tuteladora de la Iglesia sobre la corona, y esa idealización se mantuvo a lo largo de los siglos porque la visión conservadora de la identidad española la vinculó al catolicismo y la monarquía. Ramiro de Maeztu, en el siglo XX, llegó a escribir que España había comenzado a «ser» con la conversión de Recaredo a la religión católica y Manuel García Morente vio en los concilios de Toledo la primera expresión de la «conciencia nacional».[1]

La irrupción musulmana significó una radical ruptura en la historia de la península Ibérica, pues la hizo volver a la situación de relativa excepcionalidad frente a los centros culturales europeos en que se había hallado antes de la llegada de las legiones romanas. No sólo se quedó fuera del centro de la cristiandad, cuyo dominio se disputaban el Sacro Imperio, el rey de Francia y el papado, sino que se convirtió en un territorio de frontera entre el mundo cristiano y el islam, con una abigarrada mezcla de población cristiana, musulmana y judía, sólo ocasionalmente visitado por aventureros o peregrinos del norte de los Pirineos.

En los últimos siglos del primer milenio, las más fuertes expresiones de identidad hispana proceden de los cronistas e ideólogos del califato cordobés. La *Crónica del moro Rasi*, escrita en el momento de esplendor de los Abderramanes, contiene elogios a la feracidad de la tierra e incluye mitos, procedentes de fuentes grecorromanas y visigodas, sobre Hércules, Túbal o Viriato, para acabar ensalzando la identidad diferenciada, dentro de la órbita musulmana, de aquel al-Andalus «al que los antiguos llamaban Hispania».[2] No hace falta añadir que, al tratarse de una cultura no cristiana, la grandeza política y cultural del califato de Córdoba no ha sido aprovechada por quienes han querido, posteriormente, glorificar el pasado español. Hoy lo hace, curiosamente, el nacionalismo andaluz.

Las crónicas mozárabes, únicas fuentes cristianas del siglo VIII, apenas contienen expresiones identitarias. Para encontrarlas entre los núcleos cristianos que escapaban al dominio musulmán hay que esperar hasta las décadas finales del siglo IX, con el ciclo cronístico escrito durante el reinado de Alfonso III. Fue entonces cuando se lanzó el mito goticista, la idea de que aquel reino asturiano era el continuador del visigodo de Toledo. Para lo cual los cronistas de los años 880 comenzaron por emparentar a don Pelayo con la casa real goda, lo que permitía justificar su lucha contra los musulmanes como una recuperación o restauración, y no como una guerra de agresión. ¿Restauración de qué? ¿de «España»? En algún caso se habla, en efecto, de la «pérdida de España», pero con más frecuencia se plantea la restauración de la Iglesia cristiana o del reino godo. La defensa de la verdadera fe o la legitimidad de una dinastía reinante son en aquel momento más importantes que la afirmación de una identidad étnica colectiva.

Un segundo elemento legitimador, más importante que el goticismo, que añadieron las crónicas asturianas, fue la protección divina. Se inició con Covadonga, la primera y gran batalla que don Pelayo ganó sobre los infieles con el auxilio manifiesto de la Virgen María, a la que invocó antes de iniciar su desigual combate. Lo cual demostraba que tanto él como sus sucesores, defensores de la verdadera fe, disfrutaban del amparo celestial.

Pero relatar hechos portentosos requiere una dosis de imaginación que no está al alcance de cualquiera. Y para describir –o inventar, pues habían transcurrido casi dos siglos– aquella batalla, los cronistas de la corte de Alfonso III recurrieron a los únicos modelos narrativos que tenían a su disposición, es decir, los bíblicos y los de la antigüedad grecolatina. De esta última tomaron, según parece, una leyenda procedente de la segunda guerra médica, durante la cual un ejército de varios cientos de miles de hombres enviado por Jerjes había invadido Grecia y devastado ciudades hasta que se encontró ante el santuario de Apolo en Delfos. Los pocos centenares de defensores griegos en él refugiados consultaron al oráculo sobre la protección de los tesoros sagrados y el dios les aseguró que se encargaría de ello. En efecto, al comenzar la batalla salieron del santuario rayos y se desprendieron de la montaña peñascos que se precipitaron sobre los despavoridos soldados persas. En medio de la confusión, éstos comenzaron a darse muerte unos a otros. Finalmente, los pocos miles de sobrevivientes que huían aterrorizados perecieron, víctimas de un fuerte temblor de tierra y el desbordamiento de un río.[3]

La legitimación divina, sin embargo, no se limitaría a esta batalla, sino que sumaría otras y alcanzaría su punto culminante, bastante más tarde, gracias al hallazgo del cuerpo entero de Santiago el Mayor, apóstol de Jesucristo, en el lejano *Finis Terrae* gallego. Lo cual era una novedad, pues las historias eclesiásticas anteriores a la invasión musulmana nunca habían mencionado la visita evangelizadora de este apóstol ni su inhumación en España, hechos altamente improbables ambos dado que, según los *Hechos de los Apóstoles*, fue el primer discípulo de Cristo en morir y lo hizo en Jerusalén, decapitado por Herodes Agripa. Durante casi todo el primer milenio, la evangelización peninsular se atribuyó a siete obispos enviados por los apóstoles desde Roma, cuyo primer éxito habría tenido lugar en Guadix (Granada), donde se presentaron en el momento en que se celebraba una fiesta pagana y, expulsados y acosados por los iracundos celebrantes, huyeron de la ciudad por un puente que se hundió al paso de sus perseguidores. Lo cual, interpretado como señal divina, dio lugar a una conversión masiva en la zona, inicio de la fundación de iglesias en toda la península. Aunque hacia el año 600 apareció en el *Breviarum Apostolorum* alguna noticia sobre Santiago en España, sigue sin mencionarlo Isidoro de Sevilla, que escribe poco después. El Beato de Liébana, ya en el siglo VIII, sí se refiere a su presencia en la península. Y a comienzos del IX se descubrió en Galicia una tumba, tardorromana, sobre la que se encendían cada noche luces milagrosas que admiraban a los pastores. El monarca reinante, Alfonso II, favoreció la creencia de que se encontraba en ella el cuerpo del apóstol Santiago y ordenó construir una primera basílica en Iria Flavia, que comenzó a llamarse *Campus Stellae* o Compostela. Una segunda, más grande y lujosa, fue erigida por su sucesor, Alfonso III, y destruida por Almanzor. Pero Oviedo seguía disfrutando, por el momento, del principal patrocinio regio, pues el propio Alfonso III donó a su iglesia de San Salvador la Cruz de los Ángeles, la joya más preciada del momento, y las crónicas compuestas durante su reinado condenaron al silencio tan notable hecho, sin duda porque a los dignatarios del clero ovetense no les seducía la perspectiva de ceder a Iria Flavia la primacía por la que estaban pugnando con Toledo.

Tendrían que pasar trescientos años y cambiar mucho las circunstancias políticas para que los círculos eclesiásticos peninsulares, y sobre todo la curia romana, reconocieran aquella tumba como la del apóstol. En el siglo XI, tras una constante expansión de los dominios cristianos por la mitad norte de la península, Alfonso VI de Castilla emprendió una política de alianzas con la casa de Borgoña y la orden de Cluny, empeñada entonces en una pugna con Roma para reformar la laxitud de la vida clerical. Uno de sus colaboradores en esta política fue Diego Gelmírez, clérigo inteligente y ambicioso, secretario de Raimundo de Borgoña, uno de los dos yernos franceses de Alfonso. Los cluniacenses comprendieron que el cuerpo atribuido a Santiago podía ser un potente instrumento para rebajar las ínfulas papales, por un lado, y reforzar, por otro, la guerra contra el islam en la península Ibérica. De ahí que bautizaran como Saint Jacques a una iglesia parisina y que lanzaran desde allí la ruta jacobea, conocida como «el camino francés». A comienzos del siglo XII, Calixto II, papa borgoñón, sancionó finalmente el *Liber Sancti Iacobi*, o *Codex Calixtinus*, y estableció los años jacobeos y las indulgencias por el peregrinaje. Gelmírez ocupó la sede de Santiago, ahora convertida en arzobispado, y dos franceses ocuparon sucesivamente la sede de Toledo, recién conquistada por Alfonso VI.

Compostela ganó así la batalla no sólo a Oviedo sino a Toledo, sede primada de España, e incluso se emparejó con Roma, única poseedora hasta el momento del cuerpo entero de un apóstol de Cristo. Gracias al «voto de Santiago», ofrenda anual pagada por todas las tierras conquistadas a los infieles, se convirtió en la diócesis de rentas más altas de la península. En las crónicas de Lucas de Tuy y de Rodrigo Jiménez de Rada –o sea, del círculo de Gelmírez– se narró por primera vez la batalla de Clavijo, donde el Apóstol habría bajado desde las nubes, espada en mano y sobre un caballo blanco, para cortar cabezas de musulmanes. El reinado de Alfonso VI, no lo olvidemos, coincidió con la primera cruzada, es decir, que era el momento en que se imponía una versión belicosa del cristianismo, en réplica a la *yihad* musulmana. Con lo que el Santiago que reapareció no fue ya un pacífico pescador galileo, sino un jinete armado que mataba a infieles. Pero lo interesante, desde el punto de vista de la construcción identitaria, es que aquel jinete matamoros se convirtió en el símbolo bélico de España, de la que fue más tarde proclamado patrón celestial. Como tal, reaparecería en la conquista de América («¡Santiago y a ellos!» fue el grito de Francisco Pizarro para cargar sobre Atahualpa, y Santiago se llaman una docena de ciudades americanas) o en 1808-1814, en la guerra librada contra unos franceses lejanos sucesores de quienes habían lanzado originariamente el mito.

Las referencias a Hispania siguieron siendo constantes a lo largo de toda la Edad Media y todos los reinos cristianos del norte peninsular se consideraron parte de Hispania, apelativo que mantenía su significado, sobre todo geográfico. Algún rey especialmente poderoso o ambicioso llegó a titularse *rex Hispaniae* o *imperator Hispaniae*.[4] Y entre las *nationes* en las que se dividían los concilios o las reuniones internacionales una de las más aceptadas era la de los *hispani*. El único papa medieval procedente de la península Ibérica se llamó Petrus Hispanus. Había nacido en Lisboa.

También a lo largo de la era medieval, a finales del siglo XII, apareció el adjetivo «español». Es un gentilicio terminado en «-ol», raro en la lengua castellana, que suele usar el final «-ense» o «-ido». Parece que fue, como Santiago, una creación francesa, para designar a los cristianos del sur de los Pirineos. Cuando, en la segunda mitad del siglo siguiente, un monarca tan europeo como Alfonso X *el Sabio* impulsó y dirigió la escritura de una primera *Estoria de Espanna* en lengua romance, decidió traducir como «espannoles» los pasajes en que sus fuentes –Lucas de Tuy, Rodrigo Jiménez de Rada– decían *hispani*. No deja de ser irónico, para una visión nacionalista, que el adjetivo que designa a los miembros de la nación sea un extranjerismo.[5]

LA MONARQUÍA IMPERIAL

La Edad Media terminó, en la Península Ibérica, con la acumulación de todos los reinos peninsulares, salvo Portugal, en las manos de Fernando e Isabel de Trastámara, a los que el papa Alejandro Borgia concedió el título de Reyes Católicos tras la conquista de Granada. Las historias nacionalistas siguen aún hoy repitiendo que entonces se produjo la «unidad nacional». Es una afirmación difícil de defender, después de todo lo explicado aquí sobre nacionalismo. Hay datos históricos, por otra parte, que la contradicen abiertamente, como el compromiso firmado por Fernando, en las capitulaciones pactadas con su segunda esposa, Germana de Foix, de repartir sus territorios entre sus hijos, o sea, de separar Castilla y Aragón de nuevo. Y el propio escudo usado por los Reyes Católicos, que el franquismo denominó «escudo nacional» y adoptó como símbolo del país, es una representación de un conglomerado político muy distinto a la nación: en lugar de reducirse a una figura o color o a una sencilla combinación de ambos, como expresión de la homogeneidad ideal del ente nacional, es una abigarrada y cambiante acumulación de símbolos y colores, como corresponde a un gran soberano feudal que acapara tantos territorios como le es posible.

Lo cierto es que a partir de aquel momento se produjo el hecho histórico básico que enmarcaría todo el proceso posterior, como observó Juan J. Linz hace ya muchos años: la existencia de una construcción estatal muy anterior a la «nacionalización» o integración político-cultural del país.[6] Este es un dato político crucial en la historia de España: que hay un Estado, un único poder supremo, una monarquía compleja y confederal, que tiene una burocracia, emite normas y recauda tributos, aunque no sean los mismos en cada uno de los reinos o señoríos. No es una nación, grupo humano unido por un sentimiento de solidaridad frente a otros y aspirante a la soberanía política, sino una estructura de poder que abarca territorios muy variados y con un alto grado de autogobierno. Su soberano no es la colectividad sino el rey, que es también el nexo de unión entre los distintos territorios. Pero aquella unión, aquel conglomerado, ha mantenido sus fronteras casi inalteradas durante quinientos años, fenómeno nada despreciable en la inestable Europa moderna.

Los Reyes Católicos no sólo unificaron los reinos sino que, casi a la vez, convirtieron a la monarquía en una gran potencia de la cristiandad. Otra novedad porque, con la excepción de Aragón, los reinos peninsulares habían desempeñado un papel marginal en el escenario europeo durante los siglos medievales. Y se debió a una serie de acontecimientos, en parte planeados y en parte fortuitos. Planeados fueron los hábiles enlaces matrimoniales de los hijos de la real pareja y la formación de un potente ejército, basado en la infantería, capaz de derrotar a la medieval caballería francesa. Y fortuitos el hallazgo de un inmenso continente desconocido en medio de los océanos por parte de un navegante genovés audaz, pero con una idea errónea sobre el tamaño del planeta; o el hecho de que diversas muertes prematuras dejaran el trono de los Reyes Católicos en manos de una nueva dinastía, los Habsburgo, de consolidada presencia en el escenario europeo, que añadió a aquella ya inmensa herencia el Sacro Imperio y el ducado de Borgoña.

Estos éxitos diplomáticos y militares generaron cantos mesiánicos y profecías escatológicas que atribuían al favor divino los maravillosos cambios que estaban viviendo: la unión de reinos en España, la conquista de Granada, las victorias sobre el rey de Francia en Nápoles, el descubrimiento de territorios americanos... En el marco de la visión providencialista propia de la época, se entendía que estaba naciendo un nuevo imperio, comparable al persa o al romano. Más aún, había llegado el imperio final, la monarquía universal destinada a culminar la historia con la conquista de Jerusalén, preludio de la venida definitiva de Cristo. Los imperios, observaban estos augures con aparente lógica, se movían de Levante a Poniente, siguiendo el curso del sol: nacidos en Asiria y Persia, y sucedidos más tarde por Grecia y Roma, culminaban ahora en España, un *Finis Terrae* que sería también el *Finis Historiae*. Como Pedro de Cartagena explicaba a la reina Isabel, de las letras de su nombre, «la I denota Imperio, / la S Señorear / toda la tierra y la mar [...] No estaréis contenta bien / hasta que en Jerusalén / pinten las armas reales».

Estas no eran, en modo alguno, expresiones de nacionalismo, sino cantos a la grandeza de unos monarcas de excepcional poderío, que soñaban nada menos que con el dominio del mundo. Pero también es cierto que desde fuera no se podía comprender la complejidad política y cultural de la península y que a quienes se recibía –a las tropas de Gonzalo Fernández de Córdoba, por ejemplo, en Nápoles– era a «los españoles»; que a quien ocupaba el trono de la monarquía católica o hispánica se le llamaba en Europa «rey de España»; y que la polémica entre los humanistas versaba sobre la antigüedad de la monarquía «española» o del pueblo «español».

Encontramos, por tanto, en este caso, como en el francés o el inglés –aunque más tarde–, a una monarquía carismática como inicial núcleo aglutinador de la identidad. Pero quienes cantaban las glorias de la monarquía tendían también a subirse al carro del triunfador ellos mismos, como miembros de un conjunto humano. No todo el fenómeno es, pues, de poder político, ni todo se reduce a la monarquía. Había también un pueblo, como en Inglaterra o Francia, donde se idealizaba a los anglosajones, libres antes de la invasión normanda; o a los galos, oprimidos por la nobleza franca. El planteamiento en España se relacionó, desde luego, con los godos, pero sobre todo con los limpios de sangre, frente a los manchados o impuros.

Porque los Reyes Católicos no sólo habían unido reinos y alcanzado un papel muy relevante en Europa, sino que habían depurado el país de judíos y musulmanes. La España en la que ellos habían iniciado su reinado era una amalgama de culturas. Viajeros centroeuropeos, como el bohemio León de Rosmithal o el alemán Jerónimo Münzer se escandalizaban ante la presencia de tanto musulmán o judío en una monarquía supuestamente cristiana.[7] Las tropas del Gran Capitán fueron insultadas en Italia al grito de *¡marrani!* Y, algo más tarde, Erasmo de Rotterdam, invitado a visitar el país, declinó la oferta porque –confesó– le desagradaban los judíos. De ahí las duras medidas de Fernando e Isabel para transformar en homogéneamente cristianos aquellos territorios que acababan de reunir, obligando a bautizarse o a salir de sus reinos a los judíos primero y a los musulmanes después (a lo que se añadió la expulsión de los moriscos, o musulmanes convertidos, un siglo más tarde). Estas medidas se complementarían con el establecimiento de la Inquisición, encargada de vigilar y castigar a los cristianos «nuevos» que recayeran en sus antiguas prácticas, y la generalización, en los dos reinados siguientes, de los estatutos de «limpieza de sangre», que excluían a los descendientes de judíos y musulmanes de todo puesto social de relevancia. Una limpieza étnica de magnitud sin precedentes en la historia europea.

Puede que en el origen de aquel esfuerzo hubiera un intento de superar la excentricidad, de integrarse plenamente en la Europa cristiana, de hacerse aceptable para aquellos observadores que se habían sentido escandalizados ante un mundo «contaminado» como el ibérico por la presencia de tantos infieles. Si fue así, la operación, tan dolorosa en términos humanos, fue un fracaso, pues los prejuicios se mantuvieron, y lo español siguió siendo identificado con la brutalidad y depravación «orientales», que a finales del siglo XVI se suponían demostradas por el propio sadismo inquisitorial contra las minorías disidentes. Para entonces, muchos europeos veían en «España» el paradigma del fanatismo, la crueldad, la codicia y la fatuidad, cualidades representadas por personajes como el temible inquisidor, los crueles tercios de Flandes, el conquistador avaricioso y genocida de indios, el Felipe II parricida, el noble engreído e inútil... Era una imagen muy negativa, pero también muy fuerte.

Tan fuerte como su contrapartida, la que, tras largas décadas de tensiones, había triunfado en el interior de la monarquía, marcada por la ortodoxia católica, la lealtad al rey, el sentimiento del honor, la sangre limpia y la antigüedad del linaje. Los escritores y pintores del llamado Siglo de Oro difundieron un orgullo colectivo alrededor del esplendor de «su Majestad Católica», su defensa inquebrantable de la Contrarreforma y la invencibilidad de los soldados «españoles». En parte como reacción frente a la mala imagen que había percibido en sus años en Italia, el jesuita Juan de Mariana escribió una *Historia General de España*, una de las primeras historias etnopatrióticas de Europa, en la que anunciaba explícitamente su intención de defender las glorias de «nuestra nación», injustamente despreciadas por otras «naciones». Hay orgullo étnico, hay «patriotismo», en este historiador, aunque no hay nacionalismo, porque no defiende que esa nación pueda reclamar la titularidad del poder político sobre la monarquía. Pero España tampoco es ya sólo una referencia geográfica. En Mariana existe un pueblo, que es un sujeto teológico-político.

Se fue, pues, construyendo una identidad muy marcada, con un fuerte componente religioso. Porque, precisamente en el momento en que la nueva monarquía se convertía en gran potencia europea, Europa había entrado en una etapa de conflicto religioso generalizado. Benedict Anderson explicó cómo, en los países protestantes, la identidad colectiva se apoyó en la lectura de la Biblia traducida a las principales lenguas europeas, que acabarían convirtiéndose en nacionales. Precisamente para evitar los problemas derivados de indagaciones como las de Martín Lutero, la Iglesia prohibió la traducción de la Biblia a las lenguas vernáculas, por lo que ese modelo no es aplicable a la Europa católica. Pero eso no quiere decir que en ella no se generaran identidades, en parte nacidas o reforzadas en aquellos mismos conflictos. En el caso español, en la plenitud de la Edad Moderna nadie dudaba de que los súbditos de la monarquía hispánica o católica eran, sin excepción, «católicos».

Quienes comenzaron a elaborar, en aquel momento, tipologías psicológicas colectivas sobre las *naciones* europeas no olvidaron incluir a la española como una de las cinco o seis más características. A comienzos de la Edad Moderna, en su recorrido por las distintas formas de «filaucía», o amor propio, de los pueblos europeos, Erasmo anotó que el rasgo colectivo que caracterizaba a los españoles era que «no ceden a nadie la gloria militar». Al finalizar el siglo XVII, el fraile alemán Johann Zahn elaboró un cuadro comparativo de las principales cualidades de las «cinco principales naciones de Europa» (alemanes, españoles, italianos, franceses e ingleses), que el padre Benito Jerónimo Feijóo reproduciría en su «Mapa intelectual y cotejo de naciones»: según el cuadro, el español era «en costumbres, grave»; «en la ciencia, teólogo»; «en la religión, constante»; en las armas, «magnífico». E Immanuel Kant, en su *Antropología*, un siglo después, describía a Francia como la tierra de las modas, Italia la de la ostentación y España la de los antepasados.[8]

El siglo XVIII fue el momento de transición desde las antiguas construcciones identitarias que podríamos llamar etnopatrióticas, basadas en la lealtad al rey y a la verdadera fe y en las hazañas guerreras, a la nueva visión nacional, con la colectividad como sujeto soberano. En el caso español, la sustitución de los Habsburgo por los Borbones y el intento de rectificar el curso decadente de la era anterior, dio lugar a un giro político que tomó como modelo a la Francia de Luis XIV, con la intención primordial de modernizar la sociedad, hacer que creciera la economía y que aumentaran, con ella, los recursos del erario real. Con este fin, se hicieron esfuerzos por centralizar el poder y homogeneizar jurídica y políticamente del territorio. A la vez, se iba pasando paulatinamente a considerar la estructura política existente no ya como una monarquía imperial pluriétnica, sino como un reino, el «reino de España». Y este nombre, por cierto, al haber perdido los territorios flamencos e italianos, aceptar como hecho consumado la independencia portuguesa y tender a ver los territorios americanos como colonias en lugar de virreinatos equiparables a los peninsulares, se identificaba cada vez más con lo que hoy entendemos por el mismo.

El fomento de las «luces», por otra parte, se vinculó con la intención de construir, por primera vez, una identidad cultural colectiva ligada al Estado, lo cual sin duda acercaba a aquella monarquía a lo que en el futuro serían los estados nacionales. Las Reales Academias, aunque no se llamaran aún «nacionales», fueron el ejemplo más evidente de este esfuerzo cultural, y hay múltiples y muy elocuentes testimonios, en terrenos tales como la historia o la literatura, de esta nueva conciencia. Hay además testimonios de otro tipo, como los avances nacionalizadores en el terreno de los símbolos: la bandera roja y gualda, establecida por Carlos III como «bandera nacional» para la marina de guerra; o la Marcha de Granaderos, compuesta también en aquel reinado, que sólo fue «Marcha Real» al principio pero que en el futuro sería himno nacional; o la colocación, frente al nuevo palacio real, de las estatuas de los «reyes de España». En este terreno simbólico, no hay sin embargo que dejar de anotar que las estatuas que Carlos III ordenó instalar en el salón o paseo del Prado, el lugar de socialización elegante de la capital, no eran nacionales sino mitológicas: Neptuno y la Cibeles.

Los intelectuales ilustrados y los altos funcionarios reales apoyaron con entusiasmo este giro de la identidad colectiva hacia lo nacional. Para ello aportaron, por ejemplo, una reelaboración de la historia que enaltecía la imagen de la colectividad, el pueblo español, atribuyendo los males de los últimos siglos a un agente extranjero, la dinastía de los Habsburgo. Me refiero al antiaustracismo, origen del futuro mito nacional liberal. Su mejor expresión quizás se halle en la tercera de las *Cartas marruecas* de José de Cadalso, dedicada a explicar la historia de España. No hay en ella, al principio, nada que no se hubiera dicho antes: se trata de un territorio privilegiado, que ha suscitado siempre la envidia de sus vecinos, por lo que ha sufrido los intentos de dominación por parte de fenicios, cartagineses, romanos y árabes, frente a quienes «los españoles» han demostrado repetidamente su valor. Tras casi ocho siglos de lucha frente a los últimos invasores, los árabes, España alcanzó su cénit bajo los Reyes Católicos, «inmortales entre cuantos sepan lo que es gobierno». Pero Cadalso se aleja del relato convencional a partir de la muerte de estos monarcas. Pues, al carecer aquellos de descendencia masculina, subió al trono una dinastía extranjera, que cometió errores que dejaron al pueblo «extenuado con las guerras, afeminado con el oro y la plata de América, disminuido con la población de un mundo nuevo, disgustado con tantas desgracias y deseoso de descanso». A la muerte del último Habsburgo, Carlos II, España era, según Cadalso, «el esqueleto de un gigante», y Felipe V encontró el país «sin ejército, marina, comercio, rentas ni agricultura».

«Largas guerras, lejanas conquistas, urgencias de los primeros reyes austríacos, desidia de los últimos, división de España al principio del siglo, continua extracción de hombres para las Américas y otras causas han detenido sin duda el aumento del floreciente estado en que dejaron esta monarquía los reyes don Fernando y doña Isabel.»[9]

Sólo faltaba, en el relato de Cadalso, la referencia martirial. La encontrarían rápidamente Gaspar Melchor de Jovellanos, Manuel José Quintana y tantos otros que escribieron sobre los Comuneros, cuya derrota y ejecución había significado la muerte de las libertades españolas. Quintana encomió a Juan de Padilla en estos términos: «Tú el único ya fuiste / que osó arrostrar con generoso pecho / al huracán deshecho / del despotismo en nuestra playa triste». Y en su poema *El Panteón de El Escorial* hizo desfilar las ánimas penantes de Carlos V y Felipe II. El primero confesaba: «Yo los desastres / de España comencé y el triste llanto / cuando, expirando en Villalar Padilla, / morir vio en él su libertad Castilla»; y dirigiéndose a su hijo continuaba: «Tú los seguiste, y con su fiel Lanuza / cayó Aragón gimiendo...».[10]

Aquella presentación del medievo español como paraíso de libertades y de la derrota comunera como expulsión del paraíso a manos de un monarca extranjero se complementaría, ya en el momento liberal, con las obras del clérigo asturiano Francisco Martínez Marina, historiador del Derecho que idealizaba la situación medieval, y en especial la institución de las Cortes, con la nación como sujeto soberano. Sus precedentes eran, para este autor, el Fuero Juzgo y los concilios de Toledo, especie de Cortes representativas que dieron paso a las de los reinos medievales, auténticos parlamentos que «frenaban el despotismo aristocrático y sacerdotal». A ellas se añadían los fueros o legislaciones particulares de cada reino o localidad y las instituciones municipales de gobierno con participación popular, como los cabildos abiertos. La monarquía era electiva, y sólo pasó a ser hereditaria con el «consentimiento del pueblo». Aquel clima de libertad explicaba el renacimiento cultural iniciado en la Castilla del siglo XIII y culminado con los Reyes Católicos, que coronaron la Reconquista y pusieron las bases de la unión política, elevando así a «la monarquía española al punto de su mayor esplendor».[11]

La construcción identitaria parece, por tanto, haber estado fuertemente consolidada y su conversión en nación moderna seriamente emprendida por las élites ilustradas en víspera de la gran ruptura de 1808. Pero tenía sus límites.

Para empezar, desde el punto de vista institucional, «España» no era un reino, por mucho que empezara a denominarse así, sino que seguía siendo una monarquía imperial, un complejo agregado de reinos y señoríos con diferentes leyes, idiomas y sistemas tributarios; se habían eliminado, sí, los fueros de los reinos aragoneses, pero Navarra y las Provincias Bascongadas conservaban sus fueros. En segundo lugar, el conjunto étnico se identificaba con la monarquía, y no había instituciones alternativas a la corona capaces de tomar sobre sí la tarea de representar al conjunto. Las había, en todo caso, de los reinos. La nobleza no desempeñaba el papel integrador que hemos visto en Inglaterra, sino que pugnaba con la monarquía únicamente para mantener sus privilegios familiares. Desde el punto de vista de la opinión pública, los nobles eran vistos en términos exclusivamente negativos, como representantes del egoísmo, el faccionalismo y la anarquía; en cuanto los diputados gaditanos se lancen a hablar en nombre de la nación moderna, las únicas propuestas relacionadas con la nobleza consistirán en eliminar sus privilegios. Pero tampoco la Iglesia, sometida al patronato regio, podía desempeñar esa función de representante de la colectividad, al revés de lo que ocurría en países como Polonia, Irlanda, Bélgica o Grecia.

En tercer lugar, el esfuerzo nacionalizador no llegaba más allá de los círculos de las élites cultas, cercanas a la administración central de la monarquía. Si la monarquía reorientaba sus símbolos (por ejemplo, si las estatuas regias colocadas frente al nuevo palacio real representaban un cambio frente a la decoración del Salón de Reinos de Felipe IV), lo seguro es que el público que visitó esos espacios fue muy reducido. Quien seguía informando y formando a la opinión popular, sobre todo rural –que era la abrumadoramente mayoritaria– era el clero católico, que mantenía su discurso basado en la lealtad a la religión y a la institución eclesiástica. Aunque no dispongamos de estudios al respecto, podemos aventurar que, en el terreno identitario, los sermones del XVIII no cambiaron respecto de siglos anteriores.

Las glorias imperiales, en cuarto lugar, no parecen haber desempeñado un papel de importancia tan destacada como en Inglaterra, por ejemplo, como factor españolizador. Su exaltación era incluso incoherente con el estereotipo heredado, y todavía vigente, sobre la identidad española basada en su milenaria resistencia frente a toda invasión foránea y con la condena de los Habsburgo por haberse lanzado a una expansión imperial contraria a los intereses del país.

También debe anotarse el impacto, sobre las propias élites modernizadoras, de la imagen negativa que dominaba en los ambientes europeos sobre la monarquía española, vista como despótica hasta mediados del siglo XVII y como decadente –precisamente por su despotismo– a partir de entonces. En la primera etapa, Francisco de Quevedo expresó intensa amargura o resentimiento hacia otras potencias europeas, incapaces de comprender y apoyar la política idealista de la monarquía católica, sólo dirigida a la defensa de la verdadera fe. En la segunda, las élites españolas que apoyaban la política de reformas se hallaban en una situación esencialmente contradictoria. Por un lado, se sentían de acuerdo con un aspecto de la crítica internacional sobre España: había instituciones y políticas que eran perjudiciales para el país y debían ser reformadas; desde ese punto de vista, leían a los ilustrados europeos y recibían de ellos ideas útiles para sus proyectos reformistas. Pero, por otro, se sentían ofendidos cuando se menospreciaba a la nación en su conjunto y se culpaba de los males de la monarquía española al carácter de su pueblo. Montesquieu era el caso más hiriente, pues para él España era el epítome de una decadencia, y ésta se debía a «vicios internos» del sistema –en lo que estaban de acuerdo los ilustrados españoles–, pero también la anclaba en los rasgos psicológicos de sus habitantes, caracterizados por el orgullo, la crueldad, los prejuicios y la pereza –algo inaceptable para ellos–.

Esta inseguridad explica el impacto del artículo «Espagne», escrito en 1783 por un publicista francés de segunda fila, Nicholas Masson de Morvilliers, para una *Encyclopédie Méthodique*, editada por Joseph Panckoucke. Esta obra, que pretendía emular a la célebre de Denis Diderot y Jean Le Rond D'Alembert, pero sin su carga ideológica y polémica, había sido muy bien acogida por las élites reformistas españolas y aprobada por el Gobierno. Pero en aquel artículo se repetían los tópicos ilustrados sobre el país, su nobleza inculta e improductiva, su administración ineficaz, el peso del clero, la indolencia del pueblo. «¿Qué se debe a España?», terminaba Masson retóricamente, «desde hace dos siglos, desde hace cuatro, desde hace diez, ¿qué ha hecho por Europa? En España no existen ni matemáticos, ni físicos, ni astrónomos ni naturalistas». El Gobierno prohibió inmediatamente la obra, presentó una protesta oficial ante el francés y exigió que se tomaran medidas contra los responsables de la injuria. Y la Real Academia Española convocó un concurso de réplica, con un premio para la mejor «apología o defensa de la nación, ciñéndose solamente a sus progresos en las artes y las ciencias». El premiado fue un trabajo de Juan Pablo Forner, pero se escribieron y difundieron varios otros que replicaban airadamente a Masson. El escrito de Forner, además, defendía la cultura española en términos muy tradicionales, negando que el avance humano pudiera medirse sólo por las mejoras materiales y reconociendo que España «no ha tenido Cartesios ni Newtones», a cambio de lo cual había tenido «justísimos legisladores y excelentes filósofos prácticos», que practicaban la verdadera filosofía y no construían «sistemas vanos», basados en «sofismas y opiniones inaveriguables». Con lo que se ganó una dura respuesta firmada por un ilustrado radical, Luis Cañuelo, el editor de *El Censor*, que denunció el conservadurismo de Forner: una cosa era el patriotismo, advertía, y otra atacar a la cultura moderna; y el verdadero patriotismo consistía en denunciar los prejuicios y obstáculos con los que se encontraba en España el progreso de las ciencias.

La polémica en torno a Forner sacó a la luz la contradicción que significaba apoyar, por un lado, un proyecto modernizador y defender, por otro, una identidad colectiva construida sobre una cultura heredada que era esencialmente antimoderna –ser católicos, cristianos viejos, tener sangre noble, descender de guerreros imbatibles–. Si aquel conjunto de valores podía ser políticamente útil a alguien era a los sectores conservadores, que se complacían en apoyarse en él para acusar a los reformistas de «afrancesados» o antipatriotas.

Por otra parte, el proyecto político de los ilustrados españoles era muy moderado. No cuestionaba ni la monarquía absoluta ni la religión oficial. Un ejemplo de los tabúes con los que se encontraban los reformistas sería el proyecto, asumido por la Real Academia de la Historia, de eliminar las historias fabulosas, no apoyadas en documentación auténtica y verificable. A nadie se le ocurrió incluir entre tales historias fabulosas el relato bíblico, al que los más moderados añadían las «tradiciones piadosas», como la predicación de Santiago el Mayor en España.

También es sintomática la dedicación de los académicos a estudiar el período visigodo, considerado crucial porque los godos eran los forjadores de la identidad y padres de la esencia nacional. Con ellos había nacido la España ideal o esencializada, monárquica, católica, militarmente invencible, viril –frente al «afeminamiento» romano– y, sobre todo, unida e independiente de todo dominio exterior. La Real Academia de la Historia dejó clara su postura cuando recibió la petición de un informe sobre la lista de los «reyes de España» cuyas estatuas debían ser colocadas frente al palacio real y decidió que el primero de ellos había sido Ataulfo. Esta idealización de los visigodos chocaba abiertamente con los ideales ilustrados, que condenaban el mundo medieval desde el punto de vista político, intelectual, ético e incluso estético, como sinónimo de violencia, incultura y barbarie, frente al grecorromano, asociado a la civilización, el equilibrio y el imperio de los cánones clásicos. En el caso de los ilustrados españoles, sin embargo, encontramos una cierta esquizofrenia interpretativa, pues condenan el medievo como época de barbarie y anarquía feudal, mientras que localizan en los visigodos el momento de la configuración de la identidad nacional. Por no hablar de la contradicción que representaba que, en una identidad forjada en luchas constantes contra invasiones extranjeras, los visigodos se incorporaran sin el menor problema a la esencia nacional.

En resumen, los datos indican que, al terminar el Antiguo Régimen, existía una fuerte identidad española y que las élites ilustradas estaban intentando dotarla de un contenido moderno, es decir, nacional. Pero los elementos centrales alrededor de los que estaba construida eran la lealtad al rey y a la religión, aparte de un orgullo relacionado con las hazañas guerreras de los antepasados y la tierra ubérrima en la que la divina providencia había situado a este pueblo excepcional. Nada de ello era especialmente moderno (distinto hubiera sido de haber ocupado lugares prominentes entre las glorias patrias los escritores, científicos o descubridores). Más aún, el meollo central del pasado ensalzado era específicamente antimoderno: era el monolitismo católico, la sangre limpia, la intolerancia con culturas heterodoxas, es decir, el mundo de la Contrarreforma. Desde el punto de vista institucional, por último, lo que existía no era un reino unido, ni mucho menos una nación, sino una monarquía imperial compleja, basada en una suma de identidades locales. Y no había en ella instituciones representativas del conjunto de los súbditos que pudieran suplir la función aglutinadora del rey. La nobleza, en especial, se hallaba fragmentada y ajena a cualquier pugna que no fuera la defensa de sus intereses particulares.

Toda esta complejidad identitaria es la que se movilizará ante el brutal impacto de la modernidad, calzada con las botas napoleónicas.

CÁDIZ, EL NACIMIENTO DE LA NACIÓN

Pocas fechas podrán representar más indiscutiblemente que la de 1808 la apertura de una nueva época en la historia de España. Una confluencia de hechos totalmente imprevisibles sólo dos décadas antes –aquel 1788 en que había muerto Carlos III–, crearon una situación inédita que representó una radical ruptura con el período anterior.

Se abrió, ante todo, un nuevo período bélico, lo que en sí mismo no tendría nada de novedoso si no fuera porque, en primer lugar, su escenario fue el propio territorio peninsular, cosa rara en una potencia todavía imperial. En segundo lugar, era una guerra en que se habían trastocado los papeles habituales en todo el siglo anterior: contra Francia, la aliada secular, y con Inglaterra, el eterno enemigo. En tercer lugar, los combates comenzaron con el enemigo metido ya dentro de la casa, pues, por razones que nadie se había molestado en explicar –y se rumoreaba que iban a apoyar al príncipe de Asturias contra Manuel Godoy–, se le había allanado la entrada por los pasos fronterizos y se había consentido su toma de las principales fortalezas del camino que llevaba de la frontera francesa a Madrid y a Barcelona. Un cuarto rasgo nunca visto era que el rey, y la familia real al completo, estaban ausentes del reino y cautivos de los invasores. Para colmo de novedades, el «pueblo», actuando al margen de las élites, se había sublevado y forzado la formación de Juntas revolucionarias que a su vez desembocaron en una Junta Central y, tras un largo período de indecisión y cambio de planes, acabaron conduciendo a la convocatoria de unas Cortes que, contra todo pronóstico, declararon desde el momento de su constitución nada menos que la soberanía nacional.

El conflicto que empezó entonces y se desarrolló a lo largo de los seis años siguientes tuvo una extraordinaria complejidad y de ningún modo puede simplificarse como un enfrentamiento entre españoles y franceses. Como mínimo, pueden distinguirse en aquella guerra media docena de aspectos o niveles diferentes.[12] El primero es el de enfrentamiento internacional, entre las dos grandes potencias europeas del momento, Francia e Inglaterra. En definitiva, todas las grandes batallas de la guerra, excepto la de Bailén, consistieron en enfrentamientos entre un ejército en su mayoría francés y mandado por generales franceses, y otro mayoritariamente inglés y mandado por un general inglés. Aunque ambos eran imperiales y en el primero había también polacos, italianos, alemanes, suizos y mamelucos egipcios y en el segundo contingentes portugueses y españoles. Por este lado, la lucha tuvo muy poco de nacional.

En segundo lugar, hubo en aquel conflicto elementos que permiten clasificarlo como una guerra civil (término que usó Jovellanos, entre otros, para describirlo). Aunque a la larga la interpretación nacionalista acabara difuminando esta escisión interna, lo cierto es que en 1808 la lealtad de las élites españolas se dividió dolorosamente en dos bandos. Podría discutirse si la causa de aquella escisión era únicamente la discrepancia sobre la dinastía o si había dos proyectos políticos en pugna (como parece haber ocurrido en 1700, en que una concepción más tradicional, confederal, de la monarquía, había sido apoyada por los reinos aragoneses y otra, que se adivinaba centralizadora, había atraído a los castellanos). Pero en los frentes opuestos se hallaban almas gemelas, como Juan Meléndez Valdés y Jovellanos o Francisco Cabarrús y Manuel José Quintana; e incluso hay que recordar que las dos dinastías en pugna eran francesas. Lo cual no hace sino subrayar los aspectos fratricidas de la guerra.

Para entender el enfrentamiento también hay que considerar su aspecto de protesta o reacción xenófoba, antifrancesa. Este sentimiento se había visto alimentado a lo largo de todo el siglo XVIII por la influencia gala sobre la corte española, y por tanto el estallido de mayo de 1808 fue la culminación de cien años de odios. Basta reflexionar sobre el curioso adjetivo con que se denominó a los colaboradores de José Bonaparte: «afrancesados», o sea, imitadores de las ideas, costumbres o modas francesas. Dado que la xenofobia es un ingrediente que nunca falta en los fenómenos nacionalistas, ya que en definitiva de lo que se trata es de marcar fronteras y exclusiones, desde este punto de vista la guerra de 1808 puede considerarse como nacional o prenacional. Pero es importante subrayar que no es un patriotismo positivo, de exaltación de una identidad propia y común, sino que predomina el elemento negativo, francófobo. Éste se exacerba por la indignación ante un ataque efectuado «a traición». Una posible victoria gala por «la fuerza de las armas» sería aceptable para la moral bélica tradicional, pero no una lograda por medio del engaño, de la «perfidia», como demuestra el taimado ataque contra los españoles por unas tropas introducidas en el país, en principio, para invadir Portugal. La celebración del 2 de mayo mantendrá este aspecto xenófobo a lo largo de todo el siglo XIX, con agresiones contra los «gabachos» residentes en las ciudades españolas que osaban asomarse a la calle en tal fecha.

Este recelo contra los franceses no afectaba a la casa reinante, pese a su origen francés, y en particular a uno de sus miembros, Fernando, príncipe de Asturias proclamado rey tras el Motín de Aranjuez, porque otro de los sentimientos que movió de manera decisiva a muchos de los combatientes fue un planteamiento maniqueo y personalista de los problemas políticos del momento. Según esta interpretación, Godoy, que había dirigido los destinos del país con un poder omnímodo durante los últimos dieciséis años, era el *Mal Valido*, el responsable universal de las calamidades patrias, mientras que Fernando VII personificaba al *Buen Príncipe*, la esperanza de rectificación y redención. Cualquiera que sea la valoración de la actuación política de Godoy, y aunque no hay duda de que durante los últimos años de su mandato se habían acumulado los desastres (guerras, epidemias, hambrunas, pérdida de la flota en Trafalgar...), lo seguro es que su impopularidad, y la paralela idealización de Fernando, se debía a juicios más morales que políticos, ya que se le consideraba amante de la reina y en Fernando se veía al hijo sufriente, maltratado por una madre desalmada y un padre débil.[13]

La guerra antinapoleónica tuvo también mucho de lucha antirrevolucionaria de inspiración político-religiosa. A lo largo de los dos siglos transcurridos, este aspecto ha sido largamente discutido, y en general ha sido rechazado por los historiadores liberales, que desde el principio asociaron la sublevación patriótica contra los franceses con un deseo de reforma de las instituciones del país, es decir, con una protesta antiabsolutista. Pero resulta difícil negar la abrumadora presencia de llamamientos a la defensa de la religión heredada frente a los invasores ateos, especialmente por parte del clero rural (denunciado desde el primer momento como principal instigador de la revuelta por los franceses y sus colaboradores). Posteriores actitudes populares, como la entusiástica recepción a Fernando VII incluso después de haber anulado toda la obra de las Cortes de Cádiz, obligan a reconocer que lo que defendían los movilizados contra José Bonaparte –al menos buena parte de ellos– era la religión y la monarquía tradicional y no las reformas liberales.[14]

Por último, y aunque parezca contradictorio con el punto anterior, podría detectarse también otro nivel de análisis del levantamiento popular de 1808, que lo insertaría en una tradición de protesta social bien conocida en el Antiguo Régimen. A este modelo respondieron las derivaciones antifiscales o anticarestía de la sublevación contra las autoridades que apoyaban al «rey intruso» y más explícitamente los ataques contra los bienes y mansiones de aristócratas y clases acomodadas considerados godoystas o, más tarde, «afrancesados».[15]

Durante el curso de la guerra, la batalla política librada primero en Sevilla y en Cádiz más tarde acabó dando lugar a una justificación ideológica que dominaría el discurso oficial y que podría considerarse otro nivel más de la pugna del momento: el patriotismo liberal o constitucional, es decir, el aspecto estrictamente nacional de esta guerra. Porque las élites modernizadoras que acabaron siendo mayoría en las Cortes de Cádiz aprovecharon aquella ocasión para impulsar un programa de cambios sociales y políticos; y la manera de defender la competencia de aquel organismo para tal función reformadora consistió en lanzar la idea revolucionaria de nación, titular de la soberanía en el momento en que faltaba el monarca. El mito nacional, ofrecido por quienes estaban más en contacto con las novedades del vocabulario político, fue aceptado por los demás como la tabla de salvación en aquellas difíciles circunstancias. Era la palanca movilizadora más eficaz, el imán de mayor potencia para desviar egoísmos y convencer a los particulares de la necesidad de sacrificar sus bienes e incluso su vida en pro del interés colectivo. Gracias a ese planteamiento nacional se deslegitimó al ejército napoleónico, no sólo como tiránico sino como *extranjero*, y se desprestigió a los colaboradores de José Bonaparte de un plumazo, como *afrancesados*, *no españoles,* traidores a la patria. En el nuevo mundo mental de las naciones, nada peor podía decirse de ellos.

Quienes sólo pensaban en ganar la guerra, y no en hacer reformas políticas, tuvieron suficiente con eso y prefirieron no hablar demasiado de la *nación*, en definitiva una idea revolucionaria –francesa, para colmo–, sino referirse a las tradiciones, la fe heredada o la fidelidad al monarca. Pero sus adversarios, herederos de los reformistas ilustrados, aunque radicalizados tras el impacto del ciclo revolucionario francés, querían obtener más beneficios de aquel mito, pues proyectaban construir sobre él todo un edificio político nuevo. No es un azar que la *soberanía nacional* se convirtiera en el caballo de batalla durante las primeras –y decisivas– sesiones del debate constitucional. Era preciso inventar un ente político creíble y de suficiente potencia como para rivalizar con el sacralizado monarca. Y, así como en la Inglaterra del siglo XVII o la América del XVIII se había inventado «el pueblo», *the People*, voz de Dios e indiscutible mayoría social, en España, siguiendo a Francia, se inventó *la Nación*. Era el artilugio que permitía liquidar la legitimidad regia y, con ella, todos los privilegios heredados.

Fue admirable la habilidad y la rapidez con que los constitucionalistas gaditanos salvaron la distancia que separaba la mera justificación de la guerra contra Napoleón de la afirmación de la soberanía nacional. El escalón inicial de su argumentación era sólo defensivo y, en definitiva, se le ocurría al más torpe: la abdicación de los Borbones en Napoleón, y en especial la del *deseado* Fernando, por muy avalada que viniese por documentos y cesiones provistas de firmas auténticas, era inadmisible por su carácter no voluntario, ya que los «soberanos» se hallaban en Francia, prisioneros del emperador, quien les habría obligado a firmar contra su voluntad. Pero venía a continuación un segundo peldaño dialéctico que mostraba ya mayor imaginación: incluso si se pudiera creer que las renuncias de Bayona se habían producido de manera voluntaria y libre, el título de los Bonaparte seguía siendo usurpado, pues para ser válido habría requerido la ratificación de las Cortes. De acuerdo con la teoría medieval del pacto, desenterrada oportunamente, las abdicaciones y cesiones de Bayona eran nulas, al no haber recibido *el consentimiento del pueblo*. Así lo expresaron los propios diputados gaditanos, que empezaron por hacer «una protesta solemne contra las usurpaciones de Napoleón», declarando que «era nula la renuncia hecha en Bayona, no sólo por la violencia que intervino en aquel acto, sino *principalmente* por la falta de consentimiento de la nación». También el cabildo de México, al negarse a reconocer a José Bonaparte, argumentó que la «funesta abdicación» de Fernando no sólo había sido «involuntaria, forzada», sino que era «de ningún efecto contra los respetabilísimos derechos de la Nación», a la cual «despoja de la regalía más preciosa que la asiste»; «*ninguno puede nombrarle Soberano* –concluía– sin su consentimiento *y el universal de todos sus pueblos...*».[16]

A partir de ese momento, la argumentación avanzaba implacablemente hasta unas conclusiones revolucionarias. Una frase de Francisco Martínez Marina sintetizaba el tercer paso en su escalada: «faltando el monarca, no por eso falta ni deja de existir la nación, en la cual permanece como en su centro la autoridad soberana». Es decir, que la nación tenía el derecho a defenderse y a gobernarse por sí misma, aun sin su monarca, porque en ella radicaba la soberanía. Y la secuencia se completaba con un cuarto enunciado, mero desarrollo del anterior, que formuló Quintana: «Los reyes son para el pueblo, y no el pueblo para los reyes. La gente española conquistó su libertad con su sangre; ella misma se dio reyes que la gobernasen en paz y justicia». En otras palabras: la nación era *superior* al rey; la nación no estaba al servicio del monarca, sino el monarca al de la nación.

A través de este proceso mental, los diputados gaditanos aprobaron los célebres artículos segundo y tercero de la Constitución: «la Nación española es libre e independiente y no es ni puede ser patrimonio de ninguna familia ni persona»; y «la soberanía reside esencialmente en la Nación y por lo mismo pertenece a ésta exclusivamente el derecho de establecer sus leyes fundamentales». La fórmula no rompía con la tradición de una manera radical, pues un principio establecido por la escolástica medieval, y desarrollado por la española del siglo XVI, hacía del pueblo el titular originario de la soberanía, aunque la hubiera delegado de forma irrevocable en el monarca. De ahí que los diputados absolutistas mostraran su disposición a aceptar el artículo tercero, siempre que, en lugar de utilizar el adverbio «esencialmente», se dijera «originariamente» o «radicalmente». Pero los liberales, decididos a aprovechar la ocasión para consagrar el principio de la sumisión del poder a la voluntad popular, insistieron en que la soberanía residía en la nación de forma esencial, o irrenunciable, y no sólo originaria, o primigenia, pero perdida ya hoy.[17]

Con aquellas declaraciones, había nacido España, en el moderno sentido de nación soberana. Pero incluso afirmando esto en términos tan categóricos, no podemos dejar de observar que aquella Constitución no entendía por «España» lo mismo que hoy, pues la definía como «la reunión de todos los españoles de ambos hemisferios».

EL DIFÍCIL SIGLO XIX

El proceso de construcción identitaria moderna, ya en términos nacionales, había comenzado, por tanto, con buen pie. En primer lugar porque se había abierto con una «guerra de la Independencia» que la memoria trasmitida a las generaciones siguientes describía como librada contra el más poderoso ejército del mundo por un pueblo inerme pero, gracias a su unidad y a su proverbial belicosidad, victoriosa; en segundo lugar, porque los liberales gaditanos habían escrito el certificado de nacimiento de la nación. Y, sin embargo, cien años más tarde, al expirar el siglo que entonces nacía, el pesimismo era general. Detengámonos a reflexionar sobre las razones para este cambio.

En aquellas primeras décadas del siglo XIX, no sólo dentro de España se veía con optimismo el futuro identitario. También el clima internacional le era favorable. Porque poco después de la guerra napoleónica había comenzado una nueva «moda española», debida en buena parte al medio millón de combatientes extranjeros (británicos, franceses, portugueses, italianos, alemanes, polacos, egipcios), de los que varios centenares escribieron memorias que, en general, exageraban los peligros corridos en España, lo escarpado de sus montañas, la ferocidad o el salvajismo de sus habitantes, el apasionamiento de sus mujeres. Los viajeros ingleses o franceses de las décadas siguientes se complacieron en dibujar y propagar una imagen atrasada y oriental de España, de la que fue arquetípica la *Carmen* de Prosper Mérimée, luego convertida en éxito operístico por Georges Bizet. Curiosamente, esta nueva imagen del país no alteraba sustancialmente los datos contenidos en la Leyenda Negra. Era una visión arcaizante y violenta que aceptaba que las carreteras eran de mala calidad, que pululaban los bandoleros, que la comida de las posadas era aceitosa y que brillaban por su ausencia los salones con tertulias cultas. Pero su apreciación de aquella realidad era diametralmente opuesta a la de los viajeros ilustrados o los publicistas de la Leyenda Negra, porque la nueva moda romántica que dominó Europa en las primeras décadas del siglo XIX había trasmutado la escala de valores. Y lo que los europeos de siglos anteriores habían denunciado como intolerancia, fanatismo o atraso, ahora se elogiaba como sinceridad de creencias políticas o religiosas o «fidelidad a la propia identidad». En todo caso, fuese positiva o negativa, la imagen de España era muy fuerte en el exterior. Se sintiesen o no atraídos por ella, nadie dudaba de que existía una «forma de ser» española, que figuraba entre las cinco o seis más marcadas de Europa.

También desde el punto de vista de la evolución intelectual interna el caso español parecía ser perfectamente similar al de los países europeos de su entorno. Como todos ellos, el rasgo característico del período fue un esfuerzo generalizado por reelaborar la cultura en términos nacionales. El terreno en el que este fenómeno se plasmó de forma primordial fue el de la historia, con volúmenes entre los que fueron modélicos los de la *Historia General de España*, de Modesto Lafuente. Pero también se orientó en sentido nacional la creación literaria, en torno a temas y ambientes «españoles», y por supuesto la historia de la literatura, desde entonces necesariamente «española». Lo hizo asimismo la pintura, con el auge del género histórico nacional, que desplazó al religioso y al mitológico, sobre todo a partir de las llamadas Exposiciones Nacionales iniciadas en 1856. Y la música, con la laboriosa búsqueda de una «música española» que acabó siendo compuesta, ya en torno a 1900, por Joaquín Turina, Enrique Granados o Isaac Albéniz.

No todo se redujo, además, al terreno de las artes o las humanidades. Incluso ciencias que estaban emergiendo, como la arqueología, la antropología o la criminología, revelaron en sus primeros estadios el sello, tan propio de la época, de la preocupación nacional. Antes que cualquier otra excavación, quizás de mayor interés científico, los arqueólogos dieron prioridad a lugares sagrados del imaginario nacional, como Numancia, yacimiento en el que la Real Academia de la Historia retiró el permiso para trabajar al equipo alemán del gran iberista Adolf Schulten, para otorgárselo a José Ramón Mélida, que tenía el inconveniente de ser egiptólogo, pero era español de pura cepa. Y los antropólogos físicos hicieron sesudas investigaciones, alumbrando tratados que sirvieron para ganar cátedras, sobre «el cráneo español», como los criminólogos lo hicieron sobre el «delincuente español». Todo ello por no mencionar la arquitectura o el mobiliario, terrenos en los que también se registraron prolongados esfuerzos y enconados debates por definir el «estilo español», especialmente apremiantes cuando había que decidir lo que representaría a España en cada Exposición Universal. Se crearon igualmente «lugares de memoria», como la Biblioteca Nacional o el Panteón de Hombres Ilustres.

Todo parecía normal, siguiendo el modelo francés, aunque siempre con algún retraso.[18] Pero el triunfal futuro que se auguraba cuando el rey José hizo las maletas se torció muy pronto. Para empezar, porque los territorios americanos, que sufrieron un proceso de toma de conciencia política similar al ocurrido en la península, se independizaron. Y lo que había sido una monarquía imperial tuvo que refundarse como Estado-nación, lo cual era poco menos que empezar de cero. En un proceso similar al que vivieron sus excolonias, se hizo preciso construir un Estado (la vieja monarquía imperial no servía) a la vez que se construía la nación. Y junto a estos dos procesos de modernización política se solaparon la económica y la cultural: es decir, que se construyó la nación a la vez que se pretendía hacer eficaz y participativo el Estado, se industrializaba la economía y se secularizaba la sociedad.

La novedad, frente a los últimos reinados, era que en aquella tarea no se podía contar ahora con la colaboración de la corona, pues el rey Fernando, nada más regresar, había declarado nula toda la obra legislativa gaditana y había ejecutado, encarcelado u obligado a exiliarse a los prohombres del primer liberalismo. La Iglesia, además, depurada de sus elementos ilustrados por el propio monarca, también se alineó de manera monolítica en posiciones radicalmente antimodernas. Desprovistos de apoyos, los liberales los encontraron, inesperadamente, en los militares, con el nuevo ejército, de oficialidad ya no era necesariamente nobiliaria, en el que el rey no confiaba y al que no supo integrar en sus escalafones.

Toda una cultura política nació, así, marcada por los rasgos heredados de la situación que acompañó al primer liberalismo: la guerra napoleónica y el absolutismo fernandino. Por un lado, dominó el pretorianismo. Los pronunciamientos –casi un centenar en un siglo, entre los triunfantes y los fallidos– se convirtieron en la manera habitual de acceder al poder. Por otro, el discurso adquirió un sabor populista. Se rindió culto a la acción espontánea de los estratos menos educados de la sociedad, cuyo patriotismo, desinterés e intuición política cantaba ya la nueva sensibilidad romántica. Todo ello cimentaría una desconfianza hacia normas e instituciones y una tendencia a «echarse al monte», a tomar las armas y levantarse frente a la situación política que se consideraba ilegítima, un rasgo elogiado por la primera generación liberal que se volvería pronto contra ellos. Porque sería una baza utilizada por los absolutistas ya durante el propio reinado de Fernando VII, pero sobre todo durante las subsiguientes guerras carlistas.

Se inició así un proceso de inestabilidad política crónica, de constantes zigzags, que se convirtió en uno de los mayores obstáculos para el arraigo de una construcción identitaria compartida por el conjunto de la ciudadanía. Entre 1808 y 1875 al menos –con una prolongación entre 1923 y 1975–, el sistema de poder se encontró sujeto a incesantes cambios: de absolutismo a liberalismo, de Borbones a Saboyas, de monarquía a república; de república unitaria a federal, todo ello salpicado de paréntesis dictatoriales. Lo cual significó que los gobiernos se vieron constantemente cuestionados, considerados ilegítimos por una parte importante de la población, que los sintió como ajenos. Fue, así, imposible consolidar símbolos políticos compartidos por todos. Bandera, himno, fiesta nacional, tenían en España, hasta mediados del siglo XX, dos o tres versiones, correspondientes a las diferentes facciones políticas. Era una «anormalidad» europea, aunque sólo por su perduración. Lo mismo ocurrió, en definitiva, en Francia, y no durante poco tiempo. Todavía en los primeros años de la década de 1940, la opinión católico-conservadora que apoyaba al mariscal Pétain sentía muchas reticencias ante los símbolos provenientes de 1789.

Menos habitual, al menos entre las que habían sido grandes potencias europeas en los siglos XVI al XVIII, era la pérdida repentina de rango y de presencia internacional. A partir del período napoleónico, la monarquía española, que había participado en todas las guerras europeas de importancia desde finales del siglo XV, no intervino en ninguna más a lo largo de los siglos XIX y XX, incluidas las dos llamadas «mundiales» (1914-1945). Desapareció, prácticamente, de la escena mundial. La causa principal fue, sin duda, la pérdida de casi todo su imperio americano entre 1810 y 1825, y del resto en 1898, lo cual también fue excepcional en una Europa que construyó o expandió sus imperios precisamente en ese período de tiempo.

La desaparición del imperio, en parte debida a circunstancias ocasionales –el vacío de poder de 1808–, generó en aquella monarquía acostumbrada a las rentas coloniales una carencia de recursos que no se supo compensar con la creación de una fiscalidad moderna. La deuda, cuyo pago de intereses absorbía casi un tercio del presupuesto anual, se convirtió en crónica y agobiante para cualquier ministro de Hacienda. Los fondos obtenidos por la desamortización de los bienes del clero, la única gran aportación de ingresos para el Estado a lo largo del siglo, fueron consumidos de inmediato por la guerra carlista. Lo más que pudo hacer el presupuesto público a partir de aquel momento fue pagar los gastos de la casa real, las nóminas de los militares y de unos pocos funcionarios. Pero no podía crear escuelas, ni servicios públicos, ni influir culturalmente, ni mantener un ejército que pudiera desempeñar un papel internacional de mínima eficacia. Lo que, a su vez, se convirtió en un factor debilitador del proceso de construcción nacional. Claro que los dirigentes, conservadores durante la mayor parte del siglo, no se sintieron muy alarmados por la situación porque no les interesaba movilizar ni hacer participar políticamente al pueblo; para mantener la sumisión bastaba con las prédicas del clero. Les preocupaba que la población se descristianizara, no que su sentimiento nacional fuera débil.[19]

El principal problema que caracteriza al proceso nacionalizador español del siglo XIX y primer tercio del XX, y lo que le diferencia radicalmente de otros nacionalismos europeos, es que carecía de objetivos definidos. Hemos dicho y repetido que los nacionalismos son construcciones culturales, «comunidades imaginadas», que pueden servir para los objetivos políticos más diversos: la modernización de la economía y la sociedad o, por el contrario, el mantenimiento de tradiciones heredadas; la formación de espacios políticos más grandes o, al revés, la fragmentación de imperios multiétnicos en unidades más pequeñas y homogéneas; la ampliación territorial del Estado frente a sus vecinos o rivales o su expansión interna por la asunción de áreas y competencias que previamente le eran ajenas... En el escenario europeo del siglo XIX existen ejemplos para todo ello: el nacionalismo francés se asoció a la exportación de la libertad y los valores revolucionarios; el británico, a su misión civilizadora; el alemán o el italiano, a la formación de una unidad política más amplia; los ejemplos de lo contrario, es decir, del nacionalismo secesionista, abundaron en el Imperio austrohúngaro del período previo a 1914; la democratización e incluso la preocupación social fueron característicos de la eclosión nacionalista o Primavera de los pueblos de 1848; en cuanto a la expansión imperial, ésta junto con la contención del obrerismo revolucionario fueron los objetivos que, como estudió Eric Hobsbawm, acompañaron a los fervores nacionalistas de 1880-1945

En el caso español –y dado que no cabía plantearse como objetivo la independencia porque ya estaba conseguida– se comenzó por vincular la potenciación de la identidad nacional, por parte de los liberales, a su proyecto político revolucionario de modernización del Estado y apertura a la participación popular. Ante el cúmulo de obstáculos que halló en su camino a partir de 1814, este proyecto se quedó empantanado en las décadas centrales del siglo. Nada muy distinto a lo que ocurría en otras sociedades europeas, como tampoco lo fue el pacto entre la burguesía comercial e industrial, las capas intelectuales y profesionales «liberales» y las antiguas oligarquías o restos nobiliarios. Pero la expansión imperial, el objetivo que acompañó o sustituyó a la revolución liberal como pretexto o acicate para el impulso nacionalizador en tantos otros países europeos de la segunda mitad del siglo XIX, era también un sueño en el caso de la débil monarquía española de aquel período. Durante media docena de años lo intentó Leopoldo O'Donnell, con escaso éxito. Y en 1898 se acabó perdiendo lo que quedaba del imperio transoceánico. Con objetivos mucho más modestos, el esfuerzo imperial se renovaría en las primeras décadas del siglo XX, limitado ya al norte de Marruecos y algún otro pequeño territorio africano. Por razones demasiado complejas para referirlas en este breve recorrido, tampoco funcionaría como objetivo el paniberismo, o Unión Ibérica, pese a ser un ideal acariciado durante largo tiempo por círculos minoritarios, tanto en España como en Portugal. Ni se podía soñar, dada la incontestable superioridad militar británica en ese momento, con la movilización del país alrededor de la reclamación de Gibraltar, el único territorio considerado *irredento*.

Mientras el nacionalismo estuvo ligado a estos objetivos, que no suscitaban el entusiasmo del catolicismo conservador, no era fácil que levantara adhesiones masivas. Porque ése era otro de los problemas con los que se enfrentaba el proceso nacionalizador: la dificultad con la que las fuerzas políticas conservadoras aceptaron los nuevos planteamientos políticos, surgidos con las revoluciones liberales, que pivotaban alrededor de la nación. Hemos descrito ya cómo, a lo largo de la Edad Moderna, se había construido una fuerte identidad colectiva española identificada sobre todo con el catolicismo, aparte de la lealtad al monarca. Pero eso no se tradujo en un nacionalismo moderno vertebrado alrededor de la religión. Por el contrario, el catolicismo conservador tenía una incompatibilidad básica con el planteamiento nacionalista, derivado de la revolución liberal: porque para el primero la soberanía procedía de arriba, de Dios, y residía en el monarca, mientras que para el segundo la soberanía venía de abajo, de la voluntad colectiva, y residía en la nación. La nación era una de tantas peligrosas novedades revolucionarias. De ahí que Fernando VII, al retornar de Francia y sentarse en el trono en 1814, nunca se refiriera a la nación ni utilizara siquiera la retórica patriótica del período bélico, con lo que perdió una excelente ocasión de incrementar su legitimidad atribuyéndose el papel de caudillo, héroe y mártir supremo de la recién terminada epopeya antinapoleónica. Los ideólogos y consejeros de Fernando, obsesionados por buscar el apoyo de la religión, vivieron al margen de la nación. Para ellos, el problema político de la época consistía en un enfrentamiento entre el orden natural o divino, que era el del Antiguo Régimen, y la maldad moderna, iniciada con el acto de soberbia de aquel rebelde agustino llamado Martín Lutero y culminada con la Revolución francesa. Quien protagonizaba la historia humana no eran las naciones, sino la cristiandad, el pueblo elegido, entendido como comunidad de creyentes encarnada institucionalmente en la Santa Madre Iglesia. En términos muy poco modernos, el Estado era precisamente el rival de la Iglesia, el sujeto laico, heredero del malvado Imperio romano, que «perseguía» a ésta, es decir, que le negaba su primacía moral (y política).

Ni el rey ni sus consejeros demostraban con ello una aguda comprensión de sus intereses, ya que, por muy sacro que se creyera, Fernando era antes que nada jefe del Estado; lo lógico hubiera sido defender los derechos de ese entramado institucional del que era primera autoridad, en lugar de cuestionar su legitimidad. Ésta siguió siendo, sin embargo, la línea seguida también por los carlistas, cuyo ejército se conoció como «católico» o «apostólico», frente a las tropas enemigas, llamadas liberales, cristinas o «nacionales». El carlismo se presentó, desde luego, como un movimiento que reaccionaba contra todo intento de extranjerizar el país; era, en este sentido, españolísimo, pero eso de ninguna manera quería decir que fuera nacional o nacionalista; sólo significaba que defendía las tradiciones culturales heredadas, con el catolicismo y las estructuras de poder del Antiguo Régimen en lugar preeminente. La derecha española siguió durante al menos toda la primera mitad del siglo XIX anclando obstinadamente sus reivindicaciones en la religión y la tradición, al margen de la nación. Su orientación era principalmente antiliberal y antimoderna. Su línea política era lo que entonces se llamaba el *ultramontanismo*: la defensa de los privilegios papales y los territorios pontificios, cuyo enemigo principal era precisamente el nacionalismo italiano. Donoso Cortés, gran ideólogo del catolicismo conservador español en los años cercanos a 1848, denunciaba a las «naciones» como vacuas invenciones liberales y planeaba, con Klemens Metternich, el establecimiento –«restablecimiento», hubieran dicho ellos– de un orden europeo de monarquías absolutas bajo el arbitraje supremo del pontífice romano. Estaban muy lejos, pues, no sólo de un planteamiento nacionalista, sino incluso de la tradición española, celosa defensora de los privilegios monárquicos frente al papado, y encarnada tanto en un Carlos III, monarca quizás sospechoso de desviaciones modernistas, como en un Felipe II, de incuestionable ortodoxia.

En las décadas centrales del siglo, y a medida que aumentaban los obstáculos con los que se enfrentaba la revolución liberal, el debate político-intelectual sobre la identidad heredada se fue enconando. La primera generación liberal había sido, al menos en apariencia, monolíticamente católica, e incluso adjudicó al clero, como educador principal del pueblo, una misión nacionalizadora, aunque defendiera la reducción de sus privilegios y la eliminación de la Inquisición. Martínez Marina había propuesto una visión del pasado en la que monarquía, catolicismo y libertad se conjugaban para producir la felicidad de los españoles. Pero desde la desamortización y la primera guerra carlista, del anticlericalismo se fue pasando al distanciamiento de la Iglesia e incluso de la religión en general, igual que, en relación con la monarquía, fue surgiendo un republicanismo declarado. Los libros liberales de historia pasaron de atacar sólo a la Inquisición a defender a las minorías no católicas perseguidas por ella: la árabe-musulmana, la judía o incluso la protestante. Adolfo de Castro, hacia 1850, escribió obras históricas en las que reivindicaba todo aquel pasado español no católico y culpaba a la Iglesia de la decadencia de la nación.[20]

Ello llevó a una reacción por parte del catolicismo conservador, que acabó recalando en planteamientos nacionales. El precedente de este tardío acercamiento fue el clérigo catalán Jaime Balmes, con el grupo de los *vilumistas* o neocatólicos. Se inició en los años 1840, es decir, una vez derrotado el carlismo como alternativa política seria y cuando todavía estaba en su apogeo Donoso Cortés, que representaba la línea opuesta. Ellos fueron los que comprendieron que los tiempos exigían hacer de la nación la base de toda reivindicación política. Los nombres de sus periódicos revelan su nueva orientación: ya no se llaman *La Cruz* o *El Soldado Católico*, como los absolutistas de la generación precedente, sino *La Nación* o *El Pensamiento Español*. La nación española defendida por esta corriente política era, desde luego, inseparable del catolicismo. De ahí que escribieran historias nacionales, destinadas a rivalizar con las liberales, para explicar que, en el pasado, España había sido una gran potencia cuando había sido fiel a su identidad católica y había decaído cuando había cedido a la tentación de imitar a los países apartados de la verdadera fe. En la época de O'Donnell se sumaron a proyectos políticos, por ejemplo colonizadores del norte de Marruecos, pero no porque hubiera que «civilizar», como decían los liberales españoles o los colonialistas de otros países, sino porque había que «cristianizar»

Con el Sexenio revolucionario, llegó además la internacionalización de la izquierda obrera, una nueva y temible amenaza subversiva. Y el conservadurismo católico se abrazó entonces, por fin, a la nación. Junto con la propiedad, la familia, la religión o el orden, la nación se convirtió en uno de los principios esenciales de la derecha española. Y en los años 1880, con el acceso al trono pontificio de León XIII y el *ralliement* –el giro hacia la participación en el parlamentarismo liberal–, llegó el momento de la movilización de la opinión católica alrededor de los centenarios, que homenajeaban a personajes o acontecimientos que eran, a partes iguales, españoles y cristianos: Pedro Calderón de la Barca, santa Teresa, Bartolomé Esteban Murillo, el «descubrimiento de América», la «conversión de España al catolicismo» con Recaredo... Pero el catolicismo español nunca llegaría a formar un partido conservador liberal o democratacristiano, al estilo belga o italiano. Porque el clero seguía sin abandonar su pugna con el Estado y sin ver con buenos ojos la existencia de símbolos nacionales que compitieran en sacralidad con los religiosos. En España no hubo, por ejemplo, monumentos al soldado desconocido hasta mucho más tarde que en otros países europeos.[21]

En el primero de aquellos congresos, el que conmemoró a Calderón de la Barca en 1881, hizo su aparición un veinteañero llamado Marcelino Menéndez Pelayo que se convertiría en la gran lumbrera intelectual llamada a formular esta posición política de manera imperecedera: el nacionalcatolicismo. Él fue quien encontró la anti-España, el «enemigo» que toda nación necesita, en los «heterodoxos», aquellos españoles que se habían apartado del catolicismo, algo equivalente a la subversión política. Con ello, el nacionalismo logró al fin emparejarse con un objetivo político perfectamente asumible para la opinión conservadora: la contrarrevolución. Se alzó la bandera nacional contra la subversión obrera, contra los separatismos, contra la secularización. En el siglo XX, serían las «ofensas a la patria» las que sirvieran de pretexto para la limitación de la libertad de expresión que representó la Ley de Jurisdicciones de 1906. Sería la «unidad de la patria» la que se predicara a los soldados llevados a Barcelona a reprimir la Semana Trágica, explicada como revuelta separatista. Sería la «salvación de la patria» la que solicitaran patronos catalanes y terratenientes andaluces ante el sindicalismo y el Trienio Bolchevique de 1919-1921. Y sería «España» la principal invocación de Primo de Rivera para justificar su pronunciamiento en 1923. Desde ese punto de vista, sí, la Iglesia se embarcó ya en una tarea de nacionalización (sin dejar de hacerlo, a la vez, a favor del nacionalismo catalán o vasco en aquellas regiones, como veremos en su momento).

En conjunto, sobre la fuerza o debilidad de la construcción nacional conseguida al finalizar el siglo XIX no podemos llegar a conclusiones definitivas, pues carecemos de datos sobre el mundo local, especialmente rural, que era la mayoría del país. Sabemos qué normas se aprobaron, qué monumentos se inauguraron, qué fiestas se decretaron, qué poemas patrióticos se escribieron. Pero carecemos de un Eugen Weber o un Maurice Agulhon que haya estudiado en qué medida se obedecieron esas normas, cuál fue el impacto de aquellos monumentos, cuánta gente asistió a esas fiestas o leyó esos poemas. Los poderes locales, que controlaban la vida de la mayoría del país, no se enfrentaban abiertamente con las directrices emanadas del Estado, sino que pactaban pragmáticamente y, en la medida de lo posible, seguían su vida. La impresión es que en España, de modo no muy diferente a lo que ocurrió en América Latina, hubo un liberalismo teórico, un país de ciudadanos libres e iguales y un Estado centralizado según el modelo francés, pero que todo ello convivía con una realidad jerarquizada, corporativa, caciquil y patriarcal, a la que se añadían el pretorianismo, un frágil sistema de partidos de notables, un excesivo peso tanto de la corona como de la Iglesia y ocasionales explosiones populistas.

Al finalizar el siglo, el discurso nacionalista dominante era grandilocuente, cargado de referencias a las inigualables glorias del país, no muy distinto al de cualquier otro rincón de Europa. Pero la realidad era que, en un período y una zona del mundo de frenética actividad diplomática, el Estado español, forzado por la impotencia, mantenía una actitud de «recogimiento», según el célebre eufemismo de Antonio Cánovas del Castillo. Para fomentar su orgullo nacional, lo que se enseñaba a los niños españoles eran las glorias de Viriato, Numancia o las tres carabelas, que se creían renovadas hacía poco con la gesta antinapoleónica. Pero no había proyectos nuevos ni incitaciones a empresas futuras. Tanta inestabilidad interna y tanta ausencia del escenario internacional acabaron haciendo que, en la práctica, circulara una imagen muy negativa de la propia identidad colectiva, como reflejó el propio Cánovas en su conocida ocurrencia cuando se discutía la redacción de la Constitución de 1876; al llegar al artículo que especificaba las condiciones para tener la nacionalidad española («son españoles los hijos de padres españoles, los nacidos en territorio español...»), musitó: «son españoles... los que no pueden ser otra cosa».[22] Los grabados de la prensa satírica del siglo XIX incluyen también una constante representación autoconmiserativa de España, como madre crucificada o en su lecho de muerte, desesperada ante las perpetuas peleas de sus hijos o desangrada por políticos sin escrúpulos; acompañada en ocasiones por su clásico león, ahora cabizbajo y exangüe. No es una imagen triunfal o luchadora, como *Britannia* o *Marianne*. Más bien recuerda a la *Mater Dolorosa* del imaginario católico, abrumada por la muerte de su hijo. Mucho antes de que se iniciara la guerra cubana, reinaba ya un ambiente lúgubre que «el Desastre» no haría sino incrementar.

EL BRUTAL DESPERTAR DEL 98 Y LOS REGENERACIONISMOS DEL PRIMER TERCIO DEL SIGLO XX

El «recogimiento» canovista acabó de manera drástica con la guerra hispano-cubano-norteamericana de 1898, que dejó definitivamente al descubierto la vacuidad de las glorias aprendidas en los libros de historia. Tras aquella rápida y contundente derrota, no había manera de seguir refiriéndose a la tan mentada invencibilidad del ejército español. Y el hecho quedó bautizado como el «Desastre», desastre por antonomasia, sin adjetivos, con mayúscula, desastre que coronaba toda una serie de desastres menores que jalonaban una «decadencia» arrastrada a lo largo de siglos

La derrota en la guerra cubana no tuvo, en definitiva, graves consecuencias en términos de recesión económica o de revolución política, pero sí destruyó la imagen colectiva heredada, arrojando gravísimas dudas sobre las virtualidades de la identidad nacional o «racial». En un momento de feroz competición entre las potencias europeas y de aceptación generalizada de las teorías racistas, haber perdido los últimos restos del imperio frente a una potencia nueva, carente de glorias militares en su breve pasado, convenció a los españoles de que deberían considerar la posibilidad de que su sangre heredada, con innegables gotas árabes, les relegara a las «razas inferiores», fuera del selecto club europeo. Incluso la pasividad popular ante la derrota, que hoy tenderíamos a explicar simplemente como resultado de aquel siglo XIX en el que no se había «nacionalizado a las masas» por medio de escuelas, fiestas ni símbolos nacionales, se interpretó entonces como un síntoma más de la «degeneración de la raza».

Así como la indiferencia popular ante el resultado de la guerra puede relacionarse con la inexistencia de un proceso de nacionalización popular, el hondo impacto de aquella derrota entre las capas cultas y élites intelectuales debe llevarnos a concluir que, por el contrario, en esos estratos la tarea nacionalizadora había funcionado con eficacia. Porque las mentes pensantes españolas, guiadas por los planteamientos biológico-raciales de la época, vivieron aquella situación con angustia. Una potencia *vieja*, concluyeron, había sido derrotada con gran facilidad por una *joven* y *moderna*; una raza *inferior* había sido derrotada por otra *superior*. Lo cual les llevaba a tristes corolarios, pues no había muchas esperanzas de encontrar una receta eficaz para un mal tan incurable como la vejez o tan innato como la herencia genética –las razas no son fáciles de mejorar–. Y a partir de ahí se inició un ejercicio de autoflagelación colectiva, todo un género literario sobre el llamado «problema español», que dominaría el ensayismo de la primera mitad del siglo XX.[23]

La actitud de las élites sí había cambiado radicalmente a lo largo del siglo XIX. Porque no hay que olvidar que los territorios independizados tras la guerra cubana no eran sino una mínima parte del antiguo imperio de la monarquía española y que la pérdida de la inmensa mayoría del mismo, tres cuartos de siglo antes, apenas había provocado lamentos ni autocríticas, y ni siquiera había impedido que los liberales convirtieran a Rafael del Riego en héroe nacional. Se trata, por tanto, de un excelente ejemplo de cómo el mundo se interpreta culturalmente y de cómo unas élites que son las portadoras del proyecto nacional llegan a creer en el esquema mental que predican. Entre 1825 y 1898 se habían cultivado unos sentimientos de orgullo patrio que habían dejado su huella sobre las clases altas y medias educadas y las rivalidades entre estados, y en particular las guerras, habían pasado a inscribirse en un marco interpretativo nacional. Eran esos sentimientos los que les hacían interpretar ahora como *fracaso colectivo propio* lo que antes sólo había sido una pérdida de territorios *por parte del rey*.

Entre los intelectuales de mayor entidad, esta crisis nacional coincidió además con la del racionalismo progresista que había dominado todo el siglo XIX. De ahí los disparatados planteamientos de un Ángel Ganivet, que equiparó el problema de España al dogma de la Inmaculada Concepción de María; o de un Miguel de Unamuno, que sostuvo que los españoles debían reafirmarse en su quijotismo frente al materialismo europeo; o de tantos otros que propusieron soluciones políticas arbitristas, autoritarias y melodramáticas para regenerar el país. En definitiva, no hay que olvidar que, pese a que apelaran tanto a la modernización o europeización de España, ni siquiera eran unos intelectuales en contacto con la modernidad, exceptuando quizás sus aspectos estéticos. No conocían el mundo industrial, sino que procedían de clases medias provincianas, básicamente de rentas agrarias, y no sentían afición por los problemas económicos ni por los científicos o técnicos.[24] Sus mayores creaciones fueron literarias, en general a partir de la fusión de la crisis nacional con su crisis de conciencia individual. De ahí que podamos considerar a la «generación del 98» como el verdadero romanticismo español: autores de muy buena literatura, pero paladines de disparates políticos. En algún caso, como el de Unamuno, abrieron el camino para la intelectualidad conservadora del segundo decenio de siglo por la vía del *casticismo*, al anunciar que España era portadora de valores de primera calidad, como el Quijote o la mística, carentes del sentido práctico de la modernidad europea pero superiores por su profundidad humana. Lo cual permitió desplegar a toda vela el antimodernismo antes latente en las élites intelectuales, expresado inigualablemente en su célebre exabrupto «¡que inventen ellos!».

El núcleo central de las reflexiones de la llamada «generación del 98» giró siempre en torno a las virtudes y defectos de la «raza», el origen –siempre remoto– de la «decadencia nacional», los motivos para sentirse o no orgullosos por ser españoles. Todo lo cual acababa llevando a la propuesta de reafirmarse obstinadamente en la identidad heredada o, al revés, de rectificarla radicalmente. Orientada por estas preocupaciones, la literatura que se produjo consistió más en imaginativos ensayos y brillantes obras de ficción que en programas políticos plausibles. ¿Qué quería decir, en términos prácticos, enterrar a don Quijote, arrojar al mar el cadáver de Colón, cerrar con siete llaves el sepulcro del Cid? Sólo podía conducir a proyectos de remodelar la «forma de ser nacional», intentando adoptar de la noche a la mañana actitudes y hábitos anglosajones. Era un discurso agónico-victimista sobre la esencia nacional de escaso atractivo excepto entre intelectuales torturados que, además, se hallaban desconectados del Estado, y en particular de sus aspectos bélicos. Aunque, desde el punto de vista que aquí interesa, aquellos planteamientos supusieron, sin duda, un impulso para el arraigo o la expansión de la conciencia nacional, ya que una de las tareas que casi todos reclamaban con urgencia era grabar en las mentes de las jóvenes generaciones de españoles –a través, sobre todo, de la escuela– fuertes sentimientos patrióticos, algo que el siglo recién terminado, según hemos dicho, había descuidado.

Dados los esquemas de la época, es comprensible que las élites centralistas se angustiaran tanto y que las periféricas empezaran a pensar en abandonar un barco tan amenazado de hundimiento. Una nueva amenaza de amputación que añadió zozobra al resto de los españoles.

Las consecuencias del 98 pueden, por tanto, resumirse en tres: el inicio del género identitario, a partir de un pesimismo generalizado y sobre una base biológica o racial; el avance de los nacionalismos vasco y catalán, del que trataremos en el próximo capítulo; y el lanzamiento de mil propuestas diversas de «regeneración» nacional.

EL AMBIENTE REGENERACIONISTA, 1900-1930

El término «regeneracionismo» significaba cosas muy dispares, según quién lo utilizara. Que el acuerdo sobre la necesidad de reformar drásticamente el país fuese general no significaba que lo fuese el contenido de esas reformas. En cualquier caso, en lo que coincidieron diferentes partidos y regímenes, desde el conservador Antonio Maura hasta el anticlerical José Canalejas, y desde el liberalismo parlamentario hasta la dictadura de Miguel Primo de Rivera, fue en construir carreteras, pantanos y escuelas, tal como había pedido Joaquín Costa. Como coincidieron también en la necesidad de nacionalizar a las masas, de imbuir conciencia patriótica en aquel pueblo que había reaccionado de manera tan apática ante el «Desastre». Con lo que la primera mitad del siglo XX se convirtió en la etapa más intensa y crispada vivida hasta el momento en el proceso de construcción de la nación española.

Los propios intelectuales noventayochistas, tan rebeldes y críticos de las glorias patrias en su juventud, se incorporaron a ciertas efemérides que comenzaron a festejarse al poco de iniciado el siglo. En 1905, al celebrarse el tercer centenario de la publicación del *Quijote*, Azorín y Francisco Navarro Ledesma realizaron una «peregrinación» por los lugares sagrados de la novela cervantina. Cuatro años más tarde, todos los grandes nombres del 98, incluidos Ramón Gómez de la Serna y la revista *Prometeo*, se unieron en la celebración del centenario del nacimiento de Mariano José de Larra, al que reconocían como antecesor del grupo. Y en 1908 y 1912, el mundo intelectual se sumó al *establishment* político y cultural de la monarquía restaurada en los centenarios de la «guerra de la Independencia» y la Constitución gaditana. En todos estos casos se trataba de reafirmar la identidad nacional, aunque alrededor de glorias o mitos que no coincidían plenamente con los bélicos y religiosos legados por la tradición. Como dijo Ortega y Gasset en su primer gran discurso público, España no existía como nación y el deber de los intelectuales –de los que él se sentía portavoz– era «construir España». Un llamamiento al que no fueron insensibles Miguel de Unamuno, Eugenio D'Ors, Ramiro de Maeztu, Ramón Menéndez Pidal, José María Salaverría, Eduardo Marquina, Azorín, Ramón Pérez de Ayala, Gregorio Marañón o Claudio Sánchez Albornoz; derechas e izquierdas, castellanos y vascos, e incluso algún catalán.

La campaña de nacionalización se intensificó a medida que avanzaba el siglo. Entre sus hitos más visibles podría mencionarse el decreto de 1920 que establecía la lectura obligatoria de un texto del *Quijote* al comenzar el día escolar, idea sustituida al año siguiente por un *Libro de la Patria* que todos los párvulos españoles utilizarían para aprender a leer.[25] Dos años antes de aquel decreto, un Gobierno presidido por Maura instituyó la Fiesta de la Raza, justo en el momento en que los intelectuales conservadores lanzaban la idea de la «Hispanidad». La referencia a «nuestros hermanos de la raza ibérica» se incorporó al discurso patriótico, así como pasó a ser un tópico en el canon histórico-patriótico la «generosidad de España», la falta de egoísmo de la «madre patria» en la ya remota empresa colonizadora. Estas invocaciones a la América hispana y esta reivindicación de las «glorias imperiales» eran un rasgo que distinguía a aquel nacionalismo de sus precedentes decimonónicos, pues los liberales del siglo XIX habían tendido a evitar la exaltación del imperio, ligado para ellos a las ambiciones territoriales de la monarquía, contrarias al austero destino nacional y origen de tantos desastres posteriores.

Algunas de las actividades mencionadas fueron privadas, iniciadas por las propias élites intelectuales, que eran quienes seguían empujando la tarea nacionalizadora. Pero también el rey y los partidos dinásticos se orientaban cada vez más en esta dirección, aunque todavía con algún sentimiento ambivalente ante la mística nacional. En el centenario de la «guerra de la Independencia», por ejemplo, Alfonso XIII aprovechó para otorgar el grado de capitán general a la Virgen del Pilar; y cuando se celebró el de las Cortes de Cádiz, don Alfonso decidió no acudir, porque estaba de luto. Al elegirse la fecha de la fiesta nacional, se optó por el doce de octubre, lo que mantenía la ambivalencia, pues conmemoraba la llegada de Colón a América pero también la aparición de la Virgen al apóstol Santiago en Zaragoza, es decir, la cristianización de España. Y en esos mismos años el rey consagró el país al Sagrado Corazón de Jesús, con un monumento en el centro de la península que sería el más importante de su reinado. La exaltación de la identidad nacional civil y laica se mezclaba, pues, con las muestras de devoción católica tradicional. Aunque tampoco en este aspecto España era tan excepcional en relación con su entorno, pues también la derecha francesa rendía culto entusiástico por entonces a Juana de Arco.

Este esfuerzo por impulsar la «nacionalización de las masas» y a la vez renovar su contenido se enfrentó con grandes dificultades, en buena medida derivadas de su carácter tardío. Tuvo, para empezar, que competir con los nacionalismos catalán y vasco, a los que el sonado fracaso estatal del 98 había hecho emprender el vuelo como fuerzas políticas. Se enfrentó igualmente con una cultura tan arraigada en ciertos sectores populares como el obrerismo revolucionario, una de cuyas señas de identidad era la solidaridad obrera internacional, el repudio del patriotismo como «alienación burguesa». Y tampoco le facilitaba las cosas su conexión con las angustias y vacilaciones de los escritores noventayochistas. Aunar entusiasmos alrededor del lecho de la madre moribunda, como demandaba el unamuniano «amo a España porque me duele dentro», no era el mejor punto de partida para movilizar masas.

El estallido en 1914 de la pavorosa conflagración bélica europea conocida como Gran Guerra abrió una nueva oportunidad para analizar –e intentar rectificar– el «ser» y el «destino» o «misión» de España en el mundo. Pero los gobiernos del momento mantuvieron al país en una neutralidad que continuaba la pasividad política exterior de los cien años anteriores. De esta manera, la intensa fase de nacionalización popular que vivieron los países beligerantes no afectó a España, algo que comprendieron y lamentaron políticos profesionales, como Alejandro Lerroux, e intelectuales con honda preocupación política, como Manuel Azaña o Unamuno. Sus tomas de posición a favor de la entrada en la guerra significaron un importante giro de la llamada «generación del 14» frente a sus antecesores del 98, marcados por el antimilitarismo de sus protestas contra los procesos de Montjuic, la Ley de Jurisdicciones, la propia guerra cubana o la siguiente de Marruecos. Los nuevos intelectuales ya no se identificaban con una nación etérea y doliente, sino con un Estado, e incluso con los aspectos militares de ese Estado. De ahí las divisiones y apasionados debates de los escritores y artistas en torno a la guerra de 1914-1918, con la proliferación de manifiestos, en general aliadófilos. Renunciar a participar en un conflicto que todos creían decisivo para el futuro de la civilización occidental se interpretaba como un signo de impotencia y, por tanto, una nueva vergüenza nacional. Los más penetrantes comprendieron, además, que con ello se perdía una oportunidad de oro para avanzar en la nacionalización de la sociedad, porque Europa nunca había vivido una oleada de entusiasmos patrióticos como la de aquellos años. La renuncia a aprovechar esta ocasión para superar la situación de irrelevancia internacional y estancamiento interno en que España se encontraba se atribuyó, además, a la necesidad de los políticos de preservar el *statu quo*, de no poner en peligro el sistema restringido de participación en el poder bautizado como «el turno».

Los gobiernos, como se sabe, no reaccionaron en la línea deseada por esta intelectualidad nacionalista. No sólo no entró España en la Gran Guerra, sino que ésta sacó a plena luz su aislamiento, su absoluta carencia de aliados, en un momento en que la práctica totalidad de las potencias europeas estaban entrelazadas en una trama de alianzas y compromisos de extraordinaria complejidad. El Estado español seguía sumido en la orfandad y la intrascendencia internacional que había sacado a la luz el conflicto cubano. Y la neutralidad impidió que se desarrollara una evolución hacia la implicación popular en una empresa colectiva, como ocurrió en países como Francia o Italia, tan parecidos a España hasta entonces en términos de disparidad regional, inestabilidad política o internacionalismo obrerista. Todo lo cual se agravó con una nueva guerra, esta vez colonial, en Marruecos, a partir de 1921, que el Gobierno emprendió sin haberse ganado previamente a la opinión pública, lo que dio lugar a divisiones y acentuó la progresiva identificación del nacionalismo español con el sector que hacía suyo el modelo nacional-católico y el militarismo africanista.

El período primorriverista marcó un hito en el proceso evolutivo de la idea de España. Nadie hasta entonces había hecho un esfuerzo como el que hizo la Dictadura por afirmar el españolismo. Un españolismo concebido, desde luego, en términos tradicionales: catolicismo, monarquía, centralización administrativa, homogeneidad cultural y lingüística en torno a lo castellano y mantenimiento de las jerarquías sociales y las pautas autoritarias de gobierno. En el terreno de la promoción político-cultural, la Dictadura destacó sobre todo por sus espectaculares celebraciones: la anual Fiesta de la Raza, con participación personal del dictador; la Exposición Iberoamericana de Sevilla, donde se construyó la Plaza de España y se exhibió una reproducción de la carabela Santa María; la Exposición Universal de Barcelona, de la que proceden otra Plaza de España y el «Pueblo Español»; la celebración bombástica de la hazaña del Plus Ultra o de los éxitos militares –por fin– en Marruecos. A estos festejos se añadieron disposiciones encaminadas a la protección de los monumentos histórico-culturales (bautizados como *nacionales*) o a la erradicación del analfabetismo (con escuelas *nacionales* y maestros no menos *nacionales*), así como campañas publicitarias a través de medios en algún caso oficiales pero en otros de empresas privadas contagiadas por el ambiente patriótico reinante. Billetes de banco, sellos de correos, cajas de papeles de fumar, almanaques, turrones, todo apareció decorado con alegorías patrias o con escenas tomadas de los cuadros de la pintura histórica (nacional) de la segunda mitad del siglo XIX. También deben consignarse en este apartado los intentos de escribir y convertir en oficial un texto para el himno nacional, a cargo de Eduardo Marquina, otra carencia heredada de la centuria anterior. Intelectuales conservadores, Gobierno, autoridades locales y empresas privadas parecían decididos a superar la «apatía», uno de los «vicios de la raza», en terminología de la época, por medio de una exaltación continuada y masiva de los sentimientos patrióticos.

Desde el punto de vista de los contenidos del discurso, un rasgo característico del período de Primo de Rivera fue la tendencia a sustituir tanto a la monarquía como a la religión por «la patria» como pilar básico de sustentación del consenso social y político conservador. España, la patria, la nación, era la apelación unificadora. La Dictadura decía ser «apolítica» porque sus medidas gubernamentales no se guiaban por intereses de partido sino por «el bien de la patria». La consigna era plural, «Patria, religión, monarquía», tres términos similares a los del carlismo, pero con el orden alterado y la patria en primera posición. Y no por azar, pues la nación constituía la suprema legitimación del Estado, como declaraba sin ambigüedad alguna el anteproyecto constitucional de 1929: «el Estado ejerce la soberanía como órgano permanente de la Nación». El interés de la patria era, por último, la justificación de ciertas reformas técnicas de signo modernizador, antecedente de lo que ocurriría bajo el franquismo. Poner a España en condiciones de competir con sus vecinos y rivales exigiría reformar las instituciones o el orden social heredado, pero todo sacrificio en este terreno estaba justificado, ya que ser patriota significaba renunciar al egoísmo, anteponer los intereses colectivos a los individuales. Con lo que aquel nacionalismo tan tradicional de contenido se presentaba como «moderno» y contraponía su eficacia al «caduco» parlamentarismo liberal. No es de extrañar que el nombre del partido que el dictador formó al final de su período de dominio fuese Unión Patriótica, y no unión monárquica, dinástica, católica, conservadora o tradicional; y que sus periódicos, desde los que emanaba didactismo histórico-patriótico por todos los poros, se llamaran también *La Nación* o el *Boletín de la Unión Patriótica*.

La base ideológica de la dictadura primoverrista se había preparado en la década anterior, por medio de una nueva generación intelectual de signo conservador y belicista, en general germanófila durante la Gran Guerra. Formaron parte de ella, por ejemplo, José María Salaverría, que quería acabar con el pesimismo del 98; Julián Juderías, que combatió la mala imagen internacional de la España imperial; Gabriel Maura o Pedro Sainz Rodríguez, que proponían eliminar la idea de «decadencia» como clave de la historia nacional de los últimos siglos; Eduardo Marquina, que estrenó piezas teatrales de éxito sobre la época imperial; Eugenio D'Ors, que propugnó el retorno a un nuevo aristocraticismo y un clasicismo cristiano radicalmente opuestos a todo lo que sonara a democracia y liberalismo; Ernesto Giménez Caballero, excéntrico vanguardista visceralmente contrario al parlamentarismo liberal y seducido por la idea de una nueva Contrarreforma «panlatina»; el segundo Ramiro de Maeztu, que lanzó la idea de la «Hispanidad» como comunidad espiritual de las naciones hispano-parlantes alrededor de los principios católicos que España había introducido en el Nuevo Mundo; Ramón de Basterra, poeta y diplomático que firmó ensayos y escritos históricos donde identificaba la clave cultural de España con los antiguos ideales romanos; o Rafael Sánchez Mazas, poeta y novelista que vivió intensamente la Italia mussoliniana y lanzó la idea de que el imperio procedía de Roma pero había reencarnado en Carlomagno y Carlos V...[26]

Algunos de ellos eran muy modernos de formas, como lo serían los artistas e intelectuales filofascistas poco después, y otros mantenían posiciones más tradicionales, cercanas al nacionalcatolicismo de Menéndez Pelayo. Lo importante era que afirmaban la nación de manera tan obsesiva como sus mayores, pero con la diferencia de que rechazaban tajantemente sus dudas y angustias, atribuidas a su enfermizo derrotismo y su falta de «virilidad». Lo que proponían era un nacionalismo mucho más afirmativo, sencillo y optimista, más adecuado, desde luego, como soporte de un proyecto movilizador. Como escribió Salaverría, frente a la «falta de confianza en sí mismos, en cuanto españoles», de los intelectuales del 98, había que «afirmar todo el contenido español. Recontar codiciosamente las cifras virtuales y positivas [...] recontarlo todo y afirmarlo con violencia. Una afirmación orgullosa tendida como un gesto hostil, agresivo, contra el desdén extranjero y el instinto suicida de los mismos nacionales». Con ellos surgió el nacionalismo español como movimiento. Un movimiento, eso sí, favorable a una política autoritaria, imperialista y antiliberal.

Estos y otros autores renovaron el viejo nacionalcatolicismo y prepararon el ambiente intelectual que apoyó a Primo de Rivera y que alimentó luego la oposición a la Segunda República. Era un españolismo que había abandonado los elementos críticos, agónicos, liberales, cultos, anticlericales, que habían caracterizado a regeneracionistas o institucionistas, y ofrecía en cambio una imagen popular y optimista, apoyada en un folklore superficial y en una religiosidad ritual tradicional, todo ello sin duda más adecuado para integrar a amplios sectores de la opinión conservadora. El tono de las canciones bélico-patrióticas originadas en la nueva fase de la guerra de Melilla, como «Banderita tú eres roja» o «Soldadito español», es sintomático del carácter popular-triunfalista de este nuevo nacionalismo (no muy distinto, por lo demás, del jingoísmo británico o norteamericano o del chauvinismo francés, tan típicos de la época). Como lo es también que algunas de las tradiciones populares, como los toros, el flamenco y lo que durante el siglo XVIII se había llamado el *majismo*, rechazadas durante siglos por las minorías progresivas por incompatibles con sus ideales modernizadores, comenzaran a ser consideradas respetables por la nueva generación intelectual.

Y esto último no ocurrió sólo entre los intelectuales conservadores, sino entre los opuestos al primorriverismo, que eran legión, sobre todo en sus años finales. Los jóvenes literatos que se autobautizaron como «del 27» aceptaron como propio un casticismo que habían rechazado ilustrados del siglo XVIII y liberales del XIX y ante el que habían mantenido posiciones ambiguas los noventayochistas. Tras un largo debate, expresado entre otras cosas por los constantes cambios de estilo de los pabellones españoles en las exposiciones internacionales, se acabó por establecer que el «estilo español» era el mudéjar andaluz. Los años veinte no fueron sólo los de la construcción del barrio de Santa Cruz, por el marqués de Vega Inclán, y el lanzamiento de la feria de Sevilla.

Fueron también los del inicio de los paradores de Turismo, que, aunque no cultivaban el orientalismo, sí contenían en germen la idea de excepcionalidad cultural, el *Spain is different* del tardofranquismo. La fiesta de los toros –fiesta *nacional*– comenzó también a adquirir una respetabilidad intelectual, como prueban la conocida amistad entre el matador Domingo Ortega y el filósofo Ortega y Gasset o entre Federico García Lorca e Ignacio Sánchez Mejías. El flamenco, de la mano del propio Lorca o de Manuel de Falla, fue sustituyendo a la jota, como el tipo con chaqueta corta y sombrero cordobés sustituía en las caricaturas al «Juan Español» vestido de baturrico. La intelectualidad del 27 aceptaba, por fin, adecuarse al estereotipo oriental-andalucista, lanzado por los románticos, sobre todo franceses, del siglo anterior, que tanto había irritado a Galdós, Francisco Giner de los Ríos o a Leopoldo Alas *Clarín*. Únicamente *El Sol*, expresión de la vieja mentalidad progresista, siguió negándose a conceder espacio a la crítica taurina.

Esta aceptación era paralela a lo que ocurría en el ámbito internacional. Porque en los años veinte comenzó a hacer furor, sobre todo en el mundo angloamericano, una especie de neorromanticismo que les hizo también mirar con nuevos ojos favorables a esa España idealizada en términos de identidad premoderna. Fueron los años de Henry Havelock Ellis, Waldo Frank, Gerald Brenan, Robert Graves y, por supuesto, Ernest Hemingway. Los jóvenes a los que la Gran Guerra había desengañado del viejo liberalismo progresista y parlamentario de Europa y la América anglosajona descubrieron, de repente, el «mejor país del mundo», el «único sin corromper», en palabras de Hemingway. En el colapso moral de Occidente tras la gran conflagración, España fue imaginada como país «virgen», impoluto, «fiel a sí mismo». Estos escritores incluso veían con benevolencia al dictador Primo de Rivera, como algo muy «español»: déspota, pero señorial; tiránico, pero juerguista.

Curiosamente, España estaba siendo idealizada como rincón del planeta inmune al cataclismo modernizador justamente en el momento en que tal cosa empezaba a ser menos cierta que nunca. Quizás fue también eso –nostalgia, añoranza de un mundo que se esfumaba ante sus ojos– lo que hizo que los españoles se sumaran a aquel entusiasmo. Porque, si aquellos escritores neorrománticos hubieran observado sin prejuicios a la España de la época, habrían detectado los acelerados cambios que el país estaba experimentando en el primer tercio del siglo XX, período en el que la industrialización, la urbanización o la secularización avanzaron de manera espectacular, a la vez que se redujeron el analfabetismo o la población agraria. Millones de campesinos abandonaron el mundo rural y se integraron en una España urbana que se duplicó entre 1900 y 1930, y en la que emergió una cultura laica, moderna, emancipada de clérigos y caciques.

Fue este inicio del despegue modernizador, más que una opresión o una miseria seculares e insoportables, el que explica los resultados electorales de abril de 1931 y las tensiones políticas de la década entonces iniciada. Porque era abismal el desfase entre la España de García Lorca, Luis Buñuel, Salvador Dalí, Rafael Alberti, María Teresa León o Victoria Kent, laica, faldicorta, de cines, cabarets y aeródromos, y la España tradicional, en general provinciana y rural, de párrocos, caciques, arados tirados por mulas y mujeres de negro. *Grosso modo*, ésa fue la línea divisoria entre quienes votaron a la República el 14 de abril y la defendieron con las armas en 1936 y quienes votaron a la monarquía en 1931 y se sumaron a los sublevados cinco años más tarde. A unos y otros les apoyaron unos intelectuales que albergaban concepciones de «España» diametralmente opuestas: procedentes, en un caso, de la tradición laico-liberal y, en otro, de la católico-conservadora del siglo anterior; pero ambas reactivadas con la nueva infusión de entusiasmo recibida, al menos en parte, de la aurora roja que asomaba en Rusia –en los primeros– y de la promesa de «hombre nuevo» que estaba gestándose en Italia y Alemania –en los segundos–.

LA REPÚBLICA Y LA GUERRA CIVIL

El 14 de abril de 1931 proporcionó la ocasión para que los intelectuales de la tradición liberal-progresista, tras décadas de marginación política pero con gran influencia a través de cátedras y periódicos, pusieran en práctica su proyecto laico y modernizador. «Toda España huele hoy a Ateneo», dijo Giménez Caballero, con perspicaz acidez, a finales de 1931. En la secular rivalidad entre el clero y la intelectualidad laica, esta última pareció haber ganado por fin la partida. Lo cual dio gran legitimidad al nuevo régimen ante un amplio sector de opinión, pero lo convirtió, por esa misma razón, en sospechoso para otros muchos. Una desconfianza ante la República que muy pronto adoptó como lema la defensa de «España», y que se vio reforzada al aprobarse, en las primeras semanas republicanas, una serie de innovaciones simbólicas (cambio de bandera, de himno, de fiesta nacional), prescindibles en muchos casos, que fueron interpretadas por la opinión conservadora como agresiones contra sus sentimientos más íntimos. El nuevo régimen no comprendió que un requisito esencial para el éxito de un proyecto nacionalizador es su carácter integrador.

Considerando la pedagogía clave de la transformación, la República centró sus esfuerzos en la creación de escuelas y la formación de maestros. Lo cual alarmó a la España tradicional, y en especial a los círculos vinculados a la Iglesia católica. La pedagogía es política en España, y la política pedagogía, había dicho Ortega y Gasset, porque el problema es la cultura. Entre los objetivos de dignificación y renovación pedagógica de la Segunda República figuraban, sin duda, la erradicación del analfabetismo o el fomento de la movilidad social y los valores ciudadanos. Pero significaba también el triunfo de la modernidad, encarnada en España por la Institución Libre de Enseñanza, frente a la de un catolicismo todavía anclado en Pío IX. En el terreno que aquí interesa, a los reformistas les movían indiscutibles impulsos nacionalistas o patrióticos: el célebre objetivo institucionista de «formar hombres» significaba formar ciudadanos; «educar al pueblo», para que de verdad pudiera ser «soberano», significaba incorporarle a la nación. Las «Misiones Pedagógicas» se proponían llevar la cultura a las áreas rurales, pero no cualquier cultura; no llevaban a William Shakespeare o Ludwig van Beethoven, sino a Lope de Rueda, Pedro Calderón de la Barca, Miguel de Cervantes, Isaac Albéniz, Manuel de Falla o Enrique Granados. No se trataba de hacer de los aldeanos unos seres «cultos», sino de darles cultura «española». Parafraseando a Eugen Weber, se quería convertir a los «campesinos» en «españoles».

La educación se fundía, de esta manera, con el civismo, con el ideal del ciudadano libre guiado por un código de derechos y deberes no ligados a creencias transcendentales sino a un Estado defensor de la colectividad, promotor del bienestar y regulador de la convivencia social. Y por debajo de ese Estado, legitimándolo, se hallaba la nación, ese ser colectivo intangible –cuya existencia demostraban los hitos culminantes de la «cultura española»– en el que todos participaban y por el que todos debían sacrificar sus intereses particulares.

Las reformas pedagógicas, elemento clave en el proyecto político de 1931, se insertaban así de forma natural en el proceso nacionalizador iniciado el 98. Pero llevaban también al nuevo régimen a un inevitable enfrentamiento con la Iglesia, institución nada dispuesta a perder terreno en el campo de la educación ni a aceptar una moral no ligada a creencias trascendentales. No es casual que la reacción de 1933 contra las políticas jacobinas del nuevo régimen se apoyara de manera primordial en la Iglesia católica. Y como esta institución se hallaba tan estrechamente vinculada a la identidad española tradicional, tampoco lo es que aquella protesta se expresara en términos nacionales, más que directamente religiosos. En el lanzamiento de la Confederación Española de Derechas Autónomas (CEDA), José María Gil-Robles dijo ya con nitidez que su proyecto era refundar la nación, hacer brotar una nueva España en la que no hubiese separatistas, judíos, masones ni *soviets*. Y José Calvo Sotelo, el otro gran representante de la derecha del momento, dirigiéndose a los «españoles con solera tradicional, alma patriota y conciencia hispana», clamaba: «ante todo, España, y sobre España, Dios».

Las fuerzas conservadoras que se movilizaron contra la República decían, pues, representar a España, a la «verdadera» España. Lejos de reconocer la intención nacionalizadora de las políticas republicanas, denunciaban en ellas lo opuesto: su diabólico proyecto de «destruir» España, de desnaturalizar la esencia nacional. En ese sentido, la derecha española que se reorganizó y contraatacó a partir de 1933 tenía poco que ver con las democracias cristianas, aunque su principal partido fuera la CEDA. No era un movimiento decidido a participar en el juego político parlamentario, compartiendo el respeto por las instituciones fundamentales aunque en defensa del mantenimiento de las jerarquías sociales o de la moral familiar tradicional. Era una reacción con ambición total, como los fascismos y comunismos de la época, pues quería nada menos que refundar la nación, identificada para ellos con la religión. El núcleo central de su discurso era la defensa de la España auténtica, que para ellos sólo podía ser la tradicional: católica, castellana, de orden y (sólo en último lugar ya, y no para todos) monárquica. De ahí su insistencia en la retórica acuñada en la época de Primo de Rivera: por encima de todo, la patria, España.

Ése es uno de los aspectos cruciales de la guerra civil de 1936-1939: que en ella se enfrentaron dos concepciones de la nación; es decir, que ambos lados creían estar defendiendo a España, y ambos, curiosamente, contra una amenaza exterior. Lo prueba sobradamente la propaganda bélica: los dos discursos enfrentados negaban que se estuviera librando una guerra entre españoles, denunciaban la presencia de alemanes, italianos o rusos en el otro bando, sin reconocer los aliados del propio, e invocaban el recuerdo del 2 de mayo de 1808. En los carteles propagandísticos de rojos y de azules aparecían por igual Viriato, Agustina de Aragón o Luis Daoiz y Pedro Velarde. Los dos sostenían que se trataba de una nueva «guerra de la Independencia», de una defensa de España contra «invasores extranjeros». Y «extranjeros» no eran sólo los regulares marroquíes, los soldados italianos o los milicianos internacionales que estaban en las trincheras contrarias. Lo eran también esos nacidos en España que decían ser españoles pero combatían contra «España»; una «España» que no era sino una referencia ideal que sintetizaba todo por lo que luchaban «los nuestros»: para unos, los «rojos» eran extranjeros por ser ajenos a la tradición española; como para los otros lo eran los «fascistas» por veranear en Biarritz, obtener apoyos de la banca internacional y someterse a una religión cuyo jerarca supremo vivía en Roma. Si en algo estaban de acuerdo los propagandistas de ambos bandos era en negar que se tratase de una guerra «civil», entre españoles.

José María Pemán sintetizó esta idea de forma muy expresiva cuando escribió que la nuestra es «una nueva guerra de la Independencia, una nueva reconquista [...] Luchamos por los cuadros de Velázquez, por las comedias de Lope de Vega, por Don Quijote y El Escorial...». Por parte republicana, el incautado *ABC* de Madrid lo formuló con igual nitidez en su primer editorial, del 25 de julio de 1936 –antes de que Franco hubiera recibido un solo avión alemán o italiano–, titulado «Segunda Guerra de la Independencia»: los sublevados eran «hombres nacidos en España pero que renuncian a todo nexo con la noble ideología patria». Dos años más tarde, un difundido cartel conjunto de la Confederación Nacional del Trabajo (CNT) y la Unión General de Trabajadores (UGT), titulado «Independencia en 1808, en 1938», insistiría: el triunfo de la «invasión» significaría «que nuestras tierras pasarían a manos de los asesinos italianos y alemanes»; seríamos «una colonia más»; «¿qué hombre habrá que se considere español que no esté dispuesto a coger un fusil?»...[27]

Este tipo de retórica nacionalista continuó incluso después de terminada la guerra, entre los grupos resistentes antifranquistas a los que se conoció como «maquis» (aunque ellos mismos se llamaban «guerrilleros»). Sus publicaciones atacan a Franco por ser agente al servicio del imperialismo germano y llaman a «la reconquista de España, mi patria, independiente y libre». En su órgano, la revista clandestina *Lucha*, se lee:

> Tus compatriotas te esperan. La liberación nacional de ti lo exige. [...] Se ama o no se ama a España. Hoy se ama con corazón de patriota [...] Piensa en tu patria sojuzgada, piensa en España, en sus sufrimientos. Piensa en los héroes de nuestra historia, en los saguntinos, en los de Numancia, en la epopeya de la independencia, en los mil Daoiz, Velarde y Ruiz, en los cien *empecinados* que, amantes de la independencia, lucharon contra el invasor.

El problema, por tanto, no fue que los republicanos no presentaran su causa como una defensa de España. Lo hicieron, pero a este objetivo añadieron otros muchos, como la libertad, la igualdad o el progreso, es decir, la eliminación de la opresión, la redistribución de la riqueza social o la superación de la ignorancia o la escasez. Lo cual diluyó el nacionalismo en un conjunto de justificaciones, todas ellas de primera magnitud entre las constelaciones políticas modernas. Los republicanos se apropiaron del símbolo decimonónico de la matrona y el león; pero le pusieron al lado la hoz y el martillo, que tenía mucha más fuerza movilizadora. Dicho de otra manera, el sujeto mesiánico era, para los republicanos, el pueblo español, pero a la vez lo eran la clase trabajadora (el redentorismo obrerista, tan decimonónico como el nacionalismo pero recientemente reavivado por la Revolución rusa) y en cierto modo toda la humanidad (la opinión internacional, representación de la razón y el progreso, que apoyaba moralmente a la República). En la Cataluña y el País Vasco republicanos, a estos ingredientes se añadía, desde luego, la defensa de las respectivas identidades nacionales y de la autonomía lograda bajo la República. Y entre los vivas a España se insertaban vivas a Rusia.

El discurso franquista, en cambio, se concentraba mucho más en la nación: Es cierto que la identificación de ésta con el catolicismo era tal que en ocasiones parecían disputarse el lugar central: a un «nacional» de 1936-1939, que luchaba «por Dios y por España», le hubiera costado contestar a la pregunta de cuál de aquellos dos términos tenía prioridad; pero es que, para la tradición nacionalcatólica, eran una misma cosa. También se hallaban entre los sublevados considerables dosis del discurso reaccionario más clásico, que venía de los tiempos de la Revolución francesa: se luchaba contra la hidra revolucionaria, contra el proceso de perversión de los valores sociales fundamentales en que había culminado toda la tarea satánica iniciada por el luteranismo y la Ilustración; pero, de nuevo, esos valores se sintetizaban en la idea de

«España», como explicaría Luis Carrero Blanco no mucho después en su *España y el Mar*. Por último, el franquismo rendía tributo a sus tiempos rodeándose de la parafernalia y la fraseología fascista, el más ostensible de sus rasgos aunque no necesariamente el más significativo; pero también el fascismo podía reducirse a una expresión extrema del nacionalismo.

El nombre mismo que los insurgentes eligieron para autodenominarse («nacionales») revela la primacía de la nación, mientras que los términos preferidos por los defensores del Gobierno («republicanos» o «leales») denotan más bien su vinculación con una forma política específica. También la consciente y sistemática ocultación o relegamiento a segundo plano, por parte de la propaganda franquista, de la ayuda ítalo-alemana, frente a la ostentación que los republicanos hicieron del apoyo de las Brigadas Internacionales, revelaba una sensibilidad nacionalista a flor de piel, por un lado, y un cierto menosprecio hacia el ideal nacional, en favor del cosmopolitismo progresista, por el otro.

En conclusión, las ideologías justificatorias y los discursos propagandísticos utilizados durante la guerra civil de 1936-1939 estuvieron cargados de nacionalismo por ambos lados, pero de manera mucho más diáfana, entregada y carente de ambigüedad en el rebelde. Los franquistas aprovecharon mejor que sus rivales las secuelas dejadas por la intensa construcción identitaria de los decenios anteriores. A su manera, el franquismo fue la culminación, la fase de plenitud, de aquel proceso de nacionalización.

FRANQUISMO

Los vencedores de la guerra civil, tan antipatriotas en opinión de los maquis, llevaron a cabo, desde el primer día, el plan nacionalizador más intenso con el que nadie hubiera soñado nunca. Fue una campaña que siguió en buena medida los moldes del primorriverismo, aunque dejara chiquito a éste por su magnitud y carácter coactivo.

El terreno donde se concentró el mayor esfuerzo fue, desde luego, el educativo. Para empezar, con la depuración de los maestros de escuela, de amplitud desconocida en el funcionariado español, que demostró que la enseñanza llamada «laica» suscitaba odios y temores superiores incluso al comunismo revolucionario. Aquellas expulsiones o sanciones no pretendían castigar conductas consideradas delictivas, sino ajustar el perfil de los docentes al modelo mental de «español» que se quería crear: un patriotismo «sano y entusiasta», un catolicismo sin fisuras, una sumisión general al orden y las jerarquías dominantes. Con tal finalidad, no sorprende que los métodos pedagógicos aplicados por los vencedores fueran memorísticos y autoritarios y que se primara la emocionalidad y la actitud «viril» muy por encima de la racionalidad crítica del científico. En cuanto a los contenidos educativos, se añadió con carácter obligatorio una «Formación del Espíritu Nacional» a todos los niveles, que porfiaba en las reivindicaciones y agravios históricos de España. Lo prioritario, para el régimen, era inculcar patriotismo. Sin embargo, al dejar la enseñanza en buena medida en manos del clero, la religión pugnaría con la patria por la primacía. La guerra civil se había librado «por Dios y por España», pero esos dos altares presentaban exigencias no siempre compatibles.

La campaña de nacionalización no se redujo, por supuesto, a las escuelas. Se apoyó también en el diluvio de fiestas nacionales, cruces de los caídos, desfiles, himnos, campamentos juveniles y películas que cayó sobre la España autárquica. El país, por primera vez, se cubrió de monumentos y símbolos patrióticos, en realidad partidistas, como las «cruces de los caídos» en cada población grande o mediana o los yugos y flechas a la entrada de cualquier municipio. Se ofrecieron a los niños y jóvenes «hogares de juventudes» o campamentos veraniegos, donde jugar y recibir adoctrinamiento; hasta los «tebeos» infantiles vendidos en kioscos, como *El Guerrero del Antifaz* o *Roberto Alcázar y Pedrín*, iban cargados de contenido patriótico. Las niñas, por su parte, recibían enseñanza dirigida hacia su misión futura, también al servicio de la nación: fundar una familia católica y educar a los hijos en los sanos principios y sentimientos patrios. En las ciudades, especialmente en Madrid, a un cambio generalizado de nombres de las principales calles se añadieron edificios y monumentos emblemáticos (Ministerio del Aire, Arco de la Victoria, Valle de los Caídos, reconstrucción del Alcázar de Toledo). Otro terreno, por último, muy apto para el adoctrinamiento político y predilecto del propio Caudillo, fue el cine. Siempre con subvenciones oficiales y bajo censura, se produjeron y proyectaron docenas de películas dirigidas a fomentar los sentimientos patrióticos, bien fuera a partir de una imagen idílica y heroica de la «España imperial» *(Locura de amor*, *Agustina de Aragón*, *Jeromín*, *La Leona de Castilla)*, o bien de una versión maniquea y no menos heroica de la guerra civil *(Raza*, *Sin novedad en el Alcázar*, *A mí la Legión*, *El Santuario no se rinde)*.

Pero aquella campaña de nacionalización llegaba, de nuevo, demasiado tarde y se enfrentaba a demasiados obstáculos. Su primer problema era que intentaba difundir un modelo político que, bajo formas muchas veces modernas, era antiguo hasta rayar en lo estrafalario: se trataba de «volver al Siglo de Oro», de borrar tres siglos de historia y toda la tradición ilustrada y liberal. Era obsesivo y agobiante aquel refugio en la cultura de los siglos XVI y XVII, aquel clima cerrado, impermeable, aquel asilamiento frente a las creaciones literarias o avances científicos del mundo exterior. Sólo la concesión del premio Nobel a Ernest Hemingway –un «amigo de España»– permitió la entrada de novela americana del siglo XX.

Un segundo problema de aquel esfuerzo nacionalizador fue que carecía de capacidad –y de voluntad– integradora. En la nueva España sólo cabía la gente de orden, católico-conservadora, identificada con lo castellano. No sólo se pretendía eliminar todo lo que oliera a liberal o pudiera interpretarse como «extranjerizante», sino también toda afirmación cultural local o regional que pudiera servir de base a reivindicaciones particularistas o autonomistas. Se pretendía borrar de la historia (por el silencio, cuando no por el exilio o el encarcelamiento) a todo intelectual heterodoxo, incluyendo a un Pérez Galdós entre los ya fallecidos o a la casi totalidad de las generaciones del 98 o del 27, aún vivos muchos de ellos. Todo este contenido de la identidad nacional era inculcado, además, por la fuerza, de manera coactiva, renunciando a cualquier sutileza o refuerzo positivo: «habla en cristiano», «habla la lengua del imperio» o «no hables como un perro», por ejemplo, acompañados de una bofetada o una multa, humillaba a catalanes católicos y conservadores, y eran formas nada convincentes de atraer a los no castellanoparlantes hacia el amor por la lengua oficial.

Por último, esta mitología nacionalista se mezclaba con la propaganda del régimen; al final de la saga de pérdidas y recuperaciones nacionales, aparecía siempre el Caudillo como redentor del país frente a la última y suprema amenaza, la del bolchevismo y el separatismo. No hay que olvidar que el «¡Arriba España!» iba inevitablemente precedido por un «¡Viva Franco!». Buena parte del país, quizás la mitad, se sentía ajeno a aquel conjunto de mitos y símbolos, aunque no pudiera expresarlo.

En el terreno intelectual, continuaba con vida –tanto del interior como del exilio– el género ensayístico alrededor del llamado «problema de España», que conectaba con la literatura del siglo XVII sobre la decadencia y la del 98 sobre el «fracaso» español. El tema aparecía de manera obsesiva en la creación literaria, con desgarrados cantos a una España mítica y mística, «nuestra gran madrastra», como escribía amargamente Luis Cernuda, «miserable y aún bella entre las tumbas grises».

Los derrotados, por su parte, residentes en Europa o las Américas, discutían con mayor libertad las causas del fracaso español y en especial de la última guerra civil, que añadía un rasgo *cainita* al carácter nacional. Para todos ellos, la pregunta fundamental seguía siendo a qué se debía el fracaso español ante la modernidad. Y la culpa se trasladaba, como es propio de todo planteamiento nacionalista, hacia el exterior: no en el espacio, en este caso, sino en el tiempo. Para unos tenía que ver con las guerras civiles romanas, en parte desarrolladas en territorio ibérico, o con la belicosidad cristiana de la Reconquista. Ortega y Gasset, en los años veinte, había culpado a los visigodos, a su incapacidad de renovar y vigorizar la civilización romana, de crear un feudalismo potente, una sociedad dirigida por sólidas «minorías rectoras». Frente a él, Claudio Sánchez Albornoz, desde Buenos Aires, defendía a los visigodos, reivindicando a la vez la existencia de un *homo hispanus* anterior incluso a la invasión romana, que habría mantenido su identidad esencial pese a las conquistas u ocupaciones de la península por pueblos «extranjeros». Américo Castro, desde Princeton, mostró mayor sentido histórico al negar la cualidad de «españoles» a los iberos o a los visigodos. Para él, la «morada vital» española se había formado en la Edad Media, con la convivencia de tres razas y religiones. Pero la represión de esa libertad medieval en los siglos modernos había hecho que las élites hispanas se caracterizaran por un «desvivirse» conflictivo y agónico, una «morada vital» que era la clave interpretativa de todo el resto de la historia española. Con lo que Castro acababa elaborando también una especie de esencia nacional que explicaba desde la mística del siglo XVI hasta el anarquismo, los nacionalismos periféricos o la guerra civil.[28]

El anacronismo de tan ingeniosas construcciones resultó patente al terminar la Segunda Guerra Mundial, cuando el descubrimiento de los crímenes nazis llevó al colapso de las teorías raciales y nacionales que eran el meollo de su visión del mundo. La pérdida de prestigio de los nacionalismos llevó, entre otras cosas, a la fundación del Mercado Común, futura Unión Europea. Los historiadores y científicos sociales, como sabemos, reflejaron el cambio analizando de manera muy distinta a como se había hecho hasta entonces el fenómeno nacional. Y esta evolución del pensamiento acabó influyendo también en la intelectualidad española, tanto del exilio como del interior. Hacia finales de los cincuenta, ensayistas más jóvenes, como Francisco Ayala, Julio Caro Baroja o José Antonio Maravall, denunciaron la insustancialidad de estos debates alrededor de lo que calificaron de «mito de los caracteres nacionales». Lo cual no dejó de provocar réplicas muy apasionadas por alguno de los representantes de la generación anterior, como Salvador de Madariaga.[29]

Con el acelerado proceso de modernización ocurrido en los últimos tres lustros del franquismo, la España rural se redujo hasta convertirse en una parte mínima y apenas influyente del país. Entre 1960 y 1975, casi dos millones y medio de castellanoparlantes se trasladaron a Cataluña y el País Vasco. Estos trasvases y el impacto de los nuevos medios de comunicación causaron la desaparición de los monolingües catalanes, vascos y gallegos. En la década de los sesenta, por otra parte, las discusiones sobre la esencia de España resultaban ya obsoletas y el desprestigio del régimen –y de los mitos nacionalistas a él asociados– hacía que entre las generaciones jóvenes dominase otro tipo de preocupaciones. Sin embargo, también fue aquel el momento en que renació en la península la obsesión por la identidad bajo la forma de los nacionalismos periféricos. El catalanismo o el vasquismo resultaron tener más atractivo que el revolucionarismo proletario como discurso legitimador del antifranquismo, porque lograron encarnar las ideas de modernidad, europeísmo y democracia; a la vez que eran también la tradición, en parte porque recibían el apoyo de aquella Iglesia que tan mimada había sido por el dictador, pero que, lógicamente, tenía su propia agenda y no necesariamente se identificaba siempre y en todos los lugares con el nacionalismo español. Pero dejemos esto para el capítulo siguiente. Baste constatar aquí que la cultura antifranquista no supo recuperar la tradición jacobina de la izquierda y actualizar el nacionalismo español para arrebatar el protagonismo a los nacionalismos periféricos.

LA DEMOCRACIA POSFRANQUISTA

Dado el destacado papel representado por los nacionalismos periféricos en la oposición al franquismo y el clima imperante durante la Transición, no es de extrañar que los constituyentes de 1978 se enfrentaran con problemas a la hora de definir el sujeto de la soberanía. La solución pactada reflejó, al final, el difícil equilibrio político del momento. Con lo que Enric Argullol ha denominado la «dualidad de almas» de la Constitución española, su artículo primero atribuye la soberanía al «pueblo español», de quien emanan los poderes del Estado, y el segundo consagra la «indisoluble unidad de la nación española», declarada, a mayor abundamiento, «patria común e indivisible de todos los españoles». La nación española –a veces llamada «pueblo»– aparece así concebida en términos homogéneos, como conjunto de ciudadanos, no como suma de pueblos, etnias o naciones. No cabe, por tanto, pensar en atribuir el ejercicio del poder constituyente a una fracción de ese pueblo o nación, en nombre del derecho a la autodeterminación. A la vez, sin embargo, el preámbulo reconoce la existencia de los «pueblos de España», cuyas «culturas y tradiciones, lenguas e instituciones» proclama (la nación española) su voluntad de proteger; incluso hay una referencia a los derechos humanos en una ambivalente redacción que permite entenderlos como atribuidos a colectividades. Y el mismo artículo segundo reconoce la existencia dentro de España de «nacionalidades y regiones», a las que atribuye, además, un «derecho a la autonomía». Es, por tanto, algo más que una admisión de la variedad cultural del país. Y el texto incluye toda una serie de novedades conceptuales, como nacionalidades o derecho a la autonomía, que quedan flotando en la indefinición.

Esta dualidad ha continuado estando en la base del debate desarrollado a lo largo de las casi cuatro décadas transcurridas desde entonces. Porque la fórmula constitucional no resolvió el problema, sino que lo aplazó, marcando sólo unos vagos límites dentro de los cuales habría de plantearse. A lo largo de todo este período, la pugna ha versado sobre el reparto de las competencias y los recursos del Estado y en sentido centrífugo han empujado no sólo los nacionalistas periféricos sino también élites locales regionalistas, como veremos en el próximo capítulo. Pero a la vez se han mantenido, e incluso ganado terreno, unos nacionalismos radicales cuyo objetivo declarado es el independentismo. Si a ello se añade la presencia de un grupo terrorista vasco, Euskadi Ta Askatasuna (ETA), principal agente violento durante la Transición, se comprenderá que los sentimientos en torno a la identidad nacional hayan sido tan intensos y el debate tan apasionado. En conjunto, éste ha sido el problema primordial de la democracia española, todavía hoy pendiente de resolución. Para mucha gente, especialmente de medios conservadores (pero también de la izquierda de herencia republicana unitaria), ha sido y sigue siendo una fuente de angustias de incomparable gravedad.

Los primeros años de la Transición, hasta 1982, fueron testigos de un verdadero festival de autonomías. Como forma de diluir el potencial subversivo del catalanismo y el vasquismo, los gobiernos de Unión de Centro Democrático (UCD) idearon la fórmula del llamado «café para todos», es decir, la concesión del rango de comunidad autónoma a provincias y regiones con escasa o nula tradición de reivindicaciones de autogobierno, como Cantabria, Rioja, Castilla-La Mancha, Madrid o Murcia. Bien es verdad que el texto constitucional preveía dos niveles diferentes de autogobierno. Pero la pugna de las élites regionales por elevar sus competencias hacía imposible reconocer a las llamadas «comunidades históricas» como cualitativamente diferentes. Por otra parte, desde el primer momento se observó un marcado contraste entre las actitudes reivindicativas o proactivas de los nacionalismos periféricos y las posturas defensivas, cargadas de mala conciencia, de la izquierda españolista.

Desde un momento muy temprano, también, el Gobierno central transfirió las competencias en materia de cultura y, poco después, en educación, lo que fue utilizado por los nacionalistas para concentrar su esfuerzo en la construcción identitaria dentro del espacio que controlaban, con el resultado de unas generaciones jóvenes formadas en una mentalidad ajena, e incluso hostil, al españolismo. Las diferencias con la posición adoptada por la izquierda que estuvo en el poder en el primer bienio de la Segunda República son clamorosas. Baste recordar los artículos 49 a 51 de la Constitución de 1931: «el servicio de la cultura es atribución esencial del Estado»; «la expedición de títulos académicos y profesionales corresponde exclusivamente al Estado»; «las regiones autónomas podrán organizar las enseñanzas en sus lenguas respectivas», pero «es obligatorio el estudio de la lengua castellana y ésta se usará también como instrumento de enseñanza en todos los centros de instrucción primaria y secundaria de las regiones autónomas. El Estado podrá mantener o crear en ellas instituciones docentes de todos los grados en el idioma oficial de la República».

A finales de 1982 llegó al poder el Partido Socialista Obrero Español (PSOE), con una mayoría absoluta en el Parlamento. Abandonado el marxismo y todo maximalismo retórico desde 1979, su promesa no era ya revolucionaria, sino de modernización de la administración. Lo cual requería un Estado fuerte. Ya desde 1981 el PSOE había concertado pactos con UCD, para coordinar y contener la hasta entonces desordenada descentralización, que acabaron conduciendo a la Ley Orgánica de Armonización del Proceso Autonómico (LOAPA); aquella ley, que establecía el predominio de la legislación estatal sobre los estatutos autonómicos, fue invalidada en sus preceptos cruciales por el Tribunal Constitucional, por lo que el proceso descentralizador siguió su curso. En los años de Gobierno socialista fue, en efecto, cuando se completó en lo fundamental el despliegue de las instituciones autonómicas, como demuestra el espectacular incremento del porcentaje de gasto público total administrado por las comunidades autónomas, del 3 % en 1982 al 25 % en 1996, al abandonar el PSOE el poder. Todo ello no sin conflictos, como demuestra el centenar de recursos anuales presentado ante el Tribunal Constitucional. Pero los gobiernos socialistas no pudieron concentrar toda su atención en este proceso, pues tuvieron que atender, a la vez, a problemas generales del país, como la superación de la crisis económica iniciada en 1974, la reconversión industrial o la inserción de la nueva España democrática en el contexto internacional del Occidente europeo, mediante la adhesión a la Unión Europea o la permanencia en la Organización del Tratado del Atlántico Norte (OTAN).

Un ejemplo expresivo de las contradicciones y dudas que atenazaban a la izquierda en el tema de la identidad fue la proclamación del día 12 de octubre como fiesta nacional en 1987. Desde el comienzo mismo de la Transición se había hecho necesario decidir qué símbolos y celebraciones del legado dictatorial habrían de subsistir, qué fechas o acontecimientos del pasado habrían de ser conmemorados, qué fiestas se conservarían y cuáles nuevas se crearían. En el otoño de 1981, cuando el Gobierno de UCD tomó la iniciativa de proponer unas leyes de bandera y escudo, los socialistas propusieron como fiesta nacional el 6 de diciembre, día de la aprobación de la Constitución. Pero Leopoldo Calvo-Sotelo, siguiendo los antecedentes de Maura en 1918 y de Franco en 1958, proclamó el 12 de octubre como «fiesta nacional y día de la Hispanidad». Al llegar al poder en noviembre de 1982, los socialistas se apresuraron a declarar festivo el siguiente 6 de diciembre, que se celebró con una gran recepción en el palacio de las Cortes. En 1987, ya bien asentados en el poder, volvieron a plantearse qué hacer con el 12 de octubre. Y de nuevo, por cuarta vez, esta fecha fue declarada «fiesta nacional», aunque desapareció toda referencia a la hispanidad y por supuesto a la raza, e incluso al descubrimiento de América. El Real

Decreto de 7 de octubre de 1987, debatido por el trámite de urgencia, estableció que el siguiente día 12 sería «fiesta nacional de España», pero a la vez se aclaraba que ello se hacía «sin menoscabo de la indiscutible complejidad que implica el pasado de una nación tan diversa como la española» y que lo que se celebraba era «uno de los momentos más relevantes para la convivencia política, el acerbo cultural y la afirmación misma de la identidad estatal y la singularidad nacional de ese pueblo». La fecha simbolizaba, seguía el Decreto, «la efemérides histórica en la que España, a punto de concluir un proceso de construcción del Estado a partir de nuestra pluralidad cultural y política [...] inicia un período de proyección lingüística y cultural más allá de los límites europeos». Una alambicada redacción destinada a evitar cualquier ofensa tanto a los nacionalistas del interior como a los americanistas, a quienes se deseaba atraer para el siguiente V Centenario.[30]

Los actos elegidos para celebrar aquella fiesta fueron también sintomáticos. La jornada se inició con una ofrenda floral a los caídos por España, en el monumento a la Lealtad, con parada militar y recepción ofrecida por los reyes. A lo que siguió un acto académico, con los embajadores latinoamericanos, también con presencia y discurso regios. En este discurso se evitó todo atisbo de etnocentrismo o paternalismo, así como toda referencia a hechos heroicos, a la «madre patria» o a un glorioso pasado. Los términos utilizados fueron «encuentro de culturas», «quinientos años caminando juntos», «relación fraternal» o «puente entre Europa y América». La fecha sigue celebrándose hoy con recepciones en las embajadas españolas en el exterior y un desfile militar en el interior. Pero no tiene nombre, salvo el de «fiesta nacional», y su eco público es escaso.

En 1992, la situación parecía estabilizada y el proceso encauzado. Fue un año de grandes festejos: los Juegos Olímpicos de Barcelona, la Exposición Universal de Sevilla y la inauguración del primer tren de alta velocidad, entre Madrid y Sevilla. Una nueva España se presentaba ante el mundo. Especialmente complicada fue la inauguración de las Olimpiadas de Barcelona, porque en las expresiones de identidad eran inevitables las referencias al catalanismo. Al final, tras maniobras y negociaciones llevadas con habilidad por Juan Antonio Samaranch, se usaron la bandera y el himno catalanes y la lengua figuró al mismo nivel que el castellano, el francés y el inglés. Pero el festejo de apertura se abrió con el flamenco de Cristina Hoyos, considerado más universal, y sólo en segundo lugar se bailó una gran sardana. La entrada del rey en el palco presidencial se realizó en el momento mismo en que sonaba *Els Segadors*, con lo que el mundo entero pudo contemplar los aplausos del público. Barcelona, en definitiva, se presentó como capital de Cataluña, pero también como ciudad de España. Se resolvió, por tanto, el problema, pero no sin tensiones. Una cincuentena de independentistas fueron arrestados, aunque sin graves condenas posteriores. Los barceloneses se sintieron satisfechos, en definitiva, con el evento, sobre todo por el gran impulso que supuso para la transformación de la ciudad. Una transformación similar a la de Sevilla, donde desde luego no existieron tensiones identitarias, pero que se benefició de varias notables mejoras urbanísticas y un espectacular avance en las comunicaciones. Bilbao, por su parte, inauguró también por entonces, sin apoyo estatal, el museo Guggenheim, una obra que contrarrestó de manera importante la pérdida de puestos de trabajo industriales de los quince años anteriores y que dio a la ciudad una pátina moderna y posindustrial, alejando al nacionalismo de sus orígenes carlistas. Significado parecido tuvo el Kursaal de San Sebastián. En resumen, el nacionalismo español quería presentarse como moderno y europeo; pero sus competidores también.

Al llegar el Partido Popular (PP) al poder en 1996, el proceso de descentralización recibió un nuevo impulso, debido a los pactos que se vio obligado a establecer con Convergència i Unió (CiU) y el Partido Nacionalista Vasco (PNV), partidos bisagra que se habían beneficiado previamente de similares acuerdos con el PSOE. José María Aznar, el dirigente popular, venía de presidir la comunidad de Castilla y León y dio la impresión de que hacía suya la nueva España de las autonomías. La derecha española entraba, por fin, por la senda descentralizadora, lo que era todo un hito histórico. Pero al afirmarse los populares en el poder comenzaron los problemas. En 1999, Esperanza Aguirre, ministra de Educación, planteó la cuestión de la enseñanza escolar de la Historia, lo que dio lugar a un informe muy negativo sobre el tema elaborado por la Real Academia de la Historia –una academia que había publicado una obra colectiva sobre el *Ser de España* y estaba preparando un *Diccionario Biográfico* con artículos simpatizantes con el pasado franquista–. La reacción españolista se vio acompañada por libros o declaraciones de José Ramón Lodares, Manuel Alvar o Francisco Rodríguez Adrados, coincidentes todos en la necesidad de volver a poner las cosas en «su lugar» y en defender el idioma español no ya como «lengua del imperio», sino como «patrimonio cultural» propio y lengua internacional de gran valor. Los llamamientos a la modernidad y el internacionalismo se mezclaban con los de afirmación de la identidad española, en clara competencia con los nacionalismos periféricos.

En lugar de rebajar la tensión, la mayoría absoluta obtenida por el PP en las elecciones del año 2000 empeoró el clima. Aznar, una vez reafirmado en el poder y sin necesidad del apoyo parlamentario del PNV y CiU, reveló un nacionalismo español obsesivo. Se reparó entonces en que sus dos libros de 1990 y 1996 llevaban la palabra «España» en el título y que el término se repetía hasta varias veces por página en el interior. España, decía, era una nación que un día fue importante en Europa y debía volver a serlo; era la nación más antigua de Europa y tenía una «gran misión de futuro». Sólo en segundo plano añadía que era «plural y diversa», pero en ningún caso se resignaba a que fuera un simple «Estado» ni la consideraba «plurinacional» o «nación de naciones». Sin embargo, como el término «nacionalismo» se hallaba asociado por entonces con guerras, conflictos y etnicismos excluyentes, los ideólogos del PP insistían en que su actitud, al revés que la de vascos y catalanes, no era nacionalista, sino que se veían inspirados por el «patriotismo», un sano vínculo emocional del ciudadano con los valores colectivos que garantizan su libertad.[31] Se invocó mucho por entonces el concepto de «patriotismo constitucional», acuñado por el filósofo germano Jürgen Habermas para referirse a un nacionalismo cívico, desprovisto de elementos étnicos. Pero lo cierto era que aquel nacionalismo español conservador evocaba muchos rasgos del viejo nacionalcatolicismo, aunque anclado ya, desde luego, en la democracia constitucional. Y una y otra vez se invocaba la necesidad de cerrar el proceso autonómico, que se consideraba legítimo, pero no indefinido.

La nueva situación provocó nuevas tensiones, que acabaron desembocando en el llamado Plan Ibarretxe, de 2001, que lanzó al nacionalismo vasco hacia la reclamación de un «soberanismo» preludio del independentismo, y en el catalán Pacto del Tinell (2003), que reclamaba un nuevo Estatuto y excluía al PP de un acuerdo general entre los partidos. La situación se tensó hasta el punto de que las relaciones entre el presidente del Gobierno español y el *lehendakari* vasco prácticamente se rompieron.

La Iglesia católica, entre tanto, iba abandonando la prudencia que había caracterizado su posición política durante la Transición. Llegado al trono pontificio el beligerante anticomunista polaco Karol Wojtyla, con el nombre de Juan Pablo II, comenzó a tomar posiciones en la política española, sustituyendo en 1981 a Vicente Enrique Tarancón por Ángel Suquía, y más tarde por Antonio M. Rouco Varela, ambos mucho más conservadores que su antecesor. Repitiendo las movilizaciones de finales del siglo XIX, se celebraron en estos años los centenarios de Teresa de Ávila –al que asistió el propio papa–, del III Concilio de Toledo –la «conversión de España al catolicismo»– y del «descubrimiento de América». La nueva actitud eclesial se ligó también a la unidad nacional, declarada más tarde un «bien moral» por el cardenal Antonio Cañizares. Pero esto no impidió que el clero vasco y el catalán apoyaran a su vez a sus respectivos nacionalismos.

Bajo la dirección de José Luis Rodríguez Zapatero, el PSOE llegó de nuevo al poder en 2004 y reactivó el acuerdo con los nacionalistas. Consiguió frenar, por vías legales, el Plan Ibarretxe y combatió con eficacia a ETA, pavimentando al fin el camino para su extinción. Planeó incluso una reforma constitucional tendente a organizar el Estado con una estructura más cercana al federalismo. Pero en lugar de una reforma constitucional organizada lo que hubo fue una sucesiva y heterogénea modificación de los estatutos autonómicos, que además provocó una dura reacción de la derecha, que acusó a los socialistas de traición a la idea nacional. Al pasar de nuevo a la oposición a partir de finales de 2011, han reaparecido las referencias socialistas a una reforma constitucional en sentido federal, pero esta propuesta nunca ha terminado de concretarse, en parte por las propias disensiones internas dentro del partido. Un Estado federal requiere, además, fundarse en la existencia de una identidad nacional fuerte y es incompatible con un Estado confederal, de base plurinacional.

La situación en Cataluña se ha crispado a partir de 2010, tras la sentencia del Tribunal Constitucional modificando partes de un Estatuto pactado y aprobado cuatro años antes y una crisis económica que se ha tendido a explicar con un simplón *Espanya ens roba*. Aunque no es éste el momento de hablar del nacionalismo catalán, sino del español, sí lo es de subrayar la paradoja de que las reivindicaciones autonomistas sigan planteándose en los mismos términos que hace más de cien años cuando las circunstancias de la España de comienzos del siglo XXI son radicalmente nuevas. Baste mencionar el crecimiento económico experimentado desde los años 1950, la disminución de los desequilibrios regionales, la implantación de la democracia, el proceso de descentralización, la integración en organismos internacionales como la Unión Europea o la OTAN o, por último –pero muy importante–, la fuerte oleada inmigratoria recibida por el país, fenómeno nuevo, potencialmente conflictivo, pero radicalmente ajeno a las clásicas reivindicaciones nacionalistas.

En resumen, la Transición a la democracia, tras la muerte de Franco, que resolvió tantos problemas, no consiguió resolver el de la distribución territorial del poder ni el de la consolidación de la identidad nacional. La Transición fue un pacto de élites que no se planteó una nueva educación política que incorporara como ingrediente esencial la identidad colectiva compartida. Sobre la historia, tema conflictivo, se hizo una lectura superficial, en clave pacificadora, para facilitar el consenso. Pero, al transferir la educación y cultura a los nacionalistas, se dejó en sus manos la formación de las nuevas generaciones, que han crecido al margen de los mitos españolistas y entre las que tienen gran atractivo hoy las demandas independentistas.

Esta es la actual situación. Después de convivir durante casi cuarenta años bajo estas ambigüedades, el debate continúa, e incluso se agita cada vez más, debido al irresuelto problema de la reestructuración territorial del Estado.

CONCLUSIÓN

Al terminar este largo repaso de la historia española, centrada en los aspectos de la construcción identitaria, es inevitable comparar este caso con los descritos en el capítulo anterior. El proceso español parece, en principio, evocar similitudes sobre todo con el británico. Se trata de sendas monarquías antiguas, muy anteriores a los procesos de nacionalización, que concentran varios reinos en las manos de un solo rey. Pero la monarquía española, a diferencia de la inglesa, careció de una institución representativa del conjunto, de un Parlamento como el británico; y, además, no se convirtió en gran potencia al llegar la modernidad, sino que perdió su imperio. También tiene rasgos que la asemejan a Francia: de nuevo una monarquía prenacional, que creó unas estructuras estatales tempranas. Pero no sufrió una gran revolución, al iniciarse la época contemporánea, que reforzara la identidad colectiva en términos jacobinos unitarios a partir de mitos tan potentes como la igualdad y la libertad. Como Italia o Alemania, en el caso español se partió de un vasto espacio dominado por una lengua mayoritaria; pero no vivió la enorme y entusiasta oleada nacionalista romántica del siglo XIX. Como el Imperio austrohúngaro, nos hallamos ante varios reinos acumulados en las manos de un solo monarca que no consiguió someterlos a una estructura estatal unitaria, pese a los esfuerzos del conde-duque de Olivares bajo Felipe IV o de los gobiernos ilustrados del siglo XVIII. Como Turquía, hubo de emprender un complejo proceso de reconversión, de imperio a nación; pero careció de un dirigente tan carismático y tan decidido como Kemal *Atatürk*. Y como sus antiguas colonias americanas, en los siglos XIX y XX se quiso construir la nación a la vez que se construía el Estado, pues las estructuras políticas de la monarquía imperial colapsaron a partir de 1808. Y el Estado que se planeó fue centralizado y homogéneo, a la francesa, abiertamente inadecuado para una monarquía tan corporativa, variada y compleja como había sido la española del Antiguo Régimen.

Tenemos, pues, una monarquía muy antigua, prenacional, como Inglaterra, Francia, Austria-Hungría, Rusia o Turquía. Varios reinos sometidos a una misma corona, pero sin homogeneidad administrativa, lo mismo que ocurría en Gran Bretaña, Rusia o Turquía. Pero sin vivir en ningún momento un período de fuerte revolución antiabsolutista, como el ocurrido en Inglaterra, Estados Unidos o Francia, ni la gran oleada nacionalista del siglo XIX que caracterizó a Italia, Alemania o Polonia. El Estado renunció a desempeñar un importante papel en el escenario internacional, al revés de lo que hicieron Inglaterra, Francia, Alemania, Rusia o Austria-Hungría, aunque a cambio no tenía vecinos que fomentaran los nacionalismos disgregadores, como los tenían el sultán otomano o los Habsburgo austríacos. Estas últimas circunstancias son las que forzaron a imperios como el turco, el ruso o el austríaco a entrar en conflictos bélicos que llevaron a su desintegración. La monarquía española perdió su imperio de ultramar, pero sobrevivió en Europa, absteniéndose de participar en conflictos bélicos, lo que le permitió conservar sus seculares fronteras intactas. E intentó pasar de imperio a Estado-nación moderno, como Turquía, pero en un momento de constantes altibajos políticos y extrema debilidad económica, asociando en el siglo XX el españolismo a dos dictaduras que terminaron siendo muy impopulares. Con lo que sobrevivió, pero seriamente cuestionada por segmentos de la población periférica, quizás no mayoritarios, pero sí suficientemente amplios como para crear serios problemas; unos problemas que siguen sin resolverse en el momento de concluir este capítulo.

4

Identidades alternativas a la española en la península Ibérica

PORTUGAL, LA IDENTIDAD COMPACTA

Portugal, junto con Dinamarca, está considerado actualmente como uno de los estados-nación más compactos, o con menos fisuras internas, de Europa. Pero las raíces de esa solidez identitaria no pueden encontrarse en un pasado remoto, pues durante muchos siglos se trató de un territorio al que no diferenciaba ningún rasgo especial del resto de la península en la que está situado.

Su nombre procede de *Portus Cale* (Cale, una población situada en el área del actual Oporto) o *Portus Galia* (puerto de los galos, de la misma raíz por tanto que Galicia). Como el conjunto peninsular, su territorio pasó por sucesivas ocupaciones romana, visigoda y musulmana. Roma creó la provincia de Lusitania, pero ésta no coincidía con el Portugal posterior, pues sólo comenzaba al sur del Duero y se extendía por toda la actual Extremadura, con Mérida como capital. Su primera identidad política, con límites que ya esbozaban los futuros, comenzó a delinearse en la Edad Media tardía, cuando se constituyó en condado, en la órbita del conjunto formado por el antiguo reino de Asturias, expandido luego a Galicia, León y Castilla. Como todo el resto de la península, tuvo también una importante población judía y musulmana, expulsada a finales del siglo XV, momento a partir del cual dominó el orgullo del «cristiano viejo» y la discriminación contra el «nuevo» (con masacres, como la de Rossio en 1506). No es preciso añadir que las historias nacionales –tanto portuguesas como españolas– tienden a olvidar o menospreciar estos rasgos comunes a ambos países. Sólo les interesa lo distintivo.

El título de conde de Portugal fue concedido por Alfonso VI de Castilla a Enrique de Borgoña o Capeto, venido de Francia para ayudarle en la lucha contra los musulmanes y casado luego con su hija Teresa. Era el momento del nuevo clima de cruzada europea contra los musulmanes y de la alianza castellano-borgoñona que ayudó al lanzamiento de Santiago Matamoros. El hijo de Enrique y Teresa, Afonso Henriques, nacido ya en Portugal, elevó el condado a reino, estableciendo su capital en Guimarães. Se declaró, para ello, vasallo del papa, suprema autoridad moral internacional, quien –no sin meditarlo durante cuarenta años– acabó reconociendo el reino independiente de Portugal en la bula «Manifestis probatum», de 1179. Dos siglos después, las crónicas reforzarían esta legitimación religiosa con el milagro de Ourique (una batalla «cuya localización e importancia son aún hoy discutidos»).[1] Según esta leyenda, al todavía conde Afonso Henriques, que se hallaba leyendo la Biblia en vísperas de una importante batalla contra cinco reyes almorávides, se le apareció milagrosamente Jesucristo, que le prometió la victoria y su ascenso a la categoría de rey de Portugal. La victoria, en efecto, se produjo contra tropas muy superiores en número, y en el propio campo de batalla el conde fue aclamado como monarca. Era un 25 de julio, día de Santiago, y fue fama que el apóstol había aparecido entre las nubes combatiendo contra los musulmanes. Todavía hoy figuran en el escudo de Portugal cinco motas rojas que hacen referencia a las llagas de Cristo o a los cinco reyes moros derrotados en Ourique.

Afonso Henriques reinó durante sesenta años y acabó siendo reconocido como rey de Portugal por su primo castellano Alfonso VII, quien a su vez se atribuyó el título de *imperator Hispaniae*. Durante aquel reinado, el territorio portugués se expandió hasta el sur de Lisboa. Su sucesor, Sancho I, completó la acción con la conquista del Algarve, región hacia la que atrajo con franquicias y exenciones a colonos franceses y flamencos, por lo que fue llamado *El Poblador*. El tratado de Cañizares, de 1297, definió las fronteras entre Portugal y Castilla, que han permanecido básicamente intactas hasta hoy. Aunque no sin múltiples disputas e intentos de invasión, sobre todo castellanos.

La subsistencia del reino portugués, al margen de especulaciones sobre la conciencia identitaria de su población, tiene mucho que ver con su temprana y constante alianza con Inglaterra. Ésta se inició en 1385 con la batalla de Aljubarrota, en el curso de una compleja guerra en la que se entremezcló la crisis sucesoria que vivía Portugal, al no existir herederos varones de la casa de Borgoña, con el Cisma de Occidente, pues Castilla apoyaba al papa de Aviñón, Clemente VI, mientras en Lisboa una sublevación popular en favor del italiano Urbano VI había terminado en el asesinato del obispo de la ciudad. Aquella batalla sentó en el trono portugués a la dinastía de Avis y fue decisiva para clausurar los pleitos fronterizos con Castilla, por lo que hoy es recordada por un formidable monasterio, túmulo a la vez de la nueva familia real. Pero tuvo otra consecuencia de interés en el terreno identitario, como fue la sustitución de Santiago por San Jorge como patrono celestial de Portugal, lo que aumentó la distancia simbólica con *Espanha*. En principio, sólo los aliados ingleses se acogían a la protección de este santo, mientras que los portugueses invocaban, igual que los castellanos, a Santiago. El resultado de aquella batalla demostró la superior eficacia de Saint James, que, bajo el nombre de São Jorge, se convirtió en santo patrón y grito de guerra portugués. A partir de entonces se «aportuguesaron» también las órdenes religioso-militares, independizándose la de Avis de la de Calatrava y la de Santiago de su homónima española, y surgiendo la de Cristo con los restos de los Templarios.[2]

Al finalizar la Edad Media, el proceso de fusión de reinos peninsulares asociado al nombre de los Reyes Católicos comenzó, como es sabido, con la unión de Castilla y Aragón. Pudo haber sido la de Castilla y Portugal, de haber triunfado en aquella guerra de sucesión castellana el lado portuguesista, que apoyaba a Juana *la Beltraneja*. No hubiera sido antinatural, como no hubo nada de natural ni de predestinado en la unión de Castilla con Aragón. En realidad, Castilla había tenido en los últimos siglos más contactos y más pactos matrimoniales, dirigidos a la unión de reinos, con Portugal que con Aragón. Pero la fortuna, la habilidad política y la capacidad militar del bando aragonesista, o isabelino, fueron superiores a las del portuguesista, o de *la Beltraneja*.

El siglo XV fue un momento de espectacular expansión portuguesa, sobre todo en los años del infante Enrique *el Navegante* (1394-1460). Sus naves fueron las primeras europeas en conquistar una plaza en el norte de África (Ceuta, 1415), en llegar a las islas atlánticas (Azores, Madeira, Canarias, Cabo Verde) y en bordear la costa africana en busca de una vía marítima hacia la India y los productos de Oriente, un objetivo de especial atractivo tras la conquista de Constantinopla por los otomanos. En 1498, solo seis años después de que Colón llegara a América, Vasco da Gama alcanzó la India, bordeando África. Por medio del papa se negoció entonces el tratado de Tordesillas, que dividió candorosamente el planeta en dos mitades, atribuidas a las dos potencias ibéricas, Portugal y Castilla, a partir de una línea meridiana situada a 370 leguas al oeste de las islas de Cabo Verde. Al amparo de aquel acuerdo, que otorgaba a Portugal los territorios orientales de Sudamérica, Pedro Álvares Cabral dirigió el año 1500 una gran expedición hacia el oeste que alcanzó la costa de Brasil.

En el primer tercio del siglo XVI, los apenas dos millones de portugueses extendían su poder a puntos muy lejanos del mundo entero. Aparte de Brasil, habían descubierto Madagascar, Ceilán y la isla Mauricio, conquistado Goa, Malaca y Macao y visitado Persia, China y Japón. Estas hazañas se explican, en parte, por la excelente localización geográfica del reino, pero mucho más por la inteligente política de sus monarcas, que invirtieron en expediciones, las protegieron de los piratas moriscos, recopilaron y estudiaron las informaciones conseguidas en ellas e hicieron traducir los tratados de astrónomos, cartógrafos y matemáticos árabes o grecolatinos. Es decir, patrocinaron instituciones donde se sentaron las bases científicas de la navegación. No por casualidad fue a un portugués, Fernão de Magalhães (Magallanes para los españoles), a quien la corona de Castilla encomendó la dirección de la expedición que daría la primera vuelta al mundo, aunque –muerto ya Magallanes – ésta acabase mandada por el vasco Juan Sebastián Elcano.

En una de aquellas expediciones, en 1578, el joven rey don Sebastián desapareció en África, probablemente muerto en combate. Le sucedió un tío abuelo, el cardenal don Enrique, anciano sin descendencia que falleció también al poco tiempo, con lo que el trono quedó vacante. Lo reclamó don Antonio, prior de Crato, hijo bastardo de un infante y único sucesor masculino de la familia real, pero tuvo que enfrentarse nada menos que con Felipe II de Habsburgo, con mejores títulos de parentesco con los reyes difuntos, como hijo que era de Isabel de Portugal y nieto de Manuel I, pero sobre todo con superior fuerza política y militar. Tras ser reconocido Felipe II como heredero por un consejo de nobles nombrado por el cardenal-rey don Enrique, y coronarse por su parte don Antonio como rey en Santarém, la solución militar del conflicto se hizo inevitable. La invasión no fue tan sencilla como suelen presentarla las historias españolas, pero sí es cierto que fue decisiva la batalla inicial, en el puente de Alcántara, en que las tropas del duque de Alba –nada menos que 30.000 hombres– derrotaron a las de don Antonio, que hubieron de retirarse hacia Oporto, y luego a las Azores. Con lo que Alba, tras vencer alguna otra pequeña resistencia, entró triunfante en Lisboa y Felipe II fue coronado rey de Portugal en las Cortes de Tomar de 1581. Allí aceptó una serie de condiciones y requisitos, como el respeto a los usos, costumbres, libertades y privilegios del reino y el nombramiento de portugueses para todos los cargos relacionados con Portugal o sus colonias, habituales en aquel tipo de monarquía que sumaba reinos bajo el principio *aeque principaliter.*[3] De todos modos, la sumisión al rey español encontró resistencias, como demostraron las varias rebeliones ocurridas entre 1584 y 1598 siguiendo a personajes que decían ser el desaparecido rey Sebastián.

Portugal vivió así integrado en la monarquía hispánica durante sesenta años. Durante ese tiempo, se otorgaron altas posiciones a la nobleza portuguesa y un cierto grado de autogobierno, por medio del Consejo de Portugal. Y hubo una nada despreciable fusión cultural, como demuestra la producción literaria de Luis de Camões, en ambas lenguas, aunque sin duda mimando una identidad portuguesa específica. Una identidad que también mantuvieron celosamente las obras de Manuel Faria e Sousa o la magna *Monarchia Lusitana*, elaborada por los monjes cistercienses de Alcobaça.[4] Pero la sumisión de la política exterior portuguesa a la global española le reportó perjuicios. Inglaterra, por ejemplo, su viejo aliado, pasó a ser su enemigo, lo mismo que ocurrió con Holanda, y ambas potencias se propusieron arrebatar a portugueses y españoles el tráfico de esclavos y de especias. Ello significó pérdidas territoriales en Angola, gran fuente de esclavos, y sobre todo en Brasil, donde los holandeses conquistaron Salvador, la capital, y Pernambuco. Un contraataque hispanoportugués, a partir de 1625, logró recuperar algunos de los territorios brasileños perdidos, pero no todos.

A la sensación de decadencia que comenzó a dominar en Portugal –no muy distinta a la que expresaban los arbitristas en el resto de la monarquía– se añadieron las tensiones derivadas de la guerra de los Treinta Años. El conde-duque de Olivares exigió hombres y dinero de todos los reinos peninsulares y, ante las resistencias, planeó unificar el gobierno y suprimir los privilegios locales. Tras varias protestas y sublevaciones menores, la exigencia de tropas portuguesas para aplastar la sublevación catalana de 1640 desembocó en una rebelión generalizada, con el apoyo de muy distintos estratos sociales, que proclamó como rey de Portugal al duque de Braganza. *A promessa de Cristo a D. Afonso Henriques será cumprida!*, gritó uno de los dirigentes del asalto al palacio del regente el 1 de diciembre.[5] Tras una guerra de veintiocho años, en la que los rebeldes tuvieron el apoyo francés, holandés y, sobre todo, inglés, la monarquía católica, derrotada, reconoció la independencia de Portugal.

El siglo XVIII portugués estuvo dominado por las reformas pombalinas. Sebastião de Melo, futuro marqués de Pombal, comenzó su carrera en 1738 como embajador en Londres y la continuó como ministro de Estado y luego primer ministro. Alcanzó este cargo en 1755, cuando un terrible terremoto, el más grave de la historia europea, con tsunami e incendio añadidos, destruyó Lisboa. Pombal dirigió con eficacia la reconstrucción de la ciudad, con medidas de protección antiseísmos. A partir de ahí, lanzó su política ilustrada, que consistió sobre todo en la centralización de la administración y en reformas económicas y fiscales, con la creación de manufacturas reales y de compañías comerciales que manejaban el tráfico colonial. Dio también un gran empuje a la producción y comercialización de los vinos de Oporto, que ya tenían entrada libre en Inglaterra desde el Tratado de Methuen (1703), a cambio de la admisión de paños ingleses en Portugal. Pero, sobre todo, redujo los privilegios eclesiásticos y nobiliarios, eliminó las restricciones para los «cristianos nuevos» y decretó la expulsión de los jesuitas, lo que le ganó los odios de la nobleza y la Iglesia.

En el terreno internacional, dadas las tradicionales alianzas anglolusa e hispano-francesa por los Pactos de Familia, los dos países peninsulares se enfrentaron en varias guerras. En 1807, ya en época napoleónica, al no acceder Portugal a sumarse al embargo contra Inglaterra, Napoleón Bonaparte planeó su invasión, para lo cual concertó con Manuel Godoy un acuerdo en Fontainebleau que preveía el cruce de un ejército francés, al mando de Jean-Andoche Junot, por territorios españoles. Así se hizo y el mariscal entró en Lisboa en diciembre de 1807. Pero, en el último momento, el monarca portugués se había embarcado y huido a Brasil, por lo que durante los trece años siguientes Río de Janeiro fue la capital portuguesa.

Cuando João VI regresó a Portugal, en 1820, dejó como regente de Brasil a su hijo don Pedro. Pero la retirada de muchos de los privilegios concedidos a aquellas tierras provocó malestar y el príncipe intrigó con los liberales que preparaban un movimiento constitucionalista en Oporto, en parte alentado por el Trienio Liberal que entonces vivía España. Presionado para que retornara, don Pedro se negó y declaró la independencia de Brasil, asumiendo el título de emperador. Pero cuando murió su padre, en 1826, Pedro I de Brasil decidió regresar a Lisboa y reclamar también sus derechos al trono portugués. Sin embargo, las reformas constitucionales habían provocado la rebelión absolutista de los partidarios de su hermano Miguel, animados por la caída del régimen constitucional español tras la intervención de los Cien Mil Hijos de San Luis. Denuncias de la situación del rey don João como «prisionero de los infames que lo cercan» y consignas como «¡Viva el rey absoluto!», «¡Muera la Constitución!» o «Salvemos la santa religión de nuestros mayores», habían sonado ya entre los partidario de don Miguel antes de 1826. Pero ese año se inició una nueva guerra entre miguelistas y liberales, que duraría hasta 1834. Nada más comenzar, el mal cariz de la situación obligó a don Pedro a abdicar en su hija María y regresar a Brasil. Pero en 1832 retornó, derrotó a su hermano Miguel y le forzó a renunciar y a exiliarse, dejando asentada en el trono portugués a María II.

El siglo XIX portugués, como el español, se vio dominado por los altibajos políticos entre liberales y absolutistas. Las élites modernizadoras, liberales, eran muy similares en ambos países. En paralelo vivieron la guerra napoleónica, la revolución liberal de 1820, el retorno del absolutismo en 1823, las guerras miguelistas/carlistas y los exilios. Tanta similitud los llevó a convivir en Londres o en París, a formar parte de las mismas organizaciones clandestinas y a compartir proyectos. Lo que dominaba el ambiente liberal europeo, además, eran el *Risorgimento* italiano y la unificación alemana, lo que fomentó la idea de la Unión Ibérica. Para ello se pensó primero en la vía tradicional de un concierto matrimonial entre los herederos de las dos coronas; se consideró, por ejemplo, un posible esposo portugués para Isabel II, idea que al final no cuajó. Pero otros empezaron a proyectar una federación ibérica de tipo republicano. En esa línea estaban dos periódicos aparecidos en 1852: *A Iberia*, de Lisboa, y *A Peninsula*, de Oporto. Y eso defendía también el libro de mayor impacto, *La Iberia*, de Sinibaldo de Mas, publicado en 1851 en español y al año siguiente en portugués, en traducción de José María Latino Coelho. Coelho creía que un Estado pequeño como Portugal era inviable en Europa y que ambos países estaban en decadencia, por lo que la unión les reforzaría mutuamente. Paniberistas eran también Carlos José Caldeira, Joaquim Pedro de Oliveira Martins (autor de una importante *História da civilizaçào ibérica*, dedicada a Juan Valera) o Antero de Quental, intelectuales nacidos antes de 1848, europeístas y proudhonianos, que dominaron el ambiente hasta los años sesenta.[6]

Pero en las décadas de los sesenta y setenta varió el clima. Para apoyar su antimonarquismo, los liberales fundaron en 1861 la *Associação Primeiro de Dezembro*.[7] El nombre se refería a la fecha en que había estallado la rebelión de 1640, hecho que celebraban con ardor, oponiendo a «restauradores» con «intrusos». En 1868 se produjo, sin embargo, el gran momento revolucionario liberal en España y las pavesas del iberismo se reactivaron por última vez. Hubo nuevos proyectos de unión ibérica, tanto por la vía monárquica como por la republicana. Juan Prim, el hombre fuerte de la situación hasta su muerte en 1870, negoció para poner en el trono de España a un miembro de la casa de Bragança, lo que en su opinión garantizaría el liberalismo de la monarquía. Pero diversas causas, entre ellas los recelos suscitados por el proyecto en Portugal, hicieron imposible el acuerdo. Entre 1867 y 1871 se publicaron en Portugal 58 obras debatiendo la cuestión ibérica, trece más de las que habían aparecido en los quince años anteriores; muchas de ellas se oponían al acercamiento, arguyendo que era una encubierta sumisión de Portugal a España.[8] En todo caso, la evolución del ciclo revolucionario en España y su cierre en 1874 llevaron al distanciamiento definitivo. A partir de ese momento, los republicanos portugueses renunciaron al paniberismo.

El Partido Republicano Portugués (PRP) había nacido en 1873, fecha no casual porque fue la de la Primera República española. Su planteamiento fue fundamentalmente nacionalista: la monarquía, junto con la Iglesia, era la culpable, no sólo de la pérdida de las libertades políticas, sino, sobre todo, de la decadencia del país. En las décadas anteriores se habían escrito también las historias nacionales, entre las que destacaba la de Alexandre Herculano (1848), no centradas ya en los monarcas ni en la legitimación religiosa del milagro de Ourique, sino en el *povo*, la *nação*, la *raça*, una comunidad humana compuesta por «un conjunto de seres virtuosos capaz de gobernarse a sí mismos».[9] Nada diferente a lo que estaban diciendo los republicanos españoles, pero en Portugal arraigó. Bien es verdad que el esfuerzo fue muy superior: los republicanos crearon periódicos como *O Século* (1880), dirigido por Sebastião de Magalhães Lima, o la revista *Estudos Livres* (1883-86), de Teófilo Braga; Antero de Quental publicó en 1871 *Causas da Decadência dos Povos Peninsulares*; Abilio Guerra Junqueiro, veinte años después, su *Finis Patriae*, folleto donde sugería el asesinato del rey. En 1882 se celebró sonadamente el centenario de la muerte del marqués de Pombal, acompañado de una fuerte propaganda anticlerical. Todo aquel discurso antimonárquico, basado en la exaltación de la colectividad soberana, venía ligado a las memorias relacionadas con la guerra de Independencia portuguesa del siglo XVII; es decir, se dirigía inevitablemente contra *Espanha*, el enemigo de la identidad común. No contra Castilla, por cierto, que hubiera sido más preciso en términos históricos. Hasta los refranes se transformaron: el actual *De Espanha, nem bom vento nem bom casamento*, viene del medieval *de Castela, nem bom vento nem bom casamento*.[10] Y el proyecto paniberista se hundió.

Las dos últimas décadas del siglo XIX y las tres primeras del XX fueron las del lanzamiento del nacionalismo portugués. «Es impresionante lo que debemos a los años 1880 a 1930», escribe el historiador Rui Ramos: la bandera, el himno, el Día de Portugal (festejado por primera vez en 1925), es decir, toda la religiosidad cívica. Pero también la forma republicana de Estado, la glorificación de Camões (centenario de 1880), la conmemoración de los descubrimientos (centenarios del infante don Henrique, 1893; de Vasco da Gama, 1898; de Álvares Cabral, 1900), los «paneles del infante» (redescubiertos y repintados en 1910) y hasta la primera reforma ortográfica. Entre 1907 y 1910 se clasificaron y acondicionaron como monumentos históricos nacionales el templo romano de Évora, los monasterios de Alcobaça y Batalha, el de los Jerónimos en Lisboa (convertido en panteón nacional), la Torre de Belem, la basílica de Mafra, el convento del Cristo en Tomar, los castillo de Silves, Almourol y Palmela, el acueducto de las Águas Livres, la Praça do Comerço en Lisboa, el palacio de Sintra, las ruinas de Conimbriga... Se erigieron monumentos: en 1867, a Camões en el Chiado; en 1875, el arco de la Rua Augusta (a las *virtutibus maiorum*, con Viriato, Álvares Pereira, Vasco da Gama y Pombal); en 1886, el de los restauradores en Lisboa; en 1888, el de Afonso Henriques en Guimarâes... «Obras de teatro, poemas, relatos, todos los géneros servían para cantar la gesta de la formación de la nacionalidad, la batalla de Aljubarrota y las guerras con Castilla, la lucha contra los Felipes y la acción redentora de 1640».[11] Se construyó en aquel período, igualmente, la música, la literatura, la pintura y la arqueología nacionales. Se elaboraron los estereotipos de la cocina y la arquitectura portuguesa (la *casa portuguesa* de Raúl Lino) y se lanzaron las grandes elaboraciones sobre la psicología colectiva (mezcla de *saudade* y de heroísmo de descubridores)...[12] Todos estos elementos, según Rui Ramos, quedaron coordinados bajo la forma de «una *cultura*»; una cultura centrada en la nación, desde luego, referencia de un conjunto de símbolos sagrados, mitos, héroes y hazañas históricas, convenientemente celebrados y exaltados para convertirlos en la principal fuente del orgullo colectivo.

Las décadas finales del siglo XIX fueron también la época de expansión de los puertos comerciales portugueses en la costa africana, penetrando en el interior de los territorios de Angola y Mozambique. El dominio portugués del comercio de esclavos lo había llevado ya a tensiones con Inglaterra, país que abanderaba el abolicionismo. Pero en 1890, ante el proyecto luso de ocupar el centro africano para unir Angola con Mozambique, que chocaba con un plan británico similar de unir sus colonias de norte a sur, desde el Cairo hasta Ciudad del Cabo, se llegó a un enfrentamiento que dio lugar a un tajante ultimátum británico. Portugal se vio obligado a ceder y, en un clima de humillación por un ultraje infligido por su más viejo aliado, sufrió una crisis no muy distinta a la española de 1898. Los republicanos aprovecharon la situación para denunciar a la monarquía y su sumisión a la tutela inglesa, «presentándose como la única alternativa que, encarnando el *alma nacional*, podría salvar al país».[13]

Tras una intentona fallida en 1891, en 1910 se lanzó, por fin, una revolución que llevó a la proclamación de la República. Fue una revolución jacobina, dominada por un clima intensamente anticlerical. Se decretó, desde luego, la separación Iglesia-Estado, pero no sólo eso. Se suprimieron todos los conventos (algunos fueron asaltados) y órdenes religiosas, se prohibió el uso de la sotana, se detuvo al cardenal-patriarca, se reconoció a los hijos habidos fuera de matrimonio católico, se secularizaron los cementerios, se suprimieron las fiestas religiosas y la enseñanza de la religión en la escuela pública, se limitó el uso de las campanas y hasta el Estado intervino los planes de estudios y nombramientos de profesores de los seminarios eclesiásticos.

A la polémica y tensión provocadas por aquellas medidas se añadieron una desastrosa situación económica, el desorden laboral y una inestabilidad política que se resume en 45 gobiernos entre 1910 y 1926. Al estallar la Primera Guerra Mundial, los republicanos portugueses vieron la ocasión de ganar fuerza internacional, de protegerse contra la ocupación inglesa de sus colonias africanas y contra la nunca olvidada amenaza de invasión española, a la vez que movilizaban al país en torno a la mística nacional. Esto último también lo propugnaba la izquierda española. En el caso portugués, la entrada en la guerra no produjo esos efectos, porque no había consenso en torno a ella. Por el contrario, se sucedieron dos dictaduras militares, a cargo de los generales Joaquim Pimenta de Castro y Sidónio Pais. Tras el asesinato de este último, se desató una breve guerra civil, con la monarquía restablecida en el norte de Portugal. Derrotados los monárquicos, fue restablecida la República, aunque en línea menos radical que la anterior. Un *pronunciamento* de octubre de 1921 llevó al asesinato de varios políticos conservadores, entre otros el primer ministro António Granjo. En resumen, los republicanos se mantuvieron en el poder, pero en una situación de gran inestabilidad, corrupción, divisiones internas e incapacidad para resolver los problemas sociales.

Todo lo cual acabó llevando al golpe de Estado de mayo de 1926, a cargo de una importante fracción de los militares profesionales pero con apoyo de amplios sectores de la opinión católico-conservadora, que clamaba por superar el «caos» que vivía el país. La población no reaccionó en defensa de la República.

El casi medio siglo siguiente estuvo marcado por la dictadura del economista António de Oliveira Salazar, que liquidó las libertades políticas, controló la prensa y reprimió los enfrentamientos sociales. Su *Estado Novo*, con partido único y corporativismo, se diferenciaba poco de los fascismos coetáneos. Al estallar la guerra civil española, Salazar declaró su neutralidad pero apoyó a los rebeldes, incluso con el envío de una *Legião Iberica* compuesta de supuestos voluntarios. Terminada esta guerra, los paralelismos entre Franco y Salazar fueron evidentes y su entendimiento apenas tuvo fisuras, pero la identidad portuguesa era para entonces tan fuerte que a nadie se le ocurrió ni insinuar siquiera un nuevo plan de Unión Ibérica.

También supo Salazar mantener una neutralidad formal durante la Segunda Guerra Mundial, pero con clara inclinación a favor de los británicos, con quienes siempre mantuvo conexiones aéreas y a los que proporcionó caucho, tungsteno y bases en las Azores. Gracias a todo ello, Salazar sobrevivió con más facilidad que Franco, tras la derrota del Eje, y pudo entrar en la Organización de las Naciones Unidas (ONU), la Organización del Tratado del Atlántico Norte (OTAN), la Organización para la Cooperación y el Desarrollo Económicos (OCDE) y la Asociación Europea de Libre Cambio (EFTA por sus siglas en inglés).

La crisis final del régimen se inició a comienzos de los años sesenta, con la pérdida de Goa y guerras en Angola y Mozambique, al resistirse el Gobierno portugués a la oleada descolonizadora que vivía el mundo. Muerto Salazar en 1970, su sucesor, Marcelo Caetano, prometió una *primavera marcelista* que no llevó a nada. Si prescindía de la censura, el corporativismo, las elecciones trucadas y el terror policial sobre la población, no podía mantenerse en el poder. Por lo que el 25 de abril de 1974 se produjo un golpe de Estado preparado por militares jóvenes, que aprovecharon el descontento producido por las guerras coloniales y que dio lugar a una formidable explosión de júbilo popular. La revolución, que tantas esperanzas despertó, no resolvió de inmediato todos los problemas (aunque sí el colonial, con la renuncia al imperio y la inmediata emancipación de Angola y Mozambique) ni desembocó fácilmente en un régimen democrático. Pero, tras unos años con cierta tensión, Portugal se convirtió en una democracia plena y se integró en la Unión Europea.

Los problemas políticos, sociales y económicos, algunos muy graves, han subsistido en las últimas décadas. Pero entre ellos no ha ocupado lugar alguno el de la identidad nacional, que está sólidamente arraigada. Portugal es una sociedad dividida por líneas de clase, de género, de ideología y de región, pero pocos dudan de que sea una nación. Ni siquiera la existencia de dos ciudades importantes ni las claras diferencias culturales y políticas entre un norte más católico y conservador y un sur anticlerical e izquierdista han derivado en desafíos al poder político asentado en Lisboa. Los únicos cuestionamientos recientes al poder lisboeta han partido de Azores y Madeira.[14] A diferencia de lo ocurrido en España tras el franquismo, la repulsa del salazarismo no ha dado lugar a la del portuguesismo.

El caso portugués, en conclusión, nos lleva a una construcción inicial de la identidad a partir de la monarquía, a finales de la Edad Media, especialmente contra Castilla, el reino del que se desgajó. El principal dato histórico de la era contemporánea es el gran impacto del republicanismo de fines del siglo XIX, que ligó su proyecto político a un nacionalismo basado en mitos *antiespañoles*, como Aljubarrota y los restauradores de 1640. Desde el punto de vista internacional, ha sido muy importante la alianza inglesa, que ha protegido la subsistencia de un Portugal independiente frente al superior poder militar español. Y como elemento de autoestima colectiva ha desempeñado un gran papel la imagen imperial y la subsistencia de las colonias, hasta un período mucho más tardío que en España. Otro rasgo que distingue radicalmente a Portugal del otro Estado-nación peninsular ha sido la existencia de un enemigo exterior, que es la propia España; en palabras de José Manuel Sobral, España es el «otro significante», «aquel que, por su proximidad, desempeña un papel crucial en la construcción, por la diferencia, de una identidad colectiva propia».[15] Por último, hay que reconocer en este caso la importancia de la homogeneidad cultural, sobre todo lingüística, existente desde la alta Edad Media y mantenida a lo largo de los siglos; es decir, que en la construcción de la identidad portuguesa no se pueden menospreciar los elementos *primordialistas*.[16]

CATALUÑA, NACIÓN SIN ESTADO

El caso catalán está demasiado candente como para poder verlo con la distancia que requiere un tratamiento mínimamente científico. Intentaré, sin embargo, seguir el mismo método que en los ejemplos anteriores, sin apartar nunca a éstos de la mente para poder comprenderlo mejor gracias a la comparación. Como en todos ellos, hay que comenzar dedicando un espacio a sus antecedentes lejanos, porque fue hace nada menos que un milenio cuando se inició la formación de la identidad catalana. Esto es algo que repiten con razón los nacionalistas, pero tal identidad no era todavía nacional, aunque, desde luego, fueran sus ingredientes culturales los utilizados para construir posteriormente la nación. Los siglos medievales y modernos tempranos requieren en este caso incluso mayor atención que en los anteriores, porque han sido idealizados y mitificados hasta convertirlos en referencia esencial en la pugna política contemporánea. Como explicó John H. Elliott, pensando justamente en el caso catalán, es típico del nacionalismo «percibir el pasado a través del prisma del presente y el presente a través del prisma del pasado».[17]

Al igual que Portugal, pero en el extremo opuesto, Cataluña es un territorio periférico de la península Ibérica. Y ha compartido durante mucho tiempo, como ella, la historia del conjunto peninsular sin peculiaridades radicales con el resto. Hubo en Cataluña colonias griegas y fenicias, llegaron después los romanos (que crearon una provincia, la Tarraconense, que abarcaba todo el valle del Ebro, muy distinta por tanto a la Cataluña posterior) y más tarde los visigodos y los musulmanes. Esta última dominación duró apenas cien años en las actuales zonas de Gerona y Barcelona, pero se extendió hasta más de cuatrocientos en Lérida y Tarragona. Los francos del Imperio carolingio expulsaron a los musulmanes de la parte norte y conquistaron Barcelona hacia el año 800, creando la Marca Hispánica, zona fronteriza formada por un conjunto de condados. Un siglo después, un poderoso señor, titular de varios de aquellos condados, Guifré *el Pilós*, los trasmitió directamente a sus hijos, mostrando así su autonomía respecto del poder imperial carolingio. A finales del siglo X, aprovechando el acceso al trono de los Capetos, Borrell II dejó de prestarles el juramento de sumisión. Entre tanto, el territorio iba siendo repoblado con cristianos procedentes del norte de los Pirineos y organizado según el modelo feudal europeo. Y en el siglo XI nació el catalán escrito, una lengua ya distinta del provenzal o *langue d'oc*.

A mediados del siglo XII el condado dio un giro crucial en su historia, al pactar Ramón Berenguer IV su matrimonio con Petronila, heredera de la corona de Aragón. En virtud de tal unión dinástica, el conde de Barcelona sumó a sus títulos condales el de rey de Aragón, aunque cada territorio mantuvo sus instituciones, leyes y costumbres anteriores. En la corte se hablaba indistintamente aragonés y catalán, lenguas a las que la cancillería añadía el latín. Al comenzar el siglo XIII, con ocasión de la cruzada contra los cátaros, el rey de Aragón y conde de Barcelona, Pedro II, apoyó al conde de Toulouse frente al rey de Francia y el papa. Fracasó y murió en la batalla de Muret. Como escribe Jordi Canal, «allí se abrieron las puertas del sur del Loira a los Capetos, mientras se cerraban las de la integración de Occitania en la corona de Aragón».[18]

Los orígenes identitarios descritos hasta el momento apenas difieren, por tanto, de los de otras construcciones nacionales de la zona, como Francia, España o Portugal, con un gran poder feudal –monarquía, condado, principado–, situado en un territorio fronterizo, que se afirma frente a un centro imperial, en este caso el de los Carolingios y los Capetos. Pero ese condado o conjunto de condados al que desde 1350 se llama *Principat*, nunca fue propiamente independiente, sino que estuvo integrado en una monarquía compuesta, como la aragonesa. Y había en él ciudades autogobernadas, en manos de familias oligárquicas, cercanas al modelo italiano.[19] Tal situación no variaría, al menos formalmente, al unirse Aragón y Castilla en el siglo XV.

La monarquía catalano-aragonesa se convirtió en una gran potencia mediterránea entre el siglo XIII y la primera mitad del XIV. Jaime I (1213-1276) conquistó Mallorca y Valencia; sus descendientes inmediatos se hicieron con Sicilia y, transitoriamente, con Cerdeña. Su poder llegó a extenderse hasta el otro extremo del *Mare Nostrum*, donde crearon y consiguieron retener durante ochenta años el ducado de Neopatria. Aparte de su fuerza militar, el pilar económico básico de aquella monarquía imperial era el comercio marítimo, como prueban las lonjas, corporaciones, consulados del mar y los *Usatges* o recopilación del derecho mercantil. Testimonio de aquel esplendor dan las cuatro grandes crónicas históricas de esa época: el *Llivre dels feits del rei en Jacme*, en cuya redacción pudo participar el propio Jaime I, las escritas por Bernat Desclot y Ramón Muntaner y la dedicada al reinado de Pedro IV *el Ceremonioso* (Pere *el Cerimoniós*).[20] Se erigieron entonces grandes edificios civiles, catedrales y monasterios góticos, además de imponentes iglesias como Santa María del Mar. Pero, sobre todo, se construyó un gran poder mediterráneo sin capital definida, lo que se intentaría proyectar seguramente sobre la futura unión con Castilla.

Aquella potencia experimentó un retroceso a mediados del siglo XIV, con guerras, recesión económica y la catástrofe demográfica derivada de la Peste Negra. Como en otros lugares de la península, estallaron entonces disturbios antijudíos, entre los que destacó el de 1391, con conversiones extraídas bajo amenaza de muerte y exilios masivos, lo que supuso la virtual extinción de la judería catalana. En 1365, reinando Pedro *el Ceremonioso*, se creó la *Diputació del General*, o *Generalitat de Catalunya*, ocupada de recaudar los tributos y hacer aplicar los acuerdos de las Cortes. En conjunto, el poder del monarca aragonés estaba más limitado por sus Cortes que el de los reyes castellanos o portugueses, aunque sin caer en los excesos de la mitificación liberal posterior que quiso hacer de la aragonesa una monarquía constitucional moderna. Y, para que se entienda lo complicado que era aquello, este Pere *el Cerimoniós* era, a la vez, IV de Aragón, III de Barcelona, II de Valencia y Ampurias y I de Mallorca y Cerdeña.

Al morir sin descendencia en 1410 Martín I *el Humano* se produjo una crisis sucesoria, con las grandes familias divididas en favor de distintos pretendientes. Dos años más tarde, representantes de los reinos de Aragón y Valencia y del Principado de Cataluña alcanzaron el Compromiso de Caspe, que sentó en el trono de Aragón al príncipe castellano Fernando de Antequera. El mitologema nacionalista ha convertido aquel episodio en una salida del paraíso medieval, una sumisión a Castilla que iniciaría la decadencia catalana. Lo cierto es, sin embargo, que la decadencia había empezado antes y que bajo el sucesor de Fernando, Alfonso V *el Magnánimo*, se vivió un nuevo momento de esplendor imperial en el Mediterráneo (de un imperio que se llamaba aragonés pero que tuvo en aquel momento su centro en Sicilia).

Pero la crisis social se agravó en el siglo XV, con constantes conflictos entre los partidos de la *Busca* y la *Biga* en Barcelona y con revueltas campesinas protagonizadas por los payeses de remensa.[21] Con la población rural reducida por la Peste Negra, los nobles aumentaron las cargas y presiones sobre los campesinos, sometiéndolos a una serie de «malos usos» que, en conjunto, les reducían a la condición de siervos de la gleba. El rey aprovechó la situación para debilitar el poder nobiliario, lo cual llevó a una dura guerra civil de diez años entre Juan II y el Consejo del Principado (1462-1472). El monarca acabó imponiéndose, pero el conflicto social continuaría hasta que su hijo, Fernando *el Católico*, dictara en 1486 la sentencia arbitral de Guadalupe, que abolió los «malos usos» a cambio de indemnizaciones.

El acceso al trono de este último rey, Ferrán II d'Aragó (1479-1516), casado con su prima, la reina castellana Isabel, imprimió otro giro decisivo a la historia catalana. Significó la unión dinástica con Castilla, que en modo alguno fue un sometimiento de Aragón, pues cada reino conservaba sus instituciones propias y ambos cónyuges pactaron condiciones de igualdad en el ejercicio del poder. Pero el momento histórico no era favorable a los aragoneses, ni menos aún a los catalanes. Castilla tenía seis millones de habitantes, una economía pujante y unos temibles tercios de infantería. Aragón tenía una población de unos dos millones, de los que no más de 250.000 correspondían a Cataluña, devastada tras la crisis de los siglos XIV-XV. Al convertirse Castilla en el centro del poder, Fernando pasó además buena parte de sus treinta y siete años de reinado fuera de sus territorios aragoneses. A cambio de todo esto, aquellos se libraron de las pesadas cargas impositivas que pronto recaerían sobre Castilla, porque sólo contribuían a la defensa militar global de la monarquía con donativos aprobados por sus Cortes.

Las instituciones medievales pervivieron durante trescientos años, hasta los Decretos de Nueva Planta, aunque sobre ellas se solapó, en 1494, el Consejo de Aragón, encargado tanto del gobierno de aquellos reinos como de la última instancia en las causas judiciales. También se añadieron otras instituciones comunes a Castilla y Aragón, como la Inquisición, establecida en 1483 y regida en ambos reinos por el dominico Tomás de Torquemada. Igualmente afectaron a los aragoneses otros acontecimientos globales de la monarquía, como la expulsión de judíos o las guerras con Francia. El segundo matrimonio de Fernando, tras la muerte de Isabel, estuvo a punto de romper la unión dinástica, porque pactó el reparto de sus territorios entre los hijos del primer enlace y los del segundo; pero esta perspectiva se disolvió al fallecer a las pocas horas de vida el único vástago habido con Germana de Foix. Su nieto, por tanto, el futuro emperador Carlos de Habsburgo, heredó todo y Cataluña se integró, sin aparentes dificultades, en su monarquía compuesta. Las Cortes catalanas financiaron sus aventuras imperiales y la expedición contra Túnez partió de Barcelona.

Una vez más, la unión con Castilla no significó la entrada en un período de decadencia, pues la primera parte del siglo XVI fue de prosperidad. Pese a que los territorios americanos pertenecieran a la corona de Castilla, los súbditos catalano-aragoneses no quedaron excluidos del comercio atlántico.[22] Pero bajo el reinado de Felipe II se dejaron sentir ya tanto la castellanización de la corte como la crisis económica y política. El alejamiento de la monarquía de Barcelona y Zaragoza incrementó, sin duda, el tono «republicano», a la holandesa o a la italiana, que vivían las ciudades de la corona de Aragón. Y las tensiones vividas en Zaragoza en torno al caso Antonio Pérez y la ejecución de Juan de Lanuza se observaron desde Barcelona con alarma; las instituciones, en prevención, levantaron sus barreras;[23] no les movía, desde luego, un sentimiento nacional moderno, sino la defensa de privilegios locales o estamentales propia de la época, y sus recelos se comprenden, dada la ruina y despoblación galopantes causadas en Castilla por las exacciones regias. Por lo demás, Cataluña fue un territorio dominado por el bandolerismo y la acción de los piratas berberiscos hasta mediados del siglo XVII. Fue también una época de lento retroceso de la lengua catalana, así como del latín, a la vez que avanzaba el castellano, debido tanto a la adopción de esta última lengua por la aristocracia catalana como a los procesos judiciales iniciados en Cataluña ante su previsible culminación en los tribunales centrales. Este retroceso –que continuaría hasta mediados del siglo XIX– no se debió, por tanto, a las medidas adoptadas por Felipe V; por el contrario, en reacción frente a estas medidas, el inicio del siglo XVIII registraría un leve repunte del catalán.[24]

El momento en que estuvo a punto de romperse la integración catalana en el Imperio de los Habsburgo españoles llegó en 1640, el año de la rebelión portuguesa y debido a las mismas causas: la angustiosa situación de la monarquía, embarcada en la guerra de los Treinta Años, que llevó al conde-duque de Olivares a planear una centralización y homogeneización de los reinos en términos de impuestos y levas para contribuir al esfuerzo defensivo. A ello se sumaban viejos agravios, como la pérdida de algunos privilegios nobiliarios de procedencia medieval y el nombramiento de no catalanes para cargos públicos; pero la causa inmediata de la protesta fue la presencia en territorio catalán de tropas castellanas –a las que había que alojar y alimentar, aparte de soportar sus abusos– para defender las fronteras con Francia.[25]

Las protestas contra los tercios se iniciaron en núcleos locales y a ellas respondieron éstos con saqueos y destrucciones. Al final de la primavera de 1640, campesinos provistos de hoces entraron en Barcelona y el día del Corpus estalló la sublevación, que culminó en el asesinato del virrey, conde de Santa Coloma. Con la ciudad fuera del control del poder central, el presidente de la Generalitat, Pau Clarís, buscó el apoyo de Francia y pactó con su embajador, Bernard du Plessis-Besançon, la sumisión de Cataluña a la soberanía francesa, reconociendo a Luis XIII como conde de Barcelona. En ayuda de los rebeldes llegaron, en efecto, tropas francesas, pero la población comprobó pronto que su comportamiento no era diferente al de los soldados castellanos. La situación evolucionó, por otro lado, hacia una guerra civil entre los campesinos y la nobleza catalana, parte de la cual se refugió en Castilla.

En 1648, terminada la guerra de los Treinta Años, Felipe IV pudo por fin enviar tropas a Cataluña y comenzó a recuperar territorios. Asediada por don Juan José de Austria, Barcelona se rindió en octubre de 1652. Pero el rey otorgó un perdón general y no eliminó los fueros catalanes, sino que los confirmó con leves excepciones. Francia se retiró del conflicto, aunque reteniendo el Rosellón, el Conflent, el Vallespir y parte de la Cerdaña, anexiones que confirmaría el Tratado de los Pirineos en 1659. Ambos monarcas prometieron respetar los fueros catalanes en sus respectivos territorios. Felipe IV lo cumplió en la zona española mucho más que Luis XIV en la francesa.[26]

El relato nacionalista deforma, en general, estos hechos, idealizando como democráticas o abiertas al pueblo las instituciones de autogobierno, presentando el levantamiento como una respuesta unánime del pueblo catalán y olvidando tanto la unión con Francia como el hecho de que Felipe IV, tras la victoria, respetara el régimen foral. Las instituciones eran oligárquicas, típicas del Antiguo Régimen, basadas en privilegios heredados y no en derechos de todos; en la rebelión nunca hubo nada parecido a «unanimidad catalana»;[27] la efímera unión con Francia fue desastrosa; y aquella guerra sólo llevó a la desaparición de las instituciones catalanas en la parte que quedó en manos francesas. Lo que sí es cierto es que las Cortes catalanas no volvieron a ser convocadas en lo que quedaba de siglo. Y que defensas de privilegios nobiliarios y de cuerpos intermedios estamentales que venían de la Edad Media fueron también las que impulsaron inicialmente las revoluciones holandesa o inglesa que avanzaron después en sentido liberal-democrático.

De nuevo, pese a la derrota y a la mayor unión con Castilla, el último tercio del siglo XVII no fue un período de decadencia, sino de crecimiento demográfico y económico que abriría la puerta a la prosperidad del siglo XVIII; todo ello, al revés de lo que ocurrió en el resto de la monarquía. El corcho y los vinos irrumpieron con fuerza en el mercado, una industria textil rural empezó a desarrollarse y los catalanes intensificaron su participación en el comercio americano, en el que acabarían entrando plenamente con Felipe V.[28]

El siguiente episodio problemático fue la guerra de Sucesión española, que se desarrolló entre 1700 y 1713, prolongada en Barcelona hasta 1714. Fue un conflicto internacional, sobre todo, y a la vez una guerra civil interna, es decir, algo muy distinto al *Espanya contra Catalunya* con que ha sido etiquetada en un congreso histórico reciente, sesgadamente nacionalista. Fue una querella dinástica, no nacional, en la que la propia Cataluña estuvo, una vez más, dividida, con sectores y territorios leales a Felipe V. En un primer momento, en las Cortes de 1701-1702, presididas por el joven Borbón, hubo tensiones, pero se resolvieron: el rey juró las libertades catalanas, concedió el envío de dos barcos anuales a América y la creación de una Compañía Náutica o un puerto franco en Barcelona, a cambio de lo cual recibió elogios y un donativo sustancial. Pero, entre tanto, Inglaterra, Holanda y el Sacro Imperio habían concertado la Gran Coalición, que apoyaba, para el trono español, la candidatura del archiduque Carlos de Habsburgo frente al nieto de Luis XIV. Comenzada la guerra internacional, una armada anglo-holandesa bombardeó Barcelona en 1704, pero la ciudad resistió y mantuvo su fidelidad a Felipe V hasta octubre de 1705, en que cayó en manos de los austracistas. Desembarcó entonces el archiduque, confirmó las concesiones del Borbón y añadió algunas más, a cambio de lo cual recibió otro gran donativo. En ese momento no estaba aún en juego el respeto por las instituciones de autogobierno catalán. Buena parte de las élites locales apoyaban a Felipe V, como demuestra el hecho de que unas nueve mil personas abandonaran Barcelona en 1705; y hubo ciudades como Cervera, Berga, Ripoll o Manlleu que se mantuvieron siempre fieles a él.[29]

Pero, a medida que transcurrieron los años, la guerra fue adquiriendo un sentido político más claro. En el tratado concertado entre el Principado de Cataluña e Inglaterra en 1705 se aprecia la inclinación catalana hacia el modelo pactista, en el que la defensa de las «libertades, leyes y derechos de la patria» es más importante que la fidelidad al rey.[30] En 1707, además, Felipe V conquistó Valencia y Aragón, aboliendo sus fueros en castigo por no haber apoyado su causa, y esto fue crucial para volcar a la opinión catalana en su contra. Desde 1711, sin embargo, la situación internacional giró en desfavor del archiduque Carlos, porque éste se convirtió en emperador romano-germánico y las otras potencias aliadas, temerosas de una unión hispano-austríaca que reviviese la era de Carlos V, se retiraron del conflicto (a cambio de Gibraltar y Menorca, en el caso inglés). El Tratado de Utrecht, de 1713, reconoció a Felipe de Borbón como rey de España, algo a lo que el propio Carlos de Habsburgo se adhirió un año después en Rastatt. Barcelona se quedó, pues, sola. Barcelona, no Cataluña, porque Lérida y Gerona habían capitulado previamente y Tarragona lo hizo en 1713. El sitio de Barcelona duraría catorce meses y costaría una enorme mortandad. El *Conseller en Cap*, Rafael Casanova, resistió hasta el final con una tenacidad que le convertiría en icono del catalanismo futuro. Pero no murió, como quiere la leyenda, ni fue encarcelado o desterrado, sino que resultó herido en el asedio, y en los casi treinta años que le quedaron de vida ejerció sin trabas su profesión de abogado. Fue un caso raro, porque mataron a otros muchos.

Ningún otro acontecimiento ha sido mitificado por el nacionalismo catalán tanto como la resistencia de 1714. El culto a este episodio fue muy tardío, no anterior a 1886, y las ofrendas florales a Rafael Casanova, núcleo central de las actuales *Diadas*, vienen sólo de los años 1890.[31] Los decretos de Nueva Planta eliminaron, es cierto, los fueros, el Consejo de Aragón, el cronista general de Aragón, la Universidad de Barcelona y las Cortes catalanas (de lánguida vida por entonces, pues sólo se habían reunido dos veces desde 1640), y las causas ante la Real Audiencia hubieron de sustanciarse en castellano. El principado pasó a ser una provincia, sometida además durante mucho tiempo a gobiernos militares. No fue eliminado, sin embargo, el derecho privado catalán. Y los productos catalanes entraron sin trabas en el mercado americano –más aún cuando Carlos III eliminó el monopolio gaditano–, a la vez que se suprimían las aduanas peninsulares interiores, lo cual abrió el mercado español para la industria catalana, más avanzada ya que sus competidores del interior. La abolición de los fueros fue, pues, un innegable golpe político pero no significó, de nuevo contra lo que quiere la leyenda nacionalista, el inicio de un período de decadencia, sino más bien de prosperidad. El siglo XVIII tampoco fue políticamente conflictivo en Cataluña, lo cual no quiere decir que no subsistiera una corriente austracista, como demostró en su día Ernest Lluch.[32] De todos modos, es innegable que la Nueva Planta fue un corsé político impuesto sobre los antiguos reinos de Aragón, que fue vivido con duradera aversión por las élites políticas y sociales catalanas.

El siglo XIX comenzó también con otra guerra, mucho más importante que la de cien años antes pero a la que el relato nacionalista apenas presta atención. Fue la antinapoleónica de 1808-1814, y la razón para ese desinterés es que en aquel conflicto la mayoría de la población catalana se alineó de manera clara con el patriotismo españolista. Si hubo una ciudad que, además de Zaragoza, resistiera tenazmente ante los asaltos franceses, fue Gerona. Si en algún sitio, aparte de Bailén, fueron los franceses derrotados por tropas no inglesas, fue en los Bruchs. El mariscal Augereau, que emprendió una inteligente política de atracción cultivando la singularidad identitaria, incluida la cooficialidad del catalán y el reconocimiento de la *senyera* junto a la bandera tricolor, alcanzó un éxito muy modesto y fue destituido pronto (entre otras razones, por lo poco que gustaba su política en París).

El patriotismo español –o *antigabacho*, al menos– estaba, por lo que se ve, bien arraigado en Cataluña, aunque también allí hubo, como en toda España, afrancesados. En su mayoría, los catalanes se negaron a reconocer a José Bonaparte y formaron juntas, como en el resto de la monarquía, reunidas luego en la Junta Superior del Principado, que envió representantes a la Junta Suprema, la Junta Central y finalmente a las Cortes de Cádiz. El primer presidente de estas últimas fue Ramón Lázaro de Dou, cancelario de la Universidad de Cervera. Algunos diputados catalanes contribuyeron a construir los mitos españolistas, como Antonio de Capmany en su *Centinela contra franceses*, e intervinieron de forma destacada en las Cortes. Y la Junta Superior no comisionó a los diputados catalanes para que fueran a «recobrar los privilegios de que disfrutó Cataluña en el tiempo que ocupó el trono español la augusta Casa de Austria», como se lee en alguna historia nacionalista, sino que, al contrario, reconoció «las ventajas políticas que resultarían de uniformar la legislación y los derechos de todas las Provincias de la Monarquía para que no quede ésta después de la actual crisis hecha un cuerpo compuesto de partes heterogéneas».[33] Una muestra expresiva del clima del momento, por su combinación de españolismo y catalanismo, es el poema que Antoni de Puigblanch dedicó –en catalán– a los comuneros de Castilla. Los diputados catalanes defendieron, en general, la peculiaridad identitaria de la región, aunque sin contraponerla a la española ni reivindicar antiguos privilegios; pero se sumaron con entusiasmo al historicismo de los liberales españoles, es decir, entendieron que la defensa de la antigua «monarquía mixta», moderada o pactada, de la que tanto blasonaban Agustín de Argüelles o Francisco Martínez Marina, significaba el retorno al período anterior a la Nueva Planta, con el matiz de que ese pasado de autogobierno se extendería ahora al conjunto de la monarquía o, según la nueva manera de llamar a las cosas, del reino o la nación. Pero, por mucho que hablaran de la «Constitución histórica española», no era eso, sino el modelo centralista y uniformador francés, lo que tenían en mente aquellos liberales asturianos.

Durante los reinados de Fernando VII e Isabel II despegó la industria textil moderna en partes de la Cataluña interior y en el área de Barcelona, donde se concentró por primera vez en España un proletariado masivo. Surgieron también allí los movimientos obreros, al principio alrededor de las reformistas «Tres Clases del Vapor» y más tarde dominados por el radicalismo bakuninista, mientras que el marxismo sería mayoritario en Bilbao y Madrid. En la Cataluña interior tuvo también fuerte arraigo el carlismo, aunque de sus proclamas no se deducen demandas fueristas. Durante todo el siglo XIX, Barcelona fue la ciudad más inquieta y avanzada políticamente de España, con repetidas sublevaciones y conflictos, pero sin contenido nacionalista. Por el contrario, las relaciones con España fueron muy intensas y estrechas, y los proyectos políticos, tanto los de retorno al Antiguo Régimen como los moderados, progresistas o revolucionarios, fueron comunes. Fue también el momento de la transformación urbanística de la Ciudad Condal, con el derribo de las murallas y la realización del magnífico Ensanche, según el plan elaborado por Ildefonso Cerdá. En conjunto, a finales del siglo XIX Barcelona era la ciudad más moderna y mejor trazada de España, pero también la más problemática. Sin embargo, ni las *bullangas* tuvieron en general una inspiración regionalista o nacionalista ni la buena sociedad, atemorizada ante ellas, tuvo el menor empacho en pedir la intervención del Estado central para reprimirlas.

Pese a ello, desde los años 1830-1840, bajo la influencia romántica, que veneraba, por un lado, el mundo medieval y, por otro, las identidades en términos de *Volksgeist*, se registró en Cataluña una reaparición y un relanzamiento de los mitos medievales. Próspero y Antonio de Bofarull –tío y sobrino–, Félix Torres Amat o Juan Cortada (así escribían sus nombres, y sus obras, por entonces; en castellano), reeditaron cronicones, colecciones de fueros y privilegios o leyendas sobre los condes de Barcelona, idealizando las libertades, instituciones y grandezas de su tierra en aquella época remota. No era todavía la *Renaixença*, pero sí la generación que preparó aquel renacimiento o relanzamiento de la lengua y las glorias literarias y políticas del Medievo catalán. Hay quien interpreta esta exaltación del mundo medieval en la zona más avanzada de España como una manera de ofrecer un contrapunto conservador (un mundo ordenado, un espacio rural apacible, un campesinado respetuoso hacia sus señores) a la ciudad tensa y convulsa de la época. Otros lo atribuyen más bien a la insatisfacción ante el giro centralista del nuevo Estado constitucional español.[34]

La *Renaixença* fue un movimiento cultural, y no político, e incluso en aquel terreno no se planteaba en contradicción con lo español, pues la idea dominante era que cada región debía aportar a la patria común sus glorias pretéritas. Pero también es cierto que la *Renaixença* elaboró los mitos de los que más tarde se nutriría el nacionalismo. Un Buenaventura Carlos Aribau, autor del poema *Oda a la patria*, que se considera iniciador de la *Renaixença*, escribió la mayor parte de su obra en castellano, tuvo diversos cargos políticos y profesionales en Madrid y, sobre todo, dirigió, con el también catalán Manuel Rivadeneyra, la emblemática *Biblioteca de Autores Españoles*.[35]

Uno de los acontecimientos políticos más importantes de las décadas centrales del siglo XIX fue la llamada guerra de África, del invierno 1859-1860, momento álgido del españolismo. A ella contribuyó un cuerpo de voluntarios catalanes, despedido y recibido en actos multitudinarios en Barcelona, y su general en jefe fue el reusense Juan Prim y Prats, héroe de la batalla de Tetuán y pintado en actitud de combate por el también catalán Mariano Fortuny. Prim sería, además, el organizador de la revolución de septiembre de 1868, que derrocó a Isabel II, y se mantendría como hombre fuerte de la situación hasta su asesinato a finales de 1870. El ciclo revolucionario se radicalizó a partir de su desaparición, hasta proclamarse la República en 1873, y entre los cuatro presidentes de ésta habría dos catalanes, Estanislao Figueras y Francisco Pi y Margall. La implicación catalana en la política española del momento era absoluta.

Llegó luego la Restauración canovista, y los políticos catalanes se integraron sin dificultades en el sistema caciquil. Manuel Durán y Bas o Juan Mañé y Flaquer se incorporaron al Partido Conservador y Manuel Planas y Casals fue el gran cacique de aquel partido en Barcelona. Víctor Balaguer, por su parte, fue ministro con Práxedes Mateo Sagasta y también destacó en manejos electorales. Eran los tiempos de la *febre d'or* alrededor de la industria algodonera y Cataluña era conocida como «la fábrica de España». El trabajo textil se mecanizó y su producción se disparó. Al no poder competir, sin embargo, con los productos ingleses, los fabricantes catalanes formaron un *lobby* para imponer aranceles fuertemente proteccionistas, cosa que lograron a partir de 1891. Bien es verdad que, a cambio, se les impusieron los cereales castellanos, es decir, que fue el conjunto de la economía española la que se cerró sobre sí misma. También tuvo por entonces la economía catalana íntima conexión con el mercado cubano, con figuras destacadas como el primer marqués de Comillas. Y durante las dos guerras cubanas de 1868-1878 y 1895-1898 los órganos de opinión barceloneses expresaron un intenso españolismo. En los últimos años de siglo se agudizaron los conflictos sociales con una serie de célebres atentados anarquistas en Barcelona, pero esta conflictividad siguió sin tener relación con reivindicaciones de tipo identitario ni menos aún nacionalista. Fueron también los tiempos en que la prosperidad industrial atrajo una gran inmigración castellanoparlante, hasta el punto de que hacia 1900 un 40 % de la población de Barcelona y su entorno había nacido fuera de Cataluña.[36]

En parte quizás como reacción frente a la inmigración castellanoparlante, surgió al fin el nacionalismo catalán en las dos décadas finales del siglo XIX. En 1880 se celebró un primer Congreso Catalanista, que reclamó escuelas en catalán. Lo impulsaba Valentí Almirall, intelectual y político republicano federal que había lanzado el año anterior el *Diari català*, primer periódico en esa lengua, y que en 1886 publicaría *Lo catalanisme*, una síntesis de su pensamiento. A raíz de aquel congreso se fundó el Centre Català, en el que Almirall logró integrar a Pere Aldavert y Àngel Guimerà, redactores de *Renaixensa*, un semanario literario convertido en diario. El acto político más notable de aquel primer catalanismo fue la redacción y entrega en 1885 al propio rey Alfonso XII –saltándose así a los políticos de la Restauración– de una «Memoria en defensa de los intereses morales y materiales de Cataluña», conocida como el Memorial de Greuges. En él se excluía explícitamente cualquier intención separatista y se centraba la protesta en dos cuestiones: el proteccionismo y el Código Civil.[37]

El proteccionismo era una vieja reivindicación, que triunfaría poco después, pero la batalla contra la codificación del derecho civil significó el salto del catalanismo del terreno cultural al político.[38] Mezclando intereses corporativos con elevadas teorías sobre las diferentes raíces doctrinales de los derechos catalán y castellano, el Colegio de Abogados de Barcelona se lanzó a la defensa de las normas de procedencia medieval frente al nuevo derecho privado común para todo el reino. Los fueros, por definición, diferían según lugares, pero los abogados barceloneses, apoyándose en la Escuela histórica de Friedrich Karl von Savigny, teorizaron sobre un derecho catalán global de origen romano, individualista a la anglosajona, basado en la libertad de testar, frente a un derecho castellano de origen germánico, comunitario, rígidamente igualitario y de imitación napoleónica. Asociada al derecho se elaboró también toda una visión idealizada del «espíritu catalán» y de la vida agraria *(pairalisme)* y se esgrimieron argumentos sobre el peligro que supondría imponer a una economía avanzada normas procedentes de una sociedad más atrasada.

También la Iglesia católica, castellanizada en sus niveles jerárquicos superiores en los decenios anteriores, giró en esta época hacia unas posiciones catalanistas, bajo la dirección del obispo de Vic Josep Torras i Bages, que en 1892 publicó su obra *La tradició catalana*. Su posición se resumía en la identificación entre Cataluña y el cristianismo y el enfrentamiento de esta cultura regional tradicional contra los males de la modernidad liberal-revolucionaria. Unida esta corriente al Centre Escolar Catalanista y a los redactores de *Renaixensa*, que se separaron del Centre Català, formaron en 1887 la Lliga de Catalunya. En ella aparecen ya los principales dirigentes del catalanismo futuro: Enric Prat de la Riba, Francesc Cambó o Josep Puig i Cadafalch. La Lliga se transformó en 1891 en la Unió Catalanista, que convocó una asamblea en Manresa, 1892, donde se aprobaron unas Bases para la Constitución Regional Catalana conocidas como Bases de Manresa, esbozo de Estatuto de autogobierno, corporativo, opuesto al parlamentarismo basado en el sufragio universal. Este sería el ideario de la futura Lliga Regionalista.

Esta primera generación de nacionalistas catalanes se lanzó a una gran operación de difusión de la identidad. Sus canales fundamentales fueron el excursionismo, el canto coral, el baile de la sardana, el himno *Els Segadors*, la barretina y, por encima de todo, el culto a la lengua. Algunos de ellos fueron «invenciones de la tradición» en un sentido casi estricto de esta expresión. Según escribe Lluis Marfany, *la sardana era un ball senzillament desconegut per a la gran majoria dels catalans* hacia 1890 y unos veinte años después era ya *nostra dansa nacional*, *el hermós i escaient ball nacional* que aquel grupo de ciudadanos barceloneses se dedicó a enseñar por los pueblos del interior.[39] *Els Segadors*, que se sigue creyendo procedente de la rebelión de 1640, sólo tiene una remota relación con aquellos hechos; en 1882, Manuel Milà i Fontanals había recogido una canción antigua, con una letra además poco pudorosa y carente de significado político. Ésta fue reelaborada por completo diez años más tarde por Francesc Alió y Ernest Moliné, que también modificaron la música en un sentido que creyeron más adecuado y le añadieron el crucial estribillo *Bon cop de falç, defensors de la terra!* Esta vez la letra se pasaba de religiosidad y detallismo y fue cambiada de nuevo en 1899 por Emili Guanyavents. Solo entonces la incorporó el Orfeó Catalá a su repertorio y así se popularizó y adquirió el carácter reivindicativo actual.

El final de la guerra cubana, que demostró la impotencia del Estado español y lo caduco del discurso españolista heredado, hizo que los catalanistas dieran el giro decisivo hacia la política. En 1901 crearon un partido, la Lliga Regionalista, que ganó en Barcelona las elecciones parlamentarias subsiguientes. El planteamiento, sin embargo, todavía no cambió de manera radical. Como ha demostrado Enric Ucelay, Prat de la Riba, Cambó o Eugeni d'Ors se mantenían todavía en la idea «bifronte» de que Cataluña debería afirmarse como entidad nacional pero liderar a la vez un imperio panhispánico. No aspiraban a un Estado independiente, no querían ser una Bélgica, sino un Estado propio que tuviera un papel dirigente dentro de una Iberia o Hispania más amplia, convertida en un conglomerado imperial.[40]

Fue también el momento en que estaban en boga las teorías racistas. Ya Almirall había contrapuesto el espíritu analítico de la «raza pirenaica» con el alma «generalizadora, soñadora, aficionada al lujo y la ampulosidad, arbitraria, centralizadora, absorbente», de la «raza meridional» peninsular, debido precisamente a los muchos siglos pasados bajo dominio musulmán. Más radical, Pompeu Gener definió a los catalanes como «indogermánicos», «arios», pertenecientes a las razas «superiores» de Europa, mientras que en las razas del «sur del Ebro» predominaba «el elemento semítico, y más aun el presemítico o bereber, con todas sus cualidades: la morosidad, la mala administración, el desprecio del tiempo y de la vida, el caciquismo». Y el propio Prat de la Riba compartía también estas ideas: la «raza catalana» era mercantil e industrial, con sentido práctico, inclinada al trabajo, es decir, en resumen, «europea», frente a la española, que era «semítica» o, directamente, «africana», para ser precisos «bereber».[41]

A finales de 1905, un dibujo satírico sobre el ejército español publicado en el semanario *Cu-Cut!* provocó un brutal asalto perpetrado por grupos de militares a su redacción y a la de *La Veu de Catalunya*, lo que, a su vez, llevó a la aprobación de la Ley de Jurisdicciones. Frente a ella, se formó la Solidaritat Catalana, una amplia coalición de todas las fuerzas políticas, desde carlistas a republicanos. El catalanismo ganó ahí respetabilidad, frente a una España representada por el primitivismo de los militares y la demagogia lerrouxista. Las tensiones de aquel primer decenio de siglo culminaron en la Semana Trágica de 1909, un conflicto de origen interno, pues se inició con la protesta contra una guerra impopular por creerse destinada a defender unas minas entre cuyos propietarios estaban el conde de Güell y el segundo marqués de Comillas. Una huelga insurreccional derivó en una quema generalizada de edificios religiosos, a la que el Gobierno Maura respondió con una represión dura y arbitraria. Aparte de la radicalización del obrerismo, dirigido ya por una Confederación Nacional del Trabajo (CNT) nacida en 1910-1911, desde el punto de vista del nacionalismo sus consecuencias fueron la desaparición de la Solidaritat, el desprestigio de la Lliga y el nacimiento de la Unió Federal Nacionalista Republicana (UFNR), formación catalanista pero de izquierdas. En aquel sector, se abría paso cada vez con más fuerza la idea de que Cataluña no era una región española que competía con otras en su contribución a las glorias comunes, sino una nación integrada por la fuerza en un Estado artificial e inútil llamado España; es decir, se empezó abandonar el proyecto de las élites barcelonesas anteriores de conquistar y reformar el Estado español, en favor de la creación de uno propio.

El gran acontecimiento de la segunda década del siglo fue la creación, en 1914, de la *Mancomunitat de Catalunya*, presidida sucesivamente por Prat de la Riba y Josep Puig i Cadafalch. Aparte de una importante mejora de las infraestructuras de la región (carreteras, puertos, ferrocarriles, teléfonos, obras hidráulicas), su objetivo principal fue la construcción de la identidad nacional. Destacó en este terreno la normalización de la lengua, tarea que corrió a cargo del lingüista Pompeu Fabra. El catalán fue unificado, eliminando variedades dialectales y se fijó su gramática y vocabulario, en general diferenciándolo en lo posible del castellano.[42]

Barcelona volvió a protagonizar la política española durante los agitados años 1917-1923. Allí se reunió la asamblea de parlamentarios en el verano de 1917 y dos años más tarde se desarrolló la durísima huelga de la Canadiense, que llevó a declarar un nuevo estado de guerra; y durante el trienio siguiente floreció el pistolerismo entre sindicatos y patronos, que produjo víctimas como el abogado Francesc Layret, el sindicalista Salvador Seguí, el presidente del Gobierno Eduardo Dato o el obispo de Zaragoza Juan Soldevila. Los patronos catalanes optaron, en general, por la línea dura, que significó primero el apoyo al gobernador militar Severiano Martínez Anido y finalmente al capitán general Miguel Primo de Rivera, quien lanzó desde Barcelona su golpe de Estado de septiembre de 1923. Pese a ello, Primo de Rivera, una vez en el poder, reprimió el catalanismo y disolvió la Mancomunitat. En su época se organizó también en la Ciudad Condal la Exposición Internacional de 1929, de donde proceden la Plaza de España y el Pueblo Español de Montjuic. La ciudad, entre tanto, seguía creciendo aceleradamente y alcanzó el millón de habitantes en 1930, el doble que en 1900. La inmigración masiva generó, como siempre, temores de desaparición de la lengua catalana.

El 14 de abril de 1931 se proclamó en España la Segunda República, tras unas elecciones de resultado abrumador en Cataluña (los concejales monárquicos no llegaron al 5 % del total). Aquel día, el líder de la recién creada Esquerra Republicana de Catalunya (ERC), el *Avi* Francesc Macià, lanzó, desde el balcón del ayuntamiento barcelonés, *la República Catalana, com a estat integrant de la Federació Ibèrica.* Después de setenta y dos horas de negociaciones, renunció a aquella proclamación a cambio de constituir una Generalitat catalana provisional, con las competencias de las cuatro diputaciones, que fueron disueltas. Convertida ERC en fuerza hegemónica tras las elecciones de junio, se elaboró rápidamente un proyecto de Estatuto, el de Nuria, ratificado en referéndum popular con un 99 % de votos favorables. Sin embargo, las Cortes españolas tardaron más de un año en aprobarlo, con algunos recortes. Al fin, en septiembre de 1932, Cataluña se convirtió en una «región autónoma dentro del Estado español». La Generalitat formó su propia red escolar, con el catalán como lengua propia, y el Estado mantuvo la suya, sin roces importantes.

Los cinco años republicanos se vieron alterados en Cataluña sobre todo por las sublevaciones anarquistas, pues la CNT se veía dominada por los «hombres de acción» de la Federación Anarquista Ibérica (FAI), pero también por el conflicto *rabassaire*. Este último era, de nuevo, un problema interno catalán, pues quien se opuso a la *Llei de contractes de conreu* fue el Instituto Agrícola Catalán de San Isidro y quien solicitó al Gobierno Samper su impugnación ante el Tribunal de Garantías Constitucionales fue la Lliga. Pero pasó a ser una crisis política entre Madrid y Barcelona al basarse su anulación en la falta de competencias del Parlamento catalán sobre el tema. En su desarrollo se interfirió la sublevación de octubre de 1934, que el *president* Lluís Companys aprovechó para proclamar de nuevo el «Estado catalán dentro de la república federal española». Este movimiento tuvo escasos seguidores en la ciudad y fue aplastado con facilidad por el general Domingo Batet, que declaró el estado de guerra, tomó el palacio de la Generalitat y detuvo a Companys. Lo cual ahondó las divisiones internas catalanas. Mientras el Estatuto era suspendido, la Lliga colaboraba abiertamente con la derecha española, a la vez que intentaba salvar algunas competencias autonómicas. Pero la imagen del *president* tras los barrotes se convirtió en un nuevo icono para el relato nacionalista y la promesa de amnistía para los presos políticos fue una de las bazas que dieron el triunfo al Front d'Esquerres en febrero de 1936. Con él, el Estatuto volvió a entrar en vigor y Companys retornó a la presidencia de la Generalitat.

Los años 1936-1939 fueron testigos de una guerra civil catalana dentro de la española. La sublevación de Manuel Goded, carente de apoyos civiles –salvo los carlistas–, fracasó en Barcelona, pero la CNT controló la situación a través del Comité Central de Milicias Antifascistas. La Iglesia católica se convirtió en un objetivo bélico prioritario, con incendios de centenares de templos y el asesinato de casi dos mil quinientos eclesiásticos, un tercio del total en España. La principal acción militar del Comité de Milicias Antifascistas consistió en el envío de voluntarios a Aragón, que lograron estabilizar el frente y colectivizar tierras a su paso pero no conquistar Zaragoza. En mayo de 1937, la pugna entre las fracciones llevó a un enfrentamiento armado en Barcelona, que acabó con el aplastamiento de la CNT y el Partido Obrero de Unificación Marxista (POUM) por parte de los comunistas. Los anarquistas fueron obligados a integrarse en la disciplina general del ejército republicano y el POUM fue liquidado sin contemplaciones por los servicios secretos soviéticos. En el otoño de ese mismo año, el Gobierno español se trasladó a Barcelona, lo que creó tensiones con las autoridades autonómicas. Pero esta situación sería breve. Tras perder los republicanos la batalla del Ebro, los rebeldes lanzaron, a comienzos de 1939, la ofensiva sobre Cataluña. Barcelona no resistió como Madrid y fue conquistada a finales de enero, lo que dio lugar a un exilio de casi medio millón de personas por la frontera francesa.

Los primeros dos decenios de la larga dictadura franquista supusieron una *negra nit* para el catalanismo, pero ni fue la única fuerza política reprimida ni esa represión afectó a todos los catalanes. El número de fusilamientos fue incluso menor que en otras zonas de España, en parte, por lo tardío de la fecha de la conquista y, en parte, por la gran cantidad de exiliados, dada la cercanía de la frontera. Durante la guerra hubo catalanes en Burgos, aunque no muchos; Francesc Cambó ofreció su apoyo a los sublevados; Eugeni d'Ors, la figura más representativa del *noucentisme*, se convirtió en uno de los intelectuales más visibles del nuevo régimen; y los cardenales Isidro Gomá y Enrique Plá y Deniel fueron sus más entusiastas paladines ideológicos.[43] El número de catalanes que comulgaban con el falangismo era mínimo, pero había muchos satisfechos con la vuelta al «orden» y el fin de la persecución religiosa. En la última etapa, sobre todo, y en especial en el área económica, Franco nombró a importantes ministros catalanes, como Pedro Gual Villalbí, Laureano López Rodó, Joaquín Planell Riera, Gonzalo Fernández de la Mora o Pedro Cortina Mauri, pero nunca intentó el menor acercamiento a la singularidad cultural de Cataluña. En los primeros años, el uso público del catalán o la edición de libros en esta lengua fueron prohibidos y los nombres de personas, calles o tiendas, castellanizados. Companys, capturado en Francia por la Gestapo y entregado a Franco, fue fusilado en Montjuic en 1940; con otros dirigentes republicanos en la misma situación, como el sindicalista Joan Peiró, se entabló algún tipo de negociación o se albergaron dudas sobre su destino y transcurrieron quince meses entre su entrega a España y su fusilamiento; con Companys, pasó mes y medio. En la presidencia de la exiliada Generalitat le sucedió Josep Irla y a éste, en 1954, Josep Tarradellas. En el interior, hubo actividad guerrillera, aunque cada vez más aislada, hasta finales de esa década. Más importante fueron los conatos de resistencia ciudadana contra el régimen, como la temprana huelga barcelonesa de tranvías de 1951.

El desarrollo económico de los años cincuenta y sesenta provocó una nueva oleada inmigratoria en el área de Barcelona y en los enclaves turísticos de la costa. Cataluña pasó de cuatro millones de habitantes en 1960 a casi seis en 1980. Los recién llegados venían de Andalucía, Extremadura y las dos Castillas y, en general, no aprendieron el catalán, lo que de nuevo incrementó el bilingüismo de la ciudad y la sensación de peligro para el futuro de esta lengua.

En cuanto a las fuerzas políticas que se opusieron al régimen, desaparecieron todas las de los años treinta, excepto el Partit Socialista Unificat de Catalunya (PSUC), que se convirtió en el gran partido de la clandestinidad. El catalanismo se refugió, sobre todo, en la Iglesia, como demostraron los actos celebrados en la abadía de Montserrat o el movimiento Crist-Catalunya (C-C). Pero la gran explosión del antifranquismo llegaría en los años sesenta, como en el resto de las ciudades del país, aunque con mayor intensidad. Quienes lo protagonizaron fueron sobre todo universitarios o intelectuales, y entre sus protestas destacó el encierro conocido como la «Capuchinada», en 1966; pero hubo también movimientos vecinales y huelgas obreras de importancia, por ejemplo en la SEAT. Especial repercusión tuvo la explosión cultural de aquella década. Fue el momento de la *nova cançó*, con Raimon, Joan Manuel Serrat, Maria del Mar Bonet o Lluís Llach. Surgieron también grupos de teatro libre y grandes figuras de la música clásica, como Jordi Savall, o de la ópera, como Montserrat Caballé y Josep Carreras, además de nuevos cineastas (Vicente Aranda, Bigas Luna), grupos de teatro como Els Comediants, Els Joglars y El Teatre Lliure y museos como el Picasso o la Fundación Miró. La Barcelona de los sesenta bullía culturalmente.

Entre los grupos políticos de signo nacionalista, en 1974 nació Convergència Democràtica de Catalunya (CDC), con Jordi Pujol (conocido desde 1960 por su detención tras los «hechos del Palau») y Miquel Roca Junyent. Entre los sectores más radicales hubo pequeños brotes de independentismo armado alrededor del Partit Socialista d'Alliberament Nacional dels Països Catalans (PSAN) y Terra Lliure. A principios de los setenta se fundó la Asamblea de Cataluña, que en febrero de 1976 organizó la gran manifestación por *Llibertat, Amnistia i Estatut d'Autonomia*. En 1975 se coordinó un Consejo de Fuerzas

Políticas de Cataluña, en la línea de la Junta y la Plataforma Democráticas que funcionaron en el resto de España. Las primeras elecciones democráticas, de junio de 1977, fueron ganadas en Cataluña por el Partit dels Socialistes de Catalunya (PSC-PSOE), con el 28 % de los votos, y el PSUC en segunda posición, con el 18 %; la nacionalista CDC obtuvo el 17 % y la gubernamental Unión de Centro Democrático (UCD) algo menos del 6 %. Adolfo Suárez lanzó entonces la hábil operación de restaurar una Generalitat provisional, trayendo desde el exilio al *president* Tarradellas. La Constitución de 1978, entre cuyos siete redactores estuvieron Miquel Roca Junyent y Jordi Solé Tura, fue ratificada por más del 90 % de votos en Cataluña y un año más tarde el *Estatut* fue aprobado con el 88 % de los votos. Durante veintitrés años, Jordi Pujol ostentaría la presidencia de la Generalitat, con seis triunfos electorales consecutivos. Su principal tarea consistió en nacionalizar la sociedad catalana, por medio de la normalización lingüística, el control de los medios de comunicación (sobre todo, el canal televisivo TV3, inaugurado en 1983), la inmersión lingüística en las escuelas y la creación de toda una estructura funcionarial y una red de instituciones culturales «nacionales».

Bajo esta política, Jordi Canal observa que la cultura catalana ha tendido a convertirse en «altamente ensimismada y autorreferencial».[44] Lo cual no quiere decir que no siga existiendo otra Cataluña compleja y plural, con un cosmopolitismo expresado por el Centre de Cultura Contemporània de Barcelona (CCCB), L'Auditori o el Museu d'Art Contemporani de Barcelona (MACBA), e incrementado por la fuerte inmigración, sobre todo marroquí, que aporta hoy un 15 % del total de la población catalana. Pero es cierto que entre las realizaciones más notables de estos años figuran el Museo de Història de Catalunya, el Memorial Democràtic o el Museo del Barça; esta última no es una referencia anecdótica, pues el Barcelona F.C. es realmente, como dice su eslogan publicitario, *més que un club*, una seña de identidad catalana, y sus triunfos recientes han sido únicos en el mundo. El catalanismo dirigido por Pujol ha respondido ante cualquier dificultad o cortapisa con actitudes victimistas. Lo hizo así frente a la Ley Orgánica de Armonización del Proceso Autonómico (LOAPA) pero también en el «caso Banca Catalana» o ante las posteriores acusaciones de administración desmesurada, clientelismo o corrupción que, sin embargo, los hechos han acabado por demostrar que estaban fundadas.

La sucesión de Pujol por Pasqual Maragall y José Montilla, con gobiernos tripartitos, tropezó con la difícil coordinación de tres partidos con objetivos muy dispares y el PSC, tildado de sucursalista, perdió adeptos y votantes a partir de entonces, mientras que crecía Esquerra Republicana de Catalunya (ERC), radicalizada hacia el independentismo. En 2005 se planteó el problema del nuevo *Estatut* elaborado por el Gobierno Maragall, que José Luis Rodríguez Zapatero, siendo líder de la oposición, había prometido apoyar. Ante sus planteamientos confederales, a partir de bases étnicas e historicistas que no existían en el texto de 1979, Zapatero, ya presidente, decidió desdecirse de sus promesas y exigió modificaciones. El *Estatut* finalmente acordado fue aprobado por las Cortes españolas en marzo de 2006 y ratificado por el Parlamento y por el electorado catalanes en referéndum en junio de 2006. Tras todos estos trámites, y pasados cuatro años, esta norma fue declarada parcialmente inválida por el Tribunal Constitucional. Aquella torpe maniobra provocó una enorme manifestación organizada por Òmnium Cultural, bajo el lema *som una nació, nosaltres decidim.*

Entre tanto, el Tripartito se había hundido y gobernaba de nuevo Convergència i Unió (CiU), con Artur Mas como *president*, y la situación económica se había deteriorado con la recesión iniciada en 2008. Mientras en la calle se popularizaba el lema *Espanya ens roba*, Mas pidió sin éxito al nuevo Gobierno español, presidido por Mariano Rajoy, un concierto fiscal a la vasca. La Diada de 2012 tuvo una espectacular afluencia de público, cercana al millón y medio de personas, y en sus demandas dominó el independentismo. Decidido a aprovechar el ambiente de la calle, Mas convocó nuevas elecciones, pero le resultaron un fiasco, con la pérdida de 12 de sus 62 diputados; a cambio, ERC alcanzó los 21 escaños. A partir de entonces, el proceso «soberanista» o independentista ha dominado la vida política catalana, pese a existir problemas tan graves como la corrupción o los recortes económicos. En los últimos tres años, la relación con el resto de España se ha deteriorado seriamente y en la sociedad catalana se ha producido una profunda división interna.

En noviembre de 2014, el Gobierno catalán lanzó su «consulta popular no referendaria» sobre dos preguntas: si Cataluña debería ser un Estado y si ese Estado debería ser independiente. Pese a ser declarada ilegal por el Tribunal Constitucional, la consulta se celebró y votó en ella cerca del 33 % del censo, del que un 80 % votó sí a ambas cuestiones, lo que permite calcular el número de catalanes favorables a la independencia en ese momento en unos 1,8 millones. Las elecciones autonómicas, de septiembre de 2015, declaradas «plebiscitarias» por el Gobierno de Mas, fueron perdidas desde este punto de vista, pues el conjunto de listas independentistas, sumado a un grupo de izquierda radical como la Candidatura d'Unitat Popular (CUP), sólo alcanzó un 47 % de los votos, pero su número de escaños era suficiente para votar un presidente independentista, cosa que hicieron en enero de 2016, en la persona de Carles Puigdemont. Hay, sin embargo, fenómenos nuevos en el panorama político catalán, como la emergencia de una izquierda no vinculada al nacionalismo catalán, como la Catalunya en Comú aliada de Podemos, o de Ciutadans, primer partido de la oposición no nacionalista, por delante del PSC y del Partido Popular (PP).

Concluyamos. Entre los factores que se destacan en el proceso de construcción de la identidad catalana hay uno cultural, o primordial, como es la lengua, con la que la mayoría de la población catalana siente un vínculo afectivo muy profundo. Alrededor de la lengua hay toda una identidad étnica, ligada a una serie de marcas de catalanidad, que está asumida por el conjunto de la población, como demuestra el hecho de que los representantes políticos elegidos democráticamente sean en mayor proporción nativos de Cataluña, catalanoparlantes y con más apellidos catalanes que el conjunto de la población que les ha elegido, donde los Pérez y García son mucho más comunes que entre las élites políticas. Desde un punto de vista muy distinto, el geográfico, hay otro dato de gran importancia, como es la rivalidad Madrid-Barcelona, muy marcada desde finales del siglo XIX y excepcional en Europa, donde es raro que en un mismo país existan dos ciudades de tanta paridad en su peso demográfico, económico y cultural.[45] Por último, hay un factor internacional crucial que diferencia a Cataluña de Portugal, o de otras naciones europeas que han llegado a poseer Estado propio, que es la falta de apoyos exteriores al proyecto independentista. Si Francia hubiera actuado, durante la sublevación catalana de 1640-1652, como lo hizo Gran Bretaña con Portugal, muy distinto hubiera sido, probablemente, el curso de los hechos. Como podría serlo en este momento si los independentistas encontraran eco en alguna potencia internacional importante o, como mínimo, cercana.

LOS VASCOS, EL TRIUNFO DE UNA LEYENDA

El vasco es uno de los casos más claros de éxito en el proceso de construcción de una identidad, privilegiada en el Antiguo Régimen y convertida en el siglo XX en identidad nacional con no menor éxito (aunque sin conseguir un Estado propio). Para empezar, porque sus seguidores están convencidos de que el suyo es un pueblo antiquísimo, aunque en realidad sus orígenes históricos constatables son tardíos e incluso el proceso de elaboración de su autoimagen comenzó después del de los castellanos, catalanes, aragoneses o navarros. Pero, como hemos comentado repetidamente en este libro, las creencias erróneas de los nacionalistas sobre los orígenes de la identidad que defienden no son en absoluto incompatibles con su fortaleza y su legitimidad actuales.

Aunque la leyenda rece que el pueblo vasco existe desde el Neolítico, lo cierto es que sobre la época prehistórica apenas poseemos datos fidedignos. De las eras históricas documentadas, sabemos que hubo un pueblo de «vascones» –frecuentemente fundidos, o confundidos interesadamente, con los «cántabros»– dentro de la Tarraconense, provincia del Imperio romano, y al disolverse este último se encontró en una zona fronteriza y fluida entre visigodos y francos. De la alta Edad Media seguimos careciendo casi de noticias, aunque parece cierto que en la mayoría del actual territorio vasco no penetraron los invasores musulmanes (bien porque no pudieran o porque no se esforzaran por hacerlo, al ser zona montañosa y lluviosa), que sí ocuparon, sin embargo, Navarra y sometieron a constantes razias la llanura alavesa.

A finales del siglo VIII, el ejército de Carlomagno sufrió una dura derrota en Roncesvalles, aunque sobre quiénes fueran sus atacantes nos manejamos de nuevo en un terreno nebuloso. Según la *Chanson de Roland*, fueron los musulmanes, pero el mito identitario lo atribuye a los vascones. Con el nombre de Vasconia existió, sí, un ducado, en la parte occidental de la Marca Hispánica carolingia, que acabó fundiéndose con el de Aquitania y siendo, por tanto, feudatario del rey de Inglaterra. A él perteneció el condado de Gascuña, del que formaban parte los territorios hoy vasco-franceses. El señorío de Vizcaya, tras oscilar entre las órbitas de Navarra y Castilla, hacia el año 1100 se incorporó de manera estable a esta última corona, aunque conservando una gran autonomía institucional. Alfonso VI reconoció a Íñigo López el título de señor de Vizcaya; su nieto, Diego López, adquiriría la tenencia de Haro y añadiría este nombre a su apellido. En esta misma dependencia castellana terminaron Álava, tras haber pasado por las de Asturias y León, y Guipúzcoa hacia el año 1200. En cuanto a Navarra, fue un reino temprano, fundado por Íñigo Arista a comienzos del siglo IX, que no cubría la Euskadi actual sino Navarra y La Rioja, y que logró mantener una vida autónoma, entre las coronas de Aragón, Castilla y Francia, hasta que acabó absorbida por la monarquía católica al final del reinado de Fernando II de Aragón.

La sociedad, entre tanto, fue organizándose de modo feudal en el campo, dominado por los linajes o «parientes mayores», que en los siglos XIV y XV se enzarzaron en largas y duras «guerras de bandos». En sus márgenes existían las villas, establecidas a partir de una «carta puebla» otorgada por el señor con libertades y garantías judiciales para quienes vinieran a residir en ellas. Muchas de estas cartas pueblas se inspiraron en los fueros municipales de Jaca y Logroño, de finales del siglo XI. En la Edad Moderna, integrados ya estos territorios en la corona de Castilla, siguieron los avatares generales de la monarquía católica, aunque, desde luego, con un alto grado de autogobierno interior, con leyes, impuestos y tribunales independientes y, sobre todo, con la exención de contribuir con hombres y tributos a la defensa global de la monarquía. Con dos matices: el primero, que su organización fue siempre de provincias, comarcas o villas autónomas, sin que existiera nunca una autoridad única ni bajo el nombre de Vasconia ni bajo ningún otro; su nombre más común era plural, Provincias Vascongadas, como correspondía a su dispersión institucional. El segundo, que desde todos los demás puntos de vista los vascos participaron intensamente en la historia española, especialmente en la conquista y colonización de América, sobre todo por su tradición marinera, y destacaron también como funcionarios de la administración real.[46]

Una peculiaridad de aquellos territorios fue que, hacia finales de ese siglo XV, se produjeron fuertes movimientos contra los judíos que acabaron en su expulsión en 1486 y la inmediata generalización de estatutos de limpieza de sangre, algo anteriores a los del resto de la península. Este dato acabaría siendo importante para la reivindicación de la ancestral condición de hidalgos y de «cristianos viejos» de los vizcaínos o vascongados –términos usados entonces–, lo que reforzaría sus demandas de exenciones fiscales y reserva de puestos relevantes frente a los sospechosos de descender de familias conversas. Pero hubo toda otra batería de mitos y relatos que acabarían asegurándoles lo que todos ansiaban en esa época: mayores honores y mejores derechos. Son esos mismos mitos los que serían utilizados en la era de las naciones para apuntalar una identidad que hoy tiene una fuerza imbatible, por lo que merecen que les dediquemos unos párrafos.

Los primeros relatos que avalaban la antigüedad vasca no son anteriores al siglo XIV. Todo se inició por un tratado genealógico, el *Livro dos Linaghens*, escrito hacia 1340 por Pedro Alfonso, conde de Barcelos, hijo natural del rey portugués don Dinis, refugiado en la corte castellana. En él se incluía una versión adaptada de la leyenda francesa de Melusina, que confería a los López de Haro, señores de Vizcaya, un origen mágico. Ya en la segunda mitad del siglo XV, las *Bienandanzas y fortunas*, del noble banderizo Lope García de Salazar, añadieron a esta fábula la batalla de Arrigorriaga, ocurrida nada menos que quinientos años antes. En esta batalla, los vizcaínos, acaudillados por un príncipe escocés llamado Jaun Zuria –de nacimiento también prodigioso–, habrían derrotado al rey de León, pero aceptaron luego someterse a él a cambio de que jurara en Guernica unos privilegios para sus *fijosdalgo*.

Sobre ese esquema medieval se tejió, en el siglo XVI, el gran mito que triunfaría hasta el punto de que pervive aún hoy en la mente de muchos. En 1526, el Fuero Nuevo declaró nada menos la hidalguía universal de los vascos, a partir de su ascendencia goda. Así lo proclamó también Juan Arce y Otálora, en su *Summa nobilitatis Hispanicae*, y con mayor impacto el bachiller Juan Martínez de Zaldibia, autor de una *Suma de las cosas cantábricas y guipuzcoanas*, quien añadió, en apoyo de la tesis de la hidalguía universal, un dato destinado a perdurar: Vasconia habría sido el lugar de desembarco de Túbal, el nieto de Noé que, según la leyenda, había llegado a la península al mando de los iberos. Tras haber aprendido de Túbal la metalurgia, el monoteísmo y las leyes morales, sus descendientes permanecieron siempre en aquellas tierras, aislados, independientes y fieles a la misma lengua y costumbres, «apartados de herejías, con judíos, moros ni otros infieles nunca mezclados».[47]

La tesis de que los vascos eran el pueblo del patriarca Túbal fue repetida por Esteban de Garibay, en su *Compendio historial* (1571). Garibay lanzó una invención nueva, la «sequía universal» que siguió al Diluvio, que habría obligado a los tubalinos a buscar refugio en los «aires septentrionales lluviosos». Allí, en las montañas cántabras, se establecieron de forma permanente, y allí enseñó el nieto de Noé a los de su linaje la metalurgia y «la ley de la naturaleza», dándoles «orden de bien vivir». En esas tierras establecieron su corte su hijo Ibero y los demás reyes inventados por Annio de Viterbo; en ellas fundó Pelayo la monarquía hispánica; y de ellas procedía la verdadera nobleza española, toda de sangre tubalino-gótica y libre de contaminación judeoconversa; pero allí, sobre todo, se seguía hablando la lengua de Túbal, «llamada ahora Bascongada». La antigüedad de la lengua, que según Julio Caro Baroja era invención de Marineo Sículo, entró así en el debate que se venía desarrollando desde la baja Edad Media en toda Europa sobre el origen y la primacía de los pueblos. Garibay incluía la lengua vasca entre las 72 surgidas del caos babélico y, por tanto, originarias de la humanidad, y sostenía que era la primitiva de los españoles. El «cantabrismo» se convirtió así en el meollo del linaje «español» y, como vio Julio Caro Baroja, fue típico de aquel sector de burócratas vascongados que sirvieron a Felipe II y sustituyeron a los dirigentes banderizos del siglo anterior.[48]

De la década de 1580, años de intensa actividad falsificadora de fuentes supuestamente medievales y, sobre todo, a medida que se aproximaba a su clímax el caso de Antonio Pérez, procede la *Crónica de Ibargüen-Cachopin*, «centón inagotable de fábulas y patrañas», según Andrés Mañaricúa, que añadió a Túbal y los demás reyes legendarios el detalle de que quien había dictado los fueros vascos había sido Noé en persona, en una ocasión en que viajó a las montañas cántabras para visitar a su nieto.[49] De aquel momento es también la obra *Antigüedades de Vizcaya*, del clérigo Martín de Coscojales, que descubrió otra de las vetas que pasarían a integrarse en la leyenda: la fusión de las guerras de los cántabros contra los romanos con la idea de aislamiento, independencia y fiera resistencia de los vascoíberos, asociada también a la permanencia de la misma lengua.

Todo ello acabaría llevando a la obra de Andrés de Poza *De la antigua lengua, poblaciones y comarcas de las Españas*, de 1587, en la que los «vizcaínos» se apropiaban ya totalmente de la herencia cántabra. Poza, de quien se sospechaba pudiera tener sangre conversa, se presentaba como «jurisconsulto cántabro» y había estudiado en Lovaina y Salamanca; también había sido soldado en Flandes y publicado obras sobre náutica, aparte de su verdadera especialidad, que era la lingüística. En 1588, Juan García Saavedra, fiscal de la Chancillería de Valladolid, se atrevió a cuestionar la hidalguía universal vasca, a lo que Poza replicó defendiendo la universalidad de la nobleza «originaria», o condición hidalga vasca, por ser «convicción general» que los vizcaínos descendían del patriarca Túbal y por no haber existido jamás en Vizcaya «encomiendas, feudos ni vasallajes, antes todos sus hijos pertenecieron siempre a la innata libertad de las edades de oro»; el vasco era, además, una de las lenguas «originarias» de la humanidad, trasmitida directamente por Dios a los primeros seguidores de Túbal, similar o incluso superior al hebreo por su capacidad para expresar los misterios filosóficos y teológicos. En defensa de los privilegios, especialmente fiscales, escribió también en 1593 Juan Gutiérrez, canónigo de Ciudad Rodrigo, apoyándose igualmente en la procedencia tubalina de los cántabros y el pacto concertado tras la batalla de Arrigorriaga. La tesis de la hidalguía universal se impuso sobre las objeciones del fiscal de Valladolid y el monarca ordenó que se suprimieran de la obra de Juan García Saavedra las frases impugnadas por Poza.[50]

Según Pablo Fernández Albaladejo, que ha analizado con brillantez este debate, la pugna se libraba entre distintas interpretaciones sobre la «*verdadera* identidad española»: para unos, ésta radicaba en los godos, «unos conquistadores que se hicieron padres»; para otros, venía de los «montañeses» o tubalinos, únicos españoles auténticos gracias a su aislamiento en la siempre independiente cordillera cántabra. Esta polémica se mezclaba con la de la antigüedad de las lenguas y con la exaltación de los españoles como «pueblo israelítico» o elegido. Esta idea de pueblo elegido fue defendida por el benedictino fray Juan de Salazar y, sobre todo, por fray Benito de Peñalosa, para quien existía una identidad española esencial pese a su extensión y dominio del mundo entero; identidad que se habría preservado únicamente en los descendientes puros de Túbal, los que conservaban la «sangre antigua»: vascos, navarros, cántabros, asturianos, castellanos viejos y «algunos aragoneses y catalanes, los más encumbrados sobre los Pirineos»; con lo que el españolista Peñalosa acababa apoyando el particularismo vasco-cántabro.[51]

Como observa Fernández Albaladejo, la polémica sobre los orígenes góticos o tubálico-cántabros de la identidad española se prolongó a lo largo de todo el siglo XVII y penetró en el XVIII. En favor de la excepcionalidad cántabra o vasca escribieron, entre otros, Baltasar de Echave, el jesuita Gabriel de Henao o Lope Martínez de Isasti. Este último aprovecharía, además, las referencias a una supuesta batalla de Beotibar, donde 60.000 navarros y franceses habrían sido derrotados por 800 castellanos y guipuzcoanos, para fundirla con la de Roncesvalles. Antonio de Lupián Zapata, uno de los más insignes falsificadores barrocos, había compuesto también en el siglo XVII una *Crónica de Vizcaya*, que fechó doscientos años antes y atribuyó al humanista flamenco Juan Vaseo, en la que daba fe de la existencia de un pacto de autoentrega condicionada al rey de Castilla. En resumen, en el siglo XVII la leyenda estaba completa: la limpieza de sangre, la fidelidad al cristianismo, la invencibilidad, el arraigo inmemorial en una misma casa solar, la pervivencia de la lengua originaria e incluso la mitificación de los fueros como ley divino-natural avalaban las exenciones asociadas a la «hidalguía universal». Una tesis que acabó siendo aceptada en la época sin provocar una respuesta especialmente agria. A partir, desde luego, no de una afirmación antiespañola, como ocurriría más tarde con el nacionalismo aranista, sino del más puro españolismo, pues estos mitos vascos bebían de los españoles, aunque fuera para defender que eran «españoles a fuer de vascongados», según el dicho consagrado, o «españoles de primera clase», como ha escrito Javier Fernández Sebastián. En palabras de Fernando Molina, «lo que el foralismo vascongado representaba en el universo de identidades españolas [...] no era una conciencia diferencial, como en el caso catalán, sino una conciencia excepcional primigenia» según la cual los fueros eran «lo más genuino y auténtico de España, el paradigma del casticismo más propio».[52]

En paralelo a esta mitificación de los orígenes se fue produciendo, a lo largo de la Edad Moderna, una consolidación territorial alrededor de instituciones como las Juntas Generales, asambleas que se reunían esporádicamente y que eran suplidas en el gobierno diario por unas «diputaciones» permanentes. Fue surgiendo también todo un conjunto normativo elaborado por los mismos letrados que creaban los relatos legendarios que justificaban el tratamiento privilegiado que aquellas provincias recibían por parte de la corona. Aquellos privilegios –tanto fiscales como militares– acabaron así siendo reconocidos, con arreglo a la lógica de los tiempos, como derechos inviolables, a partir de su antigüedad y su carácter supuestamente contractual.

La defensa de los fueros continuó con intensidad durante el siglo XVIII, cuando los decretos de Nueva Planta unificaron la legislación de la mayoría del territorio de la monarquía y la situación foral vasco-navarra se convirtió en una excepción cuya continuidad peligraba. Entre los foralistas destacó especialmente el jesuita, filólogo e historiador Manuel Larramendi, autor de diversas obras apologéticas en las que repetía el esquema conocido.[53] Pero la ofensiva contra los fueros no llegó realmente hasta comienzos del siglo XIX, en los últimos años de la privanza de Godoy (después de que la Diputación de Guipúzcoa hubiera expresado su indiferencia ante su identidad española con ocasión de la invasión francesa durante la guerra de la Convención de 1793). Para apoyar su propósito, el valido apoyó la composición de una serie de obras históricas como el *Diccionario geográfico* de la Real Academia de la Historia y las *Noticias históricas de las tres provincias vascongadas* de Juan Antonio Llorente. Pocos años después, acabada ya la Francesada y con Fernando VII ejerciendo el poder absoluto, esta ofensiva tendría su continuación en el *Informe de la Junta de Reforma de Abusos de la Real Hacienda en las Provincias Vascongadas* y la *Recopilación documental* del canónigo Tomás González. El objetivo común de todas estas publicaciones, según Javier Fernández Sebastián, era avanzar hacia la racionalización y uniformización fiscal del reino, denunciando el carácter quimérico de las justificaciones foralistas a partir de la demostración de que las provincias vascas nunca habían sido soberanas y que sus privilegios no procedían de pacto alguno con la monarquía, sino que eran meras concesiones regias: «la tal independencia es una fábula mal forjada», decía el Informe de 1819, «una de aquellas absurdas tradiciones que la misma credulidad y la falta de crítica dejan correr libremente hasta que la ilustración da [...] con muchas de ellas en tierra».[54]

Como era de esperar, los defensores de los fueros no dejaron sin respuesta estos ataques. La más imprevista fue la protesta contra el *Diccionario* de la Real Academia de la Historia que hizo el exclérigo y exrevolucionario José Marchena, andaluz que reaccionaba por aquel entonces contra los excesos de la Revolución francesa de la que tan entusiasta había sido. Más esperada fue la reacción que vino de la pluma de Francisco de Aranguren y Sobrado, quien se atrevió a sostener que la constitución del señorío de Vizcaya como república libre, independiente y soberana databa del hundimiento de la monarquía visigoda, en los primeros años del siglo VIII. Llorente se burlaría de este aserto, carente de apoyo documental alguno, comparando su verosimilitud con la de la ínsula Barataria de Sancho Panza.[55]

Un momento de peligro para el entramado institucional fuerista, en el que se basaba la identidad vasca, llegó con las Cortes de Cádiz. Se proclamó allí, sin posible equívoco, la soberanía única de la nación española. Pero, a la vez, para evitar ser acusados de afrancesamiento, los liberales fundamentaron su proyecto constitucional en una supuesta tradición española representada precisamente por los fueros y las Cortes de los antiguos reinos medievales, lo cual les colocaba en una situación contradictoria. No obstante, la intención de barrer el pasado localista era clara. Como explicó el diputado alavés Pedro Egaña, antes «la nación estaba enteramente separada, desunida y dividida», porque «cada provincia tenía sus leyes y fueros particulares, su Gobierno y administración peculiar»; con la nueva carta constitucional, en cambio, todo había mudado, porque «es uno mismo el Gobierno y uniforme la administración» para toda la nación; «todos están sujetos a la misma ley y todos llevan igualmente las cargas del Estado; todos pertenecemos a una familia y componemos una sola sociedad»; los españoles «formamos ya un verdadero cuerpo político y somos realmente una nación independiente, libre y soberana».[56]

Pero el momento gaditano fue breve y Fernando VII restablecería la situación foral previa. Sin embargo, la polémica volvería a renacer al avanzar el siglo, con el romanticismo y las guerras carlistas. Con el romanticismo, gracias a la intervención nada menos que de Alexander von Humboldt y de Johann Gottfried Herder, que se sumaron a la tesis de que el pueblo vasco era un caso ejemplar de mantenimiento de su «pureza» original merced a su idioma, que permanecía incontaminado en aquel rincón montañoso tras haber sido la lengua ibérica o general de España. En cuanto al carlismo vasco-navarro, fue pasando de la defensa de una rama dinástica y un orden político –el absolutismo del Antiguo Régimen–, que era su objetivo en la primera guerra, a la de una personalidad colectiva territorial, dominante en su última fase. Los fueros se convirtieron así, como explican Coro Rubio o Fernando Molina, en manifestaciones del «espíritu» vascongado, junto con el catolicismo y la lengua. Con lo que se dibujó una identidad de tipo indiscutiblemente étnico, y no cívico, pues no dejaba resquicios para la libertad individual.[57]

Entre los defensores del fuerismo de la época del primer carlismo destacó Juan Ernesto Delmas, librero, impresor y periodista, fundador de la revista *Irurak Bat*. Más importancia tuvo el vasco-francés Joseph-Augustin Chaho, quien, tras publicar un *Voyage en Navarre pendant l'insurrection des basques*, lanzó una *Histoire primitive des euskariens-basques*, mucho más ambiciosa, a la que seguirían otras varias. El autor era un viajero romántico, un aristócrata convertido en radical de izquierdas, que poseía buena pluma e imaginación desbordada y a quien sin duda se debe considerar un nacionalista *avant la lettre*. Parece ser que Chaho fue el primero en usar el término «vascos» –del francés *basques*–, que acabaría sustituyendo al hasta entonces habitual «vascongados» o «vizcaínos», y se refirió a ellos como una nación oprimida, por cuya liberación luchaban los rebeldes carlistas. Adaptando los mitos arios alemanes, fue además el inventor de la leyenda de Aitor, patriarca de la edad de oro vascongada y padre de siete hijos de los que procedían las siete provincias. Aitor sería más tarde consagrado por Francisco Navarro Villoslada en su novela histórica *Amaya o los vascos en el siglo VIII* y sustituiría, a partir de entonces, al no menos legendario Túbal[58].

A medida que se prolongó el conflicto carlista y convirtió en real la perspectiva de la supresión de los fueros, el debate se acaloró. En su última fase, sobresalió entre los fueristas Ricardo Becerro de Bengoa, profesor y periodista, católico aunque republicano, que publicó un *Libro de Álava* en el que seguía manteniendo que «los primeros pobladores de España fueron los iberos o eúskaros», «raza pura completamente típica, con su admirable, primitiva y armoniosa lengua», que «han resistido todas las invasiones de otras razas»; de la fusión de los celtas con los iberos o eúskaros, seguía Becerro de Bengoa, «se formó la raza celtíbera, que fue el origen, asiento y matriz de la verdadera nacionalidad española»; esto se complementaba, desde luego, con la entrega «voluntaria» de los vascos a la corona de Castilla «mediante un pacto o convenio celebrado en el campo de Arriaga», cuyo texto reproducía íntegro y en el que figuraba una larga lista de exenciones y privilegios en relación con tributos, servicios y autogobierno foral. Otro fuerista del fin de siglo que repitió todos los tópicos heredados fue Arístides de Artiñano, que volvió a sostener el «absoluto alejamiento [del pueblo vasco] de los mahometanos y judíos que en la Edad Media inundaron nuestra Península»; «la raza eúskara ha conservado su origen puro y sin contacto alguno, porque siempre defendió su tierra de las invasiones extrañas, logrando conservar su independencia en todas las épocas de la historia». Otros fueristas y cultivadores del vasquismo fueron Antonio Trueba, popular autor de cuentos infantiles, leyendas y novelas históricas y costumbristas, y Fidel de Sagarmínaga, miembro de la Unión Liberal, alcalde de Bilbao y diputado a Cortes, creador de diversos periódicos y fundador del Partido Fuerista de la Unión Vasco-Navarra. De este último partido procedería la organización Euskal Herría, dirigida por él mismo hasta su muerte, momento en que pasó a presidirla Ramón de la Sota, que imprimió al grupo un giro abiertamente nacionalista.[59]

La construcción de la tradición vasca no fue sólo obra de los apologetas foralistas –para la reimpresión masiva de cuyas obras no hará falta añadir que no faltó financiación–. A los pretendidos datos históricos se añadió la literatura romántica, con novelas y leyendas, pero también la lingüística, con estudios apologéticos sobre el idioma. Y comenzaron además a construirse, como observa Fernando Molina, «edificios que plasmaban toda esa cultura», especialmente las nuevas diputaciones, cuya sede estaba en las ciudades; «lo que refleja –sigue este autor– que el fuerismo era, en realidad, una cultura urbana que se dotaba de mitos y símbolos rurales».[60]

Sobre el suelo de esta tradición elevarían su vuelo en el siglo XX los fundadores de la antropología vasca, como Telesforo de Aranzadi o José Miguel de Barandiarán, que se distanciarían de este tipo de leyendas pero que mantuvieron la peculiaridad identitaria, estudiando el paganismo autóctono vasco y el culto a la diosa Mari y al macho cabrío Aker, alrededor del proceso de las brujas de Zugarramurdi, de comienzos del siglo XVII. No obstante, el verdaderamente importante desde un punto de vista político fue Sabino Arana, que al mediar la última década del siglo XIX reafirmó todos los mitos heredados, aunque imprimiéndoles un inesperado giro antiespañol.

Sabino Arana Goiri (1865-1903), de familia carlista y educado en el internado jesuita de Orduña, pasó tres años de su infancia exiliado en Francia, con su padre, y estudió entre 1883 y 1888 en Barcelona. En 1892 apareció su primera publicación en forma de libro, *Bizkaya por su independencia. Cuatro glorias patrias*. Eran cuatro artículos sobre otras tantas batallas legendarias de los siglos IX al XV, entre ellas Arrigorriaga, en las que los vizcaínos habrían derrotado a reyes españoles para asegurar su independencia.[61] Al año siguiente, en los brindis de un banquete en su honor por aquel libro, pronunció un discurso en el que se suele situar el lanzamiento de su posición superadora del fuerismo. Habló allí de la Vizcaya que se había mantenido invicta frente a iberos, celtas, romanos, godos, galos y visigodos y que tampoco, según él, se había sometido nunca a los monarcas españoles, con los que sólo pactó el mantenimiento de las libertades de Vizcaya. Allí fue donde lanzó el lema JEL (*Jaun-Goikua eta Lagi-Zarra*, «Dios y Ley Vieja»), en sustitución de los carlistas «Dios, patria, rey» o «Dios y fueros». Comenzó entonces a publicar la revista *Bizkaitarra*, que le deparó varios procesos judiciales. En un homenaje al árbol de Guernica de 1893, al que asistían sobre todo carlistas, fueristas e incluso los catalanistas de Unió, él y sus íntimos quemaron banderas españolas y lanzaron gritos de «¡Muera España!» y «¡Viva Euskeria independiente!». Un año después fundó, junto con su hermano Luis, la sociedad Euskeldun Batzokija e izó por primera vez la *ikurriña*, bandera que habían diseñado entre ambos, siguiendo el modelo de la británica. En julio de 1894, tras haber cantado el *Gernikako Arbola* después de una misa, fue denunciado por alboroto y pisó por primera vez la cárcel. De nuevo lo haría al año siguiente, cuando la sociedad fue clausurada por la autoridad y la revista *Bizkai-*

tarra prohibida, por ser «un foco perenne de rebelión y un peligro para la nación». En 1895 fundó el Partido Nacionalista Vasco (PNV), muy radicalizado, pero cuyas actividades tardarían años en salir de pequeños círculos semiclandestinos.

Al revés de lo ocurrido con el catalanismo, el año 1898 inició una fase de mayor moderación en sus posiciones, quizás debido a su implicación en política práctica, al ser elegido diputado provincial por Bilbao. Otros éxitos electorales, muy modestos, del partido fueron la obtención de cinco concejalías en Bilbao en las municipales de 1899 y de una alcaldía en Mundaca. La suspensión de garantías constitucionales en Vizcaya llevó, sin embargo, a la suspensión de todos sus centros y periódicos hasta 1900. Contrajo matrimonio, entre tanto, con una novia de origen humilde, con la que no llegó a tener descendencia. Y en 1902 fue notorio su envío de un telegrama de felicitación al presidente Theodore Roosevelt por la independencia cubana en el que decía: «si Europa imitara también, nación vasca, su pueblo más antiguo, que más siglos gozó libertad rigiéndose Constitución que mereció elogios Estados Unidos, sería libre». Le costó una nueva estancia en la cárcel. En 1902-1903, sus últimos años de vida, dio un giro hacia el posibilismo y propuso a sus partidarios renunciar al independentismo y luchar por una autonomía «lo más radical posible dentro de la unidad del Estado español y a la vez más adaptada al carácter vasco y a las necesidades modernas»; aunque pareciera un contrasentido, explicó a sus seguidores, la Patria, *Euzkadi* –como él escribía–, nos exige hacernos «españolistas».[62] Este cambio ha dado lugar a múltiples interpretaciones, pero parece que su idea era crear algo parecido a la Lliga Regionalista de Prat de la Riba y Cambó. No tendría tiempo de desarrollar este proyecto, pues enfermó gravemente y, aunque excarcelado en noviembre de 1902, se exilió a Francia y murió meses más tarde, a los treinta y ocho años de edad. Antes de morir eligió como sucesor a Ángel de Zabala, un ferviente independentista.

Entre las ideas de Arana –a quien estamos dedicando tan amplio espacio porque pocas veces un hombre ha dejado tan profunda huella en una construcción identitaria– destaca una concepción orgánico-historicista de la identidad vasca, a partir de la religión y la raza –no de la lengua–; un antiliberalismo que procedía del integrismo católico (de lo que se trataba era de salvar al pueblo vasco; «*Bizkaia*, dependiente de España, no puede dirigirse a Dios»; nuestro grito de independencia «sólo por Dios ha resonado»); un antagonismo radical entre la nación española y la vasca, razas distintas que han sido enemigas desde hace milenios (las cuatro provincias vascas se enfrentaron siempre con los reyes españoles y, de hecho, consiguieron su independencia con los fueros, hasta que éstos fueron subordinados a la Constitución española o suprimidos, en 1839 y 1876); un grito de alarma ante la actual «degeneración» del pueblo vasco, invadido por «maquetos» o inmigrantes españoles, culpables de la desaparición del orden tradicional, de la irreligiosidad, las inmoralidades, la blasfemia, el socialismo, el anarquismo, el retroceso del euskera y todos los demás males derivados de la modernidad; y, en conclusión, una propuesta de independencia de Euzkadi respecto de España, equivalente, en su opinión, a la recuperación de la situación anterior a la Ley de 1839. Las provincias vascas del norte y sur de los Pirineos se confederarían entonces y crearían un nuevo Estado basado en la unidad religiosa y racial, del que estarían excluidos, por tanto, los inmigrantes maquetos y los vascos no católicos, liberales o izquierdistas.

Estamos, pues, ante un caso de nacionalismo, como ha escrito José Luis de la Granja, «tradicionalista e integrista, antiliberal y antiespañol, antisocialista y antiindustrialista».[63] Con una visión no sólo primordialista o esencialista de las naciones, sino providencialista, pues su existencia procede de Dios y no de la voluntad de sus habitantes. Y apoyado en múltiples falsificaciones de la historia: que las provincias vascas habrían sido estados independientes desde los tiempos más remotos, gobernados democráticamente en una especie de Arcadia rural y bucólica; que su conexión con los estados francés y español no habría pasado de ser una unión personal, en la cúspide, por coincidir en el mismo soberano los títulos de señor de Vizcaya y rey de Castilla, Navarra, España o Francia; que esos estados vascos sólo habrían perdido su independencia con las leyes de 1839 (que, en realidad, ratificó los fueros, aunque integrándolos en la Constitución española) y 1876 (que los sustituyó por los conciertos económicos).[64] Y, como coronación del planteamiento, un toque milenarista, pues lo que al final se prometía era la recuperación de la edad de oro perdida, identificada para él con la situación foral existente antes de 1839.[65]

El PNV tardó casi tres décadas en alcanzar un seguimiento masivo. De ser un pequeño grupo de iniciados pasó a obtener las primeras victorias electorales en contiendas municipales y, sobre todo, en Vizcaya. Tras la temprana muerte de Arana, convertida ya su figura en mítica, comenzaron las divisiones sobre la interpretación de su legado. Como escribió Jordi Solé Tura, el PNV siempre ha tenido una «doble alma», independentista y regionalista, o también, en metáfora de Ludger Mees y Santiago de Pablo, rige en él una ley de «péndulo patriótico».[66] Su primera etapa de verdadero protagonismo en la política vasca fue la Segunda República, en la que demostró gran capacidad movilizadora en los sucesivos *Aberri Eguna*. Pero su coalición con el carlismo y su ideal político-social cercano al Antiguo Régimen hicieron inviable la aprobación de un Estatuto de autonomía para las provincias vascas. En célebre expresión de Indalecio Prieto, la República no podía consentir un «Gibraltar vaticanista». El pragmatismo del PNV lo llevó, sin embargo, a decantarse por la legalidad republicana –tras muchas dudas–, cuando, al estallar la guerra civil, se vio enfrentado a la gran decisión. Pero la sociedad vasca estaba escindida, como demostraron los 80.000 voluntarios procedentes de Álava y Navarra que la Comunión Tradicionalista aportó a los rebeldes. El apoyo a la República sirvió para conseguir el Estatuto de autonomía, en el propio año 1936, aunque éste apenas llegó a entrar en vigor, pues el avance franquista sobre Bilbao se produjo pocos meses después y los *gudaris* optaron por la llamada «solución italiana», que significó dejar las armas para evitar el bombardeo de la ciudad. De todos modos, la ambigüedad del nacionalismo vasco quedó patente incluso en las palabras de los más decididos estatutistas, como el primer *lehendakari* José Antonio Aguirre, que declaró que «el Estatuto no es nuestro programa, sino algo que, hallándolo en el camino, lo aprovechamos gustosos».[67]

Terminada la guerra, los dirigentes nacionalistas emprendieron la ruta del exilio. Aguirre continuó siendo *lehendakari*, e intentando internacionalizar la cuestión vasca, aunque a la vez Manuel de Irujo fue ministro en distintas ocasiones del Gobierno republicano en el exilio. En los años cincuenta, el PNV abandonó sus posiciones integristas para ingresar en la organización internacional de la Democracia Cristiana, adoptó el europeísmo y una estrategia proestadounidense en la Guerra Fría. Fallecido Aguirre en 1960, fue sustituido por Jesús María de Leizaola, que no heredó su carisma.

Una derivación del nacionalismo vasco de especial importancia ocurrió en 1959, cuando de una escisión dentro de la rama juvenil del PNV nació Euskadi Ta Askatasuna (ETA), una organización radical que, nueve años más tarde, se embarcó en acciones terroristas y se convertiría, durante más de medio siglo, en una verdadera pesadilla para el País Vasco y el conjunto de España. Pero incluso ante un fenómeno de este tipo, el PNV mantuvo una postura ambivalente. Mientras para Manuel Irujo ETA era «un cáncer que, si no lo extirpamos, alcanzará todo nuestro cuerpo político», para Telesforo Monzón los etarras eran «hijos de las ideas de JEL alejados de la casa del padre».[68] En sus primeros años de historia hubo dos momentos cruciales: el juicio de Burgos de 1970, en que la presión de la oposición nacional e internacional logró el indulto de Franco para la pena capital impuesta a seis miembros de ETA; y el asesinato del presidente del Gobierno Luis Carrero Blanco, mano derecha de Franco, en diciembre de 1973. Las acciones de ETA hicieron reaccionar al régimen, de la única manera que sabía, y sobre el conjunto de la población vasca cayó una represión especialmente brutal. Lo cual provocó a su vez una repulsa generalizada de la actuación de las fuerzas policiales, que acabaría convirtiéndose en un componente básico de la identidad vasca durante décadas.[69]

Al llegar la transición a la democracia, tras la muerte de Franco, el PNV se presentó de una manera muy distinta a la de sus orígenes: como un partido democrático, aconfesional y abierto a todos los vascos, incluidos los inmigrantes, cuya meta principal era la consecución de un Estado autonómico. Contra la opinión de históricos como Irujo y Leizaola, decidieron abstenerse en el referéndum que aprobó la Constitución en diciembre de 1978, pero aceptaron, en cambio, poco después, la vía autonómica y consiguieron con el Estatuto de Guernica de 1979 cotas de autogobierno muy superiores a las de 1936. Quien no supo adaptarse a la nueva situación fue la izquierda radical, independentista o *abertzale*. Convencidos de que nada había cambiado con la democracia, se enfrentaron con la España constitucional con tanto empeño como lo habían hecho con el franquismo. Bien es verdad que ello costó debates internos que llevaron a la escisión de la organización, con una rama «político-militar» que acabó abandonando la «lucha armada» y formando Euskadiko Ezkerra, al final integrada en el sistema parlamentario. Pero la rama «militar» siguió adelante y más del 90 % de las 829 víctimas de ETA lo fueron después de la muerte de Franco. Los «años de hierro» fueron 1978-1981, con una media de 80 muertos anuales.

Desde 1978, había sido establecida una institución de autogobierno que al principio recibió el nombre de Consejo General Vasco, presidido por el socialista Ramón Rubial. Pero desde la aprobación del Estatuto y la celebración de las primeras elecciones vascas el PNV se convirtió en la fuerza hegemónica y todos los *lehendakaris*, hasta 2009, pertenecieron a este partido. El poder del nacionalismo vasco no se extendió, sin embargo, hasta Navarra, cuyos representantes se declararon contrarios a su incorporación a la Comunidad Autónoma Vasca y optaron por una Comunidad Foral propia. El mayor problema del PNV fue el enfrentamiento entre el presidente del partido, Xabier Arzalluz, y el *lehendakari* Carlos Garaikoetxea, que llevó a la escisión de Eusko Alkartasuna (EA). Esta división les impidió conseguir la mayoría absoluta a partir de 1984, pero siguieron gobernando gracias a sus pactos con el Partido Socialista de Euskadi (PSE).

La mortandad causada por ETA prosiguió en los decenios siguientes, con una media de 25-30 víctimas en los últimos años de la década de 1980 y primeros de la de 1990. Para hacer frente a esta situación, se acabaron forjando en 1988 los pactos de Madrid y de Ajuria Enea. Con toda la razón, el *lehendakari* José Antonio Ardanza dijo, en cierto momento, que «el conflicto que está en la base de la violencia no consiste en un contencioso no resuelto entre el pueblo vasco y el Estado español, sino en que una minoría de vascos se niega a aceptar la voluntad de la mayoría y emplea para imponer la suya el instrumento de la *lucha armada*».[70] La actividad de ETA bajó a partir de 1992, al entablarse conversaciones con el Gobierno español en Argel y, sobre todo, al ser detenida la cúpula etarra en Bidart. Pero, poco después, resurgió al calor de la pugna política entre el anquilosado Gobierno del Partido Socialista Obrero Español (PSOE) y el renovado PP, que esgrimió, entre otros argumentos retóricos, la acusación de que Felipe González había organizado los Grupos Antiterroristas de Liberación (GAL). En los años noventa, el PP experimentó un fuerte aumento electoral en el País Vasco y eso significó un retroceso del nacionalismo. En 1997, la sociedad vasca, como el conjunto de la española, reaccionó exasperada ante el secuestro y asesinato del concejal de Ermua Miguel Ángel Blanco. Se formó a partir de entonces una Mesa de Ajuria Enea, que condenó a Herri Batasuna (HB) como cómplice por tal crimen.

En el verano de 1998, ETA alcanzó un pacto secreto con el PNV y EA y declaró una tregua, a cambio de la cual los partidos y sindicatos nacionalistas emprendieron un «viraje soberanista», con el Pacto de Estella/Lizarra, favorable a un proceso «de diálogo y negociación» en Euskadi que habría de seguir el modelo del Úlster. El PNV y EA se comprometieron también a romper todo acuerdo con el PSOE y el PP y superar el Estatuto de Guernica, creando una Asamblea de Electos Municipales de Euskal Herria *(Udalbiltza)*. Ese mismo año firmó también el PNV la Declaración de Barcelona, formando con CiU y el Bloque Nacionalista Galego (BNG) un frente por la autodeterminación de las nacionalidades del Estado español. La radicalización del PNV, en manos de Xabier Arzalluz y Juan José Ibarretxe, continuó en los años siguientes, y en Bilbao, en el año 2000, aprobó un programa soberanista en el que declaraba «agotado» el Estatuto de Guernica y establecía como meta la consecución de un Estado vasco dentro de la Unión Europea. Las elecciones autonómicas previas, de 1998, habían arrojado un resultado muy apretado entre nacionalistas y no nacionalistas, y el PNV y EA sólo habían podido formar Gobierno, bajo la presidencia de Juan José Ibarretxe, con el apoyo parlamentario de HB. Pero la «vía Estella» fracasó en 2000, año en que ETA reanudó su actividad terrorista.

En septiembre de 2001, el *lehendakari* Ibarretxe anunció un plan para rehacer el Estatuto de autonomía, que al fin fue presentado en octubre de 2003, aprobado por el Parlamento vasco y enviado al Congreso de los Diputados en enero de 2005. Sus principios eran muy radicales: a partir de la afirmación de que el vasco era un pueblo europeo con una identidad propia y derecho a decidir su futuro, el proyecto de Estatuto pedía libertad de relaciones con Navarra y el País Vasco francés, reconocimiento de la ciudadanía y la nacionalidad vasca a todos sus habitantes, representación directa en Europa, un poder judicial autónomo, selecciones deportivas nacionales vascas y una comisión bilateral con el Tribunal Constitucional que solucionaría los conflictos entre España y Euskadi. Aparte de todo eso, el Estatuto reservaba competencias exclusivas a la administración vasca en educación, cultura, deporte, política lingüística, asuntos sociales, sanidad, economía, hacienda, vivienda, medio ambiente, infraestructuras, transportes, seguridad pública, trabajo y seguridad social. Era un plan confederal, que dejaba abierta la posibilidad de independencia. El Parlamento español lo tramitó en un solo día, rechazando su toma en consideración por 313 votos contra 29 (entre los que se contaban los nacionalistas vascos, pero también los catalanes, gallegos y Nafarroa Bai). A partir de ahí, el PNV entró en una crisis interna y acabó perdiendo la presidencia de la Comunidad en 2009, pese a ser el partido más votado, gracias a la coalición entre el PSE y el PP, que llevó a la *lehendakaritzia* al socialista Patxi López.

La vía violenta, por otra parte, se iba agotando, debido tanto a la mayor eficacia policial como al cansancio de la sociedad vasca. En 2006,

ETA declaró otro alto el fuego, esta vez «permanente», e inició conversaciones con el Gobierno español, autorizado por las Cortes para hacerlo. Pero estas conversaciones no dieron fruto y ETA rompió la tregua. No sólo se incrementaron las medidas policiales sino que se llevó a cabo una política de marginación de la izquierda *abertzale* por medio de la Ley de Partidos Políticos. Arnaldo Otegui, máximo representante de HB, fue encarcelado. Y las propias fuerzas soberanistas vascas, aliadas en una nueva formación llamada Bildu, empezaron a adoptar resoluciones en las que se rechazaba en términos genéricos el uso de la violencia. En 2011 ETA decidió un «cese definitivo de la actividad armada», aunque sin disolverse formalmente ni entregar las armas y, al año siguiente, la izquierda *abertzale* volvió a ser legalizada. En estos últimos años, los sondeos indican que el porcentaje de partidarios por la opción independentista se ha reducido. El actual dirigente del PNV, y *lehendakari* desde 2012, Íñigo Urkullu, ha mantenido posiciones conciliadoras y, en conjunto, la política vasca se ha distendido notablemente.

Para concluir, debemos catalogar el caso vasco como el de un triunfo verdaderamente espectacular de una invención de la identidad y de la tradición hoy asumida no sólo por la comunidad nacionalista sino por la mayoría de la sociedad vasca. Hubo, desde luego, un dato inicial que fue la fuerte identidad creada a partir del siglo XVI en defensa de una situación legal privilegiada, consistente sobre todo en la exención de levas e impuestos. A partir de ahí emergió el nacionalismo, en la última década del siglo XIX, hace ahora sólo ciento veinticinco años. Fue entonces cuando se inventaron la bandera (bicrucífera o *ikurriña*), el himno *(Gora ta Gora)* e incluso el nombre de la entidad (Euzkadi, luego cambiado a Euskadi). Más tarde aún, a partir de la fundación de la *Euskaltzaindia* o Academia de la Lengua Vasca (1919), se emprendió la unificación de la lengua, el euskera, eliminando sus variantes locales y depurándola de «extranjerismos», y al fin, en 1968-1969, se estableció el euskera batua o unificado. Incluso la estética considerada «tradicional», como el estilo arquitectónico o el tipo de letra en la escritura, es reciente.[71] El discurso en el que se basó todo, la doctrina de Sabino Arana, es hoy abiertamente obsoleto e inaplicable a una sociedad moderna como la vasca.

Pese a ello, el PNV ha demostrado una gran habilidad para oscilar entre ese fundamentalismo doctrinal y un autonomismo pragmático diario, así como una admirable capacidad para ser más que un partido, una comunión o comunidad, identificándose con la sociedad en la que vive y creando una trama asociativa de solidez inigualada. En esta última destacan los *batzokis* (o *euzko etxeas*), centros cruciales de la sociabilidad política, pero también forman parte de ella la Iglesia católica vasca, la familia, las cuadrillas, las *ikastolas* y asociaciones en pro de la lengua y la cultura vascas, los montañeros (autodefinidos alguna vez como «apóstoles del ideal sabiniano y soldados de la patria vasca»), las sociedades folclóricas y deportivas, las organizaciones juveniles, las femeninas *(Emakumes),* un sindicato como Eusko Langileen Alkartasuna-Solidaridad de los Trabajadores Vascos (ELA-STV), nacionalista, católico, antisocialista, pero no exactamente *amarillo,*[72] e incluso, en algún momento, los grupos de choque (los *mendigoizales* en la Segunda República, base de los futuros batallones de *gudaris*). Como excepción curiosa, y que rompe con el esquema nacionalista que plantea, por ejemplo, Miroslav Hroch –y, desde luego, con el caso catalán–, al nacionalismo le ha costado mucho ganarse a los intelectuales, entre los que apenas tiene defensores de prestigio.

GALICIA; FUERTE PRIMORDIALISMO Y DÉBIL NACIONALISMO

Galicia es un caso interesante que reúne todos los factores étnicos que para un planteamiento primordialista explicarían una movilización nacionalista y donde, sin embargo, ésta nunca ha sido masiva. Galicia posee, desde hace siglos, fronteras bien delimitadas, una lengua hablada por la mayoría de la población e incluso un arsenal de agravios creíbles, a partir del sentimiento de haber sido explotados o marginados por un centro político que unas élites reivindicativas podrían presentar como dominador o imperialista.

En el origen, existió una provincia romana llamada *Gallaecia*, que cubría todo el noroeste de España, con límites no siempre fijos pero sí mucho más grandes que la Galicia posterior, pues su capital era Braga, por el sur llegaba hasta la actual Oporto y por el este abarcaba Asturias, León y partes de Cantabria y Castilla la Vieja. Este territorio estuvo habitado desde el Neolítico, en los siglos inmediatos a la era cristiana, por pueblos célticos (nombre muy genérico, procedente del griego *keltis*, oculto, que abarcaba a clanes variados), aunque también incluía a los astures. La penetración romana en estas tierras no fue fácil y la resistencia duró más de un siglo. Sin embargo, la romanización final fue suficientemente intensa como para eliminar casi por completo las lenguas preexistentes, aunque no parece que ocurriera lo mismo con las prácticas religiosas. Hablando de religiones, en el Bajo Imperio *Gallaecia* fue el centro de la acción de Prisciliano, personaje carismático que se enfrentó con la ortodoxia nicena. Condenado como heterodoxo, Prisciliano acabó siendo decapitado el año 385 d.C. Una irónica posibilidad, planteada por varios especialistas, es que pertenezca a Prisciliano, en lugar de a Santiago el Mayor, el cuerpo enterrado en la catedral de Santiago de Compostela, pues la tumba es de esa época.

A comienzos del siglo v, al declinar el Imperio romano y llegar los pueblos germánicos, quienes se asentaron en *Gallaecia* –y en parte de Lusitania, hasta al sur de Coimbra– fueron los suevos. Personajes interesantes de esta etapa fueron los obispos Paulo Orosio e Hidacio, ambos de esa provincia. El primero escribió en el año 418 unas *Historiarum Adversus Paganos*, en las que se detecta una conciencia de identidad e incluso de orgullo, hispano *(fortis fide ac viribus semper Hispania cum optimos invictissimos reges reipublicae dederit)*, y se presenta como conquistadores y opresores a los romanos, identificándose con la resistencia de sus antepasados *(maiores nostri)* frente a ellos. Pese a estas expresiones, Orosio renuncia explícitamente a todo localismo, pues considera su patria donde estén su ley y su religión *(ubique patria, ubique lex et religio mea est)*. En cuanto a Hidacio, escribió un *Chronicon* que continuaba el *De Viris Illustribus* de san Jerónimo, centrándose en sucesos y personajes de Hispania, e incluso utilizó por primera vez como cronología la «era hispánica», que se iniciaba el 38 a.C. Ninguno de los dos expresó especial conciencia «galleguista».

Tras varias divisiones y crisis internas, el reino suevo acabó conquistado el año 585 por Leovigildo, que se tituló así rey de *Gallaecia*, *Hispania* y la *Narbonense*. Pero, pese a esta anexión al reino visigodo, *Gallaecia* se mantuvo como un espacio propio, gobernado por un *dux*, normalmente perteneciente a la familia real. Llegados los musulmanes a la península Ibérica, conquistaron el sur de *Gallaecia*, hasta Tuy, pero su impronta fue muy leve, porque a mediados del siglo VIII toda la actual Galicia se hallaba ya integrada en el reino cristiano cuya capital era Oviedo. También bajo esta monarquía mantuvo la región una personalidad propia, como condado, aunque los títulos en la época eran cambiantes y el *rex ovetensis* o *rex legionensis* se alternaba con *totius Gallaeciae rex*. En todo caso, el condado gallego se elevó a reino independiente cuando Alfonso III, en su lecho de muerte, repartió sus posesiones entre sus hijos y asignó este territorio a Ordoño. Era el año 910 d.C. Cuatro más tarde, sin embargo, murió sin descendencia su hermano García I de León y Ordoño reunió de nuevo ambas coronas. A lo largo de los siglos X y XI, estos dos reinos se separarían y volverían a reunirse en varias ocasiones hasta que, cercano ya el siglo XII, Alfonso VI los vinculara de manera estable, dependiendo ambos de la corte radicada en León, que más tarde pasaría a Castilla. Fue también la época de los ataques normandos o vikingos, que fueron finalmente repelidos tras una derrota decisiva a manos de los nobles gallegos, alrededor del año 1014.

Tras el reconocimiento de la tumba del apóstol Santiago por Roma, en el siglo XII, el arzobispado de Santiago de Compostela, cuyo primer ocupante fue el gran Diego Gelmírez, se convirtió en el centro de poder gallego. Fue entonces cuando se lanzaron las peregrinaciones europeas y se construyeron la catedral compostelana y monasterios tan magníficos como San Clodio o San Estevo de Ribas. En las pugnas entre Castilla y Portugal, la nobleza gallega tendió a alinearse con esta última, llegando en el siglo XIV a una alianza que fue finalmente derrotada por Enrique I de Trastámara. Quizás debido al atractivo internacional de Santiago, entre los siglos XII y XIII alcanzó cotas de gran altura la literatura lírica en lengua gallega, sobre todo la poesía trovadoresca, introducida desde la Provenza; su máxima expresión fueron las *Cantigas de Santa María*, composiciones poéticas en honor de la Virgen elaboradas en la corte de Alfonso X *el Sabio*. La gallega era entonces la lengua literaria por excelencia tanto en Santiago como en Toledo o Lisboa, pues el rey don Dinis de Portugal también compuso obras en este idioma.

Una importante revuelta popular, llamada de los *irmandiños*, destruyó en el siglo XV muchas de las fortalezas de la nobleza gallega. La corona castellana aprovechó para someter a los señores locales a la autoridad de un virrey-gobernador de la Real Audiencia del Reino de Galicia y a jueces que resolvieran los pleitos con sus vasallos. Los enfrentamientos entre la nobleza gallega y la corona castellana continuaron hasta que los Reyes Católicos pasaron por la región demoliendo castillos y ejecutando u obligando a exiliarse a los nobles rebeldes. De esta manera se impuso la centralización administrativa y el control de aquel reino por la monarquía hispánica. El historiador Jerónimo de Zurita, en sus *Anales de la Corona de Aragón*, lo relató en estos duros términos: «En aquel tiempo se comenzó a domar aquella tierra de Galicia, porque no solo los señores y caballeros della pero todas las gentes de aquella nación eran unos contra otros muy arriscados y guerreros»; Fernando e Isabel dominaron a unos señores «duros y pertinaces en tomar el freno y rendirse a las leyes que los reducían a la paz y justicia, que tan necesaria era en aquel reino, prevaleciendo en él las armas y sus bandos y contiendas ordinarias, de que se seguían muy graves y atroces delitos e insultos».[73]

Aquel descabezamiento de la alta nobleza gallega dio mayor protagonismo a los *fidalgos*, que vivían de los foros –arrendamientos de tierra a largo plazo– cobrados a los campesinos; los foros daban lugar a abusos, pues la tierra, aunque perteneciera a la Iglesia o a órdenes religiosas cuyo centro se hallaba muy lejos de Galicia, estaba en manos de foreros nobles, que la arrendaban en *subforo*. La riqueza de la Iglesia explica tanto el esplendor del arte religioso barroco como la fuerza de la Universidad de Santiago, fundada a finales del siglo XV. Las rentas del arzobispado eran inmensas, debido al voto de Santiago, pagado por los campesinos de la mayoría de la península, pero la producción agrícola de la región, pese a la introducción del maíz y la patata tras la llegada a América, seguía siendo baja para la densidad de población. Contribuyeron también a mantener esta precaria situación las guerras entre España y Portugal y los periódicos ataques ingleses a puertos gallegos.

Lo más significativo de lo dicho hasta el momento es, por tanto, que en la Edad Media hubo un reino de Galicia, pues las referencias a celtas o suevos son tan lejanas que quedaron relegadas al mundo de lo legendario. Como sabemos por otros ejemplos europeos, tener un reino es un buen comienzo para la construcción de una identidad. Pero ese reino tuvo su centro en León y luego en Castilla. La monarquía hispánica creó desde 1528 una *Junta do Reyno*, que en la práctica fue poco operativa. Los gallegos ni siquiera tenían derecho a enviar procuradores a las cortes castellanas, donde estaban representados por Zamora, situación que dio lugar a constantes protestas; en una ocasión, Felipe IV ofreció a Galicia tener representantes en las Cortes, a cambio de la entrega de cien mil ducados que se aplicarían a la construcción de seis navíos para la protección de su costa; pero no se llegó a reunir aquella cantidad.

El reino de Galicia quedó, así, integrado en una monarquía mucho más amplia, con la diferencia respecto de los reinos aragoneses de que no tuvo Cortes, instituciones ni legislación propia. Desde el punto de vista intelectual, o literario, en los siglos de la Edad Moderna se encuentran testimonios que indican la existencia de una conciencia identitaria, en términos regionales, aunque no reivindicativa políticamente. Justo Beramendi ha escrito que en los siglos XVI y XVII *a etnicidade galega amosárase politicamente inerte*, afirmación que puede extenderse también al siglo XVIII. Lo que sí hubo entre el Renacimiento y el Barroco fue, como en todas partes, una búsqueda incesante de antepasados remotos. En este caso se relacionaron con la nobleza, que se suponía origen de la del resto de España, y con la Iglesia, primogénita también del país por haber evangelizado la región un apóstol que había acabado siendo patrono del reino y del conjunto de la monarquía. Para defender estas tesis, los autores de la época, en palabras de Xosé Ramón Barreiro, «no repararon en medios», con «utilización parcial y sectaria de las fuentes, candoroso empleo de la etimología, ejercicio incontrolado de la imaginación para rellenar los vacíos históricos, sobrevaloración de los acontecimientos para extraer de ellos una sustancia heroica atribuida al pueblo gallego, acumulación acrítica de datos e incluso el recurso a falsos cronicones».[74]

Entre estos autores del Antiguo Régimen, estudiados por Barreiros, Justo Beramendi o José Carlos Bermejo Barrera, deben ser recordados Juan Álvarez de Sotelo, autor de una historia dc la iglesia de Santiago y otra del episcopado gallego; Bartolomé Sagrario de Molina, cuya *Descripción del reino de Galicia*, del siglo XVI, fue reeditada en los siguientes; los hermanos Juan y Pedro Fernández de Boán, que en una obra de ese mismo título incluyeron un inventado cronicón de don Servando, supuesto obispo de Orense; el dominico Hernando de Ojea, un gallego que vivió la mayor parte de su vida en Nueva España y publicó en 1603 una tercera *Descripción del reino de Galicia*; fray Prudencio de Sandoval, benedictino, obispo de Tuy y luego de Pamplona, que además de una biografía de Carlos V escribió historias de la ciudad de Tuy, de los obispos gallegos o de la orden benedictina; Francisco de Trillo y Figueroa, autor de una *Apología de Galicia* durante el reinado de Felipe IV; y Fray Felipe de la Gándara, cronista general de los reinos de Galicia y León, autor en 1662 de una obra genealógica bajo el título de *Armas y triunfos. Hechos históricos de los hijos de Galicia*. Entrado el siglo XVIII, Francisco Javier de la Huerta y Vega escribió unos *Anales del reino de Galicia* en los que aparece ya reflejado un sentimiento de opresión o injusto tratamiento por la corona de Castilla. Y un importante jesuita,

Pascasio de Seguín, en su *Historia general del reino de Galicia* o *Galicia, reino de Cristo sacramentado*, describió una situación histórica que era la opuesta a la existente en el momento, pues en el pasado Galicia habría gozado de superioridad sobre el resto de la Península.[75]

La última reaparición institucional del reino de Galicia se produjo en el momento de la invasión napoleónica, cuando diversas sublevaciones organizaron juntas locales, unidas luego en una Junta Suprema del Reino de Galicia que en junio de 1808 fue, según Miguel Artola, la primera en pedir que se formase una Junta Central.[76] En las instrucciones que se dieron a los procuradores enviados a las Cortes de Cádiz no se aprecia ningún deseo de restaurar el antiguo reino o preservar el particularismo o pedir un cierto grado de autogobierno en la nueva organización estatal. El reino de Galicia dejó de existir formalmente en 1833, cuando el Gobierno de la regente María Cristina disolvió la Junta del Reino y dividió el territorio en cuatro provincias, dentro de las cuarenta y nueve españolas. Galicia, eso sí, aparecía reconocida como una «región histórica», pero las competencias administrativas atribuidas a las regiones eran, como se sabe, muy escasas.

El exceso de población, las duras condiciones de supervivencia y el fácil acceso a puertos atlánticos dieron lugar, en los siglos XIX y XX, a una emigración masiva a América. A lo largo del siglo XIX tuvo fuerte impacto el carlismo, que incluyó entre sus demandas la reinstalación del desaparecido reino de Galicia. También ejerció cierto atractivo el federalismo, sobre todo en el Sexenio revolucionario (1868-1874), y hubo estallidos de protesta agraria frente al sistema de los foros. Pero lo más destacable, desde el punto de vista que aquí interesa, es que a mediados de siglo surgió el llamado «provincialismo», una defensa de la identidad gallega dentro de una propuesta de revolución liberal para el conjunto del país. Su más llamativa expresión política fue la sublevación del coronel Miguel Solís en 1846, que originó la constitución de una Junta Superior del Reino de Galicia y la reclamación de libertades y derechos suprimidos por Ramón María Narváez; en su arenga inicial Solís dijo, entre otras cosas, que empuñaba las armas «para defender la libertad y el país gallego de las concupiscencias del centralismo».[77] Pero Narváez se impuso y Solís y diez oficiales más fueron fusilados en la villa coruñesa de Carral.

Una segunda fase de «provincialismo» se desarrolló en los años 1850 y 1860, cuando surgió en Galicia el *Rexurdimento*, un movimiento cultural en la senda del *Risorgimento* italiano y la *Renaixença* catalana, protagonizado por autores como Rosalía de Castro, Manuel Curros Enríquez y Eduardo Pondal. A imitación de los catalanistas, en 1861 se celebraron en La Coruña los primeros *Xogos Florais da Galicia* y en los años siguientes aparecieron las primeras gramáticas de la lengua gallega de cierta calidad. En 1863 Rosalía de Castro publicó sus *Cantares gallegos*, en cuya introducción expresaba su actitud reivindicativa, meramente estética: quería responder a la falsedad *con que fora de aquí pintan aló aos fillos de Galicia como a Galicia mesma, a quen xeneralmente xusgan o máis despreciable e feio de España, cando acaso sea o máis hermoso e dino de alabanza*. Uno de sus célebres poemas repetía la idea, de forma más contundente:

Probe Galicia, non debes / chamarte nunca española,
Que España de ti se olvida, / cando eres, ¡ai!, tan hermosa [...]
Galicia, ti non tes patria, / ti vives no mundo sola.

Fue también en esas décadas centrales del siglo cuando se desarrolló una historiografía en la que se detectaba una fuerte conciencia de identidad gallega. Como siempre, tanto los provincialistas como luego los federalistas y los nacionalistas encontraron en la historia, en ese pasado que imaginaban independiente y glorioso, la principal justificación para su afirmación identitaria y sus demandas descentralizadoras.

El primer historiador de importancia fue José Verea y Aguiar, que en 1838 publicó una *Historia de Galicia* en la que introdujo el celtismo –tomado, según Barreiro, de autores franceses, seguramente a través de Juan Francisco Masdeu–, convertido a partir de él en eje interpretativo del ser de Galicia. También narraba allí Verea el episodio del monte Medulio, crucial momento mítico de la caída o salida de la era dorada. En ese monte, último reducto de la resistencia celta-galaica a Roma, los sitiados lucharon heroicamente frente a la abrumadora superioridad numérica de las legiones romanas, hasta el momento en que decidieron darse la muerte colectivamente antes que aceptar una situación de esclavitud. Remedaban así la leyenda judía de Masada o la celtíbera de Numancia. Como explicaba en el prólogo, Verea escribía su historia con la finalidad de «vindicar los derechos históricos de Galicia» y de «saber quiénes fueron nuestros antiguos padres y qué han hecho antes de perder su independencia». Pese al empleo de términos como «independencia» o la referencia a Galicia como «nacionalidad» en el pasado, no hará falta añadir que, dadas las fechas, el galleguismo de Verea se planteaba en términos «provinciales» y no nacionales: la nación era España y Galicia era provincia, o quizás «reino», dentro del «concierto peninsular».[78]

Un segundo historiador importante fue Leopoldo Martínez de Padín, que en 1849 inició una *Historia política, religiosa y descriptiva de Galicia* por entregas que su temprana muerte le hizo dejar incompleta. Padín pertenecía también a la generación provincialista, aunque su tendencia fuera ir pasando de la concepción de Galicia como «provincia» a la de «reino» o «patria». Como Verea, planteaba su historia en términos reivindicativos, a partir del celtismo. Su objetivo era recuperar la autoestima, pues «Galicia sólo necesita ser conocida para ser estimada». En términos políticos, subrayaba la independencia histórica del país, que remontaba a los suevos. Coetáneo de Martínez de Padín, y de vida breve también, fue Antolín Faraldo, periodista, fundador de *El Porvenir. Revista de la Juventud Gallega* (1845), que, sin ser propiamente historiador, propugnaba construir la identidad gallega en términos de recuperación de un pasado glorioso: «La gran unidad gallega», escribió, «hará que recobremos el cetro de los mares y que nuestro nombre sea un título de orgullo, de caballería, de nacionalidad y de cultura».

El tercer y más importante historiador de esta etapa fue Benito Vicetto, autor de una *Historia de Galicia* en siete volúmenes (1865-1874), primera que apareció completa y que ejercería gran influencia en el futuro. Vicetto, militar, funcionario de Hacienda y periodista, publicó una amplia obra de ficción y de ensayo, incluida una biografía del general Baldomero Espartero. Como toda su generación, escribió en castellano, con la excepción de algunos poemas y un diálogo en prosa. Su producción novelística pertenece al género romántico folletinesco, con muchas referencias históricas, sobre todo en relación con la época de los suevos en Galicia, lo que le hizo ser llamado por algunos «el Walter Scott de Galicia». Su historia entremezcla datos científicos y literarios, como baladas y leyendas, muy en la línea escocesa de James Macpherson, fértil inventor del tema céltico. Según Juan Renales, lo que Vicetto pretendía era «enlazar con una tradición céltica» y «revelar una especie de Génesis gallego», para lo que se servía fundamentalmente de sus propias novelas. Se comprende así que se recreara en el ambiente osiánico y que mezclara, con envidiable desenvoltura, lo gaélico con lo druídico y el ambiente gallego con el galo-británico. En cualquier caso, Galicia era, para él, el núcleo originario de todo: el centro de la cultura celta de ningún modo había sido centroeuropeo o francés, sino gallego, y fue una invasión gallega sobre Irlanda la que dio origen al mundo gaélico británico. Tampoco dudaba en conectar a los celtas resistentes en el monte Medulio con los mártires cristianos y hasta con los revolucionarios resistentes en San Martín de Santiago, ya que «Galicia siempre será la misma; puéblenla los brigantinos, los celtas, los fenicios, los griegos, los cartagineses, los romanos, los suevos, los godos y los árabes».[79]

El primer rasgo de esta identidad permanente era, para Vicetto, la religión, que partió del monoteísmo adánico enseñado por Noé y traído a la península por Túbal y que llevó con facilidad al cristianismo predicado por Santiago, ya que, a diferencia de otros lugares, en Galicia la religión primitiva no degeneró en idolatría. La lengua, segundo rasgo, también procedía lejanamente de Túbal, que trajo el caldeo; de éste derivó el brigantino y de aquel el hebreo, cuyo parentesco con el celta era un dato de sobra conocido, decía, en Gran Bretaña; del celta surgió el galo-griego, origen del *gall-ego*; y el gallego fue, desde luego, el padre del castellano y el portugués modernos. A la religión y la lengua añadía Vicetto elementos psicológicos, de carácter colectivo, como una predisposición racial para la lírica y no para la racionalidad científica. El conjunto era un marco mítico construido a partir de datos abiertamente inventados o deformados para que cuadraran con el resultado deseado. Vicetto fue, en opinión de Manuel Murguía, un «visionario», incapaz de distinguir entre la ilusión novelada y la realidad, pero también un «maestro», que tuvo la «intuición de la Galicia que necesitamos». Más que historiador fue un lírico político, un apóstol de la nueva promesa de redención colectiva en términos cuasinacionales.

En esta construcción simbólica de la identidad gallega, se planteó una disparidad, como ha observado Ramón Villares, entre celtismo y medievalismo, o entre «castros» y «castillos». El celtismo, propuesto por José Verea y Aguiar, proporcionaba una identidad sólida como una roca, anclada en la permanencia. El pueblo gallego se elevaba así por encima de la disyuntiva romanistas/germanistas, al nivel de la raza aria y radicalmente diferenciado del resto de España, mediterráneo y semítico. El medievalismo, en cambio, sugerido por Vicetto (y más tarde por el poeta Ramón Cabanillas o el artista Luis Seoane), era más cercano y dinámico y tenía la ventaja de que conectaba la identidad nacional con las luchas sociales: explicaba la guerra de los *irmandiños*, sobre todo, como una gesta nacional a la vez que una lucha de clases, y presentaba a los Reyes Católicos como doblemente opresores, por castellanistas y por su apoyo a las oligarquías explotadoras del pueblo. Es comprensible que los «castillos» acabaran venciendo sobre los «castros», aunque fuera fundamentalmente entre las élites cultas, pues a nivel popular el celtismo ha seguido ejerciendo gran atractivo por su vinculación con romerías y festivales musicales.[80]

En cualquier caso, el provincialismo nutrió de historia al galleguismo, pero no dio el salto hacia la afirmación de la identidad como alternativa u opuesta a la española. Como escriben Justo G. Beramendi y Xosé Manoel Núñez Seixas, *cántanse as glorias de Galicia dentro da España e as de España no mundo*. Las luchas políticas de la época, vividas intensamente en Galicia, estuvieron siempre imbricadas en las españolas. Galicia era la «provincia» o como mucho la «patria», pero la «nación» seguía siendo España. Por muy galleguistas que fueran, los provincialistas no se plantearon la independencia de Galicia, ni aun su autogobierno, sino la recuperación de su antiguo esplendor. El provincialismo dio paso al federalismo, que penetró en Galicia con el Sexenio revolucionario, pero siguió sin contraponer a Galicia con España (en palabras de los federales ferrolanos en 1868, «Galicia independiente, pero parte integrante de la nación»).[81] El experimento, en todo caso, fue breve, y la restauración canovista obligó a refugiarse de nuevo en las regiones teóricas.

Y en aquel contexto surgió Manuel Murguía, marido de Rosalía de Castro, que publicó en los años 1860 obras históricas como *De las Guerras de Galicia en el siglo* XV, un *Diccionario de escritores gallegos* –que dejó incompleto– y *Efemérides de Galicia*. A partir de 1865 comenzó a ver la luz su *Historia de Galicia*, que alcanzaría su cuarto volumen en 1889. Pese a proclamarse discípulo de la «nueva escuela histórica» francesa (Agustin Thierry, François Guizot, Jules Michelet), así como de Thomas B. Macaulay o Friedrich Karl von Savigny, el planteamiento de la obra era bastante tradicional, sobre una combinación de providencialismo y progresismo. Pero lo novedoso era el giro nacionalista: los sujetos de la historia eran, para él, las «razas», con sus «esencias físicas y morales» fijadas de forma inmutable por la providencia. Y la raza originaria del territorio gallego no era la española. Lo era la celta, una «nacionalidad» caracterizada *pola valentía, o odio a toda dominación allea, a relixiosidade e o amor á terra*. Los celtas se regían por una «igualdad primitiva» en el reparto de la tierra y fueron independientes hasta que cayeron ante las legiones romanas. Pero esta derrota no les hizo perder sus costumbres ancestrales, como tampoco el cristianismo varió su carácter, aunque elevó a un nivel superior la «religiosidad innata» del «alma nacional gallega». La aportación cultural o racial de los suevos fue de escasa importancia, como lo fue la de sus vencedores, los visigodos, a cuyo rey, Leovigildo, retrata Murguía como modelo de perfidia. Los musulmanes, por último, fueron igualmente incapaces de «contaminar» el ser gallego. Y los siglos XI al XIII fueron testigos de otra *época dourada*, en la que Galicia dio a luz la literatura, el arte y la ciencia de la España medieval.

Sin embargo, aquel reino –sigue Murguía– no se consolidó y fue absorbido por los monarcas castellanos, que dejaron a Galicia «como olvidada» y sometida a tiranos locales. El «cruel feudalismo» de la nobleza gallega no realizó aportes positivos y el pueblo, aliado con la monarquía, luchó para reconquistar palmo a palmo «sus libertades». Tras la crisis del siglo XV, volvió otra era de esplendor en el XVI, cuando los Reyes Católicos acabaron con el poder feudal. Pero en el siglo XVII retornó la decadencia, al verse abrumados los labradores con impuestos y apoderarse los hidalgos de los cargos públicos. Mejoró la situación con las medidas borbónicas de fomento de la agricultura, hasta el extremo de llamar a Carlos III «amparo y salvaguarda» de Galicia. En resumen, como observa Justo G. Beramendi, Murguía ofrece una visión organicista de la nación, basada en un *Volksgeist* gallego, cargado de componentes positivos, heredados siempre de los celtas: *o amor á terra e o instinto case sagrado da súa posesión, a relixiosidade, a intelixencia, o lirismo, a capacidade de resistencia e a ausencia de agresividade ou de ansias conquistadoras*; pero todo ello compatible con una *idea provincialista dunha nación española de esencia política perfectible, e na que Galicia estaba incluida*. La historia de Murguía es plenamente identitaria, basada en la «raza», según las ideas de la época, aunque también en la lengua, el «dialecto gallego», como él lo llama, que el pueblo debía conservar a todo trance si no quería caer en la indignidad.

Además del liberal Murguía, el regionalismo de corte federal encarnaría también en Alfredo Brañas, católico tradicionalista, pero que sustituyó igualmente la historia apologética por una, como dice Barreiro, «al servicio de un proyecto político: el galleguismo». Periodista, concejal de Santiago, catedrático de Derecho Natural y luego de Economía Política, publicó en 1889 en Barcelona *El regionalismo*, donde desarrolló su visión del mundo a partir de la filosofía social cristiana que explicaba el «desenvolvimiento natural de la sociabilidad y los amores del hombre» en la familia, el municipio, la región, la nación y la humanidad. Esta obra se convirtió en el referente de las diversas corrientes galleguistas. Sus posiciones se basaban en un historicismo tradicionalista, a partir de la religión y la etnia: es decir, reclamaba las libertades y franquicias del Antiguo Régimen, y arremetía contra todo lo que había destruido aquel mundo idílico: la industrialización, el liberalismo, el capitalismo, las doctrinas disolventes, las huelgas obreras... y la centralización administrativa. Frente a todo ello, predicaba el retorno al corporativismo gremial y la descentralización regional y municipal.

En 1890 Brañas fundó, con Murguía, la Asociación Regionalista Gallega, y escribió resonantes artículos en su órgano, *La Patria Gallega*. Brañas fue el primero en hablar de Galicia como «nacionalidad» y también el primero, junto con Murguía, en emplear el gallego en un discurso público, en los *Jogos Florais* de Tuy, 1891. Pero la actividad de la Asociación fue escasa y contradictoria, pues la más importante movilización en la que participó fue para protestar contra el traslado de la Capitanía General de la Coruña fuera de Galicia. La Asociación acabaría por desaparecer en 1893, por las divergencias entre el sector liberal de Murguía y el tradicionalista de Brañas. Pese a ello, Brañas y sus seguidores acudieron ese mismo año a un homenaje a Murguía y el primero fue encargado de redactar unas *Bases generales del regionalismo y su aplicación a Galicia*. Se presentó en ellas por primera vez un programa descentralizador para Galicia. La segunda de aquellas bases rezaba así: «El regionalismo español considera la patria común y la patria natural o pequeña patria. La primera está formada por la unión íntima y circunstancial de las regiones, que [...] separa pero no divide, constituye la unidad política del Estado y la integridad del territorio español. El regionalismo afirma, pues, la integridad y la unidad de la patria común o española, contra lo que generalmente creen sus detractores ignorantes o de mala fe». Galicia se afirmaba sólo como región, pero Brañas definía de forma prácticamente idéntica a regiones y naciones.[82]

En resumen, el galleguismo político, que había surgido en los años 1840, es decir, muy pronto, a la vez que el catalán y mucho antes que el vasco, se había desarrollado con lentitud y a comienzos del siglo XX se hallaba retrasado respecto de los otros dos. Había pasado por las fases provincialista –dominante hasta la Revolución Gloriosa– y regionalista –hasta la Gran Guerra–, pero seguía sin ser plenamente nacionalista. E imitaba al nacionalismo catalán, como ocurrió con las *Bases* de 1893, muy influidas por las de Manresa, o con la Solidaridad Gallega, nacida al año siguiente de la catalana y que reunió como ella a tradicionalistas, regionalistas y republicanos, pero que llevó una existencia mortecina y se estrelló contra el caciquismo al que pretendía combatir.

El salto al nacionalismo se produjo en los años bélicos de 1914-1918, y no por azar, sino porque en el ambiente flotaba el problema del reconocimiento de las nacionalidades europeas. Fue entonces cuando surgieron tanto el grupo Nos como las *Irmandades da Fala*. El primero fue un fenómeno intelectual, la aparición pública de una nueva generación, cuyos grandes nombres eran Alfonso Rodríguez Castelao, Vicente Risco o Ramón Otero Pedrayo, capaces de producir una literatura en línea con las tendencias modernas, muy superior tanto al costumbrismo como al esteticismo neorromántico. Políticamente, elevaron la reivindicación nacionalista gallega al nivel de la vasca y la catalana: no sólo consideraban a la nación gallega un hecho natural, una realidad orgánica, producto de la conjunción entre la raza –aria–, la tierra y la lengua, sino que la enfrentaban directamente con el Estado español, institución artificial que podía y debía desaparecer.

Las *Irmandades da Fala* fueron un fenómeno de mayor amplitud social, que dominó los años 1916 a 1931. En la primera de estas fechas, tanto Aurelio Ribalta, director del órgano madrileño *Estudios Gallegos*, como los hermanos Antón y Ramón Villar Ponte, desde *La Voz de Galicia*, propusieron crear una Liga de Amigos del Idioma Gallego. Diversos sectores galleguistas acogieron bien la propuesta y se reunieron en una asamblea, en marzo de 1916, en La Coruña. En ella se fundó la primera *Irmandade de Amigos da Fala*, cuyo primer consejero fue Antón Villar Ponte, que había publicado en los meses anteriores un folleto titulado *Nacionalismo gallego (Apuntes para un libro). Nuestra afirmación regional*. Siguiendo su ejemplo, surgieron otras dos docenas de agrupaciones locales, algunas de ellas en Madrid, La Habana o Buenos Aires, que publicaban boletines, daban cursos de gallego o convocaban recitales o juegos florales. Lanzaron también un órgano periódico, *A Nosa Terra*. Pero el proyecto iba más allá de la lengua. Su primer acto público fue un homenaje a los fusilados de 1846, bautizados ahora como «mártires de Carral» y en 1918 presentaron –sin éxito– tres candidatos a las elecciones de 1918. A continuación, en noviembre de ese año, organizaron una primera Asamblea Nacionalista, que aprobó un programa que sería el aceptado por todas las fracciones del nacionalismo gallego hasta la guerra civil. En él se definía a Galicia como nación, se reclamaba una autonomía «integral», el ingreso en la Sociedad de Naciones y la cooficialidad de la lengua gallega. Las asambleas continuaron celebrándose en los años siguientes y en la de 1931 se tomó la decisión de convertirlas en un partido político, el Partido Galeguista. Este partido adoptó formalmente los símbolos de la identidad colectiva –himno *(Os pinos)*, escudo y bandera–, que serían finalmente declarados oficiales por ley en 1984. En esta construcción de la simbología gallega, para la que había diversas propuestas, fue «decisivo», como observa Ramón Villares, el papel de los emigrantes americanos, que también aportaron buena parte de los fondos para la erección del monumento a los «mártires del Carral» en 1904.[83]

Hasta ese momento, todo lo ocurrido era un fenómeno de élites. Porque un dato significativo es que, en una sociedad tan rural como aquella, todos los protagonistas de los hechos citados procedían de clases medias educadas y urbanas. Los miembros de la Asociación Regionalista Gallega de los años 1890 eran, en más del 80 %, escritores, profesores o profesionales liberales. Casi un 40 % de los componentes de la *Irmandades da Fala* pertenecían a la *intelligentsia* y otro 35 % de sus miembros eran estudiantes universitarios, funcionarios y burguesía o pequeña burguesía urbana. Sólo con la irrupción de la política de masas de la Segunda República pasaron del 50 % entre los miembros del Partido Galeguista, obreros, jornaleros, pescadores, labriegos, artesanos y dependientes de comercio, que eran la abrumadora mayoría de la sociedad gallega y los monolingües en aquella lengua.[84] Hay que anotar también que en el quinquenio republicano el galleguismo expandió sus actividades a campos que previamente había descuidado: creó una organización juvenil (Federación de Mocedades Galeguistas), así como grupos excursionistas y deportivos, instituciones científicas (la Misión Biológica de Galicia, centrada en técnicas agropecuarias) y una primera red de prensa propia.

El Partido Galeguista, dirigido por Alfonso Rodríguez Castelao y por Alexandre Bóveda, llegó a tener unos cinco mil afiliados y más de un centenar de agrupaciones locales, pero en las elecciones de 1933 sólo obtuvo 100.000 votos y ningún diputado. De ahí que el galleguismo se viera representado en las Cortes por la Organización Republicana Gallega Autonomista (ORGA), de Santiago Casares Quiroga, la cual, pese a ser heredera de la *Irmandade* coruñesa, aceptaba el carácter «integral» de la recién proclamada República y acabaría vinculándose a la Izquierda Republicana de Manuel Azaña. Esta situación retrasó la aprobación del Estatuto de Autonomía gallego hasta después de las elecciones de febrero de 1936, a las que el Partido Galeguista se presentó integrado en el Frente Popular (lo que, a su vez, provocó la escisión de la Dereita Galeguista de Pontevedra y Orense). Obtuvo entonces 287.000 votos, pero no es seguro que todo su electorado fuera nacionalista. Cuando se produjo la sublevación de julio de 1936, se hallaba en Madrid la comisión que iba a presentar ante las Cortes el proyecto de Estatuto, aprobado poco antes en referéndum por el electorado gallego, con una alta abstención. La caída de toda la región en manos de los rebeldes desde los primeros días hizo imposible la aplicación de tal Estatuto, que acabaría sin embargo por ser ratificado por las Cortes españolas en 1938.

La instauración del nuevo régimen franquista condenó al nacionalismo gallego al exilio o la clandestinidad, salvo aquellos personajes conocidos que no pudieron huir y fueron fusilados, como Alexandre Bóveda, u otros, de posiciones más conservadoras, que acataron el nuevo régimen y se recluyeron en el silencio, como Vicente Risco, o en la creación meramente literaria, como Otero Pedrayo. En el exilio, principalmente argentino, se sucedieron los habituales reproches, escisiones, nuevas fusiones y progresivo distanciamiento respecto de quienes permanecían en el interior. Formaron allí un Consello de Galiza que cuando, en los años sesenta, resurgió una oposición al régimen, *estaba casi morto políticamente*, según Beramendi y Núñez Seixas. En el interior, lo más que se había podido hacer era labor cultural, de mantenimiento de la lengua escrita, alrededor de instituciones como la editorial Galaxia o el Patronato Rosalía de Castro.

Sólo a principios de los sesenta resurgieron organizaciones, como el Partido Socialista Galego o la Unión do Povo Galego (UPG). Entre los miembros más jóvenes del primero destacaba Xosé Manuel Beiras, autor de una obra titulada *El atraso económico de Galicia*, que alcanzó gran difusión, en la que explicaba el caso gallego como el de una economía subdesarrollada a causa del neocolonialismo al que se veía sometida. La UPG, en la órbita comunista, planteaba también el problema en términos de nación proletaria que debía seguir el ejemplo de los movimientos de liberación nacional del Tercer Mundo. Sus *Dez Principios Mínimos* definían a Galicia como una nación con derecho a autodeterminarse y proclamaban su intención de colectivizar la economía, de poner la educación al servicio del pueblo y de establecer el gallego como lengua oficial; su último principio abría la puerta a una «vinculación federativa» con «los demás pueblos de la península».[85] Tanto este programa como el libro de Beiras usaban el lenguaje de la juventud radical de los años sesenta, fascinada con los movimientos antiimperialistas del Tercer Mundo.

No sólo la retórica, sino otros rasgos del galleguismo que renacía en aquellos años eran también típicos del izquierdismo europeo del momento. Por un lado, sus militantes eran escasos y pertenecían a la élite cultural; el 80 % de los miembros de la UPG en la década 1964-1974 –que en total no pasaban del centenar– se componía de profesores, estudiantes, funcionarios, artistas y profesionales liberales; su incidencia sobre obreros, marineros y campesinos era, en cambio, casi nula.[86] Por otro, el movimiento se dividió y subdividió en grupúsculos, con nombres grandilocuentes siempre. En tercer lugar, algunos de esos grupos se radicalizaron y acabaron embarcándose en acciones armadas, siguiendo el ejemplo de ETA –y los contactos, pues algunos etarras fueron a Galicia a instruir a los jóvenes comprometidos con la causa–; surgieron, así, Loita Armada Revolucionaria o el Exército Guerrilheiro do Povo Galego Ceibe, a los que la acción policial desbarató relativamente pronto, aunque no sin que se produjeran algunas víctimas mortales, propias y ajenas.

Pero también es cierto que aquellos personajes tenían notoriedad y que, en el clima antirrégimen generalizado –sobre todo entre los jóvenes universitarios– del último franquismo, el galleguismo disfrutó de gran popularidad. Resurgió el uso público del gallego y proliferaron cursos de gaita o danza, escuelas de teatro y alguna emisión radiofónica. Al morir Franco e iniciarse la transición a la democracia, este sentimiento estaba tan extendido que se crearon varios partidos más que se pusieron la vitola galleguista, incluso los más moderados y dependientes de centros del exterior. Así, los demócratacristianos de José Luis Meilán fundaron un Partido Galego Independente (PGI) que acabó vinculándose a UCD; Xerardo Fernández Albor creó un Partido Popular Galego, que se unió a la Alianza Popular de Manuel Fraga Iribarne; y el PSOE denominó a su rama regional Partido dos Socialistas de Galicia. Entre las organizaciones nacionalistas que venían del decenio anterior, como el Partido Socialista Galego (PSG) y la UPG, se pactó en 1976 la creación de un Consello de Forzas Políticas Galegas, en el que también entraron los carlistas y el Movimiento Comunista de Galicia. Pero no lograron presentarse unidos a las elecciones de junio de 1977, por lo que, pese a alcanzar más del 10 % de los votos, los nacionalistas se quedaron fuera de las Cortes españolas.

En abril de 1981 fue aprobado el Estatuto de Autonomía para Galicia, aunque los nacionalistas, que seguían en actitudes maximalistas, no participaron en su elaboración por considerarlo insuficiente. Se definía en él a Galicia como nacionalidad histórica, lo que suponía acceder a la vía rápida y al nivel más elevado de competencias autonómicas. Sólo ante la convocatoria de elecciones autonómicas, el PSG y la UPG se unieron bajo unas siglas complicadas (BNPG-PSG) y obtuvieron el 6 % de los votos y tres diputados; pero incluso éstos, al negarse a jurar la Constitución, quedaron excluidos del Parlamento regional. Lo cual condujo a nuevas escisiones y al nacimiento de otros partidos, que al final acabaron confluyendo mayoritariamente en el Bloque Nacionalista Galego (BNG), principal representante del nacionalismo durante las décadas siguientes. Xosé Manuel Beiras fue la figura central del movimiento hasta su retirada en 2005.

Desde posiciones casi marginales, el BNG ha ido ganando peso, a la vez que moderando sus posiciones hasta aceptar la Unión Europea, el capitalismo y la democracia parlamentaria. De un 4-8 % de votos en los años ochenta, pasó a obtener un 18 % en 1993 y un 25 % en 1997, cuando fue la segunda fuerza política, tras el PP. Pero descendió de nuevo más tarde hasta quedar en el 10 % en 2012, relegado a la cuarta posición. En general, ha oscilado entre un 10 y un 15 % de votos en las elecciones generales y un 15 % y un 20 % en las autonómicas. Pero en las encuestas sobre sentimientos de pertenencia, un 50 % de los gallegos sigue declarando sentirse «igual de español que gallego», aparte de un 15-20 % que se declara «exclusivamente español» o «más español que gallego».[87]

Coherentemente con este último dato, y con la subsistencia de viejas redes caciquiles, la fuerza política dominante en Galicia desde los ochenta hasta hoy ha sido casi constantemente el PP. En 1987, el socialista Fernando González Laxe consiguió derrocar al popular Gerardo Fernández Albor de la Xunta de Galicia mediante una moción de censura y durante tres años formó un Gobierno autonómico tripartito, con el PSOE en la presidencia, apoyado por Coalición Galega (CG) y el

Partido Nacionalista Galego (PNG). Pero ese Gobierno tuvo que enfrentarse con medidas de reconversión industrial, imposición de cuotas lácteas o recortes de la flota pesquera y acabó siendo derrotado electoralmente y sustituido por Manuel Fraga Iribarne, que ocupó la presidencia de la Xunta durante quince años, hasta 2005. Una nueva coalición entre socialistas y nacionalistas gobernó Galicia desde ese año hasta 2009, pero en esta fecha volvió al poder el PP, con Alberto Núñez Feijóo como presidente de la Xunta, cargo que sigue ocupando en el momento de escribir estas líneas.

Como consideración final, en el caso gallego hay datos étnicos sobrados para construir una identidad nacional: un reino medieval, una lengua, un territorio bien definido, un problema social alrededor de los foros, unos niveles de renta inferiores a la media española –hecho que puede presentarse como consecuencia de la explotación o dependencia colonial–... Y, sin embargo, no ha surgido un nacionalismo reivindicativo o secesionista con suficiente potencia como para plantear graves problemas a los gobiernos españoles.

Para explicar esta aparente paradoja podemos recurrir a factores tanto estructurales como contingentes. Empecemos por los últimos. Desde el punto de vista histórico, nunca hubo una representación institucional del reino, como unas Cortes, a diferencia de Cataluña o el País Vasco,[88] con lo que faltó esa referencia a un pasado de autogobierno, pilar en el que se apoyan tantos nacionalismos modernos. Las élites nobiliarias gallegas no sólo no actuaron en representación del reino sino que se dividieron en interminables pugnas entre ellas; y el propio conflicto foral era una hendidura interna que enfrentaba a distintos estratos sociales del país. En las épocas moderna y contemporánea, las redes caciquiles que funcionaron en Galicia se hallaron siempre integradas en el sistema clientelar global del país y subordinadas a él. Incluso los poderes eclesiásticos, de tanto peso en el caso gallego, funcionaron dentro de la Iglesia española y, al revés de lo que ocurrió en Cataluña o el País Vasco, el clero local no apoyó el nacionalismo. Pero hay también un par de datos geoestratégicos de interés. El primero, la existencia de una válvula de escape –la emigración– para las minorías más activas y descontentas; dicho en términos de Albert O. Hirschman, los puertos gallegos permitían el *exit* a América, que sustituía a la *voice* o protesta de quienes se hallan encerrados en una situación que creen intolerable. No es despreciable el dato de que varios de los grupos y las iniciativas galleguistas se iniciaran en Madrid, La Habana o

Buenos Aires. Por último, Galicia carece de una capital, de un centro natural. Hay siete ciudades importantes (las cuatro capitales provinciales más Ferrol, Vigo y Santiago de Compostela). Y el nacionalismo es un fenómeno urbano. La existencia de una ciudad en la que se reúnan de manera fácil y constante las élites regionales parece un requisito imprescindible para que se forme un núcleo impulsor del nacionalismo.

ANDALUCÍA, REGIONALISMO SIN NACIONALISMO

En muchas otras regiones españolas se han construido fuertes identidades culturales, e incluso políticas, pero no alternativas o rivales de la española. Dedicaré unas páginas finales a Andalucía, que es quizás el caso más interesante por tratarse de un territorio con larga historia e inconfundible identidad cultural en la que además ha existido un partido que se ha considerado nacionalista.

El clima de Andalucía, sus riquezas minerales y su situación estratégica –entre Europa y África, el Mediterráneo y el Atlántico– han propiciado asentamientos humanos desde el Paleolítico. En el primer milenio a. C., existió entre Cádiz, Sevilla y Huelva una potente civilización, Tartessos, de la que poseemos datos imprecisos, y posteriormente se establecieron allí fenicios y griegos. Su incorporación a las grandes culturas llegó de la mano de Roma, que tras la conquista organizó la provincia Bética, bastante coincidente con la Andalucía actual, fuertemente integrada en la cultura imperial, a la que aportó políticos e intelectuales de primera importancia. Pero el hecho que marcó la historia andaluza fue la invasión musulmana de comienzos del siglo VIII. El nombre de Andalucía viene, obviamente, de al-Andalus, porque fue el centro político y cultural de este califato; y Córdoba, su capital, fue una ciudad esplendorosa entre los siglos VIII y X, especialmente bajo Abderramán III y Alhakén II. Pero los reinos cristianos del norte avanzaron durante el siglo XI, momento en que el califato se derrumbó y se dividió en reinos de taifas. En los ciento cincuenta años siguientes se registró un contraataque musulmán, con los imperios magrebíes de almorávides y almohades. Tras su derrota en las Navas de Tolosa (1212), se abrió de nuevo un siglo de avance cristiano, con la conquista de todo el valle del Guadalquivir, incluidas Córdoba y Sevilla, por Fernando III de Castilla. Sólo sobrevivió, durante los doscientos cincuenta años siguientes, el reino nazarí de Granada, último residuo de la dominación musulmana en la península. Granada capituló al fin ante Fernando e Isabel en 1492, y se inició casi de inmediato un proceso de cristianización forzada de la zona, incumpliendo las capitulaciones firmadas con Boabdil. Las tensiones alcanzaron su punto culminante en 1568, cuando, en respuesta a una pragmática de Felipe II que prohibía el uso de todos los elementos culturales distintivos de la población morisca –lengua, vestimenta, baños, ceremonias de culto, zambras–, estalló una rebelión en las Alpujarras para cuyo aplastamiento fue preciso enviar dos ejércitos y librar una guerra que duró varios años. A su conclusión, los moriscos fueron pasados a cuchillo, vendidos como esclavos o diseminados por Castilla. Cuarenta años después serían definitivamente expulsados por Felipe III.[89]

Entre los siglos XVI y XVIII Andalucía se vio muy implicada en la conquista, colonización y comercio americanos, lo que produjo una gran prosperidad para Sevilla, primero, y Cádiz más tarde. El XVII fue también un siglo de epidemias y señorialización de las tierras y en el XVIII tuvo lugar la repoblación de Sierra Morena con colonos católicos centroeuropeos, para asegurar las comunicaciones entre Andalucía y Castilla; se encargó de esta empresa a Pablo de Olavide y por su iniciativa nacieron ciudades como La Carolina. En ese crucial paso montañoso se había librado en el pasado la batalla de las Navas de Tolosa y lo mismo volvería a ocurrir en Bailén en 1808. Porque Andalucía se vio muy implicada también en la guerra napoleónica, con Sevilla como sede de la Junta Central y Cádiz como lugar de reunión de las Cortes. Todavía seguiría el protagonismo andaluz con ocasión del pronunciamiento de Rafael del Riego, de las juntas revolucionarias de 1835 y de la Revolución Gloriosa iniciada en septiembre de 1868. Pero la pérdida de las colonias hizo decaer a Cádiz en el siglo XIX, y otras zonas andaluzas, como Málaga, registraron una temprana industrialización, en ramas como la metalurgia, química y cerámica, que no tuvo continuidad. Si a esto se suma el erróneo planteamiento de las desamortizaciones y de la abolición de los señoríos jurisdiccionales, se entiende que Andalucía acabara el siglo XIX como una economía atrasada, casi exclusivamente agraria, con una estructura de propiedad latifundista y masas de jornaleros desprovistos de tierra. Desde el punto de vista político, en la región funcionó un sistema caciquil muy potente y bien integrado con el conjunto nacional; y fue más que notable la aportación andaluza a las élites gobernantes españolas, con figuras tan destacadas como el general Narváez, Antonio Cánovas del Castillo o Francisco Romero Robledo. En el extremo opuesto del arco político, alcanzaron gran importancia tanto el federalismo como, más tarde, el anarquismo, con llamaradas ocasionales, como la Mano Negra en 1882 o la sublevación jerezana diez años después.

Ésta era la situación hacia finales del siglo XIX. Ni los acontecimientos políticos ni las expresiones culturales revelaban una marcada conciencia identitaria. Los libros producidos en los cuatro siglos anteriores insistían en subrayar la religiosidad de la zona, sin duda para contrarrestar la imagen del pasado musulmán. Había historias de órdenes religiosas, enumeraciones de antigüedades o reliquias de los principales pueblos y ciudades o relatos de viajes por Andalucía. Pero no obras dedicadas a exaltar la identidad andaluza en su conjunto.

Es cierto que había habido acontecimientos excepcionales, de difícil interpretación, como la conspiración del duque de Medina Sidonia y el marqués de Ayamonte en 1641, justamente en el momento en que acababan de sublevarse Cataluña y Portugal. Los conjurados fueron descubiertos, ejecutado el marqués y desterrado y fuertemente multado el duque. Aunque tuvieran planeado declarar la independencia de Andalucía, de la que pasaría a ser rey Medina Sidonia, y hubieran negociado el apoyo de una flota angloholandesa –todo lo cual evoca el caso portugués–, aquello no pasó de ser una conjura nobiliaria de carácter particularista, sin nada que pudiera acercarse a una expresión de descontento colectivo. Ni tuvieron apoyo popular los conjurados ni intentaron conseguirlo.[90] Aunque es seguro que, de haber triunfado, hoy se narraría aquel episodio como el momento de eclosión de la conciencia nacional. En relación con hechos más recientes, otra distorsión que a veces se lee consiste en presentar como andalucistas a Rafael Pérez del Álamo o a Fermín Salvochea, descollantes figuras del federalismo y el anarquismo del siglo XIX.

Mayor interés tuvieron, para la construcción de la imagen andaluza contemporánea, los trabajos de Antonio Machado Álvarez o de Joaquín Guichot. El primero, padre de los poetas Antonio y Manuel Machado, se dedicó a recoger romances y canciones populares andaluzas. Interesado por el *Folk-Lore*, como entonces se decía, formó una sociedad «para la recopilación y estudio del saber y las tradiciones populares». Pero su trabajo formaba parte de un proyecto global sobre la cultura popular española. Y su concepción del pueblo le aleja radicalmente de la idea de *Volksgeist*, pues, como él explicaba, el pueblo no es «un ser impersonal y fantástico, una especie de entelequia de que son órganos ciertos hombres [...] sino el grado medio que resulta de la cultura de un número indeterminado de hombres anónimos [que no tienen] una personalidad distinta y propia, razón que les obliga a aceptar y adoptar como suyo, completamente suyo, lo producido por otros».[91]

En cuanto a Joaquín Guichot, fue el autor de una *Historia general de Andalucía*, en ocho volúmenes, publicada en 1869-1871. En él sí se detecta una fuerte conciencia andalucista, a caballo entre el romanticismo, el folclorismo y el hegelianismo (la búsqueda del «espíritu» de cada época). A partir de un planteamiento bastante convencional, providencialista pero con una visión liberal progresista, exalta sin reservas todo lo andaluz, aunque siempre sin el menor atisbo de antagonismo respecto de la identidad española. Andalucía fue, para empezar, la cuna de la cultura española, pues Tartessos fue la primera civilización peninsular. Bajo el Imperio romano brilló la cultura andaluza, ya que los escritores y políticos que suelen presentarse como «españoles» eran todos de la Bética, «la provincia más importante de España por sus poblaciones, riqueza e inmensos recursos». Aunque los godos le interesan menos, no duda en catalogarlos como «los menos bárbaros» de todos los invasores del imperio, fundadores de «la primera monarquía extensa, poderosa e independiente que se constituyó en Europa con los despojos del Imperio romano».

El momento en el que Guichot se explaya es al escribir sobre los musulmanes, pese a que no tenía formación de arabista. Según él, éstos entraron en la península sin ejercer apenas violencia e hicieron de Córdoba «la Atenas de la Edad Media», y de Andalucía «la región donde se refugió toda la ciencia, todo el saber y toda la cultura, no ya sólo de España, sino de la mayor parte de Europa». Desde el punto de vista religioso, aunque el autor deje su cristianismo fuera de duda, defiende la situación como «mucho menos horrible y sangrienta que la pintaban nuestros escritores», pues permitió la convivencia de tres religiones. Con los almorávides, en cambio, entraron las «feroces tribus y kábilas moradoras de las faldas del Atlas», fanáticos que provocaron la decadencia de la «raza árabe-andaluza». La Reconquista fue, pues, necesaria, aunque también interesada, motivada por el atractivo que las maravillas andaluzas ejercían sobre los cristianos del norte. Y Andalucía se integró con éxito en España gracias a la acción política de Fernando III, primero, y de Isabel *la Católica*, después, que pusieron fin a la «monstruosa irregularidad» de la ocupación musulmana. Pese a ello, la represión sobre los moriscos y las guerras que los sometieron o exterminaron fueron un «trascendental error político y económico» y su expulsión final una medida «cruel e inmoral», semejante a la de los judíos. Como es propio de una historia autocomplaciente de este tipo, Guichot evita entrar en temas espinosos como el latifundio o el régimen señorial andaluz.[92]

A esta tarea de intelectuales del interior hay que añadir el surgimiento de la imagen romántica de España, que otorgó a Andalucía un papel protagonista. Al cambiar los gustos estéticos europeos, a comienzos del siglo XIX, y darse primacía a la emoción o el sentimiento frente a la razón, se puso de moda rendir culto a una España idealizada. El giro empezó con lord Byron, que estuvo seis semanas precisamente en Andalucía, y escribió célebres versos sobre sus experiencias amorosas en «la hermosa Gades» y sus apasionadas hijas, «nacidas bajo un sol de fuego»; o sobre las corridas de toros, excitante espectáculo donde los españoles se acostumbran desde niños a la sangre, lo que explica que luego siempre resuelvan sus disputas de manera sangrienta. Seguiría su senda Víctor Hugo, que pasó en Madrid dos años de su niñez, como hijo que era de un mariscal de Napoleón, y escribió luego con emoción sobre Granada, *espagnole ou sarrazine / il n'est pas une cité / qui dispute sans folie / à Grenade la jolie / la pomme de la beauté*. Es sintomático que ambos, Byron y Hugo, asocien a España, el país más occidental de Europa, con el oriente. Fue también orientalismo lo que hizo Washington Irving, diplomático norteamericano, en sus muy leídos *Cuentos de la Alhambra*, donde reunió leyendas y experiencias personales en el mágico ambiente del palacio granadino. A ellos se añadió Prosper Mérimée, que describió, en su *Carmen* a una mujer de irresistible atractivo y peligro en un contexto de bandoleros y toreros, siempre en montes andaluces o en la propia Sevilla. Siguiendo la estela de estos escritores, los viajeros de las décadas siguientes no pudieron prescindir de los gitanos, los bandoleros, el flamenco, las corridas de toros, alguna ejecución por garrote vil y, por supuesto, la Alhambra. España quedó identificada con Andalucía, el flamenco, la chaqueta corta y el sombrero cordobés, lo cual rompía con el estereotipo anterior, que más bien había representado al español con faja y pañuelo anudado en la cabeza, a la aragonesa, y al son de la jota. Andalucía encarnó a España porque encarnaba el atraso y el orientalismo. Una imagen que molestaba gravemente a los intelectuales del siglo XIX, pero que acabaría aceptada por la Generación del 27; y por el turismo más tarde.

Esta interpretación andaluza de España dificultó más aún el surgimiento de una identidad contrapuesta a la española. En términos identitarios, lo más que produjo el siglo XIX fueron propuestas de autogobierno andaluz, como la llamada Constitución de Antequera, de 1883, en la que los federales esbozaron una república andaluza democrática y soberana dentro de una federación ibérica. En Andalucía, desde luego, hubo una fuerte tradición federal, en la que destacaron personajes como Ramón de Cala o Fernando Garrido, o hechos como la sublevación federal de 1869 o el cantón malagueño de 1873.

En 1885, sólo dos años después de aquel proyecto constitucional, nació Blas Infante, que en el siglo XX se convertiría en notario, historiador, antropólogo y, sobre todo, «padre de la patria andaluza», como ha acabado declarándolo el Parlamento democrático. Él fue quien creó el andalucismo y lo dejó marcado con su huella personal, como Sabino Arana –en línea muy distinta– hizo con el nacionalismo vasco. También como Arana, Infante diseñó o escribió la bandera, el escudo y el himno andaluces.

Tras una juventud estudiosa, y habiendo conseguido una plaza de notario en 1910, se instaló en Cantillana y entró en relación con el ateneo de Sevilla, núcleo de ambiente regionalista. Aquel ateneo lanzó, en 1912, la idea de una «asamblea andaluza» y, al año siguiente, la de unos juegos florales con el andalucismo como tema. Pero cuando Blas Infante hizo su aparición fue en 1915, primero en un congreso de economistas fisiócratas celebrado en Ronda y luego en la propia Sevilla, donde publicó *El ideal andaluz*, su obra seminal. En ella inserta el andalucismo en una visión de la humanidad de tipo hegeliano-krausista, según la cual existe un «Ideal de los Pueblos» –o Naciones–, uno más en la cadena del Ideal de la Vida, del Ideal de los Individuos, del Ideal de las Regiones (Infante lo escribe todo con mayúsculas). El Ideal o fin de todo ser es perfeccionarse, alcanzar la Plenitud. El «Ideal de España», en ese momento, era dejar de estar «ausente en el concurso civilizador», abandonar ese «ideal equivocado», fantasmagórico, que le había hecho desangrarse «en un rudo batallar de siglos». España, «raza inmortal», quería al fin resurgir, competir, igualar en fuerza a otras naciones, demostrar que «no sólo damos al mundo Quijotes locos». Pero no podría hacerlo, augura Infante, si no es desarrollando la fuerza de sus Regiones, porque «el alma española no es otra que el resultado de la convergencia, de la suma, de las energías regionales». Las Regiones, por su parte, no han de esperar a ser redimidas por la Nación, sino que, al revés, han de impulsarse a sí mismas. El «Ideal de las Regiones», sigue Infante, es «lograr el Progreso Patrio»; y sus esfuerzos han de dirigirse a «vivir, por sí, para España», a impulsar el «fortalecimiento nacional». Ese debe ser, por tanto, el Ideal de Andalucía, que «ha de concursar con todas las demás Regiones, en el pugilato por el progreso de la Sociedad de todas ellas, no como realidad sustantiva e independiente». «Todas las Regiones de España podrán tener una historia nacional», remacha, pero una Región no puede intentar «vivir, directamente, como Nación», porque «la historia del espíritu español, la Historia de España, está sobre todas, alienta sobre todas las historias regionales».[93]

Estas consideraciones ocupan la primera parte de *El Ideal Andaluz*. El resto se consagra a la explicación de la personalidad andaluza y al problema de la propiedad de la tierra. La personalidad colectiva originaria es la de la cultura tartésica, a la que se han añadido los estratos griegos, fenicios, romanos y árabe-musulmanes. Todas esas aportaciones culturales se han fundido, sometidas «a la ley indeclinable de la adaptación al medio». Y entre todas han formado el «genio del pueblo andaluz», consistente en el optimismo, el amor a la vida, el fatalismo estoico y el humorismo festivo. Ese genio está hoy «debilitado», pero eso no se debe a ninguna fatalidad o «estigma» insuperable (como sería la «sangre árabe»), sino a accidentes históricos, a circunstancias salvables. Tales circunstancias se resumen en la tiranía político-administrativa, que impide a los individuos participar en el gobierno de la sociedad, y la tiranía económico-social, la estructura de la propiedad andaluza, dividida entre latifundistas ausentes de la tierra y braceros desposeídos, sin una clase media propietaria capaz de fomentar el progreso. Como discípulo que era de Henry George, Infante dedica la parte final de su libro a defender que la tierra debería ponerse bajo control de la comunidad y, a continuación, a disposición del pueblo, en régimen de tenencia, ofreciendo a la vez al campesinado la educación adecuada y el crédito accesible por medio de cajas rurales y un banco regional agrario.

Infante expuso estas ideas en dos Congresos Andaluces celebrados en Ronda y Córdoba, en 1918 y 1919. En el segundo se pidió públicamente una «Federación Hispánica», se definió a Andalucía como una «realidad nacional» y se adoptaron para ella la bandera verdiblanca y el lema «Andalucía, por sí, para España y la Humanidad». En el «Manifiesto andalucista» allí lanzado se decía: «sentimos llegar la hora suprema en que habrá de consumarse definitivamente el acabamiento de la vieja España [...] Declarémonos separatistas de este Estado que, con relación a individuos y pueblos, conculca sin freno los fueros de la justicia y del interés y, sobre todo, los sagrados fueros de la Libertad; de este Estado que nos descalifica ante nuestra propia conciencia y ante la conciencia de los Pueblos extranjeros [...] Ya no vale resguardar sus miserables intereses con el escudo de la solidaridad o la unidad, que dicen nacional». Era el momento wilsoniano y el lenguaje se había radicalizado. También se presentó Infante en esos años como candidato a diputado, pero no consiguió superar las barreras caciquiles. En su entorno nacieron, eso sí, varios periódicos y revistas, como *Bética* o *Tartessos*, y se crearon una serie de Centros Andaluces. Todo ello quedó aletargado en los años 1923-1930, cuando Primo de Rivera proscribió sus actividades. En 1924 Blas Infante viajó a Marruecos y corrieron rumores de que se había convertido al islam. Se construyó también una casa en Coria del Río, a la que llamó *Dar al Farah*, «casa de la alegría». En 1928 viajó a Galicia y se reunió con los intelectuales del grupo Nos. Años más tarde, en 1935, también visitaría a Companys en el penal del Puerto de Santa María.

El andalucismo resurgió con fuerza en 1931, al proclamarse la Republica. Blas Infante fundió entonces los Centros Andaluces en una Junta Liberalista y se presentó a las elecciones en la candidatura del Partido Republicano Revolucionario, un revuelto de izquierdas con José Antonio Balbontín, el médico anarquista Pedro Vallina y nada menos que el comandante Ramón Franco (único que obtuvo un escaño). En noviembre de 1933 se presentaría, de nuevo sin éxito, con la coalición Izquierda Republicana Andaluza. En un nuevo libro, en que denunciaba el boicot a que había sido sometido en las elecciones, Infante explicó que su objetivo era ahora conseguir para Andalucía un Estatuto de Autonomía como el catalán.[94] En efecto, a lo largo del año 1933, la Asamblea de Córdoba aprobó un Anteproyecto de Bases para el Estatuto de Autonomía de Andalucía, en el que se preveía una organización federal interna, con autonomía para cada núcleo urbano y una presidencia rotatoria de la Junta de Andalucía de una a otra ciudad. A la autonomía municipal y regional se añadían el cooperativismo y el reparto de la tierra entre sus cultivadores.[95]

El debate sobre este anteproyecto de Estatuto se hallaba aún muy atrasado al estallar la guerra civil. La Asamblea de Sevilla, celebrada en los primeros días de julio de 1936, aclamó a Blas Infante como presidente de honor de la futura Junta Regional de Andalucía. Pero nada más iniciarse la sublevación fue detenido por unos falangistas en su casa de Coria del Río y fusilado sin el menor trámite judicial. Pudieron intervenir en aquel hecho rencillas personales, como se ha dicho, pero lo cierto es que en 1940 el Tribunal de Responsabilidades Políticas ratificó su condena a muerte y añadió una multa económica sobre sus herederos.

La guerra civil no fue sólo dura para Blas Infante y su familia, sino para toda Andalucía. Especialmente en la parte occidental, conquistada rápidamente por los rebeldes, se llevaron a cabo fusilamientos sistemáticos intimidatorios por las tropas de Gonzalo Queipo de Llano. Malos siguieron siendo también para el movimiento andalucista los primeros años del franquismo, pues desapareció de la escena. La región sufrió además en las décadas siguientes una fuerte emigración, principalmente hacia el norte de España, factor que puede que, como explica Isidoro Moreno, aglutinara a los andaluces fuera de su territorio de origen en una identidad común, superadora de la meramente local.[96] Desde los primeros años de la década de los sesenta, comenzó también el desarrollo turístico en la Costa del Sol, donde se crearon islotes, como Marbella o Torremolinos, en los que la dictadura permitió, a cambio de divisas, conductas que se escapaban de los rigores morales a los que estaba sometido el resto del país. Entre el consumo de los turistas y las remesas enviadas por los emigrantes, la economía, en todo caso, comenzó a despegar.

Fue entonces, en los sesenta, cuando, entre otras muchas expresiones de oposición al régimen, resurgió el nacionalismo. Inesperadamente, el andalucismo recibió apoyos de la buena sociedad sevillana, que tan indiferente había sido hacia Blas Infante en vida. Y en 1976 se fundó el Partido Andalucista (PA), en el que destacó la figura de Alejandro Rojas Marcos, que llevaba ya moviéndose en la clandestinidad desde los inicios de la década anterior. En los años siguientes, e imitando a otros grupos nacionalistas, se crearon también un sindicato y una organización juvenil, de éxito modesto. Hasta llegó a surgir un grupo terrorista (los Grupos Armados Veintiocho de Febrero), que llevó a cabo media docena de atracos o colocó otros tantos artefactos explosivos; sin haber llegado a producir, afortunadamente, ninguna víctima mortal, el grupo fue desarticulado por la policía.

Durante la Transición, se estableció en Andalucía un Gobierno autonómico provisional, encabezado por Plácido Fernández Viagas. Pero de inmediato surgieron las discrepancias entre la gobernante UCD y el PSOE, partido con mucha fuerza en la región, de donde además procedían sus líderes nacionales. El debate se centró en si Andalucía tenía o no derecho a formar parte de las «comunidades históricas», es decir, si podía acceder a la vía de más rápido y amplio gobierno autonómico. Desde el otoño de 1977, un grupo de parlamentarios andaluces había planteado este problema y el PSOE hizo bandera de él, rompiendo así el consenso implícito de que el nivel superior estaba reservado a Cataluña, el País Vasco y Galicia, y abriendo el camino para la emulación imparable que luego se desató. En diciembre de ese año se produjeron importantes manifestaciones en muchas ciudades andaluzas y también en Barcelona, movilizando en total a más de un millón de personas; en una de ellas, en Málaga, un joven con bandera andaluza murió por un disparo policial. Tras una apasionada campaña, se celebró un referéndum el 28 de febrero de 1980, en el que la mayoría de los andaluces se pronunció a favor de la autonomía plena. El resultado no se ajustaba, sin embargo, a las exigencias legales, pues el triunfo sólo se produjo en siete de las ocho provincias, pero la presión era tal que se reformó *a posteriori* la Ley Orgánica reguladora de los referéndums para aceptar la votación como positiva. Se elaboró a continuación el Estatuto de Carmona, que fue aprobado en referéndum en 1981.

En las décadas siguientes, beneficiada por el Fondo Europeo de Desarrollo Regional (FEDER) y por el Plan de Empleo Rural (PER) establecido por los gobiernos de Felipe González, Andalucía ha experimentado un palpable crecimiento económico, con una mejora espectacular de las infraestructuras y los servicios públicos. El turismo ha seguido creciendo también sin pausa y Sevilla fue, con Barcelona, eje de los fastos de 1992 (trenes de alta velocidad a Madrid y Exposición Universal). Pero la renta per cápita andaluza sigue siendo hoy inferior a la media española, aunque tiende a acercarse. Y la crisis económica iniciada en 2008 ha tenido un impacto mucho más devastador que en el resto de España, llegando la tasa de paro al 35 % en 2013. El Gobierno autonómico se ha mantenido a lo largo de treinta y cinco años en manos del PSOE, sucediéndose en la presidencia de la Junta Rafael Escuredo, José Rodríguez de la Borbolla, Manuel Chaves, José Antonio Griñán y Susana Díaz. Lo cual ha generado graves casos de clientelismo y corrupción política, especialmente, pero no sólo, a nivel municipal. El Estatuto de 1981 fue sustituido por otro en 2007, que elevó a Andalucía de «nacionalidad» a «nacionalidad histórica». Pero la escasa participación en el referéndum que lo ratificó (36%) revela que la cuestión interesaba más a las élites políticas que al conjunto del electorado.

El PA, entre tanto, ha ido perdiendo fuerza. En realidad, nunca llegó al poder, salvo en los años 1991-1995 en que Rojas Marcos ocupó la alcaldía de Sevilla. En 2008 no consiguió ningún escaño en el Parlamento autonómico, donde el principal representante del andalucismo ha pasado a ser Juan Manuel Sánchez Gordillo, alcalde de Marinaleda, dirigente de un grupo izquierdista llamado Colectivo de Unidad de los Trabajadores (CUT). Tras volver a quedar fuera del Parlamento en 2012, el PA optó por disolverse en 2015.

Concluyamos, pues. En puridad, no puede hablarse de nacionalismo andaluz. Incluso el fenómeno así llamado, dirigido por Blas Infante, no pasó de un planteamiento regionalista. Y, sin embargo, como en el caso gallego, en Andalucía se dan muchos de los rasgos que podrían favorecer el surgimiento de una fuerte reivindicación nacional: posee límites bien marcados, una larga historia con rasgos muy específicos y unos problemas sociales y una situación de marginalidad que podría haber sido achacada a la opresión de latifundistas «españoles». Es cierto que, a diferencia de Galicia, carece de una lengua propia, pero la variedad del castellano hablada en Andalucía tiene tales peculiaridades, sobre todo de pronunciación, que podría considerarse una marca de identidad.

A cambio de todo esto, hay datos geográficos, similares también a los gallegos, desfavorables para una movilización nacionalista, como la dispersión de sus centros urbanos, pues la capitalidad sevillana no deja de suscitar recelos entre quienes se sienten, antes que andaluces, granadinos, gaditanos, cordobeses o malagueños. A ello se añade la herencia histórica, ya que la referencia a una situación con un poder político andaluz independiente y glorioso tendría que vincularse al período califal, y no parece fácil hoy –aunque algunos lo han hecho– proponer el retorno a la época gloriosa de Abderramán III. La limpieza étnica llevada a cabo en aquel territorio en los siglos XVI y XVII fue, por otra parte, tan implacable, con episodios genocidas y sustitución de la población exterminada con gente traída de fuera, que no es lógico esperar de los sucesores de estos últimos que exalten la identidad de los primeros; aunque cosas más raras se han visto en el mundo de la «memoria colectiva». La aceptación del catolicismo hubo de hacerse de una manera tan visible y ostentosa que dio lugar a una versión muy folclórica del fenómeno religioso, a la que sería difícil, de nuevo, renunciar hoy si se quiere afirmar la identidad tradicional. La Iglesia católica andaluza ha estado, también como la gallega, fuertemente imbricada en la española y nunca ha apoyado un planteamiento nacionalista, y lo mismo podría decirse de las estructuras civiles de tipo clientelar, al menos hasta 1975. Por último, desde los viajeros románticos, la identidad cultural andaluza se ha convertido en núcleo central del estereotipo de lo español, lo que también dificulta su visión como entes antagónicos.

Podríamos extender esta enumeración de identidades construidas en la península Ibérica al menos hasta una docena. Pero en todas las demás es más claro aún que en la andaluza que no pasaron de regionales, compatibles siempre con la española y no contrapuestas ni alternativas a ella.

Un caso especialmente explícito es el de Valencia, una cultura muy marcada pero inserta en la española global, como revela la línea inicial del himno valenciano, que pide paso a la región *per ofrenar noves glòries a Espanya*. Glorias locales como Vicente Blasco Ibáñez, Joaquín Sorolla o Mariano Benlluire, o rasgos culturales tan típicos como la paella, son ejemplos de valencianismo y españolismo simultáneos, ambos muy fuertes. Que en las expresiones identitarias se hayan defendido los antiguos fueros y lamentado su eliminación por la Nueva Planta no significa que se haya reivindicado seriamente su restauración. En los años de la Transición, las élites intelectuales se mostraron, en su mayoría, favorables a la integración en los *Països Catalans*. Pero los blaveros o españolistas dominaban, en cambio, las redes sociales organizadoras de fiestas, hogueras, fallas y bandas de música. La comunidad populista, al revés que en Cataluña o en el País Vasco, era aquí españolista. Y la rivalidad con, y el temor a, Barcelona –pese a existir una lengua regional que es una variedad del catalán–, parece ser más intensa que esos mismos sentimientos en relación con Madrid. Lo cual explica quizás también el persistente dominio electoral del PP en la Comunidad Valenciana, a pesar de sus divisiones internas y escándalos de corrupción.

En Asturias o Aragón nos encontramos con identidades que se funden con la española en aspectos simbólicos cruciales. Personajes como don Pelayo o Agustina de Aragón y episodios como Covadonga o los sitios de Zaragoza, son glorias regionales y nacionales a la vez. La excepción sería, en el caso aragonés, la exaltación de las libertades medievales, aniquiladas, en el caso del justicia Juan de Lanuza, por el rey de España; pero lo mismo podría decirse de símbolos castellanos como los Comuneros. En algún momento el orgullo aragonés se ha expresado en términos de rivalidad o incluso desprecio hacia lo castellano, como hizo en el siglo XIX Braulio Foz, en su muy influyente *Historia de Aragón*: en aquella tierra no había habido tiranos, decía, «porque no los sufrían las leyes, los usos ni el carácter de los aragoneses»; «todos aquí eran hombres» mientras que «en otras partes, nadie lo es o lo quiere ser»; «Aragón era un reino bien constituido y Castilla un reino desconcertado». Pero su conclusión era conciliadora: «ya todos somos españoles y solo españoles. No recordamos lo pasado sino para no olvidar lo que fuimos».[97]

Algo parecido ocurre con Navarra, identidad potente y con componentes vascos, pero contrapesados por recelos antivascos, sobre todo en la zona de la Ribera. Aunque muy vinculada a la defensa de sus fueros, hoy conciertos económicos, el navarrismo tampoco ha planteado problemas políticos con España. El objetivo principal de las guerras carlistas, cuyo epicentro estuvo en esa zona, no era, desde luego, la defensa de una identidad diferente a la española sino la restauración del Antiguo Régimen en toda España.

En cuanto a otras regiones, la construcción identitaria ha consistido generalmente en cantar las costumbres locales o gestas del pasado, pero sin reivindicaciones victimistas ni proclamas de excepcionalidad que hayan podido servir de base para planteamientos nacionalistas. En ocasiones, como en los archipiélagos, el localismo llega casi a anular la identidad regional (se es, o se habla, mallorquín o menorquín, no «balear»). En otras, se detecta en el regionalismo un tono lastimero, que exalta una edad dorada u opulenta contrapuesta a la «ruina y oscuridad presentes». Así lo describen José de Viu o Vicente Barrantes en relación con Extremadura;[98] pero ninguno de ellos apunta a España como culpable de aquella decadencia.

Las identidades que rivalizan con la española se limitan, en conclusión, a la catalana, la vasca y, con menor apoyo social, la gallega. Ese es el forcejeo que todavía hoy se mantiene, con especial intensidad en el caso catalán. El futuro no está escrito.

Notas

CAPÍTULO 1

1. Entre sus varias obras, véase sobre todo *The Idea of Nationalism. A Study in its Origins and Background*, Nueva York, Macmillan, 1944; o *Nationalism. Its Meaning and History*, Nueva York, Van Nostrand, 1955.

2. Distinción relanzada por Rogers Brubaker, que contrapone el nacionalismo francés, basado en el *ius soli*, y el alemán, en el *ius sanguinis*, como los dos tipos fundamentales de nacionalismo dominantes en Europa (*Citizenship and Nationhood in France and Germany*, Cambridge (Mass.), Cambridge University Press, 1992).

3. Carlton Hayes, *Nationalism: A Religion*, Nueva York, Macmillan, 1960 [trad. esp., *El nacionalismo, una religión*, México, UTEHA, 1966]. Obras anteriores, *Essays on Nationalism*, Nueva York, Macmillan, 1926; o *The Historical Evolution of Modern Nationalism*, Nueva York, Richard R. Smith, 1931.

4. Karl Deutsch, *Nationalism and Social Communication*, Cambridge (Mass.), M.I.T. Press, 1954.

5. Elie Kedourie, *Nationalism*, Londres, Hutchinson, 1961 [trad. esp., *El nacionalismo*, Madrid, CEC, 1985].

6. Immanuel Wallerstein, *The Modern World System*, Nueva York, Academic Press, 1974, vol. I, p. 145.

7. Anthony D. Smith, *Theories of Nationalism*, Londres, Duckworth, 1971 [trad. esp. ese mismo año, *Las teorías del nacionalismo*, Barcelona, Península]. Obras posteriores: *Nationalism in the Twentieth Century*, Nueva York, New York University Press, 1979; *The Ethnic Origins of Nations*, Malden (Mass.), Blackwell, 1987; *National Identities*, Londres, Penguin, 1991.

8. Ernest Gellner *Nations and Nationalism*. Oxford, Blackwell, 1983 [trad. esp., *Naciones y nacionalismo*, Madrid, Alianza, 1988]. Previamente le había dedicado amplia atención en obras como *Thought and Change*, Londres, Weidenfeld and Nicholson, 1964, especialmente en el cap. 7.

9. Benedict Anderson, *Imagined Communities*, Londres, Verso, 1983 [trad. esp., *Comunidades imaginadas*, México, F.C.E., 1993].

10. Eric Hobsbawm, *Nations and Nationalism since 1780*, Cambridge, Cambridge University Press, 1990 [trad. esp., *Naciones y nacionalismo desde 1780*, Barcelona, Crítica, 1991].

11. Eric Hobsbawm y Terence Ranger (eds.), *The Invention of Tradition*, Cambridge, Cambridge University Press, 1983; cfr. Ralph Samuel (ed.), *Patriotism. The Making and Unmaking of British National Identity*, Londres, Routledge, 1989, 2 vols.

12. Georg L. Mosse, *The Nationalization of the Masses*, Nueva York, Fertig, 1985.

13. Eugen Weber, *Peasants into Frenchmen. The Modernization of Rural France, 1870-1914*, Stanford (Cal.), Stanford University Press, 1976.

14. Linda Colley, *Britons. Forging the Nation, 1707-1837*, New Haven (Conn.),Yale University Press, 1992.

15. Michael Billig, *Banal Nationalism*, Londres, Sage, 1995.

16. Anne-Marie Thiesse, *La creation des identités nationales. Europe XVIIIeme-XXeme siècle*, París, Éditions Du Seuil, 1999 [trad. esp., *La creación de las identidades nacionales. Europa: siglos* XVIII-XX, Santiago de Compostela, Ézaro, 2010].

17. Partha Chatterjee, *The Nation and its Fragments. Colonial and Postcolonial Histories*, Princeton (N. J.), Princeton University Press, 1993. Del mismo autor, *Nationalist Thought and the Colonial World*, Tokio, United Nations University, 1986.

18. Homi K. Bhabha (ed.), *Nation and Narration*, Londres, Routledge, 1990. La frase que se destacó en el premio a la escritura incomprensible decía: «Si, por un momento, la astucia del deseo es calculable para los usos de la disciplina, pronto la repetición de la culpa, la justificación, las teorías pseudocientíficas, la superstición, las autoridades y clasificaciones espurias pueden ser interpretadas como un esfuerzo desesperado por "normalizar" formalmente la perturbación de un discurso de división que viola las pretensiones racionales e ilustradas de su modalidad enunciativa».

19. John Breuilly, *Nationalism and the State*, Manchester, Manchester University Press, 1982; citas en pp. 3 y 36.

20. Charles Tilly, *The Formation of National States in Western Europe*, Princeton (N. J.), Princeton University Press, 1975; *European Revolutions, 1492-1992*, Oxford, Blackwell, 1993; o *Coercion, Capital and European States, AD 990-1990*, Cambridge (Mass.), Basil Blackwell, 1990.

21. Renovada por Gianfranco Poggi, *The Development of Modern State*, Londres, Hutchinson, 1978; o John Breuilly, *Nationalism and the State*, op. cit.

22. Hugh Seton-Watson, *Nations and States. An Enquiry into the Origins of Nations and the Politics of Nationalism*, Londres, Methuen, 1977; y John A. Armstrong, *Nations before Nationalism*, Chapel Hill (NC), University of North Carolina Press, 1982. Los historiadores, en realidad, nunca habían deja-

do de lado el tema: recuérdese Edward H. Carr, *Nationalism and After*, Londres, Macmillan, 1945; o Alfred Cobban, *The Nation State and National Self-Determination*, Nueva York, Crowell, 1970.

23. Anthony D. Smith, *Myths and Memories of the Nation*, Oxford, Oxford University Press, 1999, p. 171.

24. Anthony D. Smith, Introducción a su *Myths and Memories of the Nation*, op. cit., pp. 3-27.

25. Anthony D. Smith, *The Ethnic Origins of Nations*, op. cit., cap. 2.

26. Josep R. Llobera, *El Dios de la Modernidad. El desarrollo del nacionalismo en Europa occidental.* Barcelona, Anagrama, 1996 [ed. orig., *The God of Modernity. The Development of Nationalism in Western Europe,* Oxford, Berg, 1994].

27. Adrian Hastings, *The Construction of Nationhood*, Cambridge, Cambridge University Press, 1997.

28. Azar Gat, *Naciones. Una nueva historia del nacionalismo,* Barcelona, Planeta, 2014 [ed. orig., *Nations. The Long History and Deep Roots of Political Ethnicity and Nationalism*, Cambridge, Cambridge University Press, 2013].

29. Ibid. Cfr. p. 131: la modernista es una teoría «ciega» ante lo étnico.

30. Ibid. Cfr. p. 152: no solamente el pueblo no fue «manipulado», sino que las rebeliones eran impulsadas por «los sentimientos y las pasiones populares».

31. Ibid. Cfr. p. 264: en algunos países, la diversidad dialectal era «muy tenue e intrascendente».

32. Ibid., p. 149. Cfr. p. 253: basta con que las «gentes de la metrópolis» saquen provecho «de una u otra forma».

33. James Anderson, *The Rise of Modern State*, Nueva York, Harvester, 1986, p. 115.

34. Miroslav Hroch, *Social Pre-Conditions of National Revival in Europe. A Comparative Analysis of the Social Composition of Patriotic Groups among the Smaller European Nations*, Cambridge, Cambridge University Press, 1985.

35. Andreas Kappeler, con Fikret Adanir y Alan O'Day, *The Formation of National Élites*, Nueva York, New York University Press, 1992.

36. Véase Harold Isaacs, *Idols of the Tribe*, Cambridge (Mass.), Harvard University Press, 1975.

37. Edmund S. Morgan, *Inventing the People: The Rise of Popular Sovereignty in England and America*, Nueva York, W. W. Norton, 1988.

38. Véase José Antonio Maravall, *Las Comunidades de Castilla, una primera revolución moderna*, Madrid, Revista de Occidente, 1963.

39. Cfr. Edmund Morgan, *Inventing the People : The Rise of Popular Sovereignty in England and America,* op. cit.

40. Véase Edward H. Carr, *Los exiliados románticos. Bakunin, Herzen, Ogarev*, Madrid, Sarpe, 1985; o Jakob L. Talmon, *The Myth of the Nation and the Vision of Revolution*, Berkeley, University of California Press, 1981.

41. Véase Carolyn Boyd, «Los textos escolares», en José Álvarez Junco (coord.), *Las historias de España. Visiones del pasado y construcción de identidad*, Barcelona y Madrid, Crítica/Marcial Pons, 2013, pp. 554-560.

42. Carlos García Gual, *La mitología. Interpretaciones del pensamiento mítico*, Barcelona, Montesinos, 1997. Cfr. Mircea Eliade, *Mito y realidad*, Barcelona, Labor, 1983.

43. Hayden White, *The Content of the Form. Narrative Discourse and Historical Representation*, Baltimore, The Johns Hopkins University Press, 1987.

44. Simon Schama, *Dead Certainties: Unwarranted Speculations*, Nueva York, Alfred A. Knopf, 1992.

45. Edward Palmer Thompson, *The Making of the English Working Class*, Londres, V. Gollanz, 1963 [trad. esp., *La formación de la clase obrera inglesa*, Barcelona, Laia, 1977; traducir *the making* por «la formación» reduce el aspecto creativo del proceso].

46. Entre las obras influidas por E. P. Thompson destaca especialmente la de Gareth Stedman-Jones, *Languages of Class: Studies in English Working Class History (1832-1892)*, Cambridge, Cambridge University Press, 1983.

47. Michel Foucault, *L'Archéologie du savoir*, París, Gallimard, 1969. De Jacques Derrida puede verse *La Dissémination*, París, Éditions Du Seuil, 1972.

48. Véase Guido Zernatto, «Nation: The History of a Word», *The Review of Politics*, 6, 3 (1944), pp. 351-366.

49. Así lo propone también David Miller, *On Nationalism*, Oxford, Oxford University Press, 1995.

50. El término *patria* es de procedencia latina y alrededor de él se habían desarrollado ideas como el *pro patria mori* de Horacio (*Odas*, III, 2), resucitadas luego y aplicadas a la nación en la era romántica.

51. Max Weber, «The Nation», en Athena S. Leoussi y Steven Grosby, (eds.), *Nationality and Nationalism*, Londres, I. B. Tauris, 2004, pp. 43 y 57; Edward Shils, «Nation, Nationality, Nationalism and Civil Society», en ibid., p. 389.

52. La referencia al conjunto de seres humanos en lugar de grupo o comunidad se debe a que estos últimos términos predeterminan ya la existencia de la nación; y a que los únicos seres vivos dotados de conciencia son los individuos, no los grupos o comunidades. Y se destacan el asentamiento sobre un territorio y la ambición política sobre el mismo por ser los rasgos que diferencian a una nación de cualquier otro grupo étnico; y de cualquier grupo humano, en definitiva.

53. Véanse referencias amplias y detalladas, sobre este y otros de los términos aquí analizados, en José Álvarez Junco, «El nombre de la cosa. Debate sobre el término *nación* y otros conceptos relacionados», en José Álvarez Junco, Justo Beramendi y Ferran Requejo, *El nombre de la cosa*, Madrid, Centro de Estudios Políticos y Constitucionales, 2005.

54. Sobre todos ellos, véase José Álvarez Junco, Justo Beramendi y Ferran Requejo, *El nombre de la cosa*, op. cit.

55. Juan. J. Linz, «From Primordialism to Nationalism», en Edward Tiryakian y Ronald Rogowski (eds.), *New Nationalisms of the Developed West*, Nueva York, Unwin Hyman, 1985, pp. 205-207.

CAPÍTULO 2

1. Liah Greenfeld, *Nationalism. Five Roads to Modernity*, Cambridge (Mass.), Harvard University Press, 1992. Aunque en este capítulo utilizaré, obviamente, múltiples datos procedentes de historias generales, reduciré las referencias a las obras relacionadas con el tema nacional. Como historia general reciente, puede verse Jonathan Clark (ed.), *A World by Itself. A History of the British Islands*, Londres, William Heinemann, 2010. En español, una síntesis muy recomendable es la *Breve historia de Inglaterra*, de Duncan Townson, Madrid, Alianza, reeditada en 2015.

2. Edmund S. Morgan, *Inventing the People. The Rise of Popular Sovereignty in England and America*, Nueva York, Norton, 1988 [trad. esp., *La invención del pueblo. El surgimiento de la soberanía popular en Inglaterra y Estados Unidos*, Madrid, Siglo XXI, 2011].

3. Sobre los grupos radicales durante la guerra civil inglesa, el estudio clásico es Christopher Hill, *The World Turned Upside Down*, Londres, Penguin, 1975.

4. Es el término que usa Edmund S. Morgan, *Inventing the People*, op. cit., p. 94. Una interpretación más radical de esta revolución, en Steve Pincus, *1688. The First Modern Revolution*, New Haven (Conn.), Yale University Press, 2009.

5. Linda Colley, *Britons. Forging the Nation, 1707-1837*, New Haven (Conn.), Yale University Press, 1992.

6. Sobre este tema (aparte de la enciclopédica *Oxford History of the British Empire*, 5 vols., publicados en 1999-2000), véase John Darwin, *The Empire Project. The Rise and Fall of the British World System, 1830-1970*, Cambridge, Cambridge University Press, 2009.

7. Es la idea central de Liah Greenfeld, *Nationalism. Five Roads to Modernity*, op. cit. Sobre este tema, cfr. Collete Beaune, *Naissance de la nation France*, París, Gallimard, 1985; y Suzanne Citron, *Le Mythe national: L'Histoire de France en question*, París, Éditions Ouvrières, 1987.

8. Véase, sobre este rey, el importante libro de Peter Burke, *The Fabrication of Louis XIV*, New Haven, Yale University Press, 1994.

9. Véase François Furet, *Penser la Révolution française*, París, Gallimard, 1978 (trad. esp., *Pensar la Revolución francesa*, Barcelona, Petrel, 1980). Frente a él, visiones en términos de lucha burguesía-aristocracia en Albert Soboul, *Histoire de la Révolution française*, París, Éditions Sociales, 1962; o Michel Vovelle, *La Révolution Française, 1789-1799*, París, Armand Colin, 1992.

10. Eugen Weber, *Peasants into Frenchmen. The Modernization of Rural France, 1870-1914*, Stanford (Cal.), Stanford University Press, 1976. Del mismo autor, véase también *France, Fin de Siècle*, Cambridge (Mass.), Harvard University Press, 1986; y *My France. Politics, Culture, Myth*, Cambridge (Mass.), Harvard University Press, 1991.

11. En este período tuvo también gran importancia la derrota ante Prusia en Sedán y la pérdida de Alsacia y Lorena. Véase Raoul Girardet, *Le nationalisme français, 1870-1914*, París, Armand Colin, 1966.

12. Sobre estos autores, cfr. las obras de Zeev Sternhell, *La droite révolutionnaire, 1885-1914. Les origines françaises du fascisme*, Paris, Éditions du Seuil, 1978; o *Maurice Barrès et le nationalisme français*, Bruselas, Complexe, 1985.

13. Para la Francia de Vichy, las obras clásicas son Robert O. Paxton, *La France de Vichy, 1940-44*, Paris, Éditions du Seuil, 1999; Philippe Burrin, *France à l'heure allemande, 1940-1944*, Paris, Éditions du Seuil, 1995; y Alan Riding, *Y siguió la fiesta. La vida cultural en el París ocupado por los nazis*, Barcelona, Galaxia Gutenberg, 2011.

14. Erasmo de Rotterdam, *Elogio de la locura*, 1511, cap. XLIII [ed. esp., entre otras, Madrid, Espasa, 1999].

15. Referencia a élites «resentidas» en Liah Greenfeld, *Nationalism. Five Roads to Modernity*, op. cit., cap. 4, II.

16. En Norbert Elias, *La sociedad cortesana*, México, FCE, 1982, hay referencias al romanticismo sobre todo en el estudio sobre Honoré d'Urfé; del mismo autor, *Los alemanes*, México, Instituto Mora, 1999; *El proceso de la civilización. Investigaciones sociogenéticas y psicogenéticas*, México, FCE, 1988.

17. Sobre el pietismo, véase Liah Greenfeld, *Nationalism. Five Roads to Modernity*, op. cit., cap. 4, II.

18. En su clásica obra clásica *Die verspätete Nation*, publicada en 1935.

19. George L. Mosse, *The Nationalization of the Masses. Political Symbolism and Mass Movements in Germany from the Napoleonic Wars through the Theird Reich*, Nueva York, Howard Fertig, 1975. Un importante aspecto de este proceso fue el ideal de virilidad, estudiado también por Mosse en otra obra importante, *Nationalism and Sexuality. Middle Class Morality and Sexual Norms in Modern Europe*, Nueva York, Howard Fertig, 1985.

20. Primera edición, Ernst Jünger, *In Stahlgewittern*, 1920 (trad. esp., *Tempestades de acero*, Barcelona, Tusquets, 2005). Sobre estos temas, véase George L. Mosse, *Fallen Soldiers. Reshaping the Memory of the World Wars*, Nueva York, Oxford University Press, 1990; y Reinhart Kosselleck, *Modernidad, culto a la muerte y memoria nacional*, Madrid, Centro de Estudios Políticos y Constitucionales, 2011.

21. Charles Tilly, *Coercion, Capital, and European States, AD 990-1990*, Oxford, Basil Blackwell, 1992.

22. Alberto Mario Banti, *Sublime madre nostra. La nazione italiana del Risorgimento al fascismo*, Milán, Laterza, 2011, p. 5; cfr. también, del mismo autor, *La nazione del Risorgimento. Parentela, santità e onore alle origini dell'Italia unita*, Turín, Einaudi, 2000.

23. Sobre el canon *risorgimental* véase Alberto Mario Banti, *La nazione del Risorgimento. Parentela, santità e onore alle origini dell'Italia unita*, op. cit., p. 49. Sobre la sacralidad del martirio por la patria, cfr. Alberto Mario Banti, *Sublime madre nostra. La nazione italiana del Risorgimento al fascismo*, op. cit., p. 114. Imagen de Garibaldi como Jesucristo en ibid, p. 33; en *La nazione del Risorgimento, pp.* 98-99, hay ilustraciones de Italia como dama oprimida que rompe sus cadenas y surge en todo su esplendor.

24. Manifiesto «L'Italia ai suoi figli», del 2 de agosto de 1848, en Alberto Mario Banti, *Sublime madre nostra. La nazione italiana del Risorgimento al fascismo*, op. cit., p. 49; cita de Edmondo D'Amicis, en ibid, p. 59; la nación, hecho biológico, en ibid, p. 92.

25. Alberto Mario Banti, *Sublime madre nostra. La nazione italiana del Risorgimento al fascismo*, op. cit., pp. 80-81.

26. Alberto Mario Banti, *La nazione del Risorgimento. Parentela, santità e onore alle origini dell'Italia unita*, op. cit., p. 9.

27. Bruno Tobla, «Conjuntos urbanos y nacionalización de masas durante la segunda mitad del siglo XIX: el caso italiano», en Justo Beramendi, Ramón Máiz y Xosé Manoel Núñez Seixas, *Nationalism in Europe. Past and Present*, Universidad de Santiago de Compostela, 1994, vol. I, p. 705-724.

28. Véase Alberto Mario Banti, *Sublime madre nostra. La nazione italiana del Risorgimento al fascismo*, op. cit., pp. 176-177: la raza italiana, representada por una jovencita pura, virginal, acosada por un judío y un negro.

29. Véase Emilio Gentile, *El culto del littorio. La sacralización de la política en la Italia fascista*, Madrid, Siglo XXI, 2007.

30. Sobre historia rusa, véase Nicholas Riasanovsky y Mark Steinberg, *A History of Russia*, Nueva York, Oxford University Press, 2004; o Charles Ziegler, *The History of Russia*, Westport (Conn.), Greenwood Press, 1999.

31. Fiódor Dostoievski, *Journal d'un écrivain* (1873-1876), fue publicado, por ejemplo, en París, Bibliothèque Charpentier, 1904 [trad. esp., entre otras,

Diario de un escritor. Crónicas, artículos, crítica y apuntes, Madrid, Páginas de espuma, 2010].

32. Véase Orlando Figes, *A People's Tragedy. The Russian Revolution, 1891-1924*, Nueva York, Penguin, 1996 [trad. esp., *La Revolución rusa (1891-1924). La tragedia de un pueblo*, Barcelona, Edhasa, 2010].

33. Fernand Braudel, *La Méditerranée et le monde méditerranéen à l'époque de Philippe II*, París, Armand Colin, 1949 [trad. esp., *El Mediterráneo y el mundo mediterráneo en la época de Felipe II*, Madrid, FCEE, 1976]. Cfr. Donald Quataert, *The Ottoman Empire, 1700-1922*, Cambridge, Cambridge University Press, 2000.

34. Haim Gerber, *State, Society and Law in Islam: Ottoman Law in Comparative Perspective*, Albany, State University of New York Press, 1994; del mismo autor, *Islam Law and Culture, 1600-1800*, Leiden, Koninklijke Brill, 1999.

35. Robert Mantran (dir.), *Histoire de l'Empire Ottoman*, París, Fayard, 1989. Cfr. William C. Brice (ed.), *An Historical Atlas of Islam*, Leiden, Koninklijke Brill, 1981, y Sanford J. Shaw y Ezel Kural Shaw, *History of the Ottoman Empire and Modern Turkey* (2 vols.), Cambridge, Cambridge University Press, 1976-1977.

36. Para el caso griego, véanse Roderick Beaton y David Ricks, *The Making of Modern Greece. Nationalism, Romanticism and the Uses of the Past (1797-1896)*, Londres, Ashgate, 2009; Antonis Liakos, «The Construction of National Time: The Making of the Modern Greek Historical Imagination», *Mediterranean Historical Review*, 16.1, pp. 27-42; Antonis Liakos, «Hellenism and the Making of Modern Greece: Time, Language, Space», y Dimitris Livanios, «The Quest for Hellenism: Religion, Nationalism and Collective Identities in Greece, 1453-1913», ambos en Katherina Zacharia, *Hellenisms. Culture, Identity and Ethnicity, from Antiquity to Modernity*, Londres, Ashgate, 2008, pp. 201-235 y 237-265. Cfr. Anastasia Sakellariadi, «Archaeology and Museums in the Nation Building Process in Greece» en Peter Aronsson y Andreas Nyblom (eds.), *Comparing: National Museums, Territories, Nation-Building and Change*, NaMu IV, Conference Proceedings, Norrköping (Suecia), Linköping University, 18–20 de febrero de 2008, pp. 129-142; Neil Asher Silberman, «Promised Lands and Chosen Peoples: the Politics and Poetics of Archeological Narrative», en P. L. Kohl y C. Fawcett (eds.), *Nationalism, Politics and the Practice of Archaeology*, Cambridge, Cambridge University Press, 1995, pp. 249-262; B. G. Trigger, «Romanticism, Nationalism and Archaelogy» en P. L. Kohl y C. Fawcett, *Nationalism, Politics and the Practice of Archaeology*, op. cit., pp. 263-279; y Constantine Tsoukalas, «European Modernity and Greek National Identity», *Journal of Southern Europe and the Balkans*, vol. 1, nº 1, 1999, pp. 7-14.

37. Véase Rinna Samuel, *A History of Israel: the Birth, Growth and Development of Today's Jewish State*, Londres, Weidenfeld and Nicolson, 1989. Es útil

también el ya viejo libro de Jacob L. Talmon, *Israel among the Nations*, Londres, Weidenfeld and Nicolson, 1970. En español, cfr. Joan B. Culla, *La tierra más disputada. El sionismo, Israel y el conflicto de Palestina*, Madrid, Alianza, 2005; y del mismo autor, *Breve historia del sionismo*, Madrid, Alianza, 2009.

38. Como introducción a estos temas, puede verse Bernard Lewis, *The Middle East: A Brief History of the Last 2,000 Years*, Nueva York, Scribner, 1995.

39. Véase Bernard Bailyn, *Los orígenes ideológicos de la Revolución norteamericana*, Madrid, Tecnos, 2012 (ed. orig., en inglés, 1967), en especial cap. 2; nos basaremos en buena medida en esta obra en los párrafos siguientes. Para historia de los Estados Unidos, en general, véase William Appleman Williams, *The Contours of American History*, Nueva York, New Viewpoints, 1973. En español, Aurora Bosch, *Historia de los Estados Unidos*, Barcelona, Crítica, 2005.

40. Citado por Bernard Bailyn, *Los orígenes ideológicos de la Revolución norteamericana*, op. cit., p. 32.

41. Ibíd., p. 201.

42. Sobre este tema, véase Roger Daniels, *Coming to America. A History of Immigration and Ethnicity in American Life*, Nueva York, Harper Collins, 2ª ed., 2002.

43.Samuel Huntington, *¿Quiénes somos? Los desafíos a la identidad nacional estadounidense*, Barcelona, Paidós, 2004.

44. Gertjan Dijkink, *National identity and Geopolitical* Vision, Londres y Nueva York, Routledge, 1996, pp. 59-71; cita en p. 59.

45. Ibid., p. 59. El sentimiento de superioridad frente a la conflictiva Europa en p. 54.

46. Sobre las diferencias entre el Imperio español y el británico, véase John Elliott, *Imperios del mundo atlántico. España y Gran Bretaña en América (1492-1830)*, Madrid, Taurus, 2006.

47. Véase John R. Fisher, « Local Power and National Power in Late Colonial/Early Republican Peru», en Hans-Joachim König y Marianne Wiesebron, *Nation-Building in Nineteenth-Century Latin America*, Leiden, Research School CNWS, 1998, p. 193.

48. Francisco Colom González, «El trono vacío. La imaginación política y la crisis constitucional de la Monarquía Hispánica», en Francisco Colom González (ed.), *Relatos de nación. La construcción de identidades nacionales en el mundo hispánico*, Madrid/ Fráncfort, Iberoamericana/Vervuert, 2005, p. 45; y Horst Pietschmann, «El caso de México», en Hans-Joachim König y Marianne Wiesebrom, *Nation-Building in Nineteenth-Century Latin America*, op. cit., p. 264.

49. Wolfgang Knöbl, «State building in Western Europe and the Americas before and in the long nineteenth century: some preliminary considerations»,

en Miguel A. Centeno y Agustín E. Ferraro (eds.), *State and Nation Making in Latin America and Spain*, Nueva York, Cambridge University Press, 2013, p. 59.

50. Como ha observado Antonio Annino, «El paradigma y la disputa. La cuestión liberal en México y en la América hispana», en Francisco Colom González (ed.), *Relatos de nación. La construcción de identidades nacionales en el mundo hispánico*, op. cit., p. 109, con ello los gobernantes españoles contradecían algunos de sus principios ilustrados, pues anteponían el privilegio de nacimiento (en España) a la meritocracia (que había precisamente permitido subir a los Campomanes, Floridablanca o Gálvez).

51. Roberto Breña, «Liberalism and the Spanish American World», en Miguel A. Centeno y Agustín E. Ferraro (eds.), *State and Nation Making in Latin America and Spain*, op. cit., p. 278. La cita de la declaración boliviana está en Francisco Colom González (ed.), *Relatos de nación. La construcción de identidades nacionales en el mundo hispánico*, op. cit., p. 137.

52. José Carlos Chiaramonte y Nora Souto, «De la ciudad a la nación. Las vicisitudes de la organización política argentina y los fundamentos de la conciencia nacional», en Francisco Colom González (ed.), *Relatos de nación. La construcción de identidades nacionales en el mundo hispánico*, op. cit., p. 317.

53. Roberto Breña, «Liberalism and the Spanish American World», en Miguel A. Centeno y Agustín E. Ferraro (eds.), *State and Nation Making in Latin America and Spain*, op. cit., p. 274.

54. Véase José Antonio Aguilar Rivera, «El fin de la raza cósmica», en Francisco Colom González (ed.), *Relatos de nación. La construcción de identidades nacionales en el mundo hispánico*, op, cit., t. II, pp.869-900. De Frederic Jackson Turner, véase *The Frontier in American History*, Nueva York, Henry Holt,1920. Sobre que no se podia edificar la nación sobre la historia, véase Antonio Annino, «El paradigma y la disputa. La cuestión liberal en México y en la América hispana», en Francisco Colom González (ed.), *Relatos de nación. La construcción de identidades nacionales en el mundo hispánico*, op. cit., pp. 103-130.

55. María Teresa Uribe, «La elusiva y difícil construcción de la identidad nacional en la Gran Colombia» en Francisco Colom González (ed.), *Relatos de nación. La construcción de identidades nacionales en el mundo hispánico*, op, cit., p. 225.

56. Como observa Horst Pietschmann, «El caso de México», en Joachim König y Marianne Wiesebron, *Nation-Building in Nineteenth-Century Latin America*, op. cit., p. 258. Sobre la coincidencia en la construcción de Estado y nación, Elías Palti, *El tiempo de la política. El siglo* XIX *reconsiderado*, Buenos Aires, Siglo XXI, 2007, pp. 100-101.

57. En Anthony McFarlane y Eduardo Posada-Carbó (eds.), *Independence and Revolution in Spanish America*, Londres, Institute of Latin American

Studies, University of London, 1999. Jean Meyer, citado en Joachim König y Marianne Wiesebron, *Nation-Building in Nineteenth-Century Latin America*, op. cit., p. 11.

58. John Coatsworth, «Structures, Endowments, and Institutions in the Economic History of Latin America», *Latin American Research Review*, 40, 3 (2005), p. 141.

59. María Teresa Uribe, «La elusiva y difícil construcción de la identidad nacional en la Gran Colombia», en Francisco Colom González (ed.), *Relatos de nación. La construcción de identidades nacionales en el mundo hispánico*, op. cit., p. 249. Simón Bolívar ya había dicho que todo el cuerpo social es corrupto excepto el hombre de armas y que la soberanía indivisible tendría que ser impuesta por medio del ejército.

60. De larga tradición, en realidad. Recuérdense las observaciones del abate holandés Cornelius de Pauw, en el siglo XVIII, contra las que reaccionó el jesuita Francisco Javier Clavijero. O las de Alexis de Tocqueville, Karl Marx o el propio Bolívar, en el siglo XIX. Cfr. Alcides Arguedas, *Pueblo enfermo. Contribución a la psicología de los pueblos latinoamericanos*, Barcelona, Viuda de Tasso, 1909.

61. Miguel A. Centeno y Agustín E. Ferraro, *State and NationMaking in Latin America and Spain*, op. cit., p. 416.

62. Albert O. Hirschman, *The Passions and the Interests. Political Arguments for Capitalism before its Triumph*, Princeton (N.J.), Princeton University Press, 1977 [trad. esp., *Las pasiones y los intereses. Argumentos políticos en favor del capitalismo previos a su triunfo*, Madrid, Capitán Swing, 2014].

63. Véase Jared Diamond, *Guns, germs and steel. The Fates of Human Society*, Nueva York, Norton, 1997 [trad. esp., *Armas, gérmenes y acero. Breve historia de la humanidad en los últimos 13.000 años*, Barcelona, Debate, 2006].

64. Sobre este tema, véase Patrick Geary, *The Myth of Nations. The Medieval Origins of Europe*, Princeton (N.J.), Princeton University Press, 2002, solvente repaso de las grandes migraciones europeas de los siglos IV al IX y la escasa relación de godos, francos o hunos con las naciones europeas modernas, pese a la mitificación romántica.

65. Insiste en este punto, criticando a Eric Hobsbawm, Adrian Hastings, en *The Construction of Nationhood. Ethnicity, Religion and Nationalism*, Cambridge, Cambridge University Press, 1997.

66. Erasmo de Rotterdam, *Elogio de la locura*, 1511, cap. XLIII.

67. John Stuart Mill, *Considerations on Representative Government*, Londres, Parker, Son and Burn, 1861, cap. 16 [trad. esp., *Consideraciones sobre el gobierno representativo*, Madrid, Alianza, 2001].

CAPÍTULO 3

1. Rafael Valls Montés, *La interpretación de la historia de España y sus orígenes ideológicos en el bachillerato franquista (1938-1953)*, Valencia, Universidad Literaria, ICE, 1984. En general, para este capítulo, véase Juan P. Fusi, *España. Evolución de la identidad nacional*, Madrid, Temas de Hoy, 2000; y Tomás Pérez Vejo, *España imaginada. Historia de la invención de una nación*, Barcelona, Galaxia Gutenberg, 2015.

2. Véase José Álvarez Junco y Gregorio de la Fuente Monge, «La evolución del relato histórico», en José Álvarez Junco (coord.), *Las historias de España. Visiones del pasado y construcción de identidad*, Barcelona y Madrid, Crítica / Marcial Pons, 2013, pp. 17-20.

3. Todo ello según Guillermo García Pérez, «Covadonga, un mito nacionalista católico de origen griego», *El Basilisco*, 2ª época, nº 17, pp. 81-94.

4. José Antonio Maravall, *El concepto de España en la Edad Media*, Madrid, Instituto de Estudios Políticos, 1954.

5. Américo Castro, *Sobre el nombre y el quién de los españoles*, Madrid, Taurus, 1973, apoyándose en Paul Aebischer, *Estudios de toponimia y lexicografía románicas*, Barcelona, Consejo Superior de Investigaciones Científicas, 1948.

6. Juan J. Linz, «Early State-Building and Late Peripheral Nationalism Against the State: The Case of Spain», en Samuel N. Eisenstadt y Stein Rokkan (eds.), *Building States and Nations*, Londres, Sage, 1973, vol. 2, pp. 32-112.

7. Véase José García Mercadal, *Viajes de extranjeros por España y Portugal*, Valladolid, Junta de Castilla y León, Consejería de Educación y Cultura, 1999, vol. I, pp. 245-85 y 305-390.

8. Erasmo de Rotterdam, *Elogio de la* locura, cap. XLIII [ed. esp., entre otras, Madrid, Espasa, 1999]. Benito Jerónimo Feijóo, «Mapa intelectual y cotejo de naciones», *Teatro crítico universal*, t. II, disc. 15. Immanuel Kant, citado por José Ortega y Gasset, *Meditaciones del Quijote*, en *Obras Completas*, Madrid, Taurus y Fundación José Ortega y Gasset, vol. I, p. 758.

9. José de Cadalso, *Cartas marruecas*, carta III, Madrid, Cátedra, 2004.

10. Sobre los comuneros, véase Ángel Rivero, «El mito comunero y la construcción de la identidad nacional en el liberalismo español», en Francisco Colom González (ed.), *Relatos de nación. La construcción de identidades nacionales en el mundo hispánico*, Madrid/ Fráncfort, Iberoamericana/Vervuert, 2005, pp. 147-58.

11. De Francisco Martínez Marina, véase sobre todo *Ensayo histórico-crítico sobre la antigua legislación y principales cuerpos legales de los reinos de Castilla y León*, Madrid, 1808, y *Teoría de las Cortes o de las grandes juntas nacionales de los reinos de León y Castilla...*, Madrid, 1813.

12. Véase José Álvarez Junco, «La invención de la Guerra de la Independencia», *Studia Historica. Historia Contemporánea*, XII (1994), pp. 75-99; «El nacionalismo español como mito movilizador. Cuatro guerras», en Rafael Cruz y Manuel Pérez Ledesma (eds.), *Cultura y movilización en la España contemporánea*, Madrid, Alianza, 1997, pp. 35-67; y «La Guerra de la Independencia y el surgimiento de España como nación», en Emilio La Parra López, *La guerra de Napoleón en España. Reacciones, imágenes, consecuencias*, Casa de Velázquez / Universidad de Alicante, 2010, pp. 425-444.

13. Véase Richard Herr, «El Bien, el Mal y el levantamiento de España contra Napoleón», *Homenaje a Julio Caro Baroja*, Madrid, Centro de Estudios Constitucionales, 1978, pp. 595-616. Tanto sobre Godoy como sobre Fernando VII hay abundantes biografías, entre las que destacan las de Emilio La Parra, *Manuel Godoy. La aventura del poder*, Barcelona, Tusquets, 2002; y *Fernando VII. Biografía*, Alicante, Universidad de Alicante, 2012.

14. Véase Javier Herrero, *Los orígenes del pensamiento reaccionario español*, Madrid, Edicusa, 1978, pp. 219-256; Jean-René Aymes, *La Guerra de la Independencia en España (1808-1814)*, Madrid, Siglo XXI, 1974, pp. 19-28; y John L. Tone, *La guerrilla española y la derrota de Napoleón*, Madrid, Alianza, 1999, pp. 29-32, 114-121 y 271-282.

15. Véase Manuel Ardit, *Revolución liberal y revuelta campesina*, Barcelona, Ariel, 1977; Antonio Moliner Prada, «La conflictividad social en la Guerra de la Independencia», *Trienio: Ilustración y Liberalismo*, 2000, núm. 35, pp. 81-155; y Ronald Fraser, *La maldita guerra de España. Historia social de la guerra de la Independencia, 1808-1814*, Barcelona, Crítica, 2006, pp. 292-301, 382-393 y 415-39, entre otras.

16. Citado por François-Xavier Guerra, *Modernidad e Independencias*, Madrid, Mapfre, 1992, p. 323; las cursivas son mías.

17. *Catecismo católico-político...*, Madrid, 1808, en *Catecismos políticos españoles*, Madrid, Comunidad de Madrid, 1989, p. 33. María Cruz Seoane, *El primer lenguaje constitucional español (las Cortes de Cádiz)*, Madrid, Moneda y Crédito, 1968, p. 55. Sobre estos temas, cfr. Joaquín Varela Suanzes-Carpegna, *La teoría del Estado en los orígenes del constitucionalismo hispánico (las Cortes de Cádiz)*, Madrid, Centro de Estudios Constitucionales, 1983.

18. Todo esto, ampliado en José Álvarez Junco, *Mater Dolorosa. La idea de España en el siglo XIX*, Madrid, Taurus, 2001, caps. 4 y 5. Sobre las décadas centrales del siglo XIX, también, de mismo autor, «La identidad española», en Carlos Dardé (coord.), *Liberalismo y romanticismo en tiempos de Isabel II*, Madrid, Sociedad Estatal de Conmemoraciones Culturales, 2004, pp. 267-283; y «La conformación de una identidad», en Guadalupe Gómez-Ferrer (coord.), *La época de la Restauración (1875-1902)*, t. XXXVI, vol. II, de la *Historia de España Menéndez Pidal*, Madrid, Espasa Calpe, 2002, pp. 5-45.

19. Sobre este tema se ha mantenido alguna polémica entre historiadores españoles, a partir de la tesis de la débil nacionalización, procedente de Juan J. Linz («Early State-Building and Late Peripheral Nationalism Against the State: The Case of Spain», en Samuel N. Eisenstadt y Stein Rokkan (eds.), *Building States and Nations*, op. cit.), relanzada entre los historiadores por Borja de Riquer en 1992 («Sobre el lugar de los nacionalismos-regionalismos en la historia contemporánea española», *Historia Social*, 7, 1990, pp. 105-116), con respuesta, entre otros, de Juan Pablo Fusi («Revisionismos crítico e historia nacionalista. A propósito de un artículo de Borja de Riquer», *Historia* Social, 7, 1990, pp. 127-134). Cfr. José Álvarez Junco, *Mater Dolorosa. La idea de España en el siglo* XIX, op. cit., cap. XI, pp. 533-545.

20. Sobre todos estos temas, véase José Álvarez Junco (coord.), *Las historias de España. Visiones del pasado y construcción de identidad*, op. cit., cap. 12.

21. Véase José Álvarez Junco, *Mater Dolorosa. La idea de España en el siglo* XIX, op. cit., caps. 6-9.

22. Según relata Benito Pérez Galdós en su episodio *Cánovas*, Madrid, Alianza, cap. XI.

23. José Álvarez Junco, «La nación en duda», en Juan Pan-Montojo (coord.), *Más se perdió en Cuba. España, 1898 y la crisis de fin de siglo*, Madrid, Alianza, 1998, pp. 405-475.

24. Lily Litvak, *A Dream of Arcadia. Anti-Industrialism in Spanish Literature*, Austin, University of Texas Press, 1975. Cfr. E. Inman Fox, *La invención de España*, Madrid, Cátedra, 1997; y Javier Varela, *La novela de España. Los intelectuales y el problema español*, Madrid, Taurus, 1999.

25. Para lo cual el ministro de Instrucción Pública, César Silió, convocó un concurso. La idea era seguir el modelo del célebre *Tour de France* de la Tercera República francesa. El concurso fue declarado desierto, pero algunos de los textos presentados serían ampliamente usados durante la dictadura de Primo de Rivera.

26. José Marí Salaverría, *La afirmación española. Estudios sobre el pesimismo español y los tiempos nuevos*, Barcelona, Gustavo Gili, 1917; Julián Juderías, *La leyenda negra. Estudios acerca del concepto de España en el extranjero*, Barcelona, Araluce, 1917; Pedro Sainz Rodríguez, *La evolución de las ideas sobre la decadencia española*, Madrid, Atlántida, s.f. [1925]; Ernesto Giménez Caballero, *Genio de España. Exaltaciones a una resurrección nacional y del mundo,* Madrid, La Gaceta Literaria, 1932; Ramón de Basterra, *La obra de Trajano*, Madrid, Calpe, 1921, y del mismo autor, *Los navíos de la Ilustración: Una empresa del siglo* XVIII, Caracas, Bolívar, 1925.

27. Véase José Álvarez Junco, término «España» en Javier Fernández Sebastián y Juan Francisco Fuentes (eds.), *Diccionario político y social del siglo* XX *español*, Madrid, Alianza, 2002, pp. 477-487. Del mismo autor, cfr. «Mi-

tos de la nación en guerra», en *República y Guerra Civil*, t. XL de la *Historia de España Menéndez Pidal*, Madrid, Espasa Calpe, 2004, pp. 635-682. Véase igualmente Xosé Manoel Núñez Seixas, *¡Fuera el invasor! Nacionalismos y movilización bélica durante la guerra civil española (1936-1939)*, Madrid, Marcial Pons, 2006.

28. Véase Américo Castro, *La realidad histórica de España*, 1954 (3ª ed., México, Porrúa, 1966); u *Origen, ser y existir de los españoles*, Madrid, Taurus, 1959; Claudio Sánchez Albornoz, *España, un enigma histórico*, Buenos Aires, Edhasa, 1960. De José Ortega y Gasset, *España invertebrada*, Madrid, Revista de Occidente, 1921. Sobre esta polémica, cfr. José Álvarez Junco, *Las historias de España. Visiones del pasado y construcción de identidad*, op. cit., pp. 385-396.

29. Francisco Ayala, *Razón del mundo. La preocupación de España*, México, Universidad Veracruzana, 1960; o *España, a la fecha*, Buenos Aires, Sur, 1965. Julio Caro Baroja, *El mito del carácter nacional. Meditaciones a contrapelo*, Madrid, Seminarios y Ediciones, 1970; o *Las falsificaciones de la historia (en relación con la de España)*, Barcelona, Seix Barral, 1992. José Antonio Maravall, «Sobre el mito de los caracteres nacionales», *Revista de Occidente*, 1963 (2ª época, nº 3). Salvador de Madariaga, «Sobre la realidad de los caracteres nacionales», *Revista de Occidente*, 1964 (2ª época, nº 16).

30. Véase Carsten Humlebaek, «Creating a New Cohesive National Discourse in Spain after Franco», *Hispanic Issues*, Vanderbilt University Press, 2008, nº 35, pp. 196-217. Del mismo autor, cfr. *Spain: Inventing the Nation*, Nueva York, Bloomsbury, 2014. Sobre el tema identitario en esta etapa, véase José Álvarez Junco, «Idea de España», en Juan Pablo Fusi Aizpurúa (coord.), *La España de las Autonomías*, t. XLIII, vol. II, de la *Historia de España Menéndez Pidal*, Madrid, Espasa Calpe, 2007, pp. 421-465.

31. Jordi Canal, «"España es una gran nación": José María Aznar, el Partido Popular y el nacionalismo en España (1990-1996)», en Pilar Salomón, Gustavo Alares y Pedro Rújula, (coords.), *Historia, pasado y memoria en el mundo contemporáneo*, Teruel, Instituto de Estudios Turolenses, 2014, pp. 73-95.

CAPÍTULO 4

1. José Manuel Sobral, *Portugal, Portugueses: Uma Identidade Nacional*, Lisboa, Fundacão Francisco Manuel dos Santos, 2012, p. 36-37. Esta leyenda apareció por primera vez en el *Livro dos Linaghens* del conde de Barcelos, hijo bastardo del rey don Dinis, a mediados del siglo XIV; es una clara réplica de la victoria de Constantino sobre Majencio en el Pons Mil-

vius, el año 312. Sobre esta etapa, véase José Mattoso, *Identificação de um país. Ensaio sobre as origens de Portugal, 1096-1325*, Lisboa, Editorial Estampa, 1985. En general, como fuente de las páginas que siguen, véase sobre todo la monumental *História de Portugal*, dirigida por José Mattoso, Lisboa, Editorial Estampa, 1993-1995, 8 vols.

2. José Manuel Sobral, *Portugal, Portugueses: Uma Identidade Nacional*, op. cit., p. 34.

3. Véase el capítulo «Una Europa de monarquías compuestas», en John H. Elliott, *España, Europa y el mundo de ultramar (1500-1800)*, Madrid, Taurus, 2009, pp. 29-54.

4. Véase José Álvarez Junco y Gregorio de la Fuente Monge, « La evolución del relato histórico», en José Álvarez Junco (coord.), *Las historias de España. Visiones del pasado y construcción de identidad*, Barcelona y Madrid, Crítica / Marcial Pons, 2013, pp. 146-151.

5. António G. Mattoso, *História de Portugal*, Lisboa, Livraria Sá Da Costa, 1939, t. II, p.119.

6. Sobre iberismo, véase Teodoro Martín Martín, *El iberismo: una herencia de la izquierda decimonónica*, Madrid, Edicusa, 1975; Fernando Catroga, «Nacionalistas e iberistas», en José Mattoso (dir.), *História de Portugal*, Lisboa, Círculo de Leitores, 1996, vol. 5, pp. 563-567; o José Antonio Rocamora, *El nacionalismo ibérico, 1732-1936*, Valladolid, Publicaciones de la Universidad de Valladolid, 1994. Más bibliografía sobre el tema en José Álvarez Junco, *Mater Dolorosa. La idea de España en el siglo XIX*, Madrid, Taurus, 2001, pp. 614-615.

7. Sobre todo esto, véase Fernando Catroga, «Nacionalistas e iberistas», en José Mattoso (dir.), *História de Portugal*, op. cit., pp. 563-67.

8. Ibíd., p. 566.

9. Rui Ramos, «A invenção de Portugal», en José Mattoso (dir.), *História de Portugal*, op. cit., cap. 8, vol. 6, p. 568.

10. José Manuel Sobral, *Portugal, Portugueses: Uma Identidade Nacional*, op. cit., p. 49.

11. Fernando Catroga, «Nacionalistas e iberistas», en José Mattoso (dir.), *História de Portugal*, op. cit., p. 566.

12. José Manuel Sobral, *Portugal, Portugueses: Uma Identidade Nacional*, op. cit., pp. 67-69. Sobre todo esto, véanse datos en Rui Ramos, «A invenção de Portugal», en José Mattoso (dir.), *História de Portugal*, op. cit., cap. 8, vol. 6, pp. 565-95; para la etapa anterior, véase Francisco de Bettencourt y Diogo Ramada Curto, *A memoria da Nação*, Lisboa, Sá Da Costa Editora, 1991. Cfr. también Fernando Catroga, «In the Name of the Nation», en Fernando Catroga y Pedro Tavares de Almeida, *Res Publica. Citizenship and Political Representation in Portugal, 1820-1926*, Lisboa, Biblioteca Nacional de Portugal: Assembleia da República, 2011.

13. Fernando Catroga, «Nacionalistas e iberistas», en José Mattoso (dir.), *História de Portugal*, op. cit., vol. 5, p. 567.

14. José Manuel Sobral, *Portugal, Portugueses: Uma Identidade Nacional*, op. cit., p. 31.

15. Ibíd., p. 40.

16. Véase João Leal, «Ser portugués: um orgulho relativo», en José Manuel Sobral y Jorge Vala (coords.), *Identitade Nacional, Inclusão e Exclusião Social*, Lisboa, Imprensa de Ciências Sociais, 2010, pp. 67-80. Pese al título del artículo, sus datos ratifican la inexistencia de identidades (locales, religiosas, de clase o de género) que rivalicen con la nacional. En esa misma obra, cfr. José Manuel Sobral, «Dimensôes étnicas e cívicas e glorificação do pasado em representaçôes da identidade nacional portuguesa numa perspectiva comparada», pp. 81-110.

17. John H. Elliott, *Haciendo Historia*, Madrid, Taurus, 2012, p. 61.

18. Jordi Canal, *Historia mínima de Cataluña*, Madrid, Turner, 2015, p. 49.

19. Véase James S. Amelang, *Honored Citizens of Barcelona. Patrician Culture and Class Relations*, Princeton (N. J.), Princeton University Press, 1986.

20. A los que seguirían, en el siglo XV, Pere Tomich y el obispo Margarit. Véase José Álvarez Junco (coord.), *Las historias de España. Visiones del pasado y construcción de identidad*, op. cit., pp. 44-45.

21. La *remença* era el derecho del señor a cobrar un rescate al campesino que desease abandonar la tierra. Sobre este tema véase Jaume Vicens Vives, *Historia de los remensas en el siglo* XV, Barcelona, Imprenta Claraso, 1945.

22. Véase Carlos Martínez Shaw, *Cataluña en la Carrera de Indias, 1680-1756*, Barcelona, Crítica, 1981.

23. Para las polémicas historiográficas de los años cercanos a 1580 y a 1640, véase José Álvarez Junco (coord.), *Las historias de España. Visiones del pasado y construcción de identidad*, op. cit., pp. 132-141. Para el resto del siglo XVIII, ibíd., pp. 197-199.

24. Antonio de Capmany, en el giro del siglo XVIII al XIX, decía que el catalán era un «idioma antiguo provincial, muerto hoy para la República de las letras y desconocido del resto de Europa» (citado por Jordi Canal, *Historia mínima de Cataluña*, op. cit., p. 117). Sobre la evolución de las publicaciones de libros en catalán, castellano y latín, véase David Laitin, Carlota Solé y Stathis Kalyvas, «Language and the Construction of States: the Case of Catalonia in Spain», *Politics and Society*, 22 (1) 1994, pp. 5-29.

25. Sobre este episodio, la referencia obligada es John H. Elliott, *La rebelión de los catalanes. Un estudio sobre la decadencia de España (1598-1640)*, Madrid, Siglo XXI, 1977.

26. Para comparar la distinta evolución de dos pueblos catalanes fronterizos, pero situados en distintos lados de la frontera, véase el libro de Peter

Sahlins, *Boundaries. The Making of France and Spain in the Pyrenees*, Berkeley y Los Ángeles, University of California Press, 1989.

27. Véase John H. Elliott, *La rebelión de los catalanes. Un estudio sobre la decadencia de España (1598-1640)*, op. cit.

28. Sobre la historia económica y social catalana del período, la obra de referencia indispensable es Pierre Vilar, *La Catalogne dans l'Espagne moderne*, Paris, SEVPEN, 1962, 3 vols.

29. Sobre esta etapa, el estudio indispensable es el de Joaquim Albareda, *Els Catalans i Felip V. De la conspiració a la revolta (1700-1705)*, Barcelona, Vicens Vives, 1993; las Cortes de 1701-1702, en pp. 70-90; los municipios *botiflers*, en pp. 290-310. Las actas del Congreso citadas han sido editadas bajo la coordinación de Jaume Sobrequés i Callicó, con el título *Vàrem mirar ben al lluny del desert*, Barcelona, Generalitat de Catalunya/Centre d'Història Contemporània de Catalunya, 2014.

30. Joaquim Albareda, *La Guerra de Sucesión de España, (1700-1714)*, Barcelona, Crítica, 2010.

31. Véase Pere Anguera, *L'Onze de Setembre. Història de la Diada (1886.1938)*, Abadía de Montserrat, Centre d'Història Contemporània de Catalunya, 2008, pp. 9-15.

32. Ernest Lluch, *Las Españas vencidas del siglo XVIII: Claroscuros de la Ilustración*, Barcelona, Crítica, 1999. Sobre la prosperidad del siglo XVIII, véase Pierre Vilar, *La Catalogne dans l'Espagne moderne,* op. cit., quien observa, entre otros muchos datos, que la población se duplicó ampliamente entre 1718 y 1787.

33. Párrafos ambos procedentes de la *Exposición de las principales ideas que la Junta Superior del Principado de Cataluña cree conveniente manifestar...*, (pero el segundo precede al primero; se reclaman los privilegios antiguos sólo en caso de no lograr la uniformidad legislativa); citado en Jaume Claret y Manuel Santirso, *La construcción del catalanismo. Historia de un afán político*, Madrid, Catarata, 2014, p. 29.

34. Josep Maria Fradera es el mejor representante de la primera posición. Entre sus obras, véanse *La política liberal y el descubrimiento de una identidad definitiva en Cataluña*, Madrid, Instituto Ortega y Gasset, 1999; *Cultura nacional en una societat dividida. Patriotisme i cultura a Catalunya (1838-1868)*, Barcelona, Curial, 1992; o *La pàtria dels catalans. História, política, cultura*, Barcelona, RBA, 2009.

35. Jaume Claret y Manuel Santirso, *La construcción del catalanismo. Historia de un afán político*, op. cit., p. 54.

36. Sobre toda esta época el libro indispensable sigue siendo el de Jaume Vicens Vives y Montserrat Llorens, *Industrials i politics del segle XIX*, Barcelona, Vicens Vives, 1958 (trad. al cast. como *Cataluña en el siglo XIX*); cfr. su *Noticia de Cataluña*, Barcelona, Destino, 1954.

37. Sobre Almirall, véase Josep Pich i Mitjana, *Valentí Almirall i el federalisme intransigent*, Barcelona, Afers, 2006, y Juan Trías Vejarano, *Almirall y los orígenes del catalanismo*, Madrid, Siglo XXI, 1975. Para toda esta etapa, una excelente síntesis reciente es Angel Smith, *The Origins of Catalan Nationalism, 1770-1898*, Nueva York, Palgrave Macmillan, 2014.

38. Véase Stephen Jacobson, *Catalonia's Advocates. Lawyers, Society, and Politics in Barcelona,1759-1900*, Chapel Hill, The University of North Carolina Press, 2009.

39. Lluis Marfany, *La cultura del catalanisme*, Barcelona, Empúries, 1995, pp. 322-346; las citas, en p. 325. Esta obra estudia cuidadosamente todo este fenómeno de «invención de la tradición». Sobre excursionismo, canto coral o la lengua, véase el cap. 8. Sobre *Els Segadors*, cfr. Pere Anguera, *Els Segadors. Como es crea un himne*, Barcelona, Rafael Dalmau, 2010.

40. Véase Enric Ucelay-Da Cal, *El imperialismo catalán. Prat de la Riba, Cambó, D'Ors y la conquista moral de España*, Barcelona, Edhasa, 2003.

41. De Valentí Almirall véase *Lo catalanisme*, Barcelona, La Magrana, 2013 [primera edición en 1886] y de Enric Prat de la Riba, *La nacionalitat catalana*, Barcelona, La Magrana, 2013 [primera edición en 1906]. De Pompeu Gener véase sobre todo *Herejías*, Barcelona, Juan Llordachs, 1887; y sobre él, Xavier Valls, «Etnia, raza y nación en el pensamiento de Pompeu Gener», en Pere Gabriel *et al.* (eds.), *España, «Res publica». Nacionalización española e identidades en conflicto (Siglos* XIX *y* XX*)*, Granada, Comares, 2013, pp. 387-396. De todos modos, como observa Lluis Marfany en *La cultura del catalanisme*, op. cit., pp. 195-203, en el catalanismo fue siempre más importante la tierra que la raza.

42. Jordi Canal, *Historia mínima de Cataluña*.op. cit., p. 165.

43. Sobre Francesc Cambó, véase Borja de Riquer, *L'últim Cambó (1936-1947). La dreta catalanista davant la guerra civil i el franquisme*, Barcelona, Eumo,1996. De este mismo autor, para varios de los temas que hemos tratado, cfr. *Lliga Regionalista: La burgesia catalana i el nacionalisme (1898-1904)*, Barcelona, Edicions 62, 1977; o *«Escolta, Espanya». La cuestión catalana en la época liberal*, Madrid, Marcial Pons, 2002.

44. Jordi Canal, *Historia mínima de Cataluña*, op. cit., p. 277.

45. Sobre la lengua y los apellidos véase Thomas Jeffrey Miley, *Nacionalismo y política lingüística: el caso de Cataluña,* Madrid, Centro de Estudios Políticos y Constitucionales, 2006. Respecto a las ciudades, y salvando obviamente el caso italiano, véanse los interesantes cuadros comparativos insertados en Jaume Claret y Manuel Santirso, *La construcción del catalanismo. Historia de un afán político,* op. cit., pp. 52 y 105, sobre el peso de la capital y de la segunda ciudad del país en Gran Bretaña, Francia, Bélgica, Portugal y España (Barcelona llegó a tener el 98 % del tamaño de Madrid en 1900, mientras que en éstos otros países el máximo está entre el 35 % y el 48 %;

Madrid representaba el 2-3 % del total del país, y en otros sitios las capitales acumulaban entre el 5 y el 15 %).

46. Sobre el nombre, véase por ejemplo Fernando Molina Aparicio, *La tierra del martirio español. El País Vasco y España en el siglo del nacionalismo*, Madrid, CEPC, 2005, pp. 65-66, y la bibliografía allí citada.

47. Sigo en estos párrafos lo que he expuesto con mayor detalle en José Álvarez Junco (coord.), Las *historias de España. Visiones del pasado y construcción de identidad*, op. cit., pp. 141-146. La obra de Juan Arce y Otálora se publicó en 1559 y la *Suma* de Juan Martínez de Zaldibia en Milán, en 1564.

48. Julio Caro Baroja, *Estudios vascos, IX. Sobre la lengua vasca y el vasco-iberismo*, San Sebastián, Txertoa, 1979; del mismo autor, *Las falsificaciones de la historia (en relación con la de España)*, Barcelona, Seix Barral, 1982.

49. Andrés de Mañaricúa, *Historiografía de Vizcaya. Desde Lope de Salazar a Labayru*, Bilbao, La Gran Enciclopedia Vasca, 1973.

50. La obra de Juan García Saavedra fue *De Hispaniorum nobilitate et exemptione sive ad pragmaticam cordubensem*, Valladolid, 1588. La réplica de Poza, *De nobilitate in proprietate ad Pragmaticas de Toro e Tordesillas*, 1588, reimpresa en Bilbao, Carmen Muñoz de Bustillo, 1997. La de Juan Gutiérrez, *Fueros vascos. Fundamentos de Derecho*, 1593, reimpresa en Madrid, Centro de Estudios Constitucionales, 2007. La obra de Andrés de Poza, estudiada por Jon Juaristi en *El linaje de Aitor. La invención de la tradición vasca*, Madrid, Taurus, 1987.

51. Pablo Fernández Albaladejo, *Materia de España. Cultura política e identidad en la España moderna*, Madrid, Marcial Pons, 2007. Del mismo autor, véase *Fénix de España. Modernidad y cultura propia en la España del siglo* XVIII *(1737-1766)*, Madrid, Marcial Pons, 2006. La obra de Juan de Salazar fue *Política española* (1619); la de Benito de Peñalosa, *El libro de las cinco excelencias del español* (1629).

52. Javier Fernández Sebastián, *La génesis del fuerismo. Prensa e ideas políticas en la crisis del Antiguo Régimen (País Vasco, 1750-1840)*, Madrid, Siglo XXI, 1998. Fernando Molina Aparicio, *La tierra del martirio español. El País Vasco y España en el siglo del nacionalismo*, op. cit., p. 80.

53. Entre otras, véanse las obras de Manuel Larramendi, *El imposible vencido. Arte de la Lengua Bascongada* (1729), *Discurso histórico sobre la famosa Cantabria* (1736), *Sobre los fueros de Guipúzcoa* (1756-1758) o *Corografía o descripción general de la muy noble y leal Provincia de Guipúzcoa* (1756).

54. El *Informe de la Junta de Reforma de Abusos de la Real Hacienda en las Provincias Vascongadas* es de 1819 y la *Recopilación documental* del canónigo Tomás González de 1829. Véase Javier Fernández Sebastián, *La génesis del fuerismo. Prensa e ideas políticas en la crisis del Antiguo Régimen (País Vasco, 1750-1840)*, op. cit. Todo esto, más amplio, en José Álvarez Junco

(coord.), *Las historias de España. Visiones del pasado y construcción de identidad*, op. cit., pp. 313-317.

55. José Marchena, *Description géographique et historique des trois provinces dites Vascongades...*, Paris, F. Buisson, 1809, donde presentaba los fueros vascos medievales como expresión de la *voluntad general* rousseauniana de los habitantes de aquellos territorios, idea lanzada años atrás por Manuel de Aguirre. Sobre Marchena, véase Juan Francisco Fuentes, *José Marchena. Biografía política e intelectual*, Barcelona, Crítica, 1989. De Francisco de Aranguren y Sobrado, *Demostración del sentido verdadero de las autoridades de que se vale el doctor Juan Antonio Llorente...*, en *Noticias históricas de las tres provincias vascongadas*, Madrid, 1807. Respondió también a Llorente el folklorista, filólogo e historiador Juan Antonio de Zamácola, en 1818, con una *Historia de las naciones bascas de una y otra parte del Pirineo septentrional* (reeditado en San Sebastián, Eguzkia, 1930).

56. Citado por Javier Fernández Sebastián, «España, monarquía y nación. Cuatro concepciones de la comunidad política española entre el Antiguo Régimen y la Revolución liberal», *Studia Historica. Historia Contemporánea*, 1994, vol. 12, pp. 59-60.

57. Véase Coro Rubio Pobes, *La identidad vasca en el siglo* XIX. *Discurso y agentes sociales*, Madrid, Biblioteca Nueva, 2003; Fernando Molina, «España no era tan diferente: regionalismo e identidad nacional en el País Vasco, 1868-1898», *Ayer*, 64, 2006, pp. 179-200. Sobre fueros y carlismo, cfr. María Cruz Mina Apat, *Fueros y revolución liberal*, Madrid, Alianza, 1981.

58. El *Voyage en Navarre pendant l'insurrection des basques*, de Joseph-Augustin Chaho, se publicó en Bayona, P. Lespés, 1836. Y la *Histoire primitive des euskariens-basques*, Madrid y Bayona, Bonzom,1847, 3 vols. Sobre el mito de Aitor, véase Jon Jauristi, *El linaje de Aitor. La invención de la tradición vasca*, Madrid, Taurus, 1998. La *Amaya o los vascos en el siglo* VIII, de Francisco Navarro Villoslada, se publicó en fascículos en la revista *Ciencia cristiana*, 1877.

59. Juan Ernesto Delmas, *Viaje pintoresco por las Provincias Vascongadas*, 1846, y *Guía histórico-descriptiva del viajero en el Señorío de Vizcaya*, 1864; Ricardo Becerro de Bengoa, *Libro de Álava*, Vitoria, 1877; Arístides de Artiñano, *Señorío de Vizcaya, histórico y foral*, 1885; Antonio de Trueba, *Resumen histórico y descriptivo del M. N. y M. L. Señorío de Vizcaya*, Bilbao, 1872; Fidel de Sagarmínaga, *Reflexiones sobre el sentido político de los fueros de Vizcaya*, 1871, y *Memorias históricas de Vizcaya*, Bilbao, 1880.

60. Fernando Molina Aparicio, *La tierra del martirio español. El País Vasco y España en el siglo del nacionalismo* op. cit., p. 99. Sobre las décadas centrales del siglo XIX es muy útil Juan María Sánchez-Prieto, *El imaginario vasco. Representaciones de una conciencia histórica, nacional y política en el escenario europeo, 1833-1876*, Barcelona, Eiunsa, 1993.

61. «El mérito historiográfico de este libro es escaso, pero su incidencia política será enorme», dice Javier Corcuera en *Orígenes, ideología y organización del nacionalismo vasco*, Madrid, Siglo XXI, 1979, p. 203. Sobre historia del nacionalismo vasco he utilizado, además de otras obras ya citadas, VV.AA., *Los nacionalistas. Historia del nacionalismo vasco, 1876-1960*, Vitoria, Fundación Sancho el Sabio, 1995, y José Luis de la Granja, *El siglo de Euskadi. El nacionalismo vasco en la España del siglo* XX, Madrid, Tecnos, 2003.

62. Sabino Arana, *Obras Completas*, San Sebastián, Sendoa, 1980, pp. 2185 y ss.

63. José Luis de la Granja Sainz, *El nacionalismo vasco: un siglo de historia*, Madrid, Tecnos, 2002, p. 16.

64. Ibíd., pp. 77-78.

65. Juan Aranzadi, *Milenarismo vasco. Edad de oro, etnia y nativismo*, Madrid, Taurus, 1981. Del mismo autor es muy útil también *El escudo de Arquíloco. Sobre mesías, mártires y terroristas*, Madrid, Antonio Machado, 2001. Obras fundamentales de Jon Juaristi sobre el tema son también *Vestigios de Babel. Para una arqueología de los nacionalismos españoles*, Madrid, Siglo XXI, 1992, y *El bucle melancólico. Historias de nacionalistas vascos*, Madrid, Espasa, 1997.

66. Jordi Solé Tura, *Nacionalidades y nacionalismos en España*, Madrid, Alianza, 1985, p. 40. Ludger Mees y Santiago de Pablo, *El péndulo patriótico. Historia del Partido Nacionalista Vasco*, Barcelona, Crítica, 1999-2001, 2 vols. De Ludger Mees véase también *Entre nación y clase. El nacionalismo vasco y su base social en perspectiva comparativa*, Bilbao, Fundación Sabino Arana, 1991.

67. Citados ambos por José Luis de la Granja Sainz, *El nacionalismo vasco: un siglo de historia,* op. cit., p. 131.

68. Ibíd., op. cit., p. 52. Sobre esta etapa, del mismo autor, *El oasis vasco. El nacimiento de Euskadi en la República y la Guerra Civil*, Madrid, Tecnos, 2007.

69. Juan Aranzadi, «Etnicidad y violencia en el País Vasco», en Juan Aranzadi, Jon Juaristi y Patxo Unzueta, *Auto de terminación*, Madrid, El País/Aguilar, 1994, pp. 201-233.

70. José Luis de la Granja Sáinz, *El nacionalismo vasco: un siglo de historia*, op. cit., p. 57. Sobre la violencia terrorista y su simbolismo, véanse las obras de Jesús Casquete, *En el nombre de Euskal Herria. La religión política del nacionalismo vasco radical*, Madrid, Tecnos, 2009; y *Políticas de la muerte. Usos y abusos del ritual fúnebre en la Europa del siglo* XX, Madrid, Catarata, 2009 (con Rafael Cruz como coeditor).

71. Sobre estos símbolos, incluidas batallas o hechos históricos que forman parte del bagaje identitario, véase el *Diccionario ilustrado de símbolos*

del nacionalismo vasco, coordinado. por Santiago de Pablo, José Luis de la Granja, Ludger Mees y Jesús Casquete, Madrid, Tecnos, 2012.

72. Véase Alfonso Pérez Agote, *La reproducción del nacionalismo. El caso vasco*, Madrid, CIS, 1986. Del mismo autor, *El nacionalismo vasco a la salida del franquismo*, Madrid, CIS, 1987, especialmente el cap. 2, pp. 93-118 («El entramado intersubjetivo y su proyección política») y *Las raíces sociales del nacionalismo vasco*, Madrid, CIS, 2008.

73. Jerónimo Zurita, *Anales de la Corona de Aragón*, Zaragoza, 1562-1579, libro XX, cap. LXIX.

74. Xosé Ramón Barreiro, «Historia regional y fuentes archivísticas», *Studia Historica. Historia Contemporánea*, 6-7, 1988-1989, pp. 55-65. De Justo Beramendi, véase sobre todo *De provincia a nación. Historia do galeguismo político*, Vigo, Edicións Xerais de Galicia, 2007, la obra más completa y solvente sobre el tema.

75. Xosé Ramón Barreiro, «Historia regional y fuentes archivísticas», op. cit.; Justo Beramendi y María Jesús Paz (coords.), *Identidades y memoria imaginada*, Madrid, Encuentro, 2003; José Carlos Bermejo Barrera, «Los antepasados imaginarios en la historiografía gallega», *Cuadernos de estudios gallegos*, 103, 1989, pp. 73-91. Para todo esto, me remito de nuevo a José Álvarez Junco (coord.), *Las historias de España. Visiones del pasado y construcción de identidad*, op. cit., pp. 151-153 y 318-322.

76. Miguel Artola, *Los orígenes de la España contemporánea*, Madrid, IEP, 1959, vol. I, p. 191.

77. Citado por Justo G. Beramendi, «Proyectos gallegos para la articulación política de España», en Anna María García Rovira (ed.), *España, ¿nación de naciones?*, Madrid, Marcial Pons, 2002, p. 151.

78. Para José Verea y todos estos historiadores, véase José Álvarez Junco (coord.), *Las historias de España. Visiones del pasado y construcción de identidad*, op. cit., pp. 318-322.

79. Véase Juan Renales, *Celtismo y literatura gallega. La obra de Benito Vicetto y su entorno literario*, La Coruña, Xunta de Galicia, 1996, 2 vols.

80. Véase Ramón Villares, «Castles vs. Castros. The Middle Ages in the Construction of Galician National Identity», en James d'Emilio, *Culture and Society in Medieval Galicia*, Leiden y Boston, Brill, 2015, pp. 917-946.

81. Citado por Justo G. Beramendi y Xosé Manoel Núñez Seixas, *O nacionalismo galego*, Vigo, A Nosa Terra, 1995, p. 39; las dos citas precedentes, en ibíd., pp. 23 y 25.

82. Como observan Justo G. Beramendi y Xosé Manoel Núñez Seixas en *O nacionalismo galego*, op. cit., p. 53. Sobre Murguía, véase Justo G. Beramendi, *De provincia a nación. Historia do galeguismo político*, op. cit., pp. 171-200. Sobre Alfredo Brañas, véase Baldomero Cores Trasmonte, «Bases generales del regionalismo y su aplicación a Galicia (1892) de Alfredo

Brañas», *Revista de Estudios Políticos*, 206-207, marzo-junio 1976, pp. 203-248; o bien Justo G. Beramendi, *De provincia a nación. Historia do galeguismo político*, op. cit., pp. 245-276.

83. Véase Ramón Villares, «Inni e bandiere nella Spagna contemporánea. I simboli delle nazione *galeuzcanas*», en *Nazioni e Regioni. Studi e ricerche sulla comunità immaginata*, 5, 2015, pp. 69-87.

84. Véanse los cuadros en Justo G. Beramendi y Xosé Manoel Núñez Seizas, *O nacionalismo galego*, op. cit., pp. 61, 130 y 153.

85. Ibíd., p. 212. Que el Consello estaba moribundo, en p. 185.

86. Ibíd., pp. 223, 238, 240; cfr. pp. 284-285, muestra de afiliados al Partido Socialista Galego (PSG) en 1980, un 63 % entre profesores, artistas, profesiones liberales y funcionarios: también es característica de su militancia la juventud.

87. Justo G. Beramendi, *De provincia a nación. Historia do galeguismo político*, op. cit., p. 1130.

88. Como dicen Justo G. Beramendi y Xosé Manoel Núñez Seixas en *O nacionalismo galego*, op. cit., p. 12, Galicia no tenía *«a penas institucións proprias de autogoberno fiscal, administrativo o xudicial con anterioridada ao século* XIX*»*.

89. Véase Julio Caro Baroja, *Los moriscos del reino de Granada. Ensayo de historia social*, Madrid, Istmo, 1976; Antonio Domínguez Ortiz y Bernard Vincent, *Historia de los moriscos. Vida y tragedia de una minoría*, Madrid, Alianza, 1979.

90. Véase Luis Salas Almela, *The Conspiracy of the Ninth Duke of Medina Sidonia (1641). An Ariscocrat in the Crisis of the Spanish Empire*, Leiden-Boston, Brill, 2013.

91. Véase Antonio Machado Álvarez, «Introducción» y «Fiestas y costumbres andaluzas» en *Biblioteca de las Tradiciones Populares Españolas*, Madrid, Tipografía Ricardo Fe, 1883, vol. I, p. 80.

92. De nuevo, véase Álvarez Junco (coord.), *Las historias de España. Visiones del pasado y construcción de identidad*, op. cit., pp. 322-323.

93. Blas Infante, *Ideal Andaluz. Varios estudios acerca del renacimiento andaluz*, Sevilla, Imprenta de J. L. Arévalo, 1915, reimpreso en Madrid, Túcar, 1975, con prólogos de Enrique Tierno Galván y Juan Antonio Lacomba. Sobre Infante, cfr. José Luis Ortiz de Lanzagorta, *Blas Infante. Vida y muerte de un hombre andaluz*, Málaga, Centro de Ediciones de la Diputación de Málaga, 1979; José Palomares, «Para la anotación de *El ideal Andaluz*», *Revista Internacional de Pensamiento Político*, I época, vol. VII, 2012, pp. 325-334; y Juan Antonio Lacomba, *Blas Infante. La forja de un ideal andaluz*, Granada, Aljibe, 1979.

94. Blas Infante, *La verdad sobre el complot de Tablada y el Estatuto Libre de Andalucía*, Sevilla, 1931 (reed. en Granada, Aljibe, 1979).

95. Sobre nacionalismo andaluz hay múltiples publicaciones, muy dispares en orientación y calidad. De especial interés, pese a su extensión, es el artículo de José Antonio González Alcantud, «Andalucía: Invención del país y realidad etnográfica», *Historia y Fuente Oral*, 8, 1992, pp. 5-20. Versiones más izquierdistas y entusiastas son las de José Acosta Sánchez, *Andalucía. Reconstrucción de una identidad y lucha contra el centralismo*, Barcelona, Anagrama, 1978, o Manuel González de Molina y Eduardo Sevilla Guzmán, «En los orígenes del nacionalismo andaluz: Reflexiones en torno al proceso fallido de socialización del andalucismo histórico», *REIS*, 1987, 40, pp. 73-96. Más conservadora, pero comprometida también con la identidad, la de José Manuel Cuenca Toribio, *Andalucía, historia de un pueblo*. Madrid, Espasa Calpe, 1991.

96. Isidoro Moreno, «Etnicidad, conciencia de etnicidad y movimientos nacionalistas: aproximación al caso andaluz», *Revista de Estudios Andaluces*, nº 5, 1985, pp. 13-38.

97. Me remito, de nuevo, a José Álvarez Junco (coord.), *Las historias de España. Visiones del pasado y construcción de identidad*, op. cit., p. 322-327.

98. José de Viu, *Colección de inscripciones y monumentos, seguidas de reflexiones importantes sobre lo pasado, lo presente y el porvenir de estas provincias*, Cáceres, Concha y Cía, 1846; Vicente Barrantes, *Aparato bibliográfico para la historia de Extremadura*, Madrid, P. Núñez, 1875-1877, 3 vols.

Índice onomástico